管士光文存

第三卷
* 高适·岑参
* 高适评传
岑参传

人民出版社

本卷说明

　　本卷收入的是关于高适与岑参的主要著作，分别是《高适·岑参》（春风文艺出版社，1999 年出版）和《高适评传》及《岑参传》。《高适·岑参》是"插图本中国文学小丛书"中的一种，由杨爱群兄约稿并使之出版；《高适评传》是我读研究生（1982 年—1985 年）期间的旧作，原由冯其庸先生介绍给一家出版社，编辑审读后做了技术处理，准备发排，据说是因为内部人员调整，稿子又退还给我，此次根据有关研究成果，做了一点修订；《岑参传》是作家出版社的约稿，为该社《中国历史文化名人传丛书》中的一种。

目　　录

高适·岑参

高适

岑参

高适评传

岑参传

高适・岑参

高适

一、早年生活

高适(702？—765年)，字达夫，渤海蓨县(今河北景县)人。他生长在一个并不显赫的官僚家庭，据今人考证，他的曾祖、祖父、伯父都曾为官，但官位都不高，其父只做过韶州(今广东曲江一带)长史一类地方官吏，故高适后来常称自己为"野人"。其实，这样的家庭对他的思想形成还是很有影响的，他日后所表现出来的强烈的功名观念便与他的家庭出身有着密切的联系。

高适早期生活已不能详知，从他的诗文推断，他在少年时期曾跟随其父到过闽越一带，故有诗曰："谪去君无恨，闽中我旧过。"也许他还到过岭外，因为他有的诗对南方情况描写十分细致生动，当是亲临其地才能写出的，而他后来并没有去过那里。在高适二十岁之前，他就移住在梁宋一带，并一直以此为中心四处漫游。为了谋取仕进之路，高适在二十岁那年"西游长安城"。当时，他对自己充满信心，认为自己文武皆通，可以立取功名，在他后来写的诗文里，他这样描写此时自己的心情和期望：

> 二十解书剑，西游长安城。
> 举头望君门，屈指取公卿。

诗中不仅表现出高适豪放不羁的个性，同时也说明他初入世途，年轻气盛，对生活的坎坷没有深刻的认识。在长安，高适的生活面不断扩大，对社会的认识也不断深化，他知道"屈指取公卿"只能是美好的愿望，因为"白璧皆言赐近臣，布衣不得干明主"(《别韦参军》)，最高统治者是不可能真正地任人唯贤的。一般认为《行路难二首》即作于长安,其中就突出表达了对社会种种不平现象的愤慨,前一首用长安的富翁与读书的少年相对比,第二首以贵游少年与少年书生相对照,读之使人感慨万端:

> 君不见富家翁,旧时贫贱谁比数?
> 一朝金多结权贵,百事胜人健如虎。
> 子孙成行满眼前,妻能管弦妾歌舞。
> 自矜一身忽如此,却笑旁人独愁苦。
> 东邻少年安所如? 席门穷巷出无车。
> 有才不肯学干谒,何用年年空读书。
> 长安少年不少钱,能骑骏马鸣金鞭。
> 五侯相逢大道边,美人弦管争流连。
> 黄金如斗不敢惜,片言如山莫弃捐。
> 安知憔悴读书者,暮宿灵台私自怜。

在初入长安期间,高适还写了诸如《古歌行》等诗作,此时他虽因仕途不通而心情不快,但毕竟他还年轻,因而对未来还是充满信心,如他在送别"数经甲科犹白身"的"桂阳孝廉"时,写下了"即今江海一归客,他日云霄万里人"这样充满乐观情绪的诗句。

入仕无望,高适只得离开长安,又回到梁宋一带,他在《别韦参军》一诗里回忆自己从长安回来后的境况和心情时说:"归来洛阳无负郭,东过梁宋非吾土。兔苑为农岁不登,雁池垂钓心长苦。"前二句借战国时苏秦的典故,写其家贫;后二句则写其以农渔为生的劳动生活。兔苑,在宋城(今河南商丘)东南十里,原是游乐之地,但在唐代已经变为废墟,故高适能在此"为农"耕耘。雁池,在兔苑内,高适在务农的同时可能曾于此"垂钓"。从长安归来后,高适确曾亲身参加过农业生产,这在他的另一首诗《酬庞十兵曹》中也有反映,此诗说:"忆昔游京华,自言生羽翼。怀书访知己,末路空相识。许国不成名,还家有惭色。托身从畎亩,浪迹初自得。雨泽感天时,耕耘忘帝力。"诗中写了他"许国"不成而羞愧还家的心情和托身农业生产的情形。当然,高适毕竟不是一个真正的农民,因而他的"为农"、"垂钓"也绝不会像一般农民那样认真和劳苦,作为一个读书人,他自然还有另一种生活,除了写诗作赋外,他还常纵酒狂歌、弹棋赌博,其《别韦参军》有句曰:"弹棋击筑白日晚,纵酒高歌杨柳春。"《河岳英灵集》也说他"隐迹博徒,才名自远"。在这期间,高适曾多次短期出外漫游,他凭吊了梁宋地区的许多名胜古迹,怀古组诗《宋中十首》便是他此期漫游的成果。这十首诗格调相近,语言相类,大约是一次游历中所作。在这一组诗里,高适屡屡发出"前不见古人"的感叹,叹息时光的流逝,这是和他期望及早建功立业的思想一致的,因此他歌颂华元、宓子贱,也为孔子的不幸致慨,这便是这组诗的主旋律。总之,在宋中生活期间,高适一方面以躬耕为生,在"为农岁不登"的时候,难免有"求丐取给"(《旧唐书》本传)的行为;另一方面,他又隐迹博徒,周游梁宋,作诗为赋,颇有一点儿隐士的风格。但他骨子里入世的热情和对功名的渴望却并没有减弱,更没有消失,因而在开元十八年(730年),他耐不住寂寞,踏上了去东北边塞的长途。

二、北上蓟门

　　唐朝边塞战事频繁,那里的生活自然吸引了文人们的注意力,加之,自开国以来就有许多出将入相的人物,这无疑为当时的读书人指明了一条建功立业的道路。因而向往边塞,成为盛唐时期一般读书人普遍的心理状态。高适也像当时的许多文人一样,由于考试入仕的愿望无以实现,又没有隐居终南走"终南捷径"的条件,便自然把目光转向边塞,希望能在那里一展身手。开元十八年秋,高适由梁宋出发,前往蓟门(今北京北部一带),他在后来回忆此次北上时说:"少时方浩荡,遇物犹尘埃。脱略身外事,交游天下才。单车入燕赵,独立心悠哉。"(《酬裴员外以诗代书》)高适先到了魏郡(今河北大名县东),在这里他参观了唐初大臣魏徵、郭元振的旧居,参观了曾经保卫了魏州的狄仁杰的祠堂,写下了《三君咏》,其自序曰:"开元中,适游于魏,郡北有故太师郑公旧馆,里中有故尚书郭公遗业,邑外又有故太守狄公祠焉。睹物增怀,遂为《三君咏》。"这三首诗借古咏怀,抒写了诗人建功立业的愿望。高适沿途凭吊古迹、与友人欢会,且停且行,在秋冬之际来到了蓟门。在此他与一些低级官吏往还,有《酬李少府》诗,其中说:"出塞魂犹惊,怀质意难说。……一登蓟丘上,四顾何惨烈。来雁无尽时,边风正骚屑。"诗中对边地风物的描写颇为生动形象。更为值得注意的是,在蓟门,高适写作了著名的《蓟门五首》,记录了他对边塞现实观察的所思所感。这五首诗并不写于同时,但因为都表现出高适忧国忧民、关心边事的现实主义特色,故历来编为一组。此组诗作可以看作是高适早期边塞诗的代表作,与后来的边塞名作《燕歌行》可谓一脉相承。其诗如下:

蓟门逢古老,独立思氛氲。
一身既零丁,头鬓白纷纷。
勋庸今已矣,不识霍将军。

汉家能用武,开拓穷异域。
戍卒厌糟糠,降胡饱衣食。
关亭试一望,吾欲涕沾臆。

边城十一月,雨雪乱霏霏。
元戎号令严,人马亦轻肥。
羌胡无尽日,征战几时归?

幽州多骑射,结发重横行。
一朝事将军,出入有声名。
纷纷猎秋草,相向角弓鸣。

黯黯长城外,日没更烟尘。
胡骑虽凭凌,汉兵不顾身。
古树满空塞,黄云愁杀人。

第一首对边地军队有功不能受赏的现实表示了不满;第二首批评唐朝政府过分重视边功,因而一些边将往往用优厚的待遇诱降胡人来上报战绩以邀宠固位,而唐军士兵却受到非人的对待;第三首表达了对久戍难归的士兵们的同情;最后两首诗对边地士兵舍身卫国的精神作了热情的赞颂。这一组诗写得雄浑自然,内容丰富,涉及了边塞现实的许多重要问题。

高适至蓟门以后,曾东临碣石(今河北昌黎县东北),以观沧海,故其诗有"登高俯沧海"、"题诗碣石馆"之句。在这里他常与朋友们一道出游打猎,其《同群公出猎海上》把打猎的场面写得极为壮观:"偶与群公游,旷然出平芜。层阴涨溟海,杀气穷幽都。鹰隼何翩翩,驰骤相传呼。"高适还出过卢龙塞(唐代重要边防关塞之一,在今河北迁安县西),写下名作《塞下》诗:

东出卢龙塞,浩然客思孤。
亭堠列万里,汉兵犹备胡。
边尘涨北溟,虏骑正南驱。
转斗岂长策,和亲非远图。
惟昔李将军,按节出皇都。
总戎扫大漠,一战擒单于。
常怀感激心,愿效纵横谟。
倚剑欲谁语,关河空郁纡。

诗中描写了边地的形势和自己的安边之策,最后又抒发了怀才不遇的感慨,这种情绪在《酬裴员外以诗代书》里也有表现:"北望沙漠陲,漫天雪皑皑。临边无策略,览古空徘徊!"高适此次还到营州(即今辽宁朝阳)去过,在这里他看到边地少年强悍尚武,写了《营州歌》,诗曰:

营州少年厌原野,皮裘蒙茸猎城下。
虏酒千钟不醉人,胡儿十岁能骑马。

此诗犹如一幅白描,描绘出少数民族豪迈勇健的风貌。

在边塞周游了一段时间,高适又回到蓟门,他听说老朋友王之涣、郭密之也到了此地,遂前去拜访,可惜二人均出外漫游去了。高适写了《蓟门不遇王之涣郭密之因以留赠》诗,诗中先写访友不遇,无人可共语心事:"适远登蓟丘,兹晨独搔屑。贤交不可见,吾愿终难说。"继而写自己客游千里,很想与老友相会,因为心中特别敬仰他们的文学才能和建功立业的高节:"迢递千里游,羁离十年别。才华仰清兴,功业嗟芳节。"在描写了相访不遇的景物以后,诗人抒发了失意和思友之情:"逢时事多谬,失路心弥折。行矣勿复陈,怀君但愁绝。"在边塞时,高适曾多次试图从军,如在开元二十年(732 年)他曾投书信安王李祎幕下诸人,希望得到援引,这就是被后人评为"典重整齐,精工赡色,特为高作"的长诗《信安王幕府诗》,诗前小序交代了写作时间和写作目的,是了解高适生平行事的重要材料。诗中着力颂扬了信安王的功业和幕中诸人的高才,最后颇为悲切地说:

直道常兼济,微才独弃捐。

曳裾诚已矣,投笔尚凄然。

由此可见高适当时落魄的情状和望人给予援引的急切心情,但不知什么原因,并没有人向他伸出援助之手,出于无奈,他不得不另寻出路。

开元二十年冬,高适决定离开蓟门南归梁宋。在动身之前,他徘徊于边塞,感到心情颇为惆怅,遂写下《自蓟北归》一诗,其诗曰:

驱马蓟门北,北风边马哀。

苍茫远山口,豁达胡天开。

五将已深入,前军止半回。

谁怜不得意,长剑独归来。

诗中描写了边地风景和唐军战事,更抒写了自己孤独而惆怅的心情,是一首内容丰富的边塞之作。

高适由蓟北南返,路过真定(今河北正定)而到达邯郸(今属河北),其《淇上酬薛三据兼寄郭少府微》诗中说到他南归的情况:"拂衣去燕赵,驱马怅不乐。天长沧州路,日暮邯郸郭。"邯郸是古代赵国的首都,在唐时仍然是一座繁华的城市。高适在此与游侠少年相往还,颇为狂放,于是写下名作《邯郸少年行》:

邯郸城南游侠子,自矜生长邯郸里。

千场纵博家仍富,几度报仇身不死。

宅中歌笑日纷纷,门外车马常如云。

未知肝胆向谁是?令人却忆平原君。

君不见今人交态薄,黄金用尽还疏索。

以兹感叹辞旧游,更于时事无所求。

且与少年饮美酒,往来射猎西山头。

此诗感慨于交道之薄,联想到自己前往边塞却无人赏识、引荐,不由怀念起"喜宾客,宾客盖至者数千人"的战国四公子之一平原君赵胜,"未知"二句言简意深,历来为人们所称道,唐代《河岳英灵集》的编者殷璠便说这二句是他"所最爱者"。离开邯郸,经过漳水,途中屡次借宿于渔夫之家,一路颇为艰辛,故其诗有"酒肆或淹留,渔潭屡栖泊。独行备艰险,所见穷善恶"之句。不久,高适来到淇上,在这里住了一段时间以后,终于回到了梁宋家中。

三、梁宋之游与"东征"

在宋州期间,高适曾至长安参加朝廷举行的制举考试,但却榜上无名,遂滞留长安。在长安,他与张旭、颜真卿、任华均有交往,与王之涣、王昌龄等人"旗亭画壁"的故事也发生在这段时间。值得特别提到的是高适与王之涣的唱和。王之涣青年时到过玉门关一带,后来写下千古名作《凉州词》:"黄河远上白云间,一片孤城万仞山。羌笛何须怨杨柳,春风不度玉门关。"此次高适读到这首诗,颇多感慨,遂提笔写下《和王七玉门关听吹笛》,诗曰:

> 胡人吹笛戍楼间,楼上萧条海月闲。
> 借问《落梅》凡几曲?从风一夜满关山。

不久,高适从长安回到宋州,此后一个时期的生活,因为写作了两首颇负盛名的杰作而显得特别有意义。这两首诗就是《睢阳酬别畅大判官》和《燕歌行》。睢阳即唐代的宋州,畅大即畅璀,当时他由边塞幕府回到内地出差,与高适相会于宋州,关心边塞事务的高适认真听取了他有关边塞形势的介绍,故在与畅璀分手之时,写下了《睢阳酬别畅大判官》。此诗可分为三个部分,而重点在中间一段:

> 言及沙漠事,益令胡马骄。
> 大夫拔东蕃,声冠霍嫖姚。
> 兜鍪冲矢石,铁甲生风飙。
> 诸将出井陉,连营济石桥。

酋豪尽俘馘,子弟输征徭。
边庭绝刁斗,战地成渔樵。
榆关夜不扃,塞口长萧萧。
降胡满蓟门,一一能射雕。
军中多燕乐,马上何轻矫。

前十句写边将击败东蕃(指契丹)的史实,后八句写唐军胜利后边塞的一片和平景象。此诗的最后一段说明了诗人自己的安边思想,提出应效仿古代李牧守边之策,以防守为主,对方如侵扰不已,则猛力反击。这种见解还是较为可取的,也一定是有所感而阐发的。

客居宋州时的另一首杰作是《燕歌行》,关于此诗的写作时间和缘起,高适在此诗的序中说得很清楚,序曰:"开元二十六年,客有从元戎出塞而还者,作《燕歌行》以示适,感征戍之事,因而和焉。"有人认为这里说的"客"就是畅璀,而"元戎"指边将张守珪,大体是不错的。此诗内容十分丰富,涉及到边塞生活的许多方面,是唐代边塞诗的代表作之一,其诗如下:

汉家烟尘在东北,汉将辞家破残贼。
男儿本自重横行,天子非常赐颜色。
摐金伐鼓下榆关,旌旗逶迤碣石间。
校尉羽书飞瀚海,单于猎火照狼山。
山川萧条极边土,胡骑凭凌杂风雨。
战士军前半死生,美人帐下犹歌舞!
大漠穷秋塞草腓,孤城落日斗兵稀。
身当恩遇常轻敌,力尽关山未解围。
铁衣远戍辛勤久,玉箸应啼别离后。
少妇城南欲断肠,征人蓟北空回首。
边庭飘飖那可度,绝域苍茫无所有。
杀气三时作阵云,寒声一夜传刁斗。
相看白刃血纷纷,死节从来岂顾勋?
君不见沙场征战苦,至今犹忆李将军。

首十二句写战斗之激烈和敌我双方之表现，唐汝询在《唐诗归》里解释说：“……言烟尘在东北，原非犯我内地，汉将所破余寇耳。盖此辈本重横行，天子乃厚加礼貌，能不生边衅乎？于是鸣金鼓，建旌旆，以临瀚海，适值单于之猎，凭凌我军，我军死者过半，主将方且拥美姬歌舞帐下，其不惜士卒乃而。”其中“战士”二句，最为警策，历来为人们所赞赏。“大漠”八句写战斗之艰难和士兵复杂的心理，将主题衬托得更为丰富和深刻。最后，诗人不仅赞颂了唐军士兵的大无畏精神，更表达了他们的愿望，即由体恤士卒、能征善战的将军来作主帅，对当时边将的讽刺与抨击自在言外。此诗大气磅礴，笔力劲拔，风格雄厚而悲壮。诗人用浓墨重笔具体描写了战争的激烈场面，写出了敌人来势的凶猛和唐军将士的昂扬斗志，也深入刻画了战士们细致的心理状态。诗人还用有力的笔触，揭示了士兵与将军两种迥然不同的战地生活，充分显示出他观察的敏锐和思想的深刻。全诗虽然涉笔于种种矛盾，但总的风格仍然是积极和豪壮的。

天宝三载(744年)秋天，李白和杜甫先后来到梁宋并与高适相逢，三位诗人开始了同游梁宋的快意生活。他们一道饮酒赋诗、凭吊古迹，《新唐书·杜甫传》概叙三人之游曰：“(甫)尝从白及高适过汴州，酒酣，登吹台，慷慨怀古，人莫测也。”杜甫晚年寓居夔州时曾写诗回忆此次漫游，其《遣怀》诗说：“忆与高李辈，论交入酒垆。两公壮藻思，得我色敷腴。气酣登吹台，怀古视平芜。芒砀云一去，雁鹜空相呼。”吹台在今开封东南，俗称“繁台”。从杜诗中可以看出，三位诗人意气相投，饮酒论交，十分惬意；登台怀古，令人遐想；谈论现实，感慨亦多。杜诗中还记录了他们对玄宗用兵异域的评论：“先帝正好武，寰海未凋枯。猛将收西域，长戟破林胡。百万攻一城，献捷不云输。组练弃如泥，尺土负百夫。拓境功未已，元和辞大炉。”三位诗人关心边事，担心边将势力渐大，对朝廷将形成威胁。至于边将掩败报捷，高适早有感觉，此时三人聚谈，难免感慨系之！三人还同登单父台，杜甫《昔游》诗说：“昔者与高李，晚登单父台。寒芜际碣石，万里风云来。桑柘叶如雨，飞藿共徘徊。清霜大泽冻，禽兽有余哀。”在单父台上，三人远望平芜，直到碣石，万里风云，争来入目，他们不由又议论起朝廷的开边政策。杜诗这样写道：“是时仓廪实，洞达寰区开。猛士思灭胡，将帅望三台。君王无所惜，驾驭英雄才。幽燕盛用武，供给亦劳哉。"单父台又叫琴台,据载,古代能吏宓子贱在此为官,他采取无为而治的方法,"弹鸣琴,身不下堂而单父治"。高适对宓子贱是相当钦佩的,琴台是他寓居梁宋时常来之地,以前写的《宋中十首》其九即是登琴台之作。此次与李杜等人旧地重游,难免又有所感慨,于是写了《同群公秋登琴台》诗。刘开扬先生说此诗:"谓琴台古迹,使人感怀,千载之事,犹如昨朝也。群公久相邀登,今始得登眺,思宓公之德高,见天地之遥远,四时转换,今又立秋矣,何时得有凉风飒然而至乎?檐前燕雀之自适,亦如鸿鹄之高飞,我亦各适其性,志在隐处,以饮酒为乐也。"(《高适诗文编年笺注》)高适还写了《登子贱琴常赋诗三首》,其序曰:"甲申岁(即天宝三载),适登子贱琴堂,赋诗三首,首章怀宓公之德,千祀不朽;次章美太守李公能嗣子贱之政,再造琴台;末章多邑宰崔公能思子贱之理。"诗中表达了对古代贤者的怀念和对当时良吏的赞赏。高适的名作《古大梁行》大约也是写于此时,其诗曰:

> 古城莽苍饶荆榛,驱马荒城愁杀人。
> 魏王宫观尽禾黍,信陵宾客随灰尘。
> 忆昨雄都旧朝市,轩车照耀歌钟起。
> 军容带甲三十万,国步连营一千里。
> 全盛须臾那可论,高台曲池无复存。
> 遗墟但见狐狸迹,古地空余草木根。
> 暮天摇落伤怀抱,倚剑悲歌对秋草。
> 侠客犹传朱亥名,行人尚识夷门道。
> 白璧黄金万户侯,宝刀骏马填山丘。
> 年代凄凉不可问,往来唯有水东流。

大梁即今开封,是战国时魏国的国都,诗人驱马于古大梁城旧址之上,昔日繁华的都城,如今只留下一片荒土,昔日显赫一时的人物,如今俱已化成尘灰,只有朱亥、侯嬴等侠客,英名犹在,使后人无限景仰。此诗内容丰富,表达的思想较为复杂,其中既有江山易改之叹,又有时光如水之悲,而诗人建功立业的愿望自在言外。这首诗在艺术上也颇有特色,方东树评此诗曰:"起二句伉爽,魏王二句衍,忆昨四句推开,全盛句折入,暮天句入己,以下重复感叹,自有浅深,而气益厚,韵益长,反复吟咏,久之自见。"(《昭昧詹言》续录)此诗气势雄浑,"壁垒森严",在总的风格上与《燕歌行》很接近。

与李杜分手以后,高适曾"东征"至楚州淮阴一带,其《东征赋》不仅说明了他东游的原因,还详细记录了他此次漫游的路线及一路上的所思所感,因而是研究和了解高适生平与思想的一篇重要作品。高适东行至涟水县,在那里滞留了一段时间,便又前往齐鲁一带漫游。他此次到过临沂、费县、曲阜、东平、济南等地,并与李邕等当代文豪往还,写了许多诗篇。其中最著名的是《东平路中遇大水》,因为这首诗对受灾百姓表达了深切的同情,同时抒发了强烈的济世救民的愿望,故历来为人们所推重。诗中先写了水灾后的景象,继而写道:"农夫无依着,野老生殷忧。圣主当深仁,庙堂运良筹。仓廪终尔给,田租应罢收。我心胡郁陶,征旅亦悲愁。纵怀济时策,谁肯论吾谋!"后高适转道淇上(今河南淇县),遂买田建庐,隐居于此,其《淇上别业》便表现了他此时的隐居生活:

> 依依西山下,别业桑林边。
> 庭鸭喜多雨,邻鸡知暮天。
> 野人种秋菜,古老开原田。
> 且向世情远,吾今聊自然。

此诗描写出田园生活的乐趣,颇有王维孟浩然诗的韵味。

在淇上大约过了一年多,高适在天宝六载(747年)夏秋之际从卫州渡黄河回到梁宋,途中写了著名的组诗《自淇涉黄河途中作十三首》。这一组诗并不作于一时一地,但在思想和艺术上有共同点,故历来以组诗视之。大体说来,这一组诗可以分成三类。其一,借旅途所见之景致,抒自己怀才不遇之心情。其二,借写怀古之情,表达希望国家安定的愿望。其三,反映现实生活,表达诗人忧国忧民的感情。第三类诗作虽不很多,但很值得重视,如其七曰:

> 朝从北岸来,泊船南河浒。
> 试共野人言,深觉农夫苦。

去秋虽薄熟，今夏犹未雨。

耕耘日勤劳，租税兼乌卤。

园蔬空寥落，产业不足数。

尚有献芹心，无因见明主。

诗中表现出高适对农民的关心和同情，对执政者的不满自在言外见之。

回到梁宋以后，高适出仕的愿望更加强烈，如他在《宋中遇陈兼》中说："伊昔望霄汉，于今倦蒿莱。男儿命未达，且进手中杯。"其中固然有对友人怀才不遇的同情，但也难免包含着个人不幸遭遇的一份辛酸。这一点，其《酬裴秀才》说得更明白："飘荡与物永，蹉跎觉年老。长卿无产业，季子惭妻嫂。"诗人以未显达时的司马相如和苏秦自比，感情颇为沉重，故最后不无感伤地说："此事难重陈，未为众人道。"在《秋日作》中，他这样写道："闭门生白发，回首忆青春。岁月不相待，交游随众人。云霄何处托，愚直有谁亲？"功名未就，岁月如水，诗人此时的心情当然是愁苦和寂寥的。

四、出仕与辞职

　　天宝八载(749年),生活终于出现了转机。这一年八月,高适得到睢阳太守张九皋的赏识,被其推荐参加有道科考试,并一举中第。这在《旧唐书》本传里有较详细的记载:"天宝中,海内事干进者注意文词。适年过五十,始留意诗什,数年之间,体格渐变。以气质自高,每吟一篇,已为好事者称诵。宋州刺史(此沿用旧称,其时宋州已更名为睢阳郡)张九皋深奇之,荐举有道科。时右相李林甫擅权,薄于文雅,唯以举子待之。解褐汴州封丘尉,非其好也。"高适也有诗写到他冒着炎热酷暑前往京城应试的情况,其《答侯少府》说:"常日好读书,晚年学垂纶。漆园多乔木,睢水清粼粼。诏书下柴门,天命敢逡巡?赫赫三伏时,十日到咸秦。褐衣不得见,黄绶翻在身。"高适虽对封丘尉的任命不很满意,但经过慎重考虑,他还是接受了这个职务,他在离京赴任前写下了《谢封丘县尉表》,表示"捧日无阶,戴天何报?臣已于正衙辞讫,即以今日赴官"。赴任途中经过洛阳,在与友人分别时,高适写了《留别郑三韦九兼洛下诸公》,诗曰:

> 忆昨相逢论久要,顾君哂我轻常调。
> 羁旅虽同白社游,诗书已作青云料。
> 蹇质蹉跎竟不成,年过四十尚躬耕。
> 常歌达者杯中物,大笑前人身后名。
> 幸逢明盛多招隐,高山大泽征求尽。
> 此时亦得辞渔樵,青袍裹身荷圣朝。
> 犁牛钓竿不复见,县人邑吏来相邀。
> 远路鸣蝉秋兴发,华堂美酒离忧销。

> 不知何日更携手,应念兹晨去折腰。

诗中表达了高适当时颇为复杂的感情,虽然其中也有对隐居生活的依恋和对将来"折腰"(用陶渊明的典故)生活的忧虑,但是特别突出的还是"荷圣朝"的喜悦和兴奋。在这"洛阳诸公"当中,有一位著名诗人叫李颀,他在送别高适时写了《赠别高三十五》诗,此诗对高适生活和性格的描写十分细致,是了解高适生平的重要材料,其诗曰:"五十无产业,心轻百万资。屠酤亦与群,不问君是谁。饮酒或垂钓,狂歌兼咏诗。焉知汉高士,莫识越鸥夷。寄迹栖霞山,蓬头睡水湄。忽然辟命下,众谓趋丹墀。沐浴赐著衣,西来马行迟。能令相府重,且有函关期。俛俛从寸禄,旧游梁宋时。皤皤邑中叟,相侯鬓如丝。官舍柳林静,河梁杏叶滋。摘芳云景晏,把手秋蝉悲。小县情未惬,折腰君莫辞。吾观主人意,不久召京师。"诗中充满对友人的热情祝愿,可谓语重心长。

封丘县,在汴州,今属河南。高适虽由制举出身,却仅得一个县尉之职,心中难免不快,加之此时又远离家人,因而常有孤独之感,这在他上任不久写的《初至封丘作》里说得很明白:

> 可怜薄暮宦游子,独卧虚斋思无已。
> 去家百里不得归,到官数日秋风起。

他在后来写的一些诗里,也常常表示对任县尉小职的不满,如"州县徒劳那可度,后时连骑莫相违"(《同陈留崔司户早春宴蓬池》)、"州县才难适,云山道欲穷"(《封丘作》)等都是此类诗作。但毕竟已任此职,便不能推脱县尉的职责,特别值得一提的是高适在任封丘县尉的第二年冬天,受上级的委派往蓟北青夷军送新征的士兵。其《送兵到蓟北》诗说:"积雪与天迥,屯军连塞愁。谁知此行迈,不为觅封侯。"高适由封丘出发,途经河间、博陵而至青夷。青夷是个军名,"唐初兵之戍边者大曰军,小曰守捉,曰城,曰镇"(《新唐书·兵志》),其地在今河北怀来县。高适将兵送至青夷后即还入居庸关(在今北京昌平西北),途中写下组诗《使青夷军入居庸关三首》。第一首"由行役而写到边塞,复由边塞而转入行役,意绪环生,如见当日匹马过关之状"(王文濡《唐诗评注》),其诗曰:

> 匹马行将久，征途去转难。
> 不知边地别，只讶客衣单。
> 溪冷泉声苦，山空木叶干。
> 莫言关塞极，云雪尚漫漫。

其二和其三主要写出入关的艰难和入关后的感想，表达了弃官归隐的愿望。此时高适情绪抑郁，寓居蓟门时正好是除夕之夜，于是写下了《除夜作》一诗：

> 旅馆寒灯独不眠，客心何事转凄然？
> 故乡今夜思千里，霜鬓明朝又一年。

此诗朴素自然，感情真挚，语言不多却生动地勾勒出千里之外独伴寒灯而不眠的诗人形象。在边地，高适还写下一些诗作，较为著名的有《蓟中作》（又作《送兵还作》），诗曰：

> 策马自沙漠，长驱登塞垣。
> 边城何萧条，白日黄云昏。
> 一到征战处，每愁胡虏翻。
> 岂无安边书，诸将已承恩。
> 惆怅孙吴事，归来独闭门。

诗中表达了对边事的关心和忧虑，沈德潜说此诗"言诸将不知防边，虽有策无可陈也。乃不云天子僭赏，而云主将承恩，令人言外思之"（《唐诗别裁集》）。因为"安边书"难上，高适遂于春初从蓟北出发还归封丘。途经燕赵，在与友人酬唱往还时，他总是忘不了边塞事务，如《答侯少府》写到边塞战斗的艰苦、士兵生活的艰难："北使经大寒，关山饶苦辛。边兵若刍狗，战骨成埃尘。行矣勿复言，归欤伤我神。"

回到封丘后，高适去职的念头更强烈了，在《奉酬睢阳路太守见赠作》里，他这样写道："风尘吏道迫，行迈旅心悲。拙疾徒为尔，穷愁欲问谁？秋庭一片叶，朝镜数茎丝。州县甘无取，丘园悔莫追。"此诗表达出高适在去留之间徘徊的心境，颇耐人寻味。在不久后所作的《同颜少府旅宦秋中》里他更说："迹留黄绶人多叹，心在青云世莫知。不是鬼神无正直，从来州县有瑕疵。"可见他对县尉之职越来越反感，但一则由于生活所迫，一则或许他还抱有"不久招京师"的幻想，所以他并没有立刻辞职，从其《陈留郡上源新驿记》所书写作时间和自称"末吏"来看，高适在天宝十一载（752 年）的秋天才辞去县尉之职。在他辞职前写作了历来为人们传诵的名篇《封丘尉》：

> 我本渔樵孟诸野，一生自是悠悠者。
> 乍可狂歌草泽中，宁堪作吏风尘下？
> 只言小邑无所为，公门百事皆有期。
> 拜迎官长心欲碎，鞭挞黎庶令人悲！
> 归来向家问妻子，举家尽笑今如此。
> 生事应须南亩田，世情付与东流水。
> 梦想旧山安在哉，为衔君命日迟回。
> 乃知梅福徒为尔，转忆陶潜归去来。

从此诗看来，当时高适仍然处于思想的矛盾之中，虽想解职归田，但因"衔君命"而有所犹豫。好在他去意强烈，故不久还是毅然辞职了。杜甫对高适的选择很赞赏，在后来写的《送高三十五书记十五韵》中，他说高之去职是"脱身簿尉中，始与捶楚辞"。

高适辞去县尉职务后，又前往长安。在长安，高适与诗人崔颢、綦毋潜、岑参等都有交往，他们常一道饮酒欢宴，赋诗唱和，颇为快意。其《同崔员外綦毋拾遗九日宴京兆府李士曹》诗说："今日好相见，群贤仍废曹。晚晴催翰墨，秋兴引风骚。绛叶拥虚砌，黄花随浊醪。闭门无不可，何事更登高？"在此期间，高适曾与岑参、储光羲、薛据、杜甫等同登大雁塔。他们登高赋诗，各有所作，而首唱者就是高适，其诗即《同诸公登慈恩寺塔》，后人评为"出之简净，品格亦自清坚"。登慈恩寺塔不久，高适又与薛据等人前往曲江游览，他们眺望终南山，有感而赋诗，高适写下了《同薛司直诸公秋霁曲江俯见南山作》，表现出他此时闲放的心情。其实，高适的内心仍然企盼着边塞立功的机会,这在他送友赴边的一些诗作中表现得很明显,如《送蹇秀才赴临洮》:"怅望日千里,如何今二毛。犹思阳谷去,莫厌陇山高。倚马见雄笔,随身唯宝刀。料君终自致,勋业在临洮。"在对赴边从军友人的期望中,自然寓有高适对边塞的向往之情。再如《送侍御赴安西》:"行子对飞蓬,金鞭指铁骢。功名万里外,心事一杯中。虏障燕支北,秦城太白东。离魂莫惆怅,看取宝刀雄。"此仍以立功边塞期望于友人,而"功名"二句典型地描写出高适对友人的羡慕和自己无奈借酒浇愁之情状,胡震亨将其与李白名句"人分千里外,兴在一杯中"相比,认为"较厚",是颇有见地的。这二句确实含义深沉,耐人寻味,把此时高适的心境表现得含蓄而又明白,评之为"厚",不是过誉。《送董判官》也是作于此时:"逢君说行迈,倚剑别交亲。近关多雨雪,出塞有风尘。长策须当用,男儿莫顾身。"诗中充满激励慰勉之情,同时表达了诗人献身边塞的愿望。

在长安滞留的这一段时间,一方面平息了高适任"风尘小吏"带来的痛苦,使其心情渐渐归于平静;另一方面,在人来人往的京城,许多朋友赴边从军,难免又打破了高适此时心境的平衡,使他再一次把目光投向边塞。经过友人田梁丘的推荐和高适自己的积极联络,西北边将哥舒翰于天宝十二载(753年)夏召高适为掌书记。高适此时心情颇为兴奋,虽是酷暑之时仍昂然赴召,离开京城前杜甫为其送行,写下名作《送高三十五书记十五韵》,诗中表达了对高适的忠告和希望:"借问今何官,触热向武威? 答云一书记,所愧国士知。人实不易知,更须慎其仪。十年出幕府,自可持军麾。此行既特达,足以慰所思。男儿功名遂,亦在老大时。"武威是河西节度使驻节处,是高适此行的目的地;国士指哥舒翰;当时高适已经五十二岁,故有"男儿"二句表达宽慰之意。最后,杜甫表达了对于诗人高适的期望:"边城有余力,早寄从军诗。"

告别繁华的都城和朋友,带着希望与热情,高适在这年六月出发,"触热向武威"。

五、边塞生活与诗作

　　高适由长安出发向西,不久来到了陇头。陇头又称陇首,在今陕西省陇县。由于这里地荒路遥,人们过此往往心情忧郁,所以古代俗歌说:"陇头流水,鸣声幽咽。遥想秦川,肝肠欲断。"但此时高适的情绪却不消沉,他的《登陇》诗说:

> 陇头远行客,陇上分流水。
> 流水无尽期,行人未云已。
> 浅才登一命,孤剑通万里。
> 岂不思故乡,从来感知己。

诗中表达了诗人有感于知己的信任,希望在边塞建功立业的志向,使人想到李白"人生贵相知,何必金与钱"的名句。在陇山,高适遇到向临洮送兵的白少府,看到浩浩荡荡的新兵队伍,不禁问道:"谁断单于臂,今年太白(将星名)高?"(《送白少府送兵之陇右》)这里自然表现出高适此时的一腔豪情,而"为问关山事,何如州县劳"二句,又表现了诗人心中隐隐的一种得意。的确,此时"孤剑通万里"的高适,与当年送兵边塞时相比,真是今非昔比了。高适越过陇山,经过艰难跋涉到达了金城(即今兰州市),他登上金城北楼,为眼前景色所陶醉,遂赋诗说:"北楼西望满晴空,积水连山胜画中。湍上急流声若箭,城头残月势如弓。"又在诗中表达了此时复杂的感情:"垂竿已谢磻溪老,体道犹思塞上翁。为问边庭更何事?至今羌笛怨无穷。"

　　来到边塞,高适先奔向河西节度使驻地武威,但是不巧,哥舒翰并不在此地,高适以为哥舒翰会在临洮,便又奔向临洮,可在那里又没见到哥舒翰,他的《自武威赴临洮谒大夫不及因书即事寄河西陇右幕下诸公》较为详细地记录了当时的经历和感触。这首长诗是高适的一篇重要作品,它对于了解高适当时的思想和他赴河西陇右的行事都是十分宝贵的材料,在一定程度上弥补了新旧《唐书》关于高适此次出塞记录甚少的缺憾。但可惜历来失传,现在所读到的是由敦煌唐诗选残卷里整理出来的。此诗先写风尘仆仆离乡远行,但却未与主将相遇:"浩荡去乡县,飘飘瞻节旄。扬鞭发武威,落日至临洮。主人未相识,客子心忉忉。"继而写日暮时分在临洮看到的战斗胜利的场面:"顾见征战归,始知士马豪。戈铤耀崖谷,声气如风涛。隐轸戎旅间,功业竟相褒。献状陈首级,飨军烹太牢。浮囚驱面缚,长幼随颠毛。毡裘何蒙茸,血食本膻臊。汉将乃儿戏,秦人空自劳。立马眺洪河,惊风吹白蒿。云屯寒色苦,雪合群山高。远戍际天末,边烽连贼壕。"最后自叙志向:"我本江海游,逝将心利逃。一朝感推荐,万里从英髦。飞鸣盖殊伦,俯仰忝诸曹。燕颔知有待,龙泉惟所操。相士惭入幕,怀贤愿同袍。清论挥麈尾,乘酣持蟹螯。此行岂易酬,深意方郁陶。微效傥不遂,终然辞佩刀。"从此诗看来,高适因在临洮也没有见到哥舒翰,于是写了这首诗寄给哥舒幕下诸人,叙述自己的所见以及所思所感。高适由临洮出发,又奔赴陇右节度使驻地鄯州西平郡,在那里才与哥舒翰相见,哥舒"见而异之",遂"表为左骁兵曹,充翰府掌书记"(《旧唐书》本传)。

高适此次入塞很受主将的赏识,"掌书记"之职使他成为哥舒幕府中的骨干人物,这种境遇与前两次出塞完全不同了,"浅才登一命,孤剑通万里"、"一朝感推荐,万里从英髦",一种自得之意可谓已溢出字里行间。境遇的改变必然要影响高适的思想,也会反映在他的作品之中。总的看,高适此期诗作对主将和边事,歌颂赞扬的多,批判揭露的少,虽然他仍在作品里歌颂战斗的胜利和士兵的勇敢精神,但已很少触笔于战士生活的痛苦和军中阴暗丑恶的现象。现在可以确认是高适此期所作的诗文有十余篇,按其内容,大体可以分为三类。第一类是对哥舒翰的赞颂。在来西北之前,高适在长安听到哥舒大军收复九曲(在今青海贵德县东河曲一带)的消息,就写了《同李员外贺哥舒大夫破九曲之作》,来到边塞后,高适看到因九曲的收复,边塞出现了和平的局面,于是又写作了《九曲词三首》：

> 许国从来彻庙堂，连年不为在坛场。
> 将军天上封侯印，御史台中异姓王。
>
> 万骑争歌《杨柳春》，千场对舞绣麒麟。
> 到处尽逢欢洽事，相看总是太平人。
>
> 铁骑横行铁岭头，西看逻逤取封侯。
> 青海只今将饮马，黄河不用更防秋。

诗中赞美了哥舒翰的功绩，描绘了边地战事减少、百姓生活安定的景象，虽有溢美之词，但大体还是符合实际情况的。在边塞，高适更真切地看到武将因边功而封王（"异姓王"）的现实，其功名之念自然又强烈起来，因而他在歌颂边将武功之时，常常同时抒发自己建功立业的愿望，如《塞下曲》即是此类作品：

> 结束浮云骏，翩翩出从戎。
> 且凭天子怒，复倚将军雄。
> 万鼓雷殷地，千旗火生风。
> 日轮驻霜戈，月魄悬琱弓。
> 青海阵云匝，黑山兵气冲。
> 战酣太白高，战罢旄头空。
> 万里不惜死，一朝得成功。
> 画图麒麟阁，入朝明光宫。
> 大笑向文士，一经何足穷。
> 古人昧此道，往往成老翁。

此诗前十二句描写战斗场面，颇为生动；后八句表达诗人对功名的追求和对白首穷经的文士的蔑视，使人想起唐代王维的名句："忘身辞凤阙，报国取龙庭。岂学书生辈，窗间老一经。"（《送赵都督赴代州》）第二类作品表现了高适在幕府中的生活情况和往来应酬。有些诗作表现了他在幕府中的闲适生活，如《武威同诸公过杨山人》云："幕府日多暇，田家岁复登。相知恨不早，乘兴乃无恒。穷巷有乔木，深斋垂古藤。边城唯有醉，此外更何能？"天宝十三载(754年)七月，有一位姓窦的侍御使到武威军府经办经济事务，高适奉命接待他。窦某在河西滞留了两个月左右，高适一直陪伴他，并写了三首诗和一篇序文，这些作品对了解高适此时的情况很有价值，其中最为人们注意的是《陪窦侍御泛灵云池》："白露时先降，清川思不穷。江湖仍塞上，舟楫在军中。舞换临津树，歌饶向晚风。夕阳连积水，边色满秋空。乘兴宜投辖，邀欢莫避骢。谁怜持弱羽，犹欲伴鹓鸿。"首八句写塞上泛舟的乐趣，后四句写欢宴之乐和望人汲引之意。高适诗中不仅对边塞景色多有描写，而且在一些诗里还较细致地描绘出少数民族的风俗和习惯，如其《部落曲》说：

> 蕃军傍塞游，代马喷风秋。
>
> 老将垂金甲，阏氏着锦裘。
>
> 珊戈蒙豹尾，红旆插狼头。
>
> 日暮天山下，鸣笳汉使愁。

此诗与其《营州歌》有异曲同工之妙，二诗对读颇为有趣。

幕府生活中少不了要起草朝觐、聘问之文，有时又要为了军务而在外奔波，《入昌松东界山行》就记录了他在边塞山道上奔波的情况："鸟道几登顿，马蹄无暂闲。崎岖出长坂，合沓犹前山。石激水流处，天寒松色间。王程应未尽，且莫顾刀环。"昌松县在凉州武威郡，故城在今甘肃古浪县西一带。诗写作者为完成公事，不顾道路的难行而日夜兼程，最后二句说公事未完，暂且不能归去(环与还谐音，古代往往用以代指)，描绘出他小心谨慎，尽职尽责的情状。

高适此期作品的第三类内容是边地送别与遥寄友人。河西送别诗不多，而较值得注意的是送别浑惟明时写的《送浑将军出塞》，其诗曰：

> 将军族贵兵且强，汉家已是浑邪王。
>
> 子孙相承在朝野，至今部曲燕支下。

控弦尽用阴山儿,登阵常骑大宛马。

银鞍玉勒绣蝥弧,每逐嫖姚破骨都。

李广从来先将士,卫青不肯学孙吴。

传有沙场千万骑,昨夜边庭羽书至。

城头画角三四声,匣里宝刀昼夜鸣。

意气能甘万里去,辛勤动作一年行。

黄云白草无前后,朝建旌旄夕刁斗。

塞上应多侠少年,关西不见春杨柳。

从军借问所从谁?击剑酣歌当此时。

远别无轻绕朝策,平戎早寄仲宣诗。

诗中写出浑将军值得夸耀的家族史和他本人的赫赫战功,继而描写战事突起及出征的艰苦,同时描写了边地荒凉的景象,最后表示了对浑将军的期望。全诗写得气势磅礴,格调高昂,内容丰富,清人赵熙批此诗说:"浑将军得此一诗,胜于史篇一传。"在边塞,高适难免常常怀念内地的友人,天宝十四载(755年)夏秋之际,他给时任平原郡太守的颜真卿寄去一首诗,即《奉寄平原颜太守》,其中有一段较详细地叙述了他的幕府生活,因而显得很有价值,诗是这样写的:

金石谁不仰,波澜殊未穷。

微躯枉多价,朽木惭良工。

上将拓边西,薄才忝从戎。

岂论济代心,愿效匹夫雄。

骅骝满长皂,弱翮依雕笼。

行军动若飞,旋旆信严终。

屡陪投醪醉,窃贺铭山功。

虽无汗马劳,且喜沙塞空。

去去勿复道,所思积深衷。

一为天涯客,三见南飞鸿。

应念萧关外,飘飘随转蓬。

诗中写出高适此时的所思所感,也表达了对老友的思念之情。其实,长安的友人们也记挂着远在边地的高适,如杜甫在天宝十三载写了《寄高三十五书记适》,诗曰:"叹息高生老,新诗日又多。美名人不及,佳句法如何。主将收才子,崆峒足凯歌。闻君已朱绂,且得慰蹉跎。"从诗中看高适当时写了不少诗作,可惜留传下来的太少了。第二年二月,哥舒翰入朝,因故令都尉蔡希鲁先归陇右,杜甫在为其送别时请他向高适代致问候,其《送蔡希鲁都尉还陇右因寄高三十五书记》诗说:"汉使黄河远,凉州白麦枯。因君问消息,好在阮元瑜?"诗中表达了深切的怀念之情。

六、安史之乱以后的高适

　　天宝十四载(755 年)十一月,安禄山领兵十五万号称二十万在范阳誓师反唐,从而打破了太平盛世的迷梦,使天下为之震惊。叛军很快攻陷东京,前锋西至陕郡,唐玄宗忙命正病居长安家中的哥舒翰"为副元帅,领河、陇诸蕃部落奴剌……等十三部落,督蕃、汉兵二十一万八千人,镇于潼关"(《安禄山事迹》)。高适此时由河西投奔哥舒翰,被朝廷任命为左拾遗,转监察御史,佐助哥舒翰防守潼关。杨国忠担心此时"主天下兵权"的哥舒翰有害于己,遂反复向玄宗进谗言,玄宗因而多次派使者催促哥舒翰主动出击,哥舒翰只得引兵出关,结果在灵宝(今属河南)西原大败,哥舒翰被部将绑在马上,投降了安禄山,后来被安禄山杀害。可惜一代名将,最后竟这样落下了人生的帷幕。

　　潼关失陷,天下大乱,人心惶惶。高适由潼关奔入长安,向朝廷献策,表示要坚决抗击叛军。《册府元龟》说:"唐高适为左拾遗。天宝末,天下兵起,潼关失守。适上策曰:竭库藏召募以御贼,犹未失计。事虽不行,闻者壮之。"玄宗没有采取有效措施以夺回潼关,反而在潼关失守的第三天离京西逃,朝中官员房琯、李煜、高适等人横越秦岭,由骆谷路西南行,在河池郡(今陕西凤县东一带)赶上了朝廷西逃的队伍。高适谒见玄宗,分析了潼关失败时的形势,并报告了朝廷军政腐败的情况。玄宗认真听取了高适的报告,对他的才能也有了一定的了解,故先迁升他为侍御史,高适随驾到了成都,又被任命为谏议大夫。任命他的制文说:"侍御史高适,立节真峻,植躬高朗,感激怀经济之略,纷纶赡文雅之才。长策远图,可云大体;谠言义色,实谓忠臣。"制文虽是官样文章,但评价还是较为恰当的,因为制文的作者是了解高适的友人贾至。当时贾至任中书舍人,知制诰。

高适性格本来就慷慨激昂,现在受命于危难之时,因而更加尽心尽责,史书说他"负气敢言,权幸惮之",当是可信的。他切谏不可实行诸王分镇即是一例。当时宰相房琯向玄宗建议,把天下分割给太子李亨、永王李璘、盛王李琦、丰王李珙诸子。当时的形势很复杂,永王占据江淮富庶之地,与占据北方的太子李亨有对峙的可能,而李亨处于尊长之位,岂容李璘与己相争?所以分镇之议一行,必致内乱。高适认真研究了当时的形势,能在诸王矛盾中预见到政局发展的方向,因而"帝以诸王分镇,适盛言不可"(《新唐书》本传)。高适的"盛言"想来会引起当权大臣房琯等人的不满,而他"负气敢言"的性格于此可以见出。但是"上皇命诸子分总天下节制,谏议大夫高适谏,以为不可,上皇不听"(《资治通鉴》)。李璘领四道节度使,镇江陵,他召募勇士数万人,日费巨万,想以金陵为首都,形成南北分治的局面。时已为肃宗的李亨很不放心,命他前往蜀地去拜见玄宗,实际是想把永王调离江陵,李璘不从。至德元载(756年)十二月,永王引兵自江陵东下金陵,引起朝野震惊。肃宗召集亲信商议对策,准备采取武力行动。肃宗早知高适曾切谏不可实行分制,认为他"论谏有素",遂"召而谋之,适因陈江东利害,永王必败",因而很受肃宗赞赏。这年十二月,"置淮南节度使,领广陵等十二郡,以适为之;置淮南西道节度使,领汝南等五郡,以来瑱为之;使与江东节度使韦陟共图璘"(《资治通鉴》)。淮南节度使治所在扬州广陵郡(今扬州市),高适此时官阶为从三品,已经是朝廷高官了。

至德二载(757年)二月,高适、来瑱、韦陟会于安陆(今属湖北),结盟誓师准备讨伐永王。三人辞旨慷慨,血泪俱下,以至于"三军感激,莫不陨泣。其后江表树碑以记忠烈"。高适在渡淮之前,做了一些策反工作,他"移檄将校,绝永王,俾各自白,君子以为义而知度"(《新唐书》本传)。当时永王部将多不同意与肃宗对抗,在逐渐明白李璘以平安史之乱为名而行割据之实后,纷纷脱离永王,因此高适还没有渡淮,永王就已兵败被杀了。此时高适官位渐高,像李白那样"心雄万夫"的诗人也来向他求援。当时李白因入永王幕府而得罪,正关押在寻阳狱中,恰好他的朋友张孟熊要到高适的部队从军,李白便写了《送张秀才谒高中丞》,诗中赞美高适在平乱中的功绩:"高公镇淮海,谈笑却妖氛。"又表达了求助的希望:"我无燕霜威,玉石俱烧焚。但洒一行泪,临歧竟何云!"诗写自己悲愤无告,请求援救之意甚明。可惜没有材料说明高适的态度及其是否曾给老友以帮助。还有一件事值得一提：睢阳告急，张镐集中兵力往救，时谯郡太守闾丘晓最后到达指定地点，张镐要杀他，他说："有亲，乞贷余命。"张镐回问他："王昌龄之亲欲与谁养？"还是杀了他。原来，此前不久，诗人王昌龄"以世乱还乡，为刺史闾丘晓所杀"。当时高适正在张镐属下，而他又与王昌龄是老朋友，所以有人认为是他怂恿张镐杀掉闾丘晓的，如《云溪友议》即说："高适侍御与王江宁昌龄伸冤。"此事事出有因，但查无实据，惜无材料详加说明。

高适自从担任淮南节度使后更加"敢言"，因而得罪了当朝的一些重要人物，李辅国即是其中之一。当时李辅国依附淑妃张良娣，大权在握，势倾朝野，故对敢于上言的高适颇存忌心。《旧唐书》本传说："李辅国恶适敢言，短于上前，乃左授太子少詹事。"高适对李辅国当然十分不满，在他后来所作的《酬裴员外以诗代书》里，他说："拥旄出淮甸，入幕征楚材。誓当剪鲸鲵，永以竭驽骀。小人胡不仁，谗我成死灰。"诗人直呼李辅国为"小人"，是颇为大胆的。太子少詹事是个闲散的官职，任职于东京洛阳。高适于乾元元年（758 年）四月离开扬州，经宋州、汴州而至洛阳。分司东都的生活十分散淡，责任也并不重大，"留司洛阳宫，詹府唯蒿莱"，可见他所办公的地方只是一处长满野草的废宫罢了。闲居于此，难免送往迎来的应酬，因而写下一些送别名作，如《送李少府贬峡中王少府贬长沙》：

> 嗟君此别意如何，驻马衔杯问谪居。
> 巫峡啼猿数行泪，衡阳归燕几封书。
> 青枫江上秋天远，白帝城边古木疏。
> 圣代即今多雨露，暂时分手莫踟蹰。

此诗感情真挚，寓意丰富，在写作上也很有特色，故历来为人们所传诵。盛傅敏《碛砂唐诗纂释》评曰："中联以二人谪地分说，恰好切潭峡事极工确，且就中便含别思，末复收拾以应首句，然首句便已含蓄。"最后二句作"颂圣"语，反映出当时高适的思想状态，因为他此时毕竟已经是朝廷高官了，只能如此措辞。

乾元二年（758 年），史思明占据魏州（今河北大名县），与此时败退邺城（今河南安阳市）的安庆绪遥为声援，唐将九节度之师围邺，与安庆绪战于相州城下，忽有大风，"官军大奔，弃甲杖器械，委积道路"（《册府元龟》）。相州九节度失败，洛阳城里一片惊慌，百姓纷纷出逃，高适与留守崔园、河南尹苏震、汝州刺史贾至等百馀人南奔今湖北襄阳和邓县，一路所见无非是城池毁坏、尸骨遍野的战乱景象，其仓皇南奔的情况，在他后来写的《酬裴员外以诗代书》里有较为详细的回忆："登顿宛叶下，栖惶襄邓隈。城池何萧条，邑室更崩摧。纵横荆棘丛，但见瓦砾堆。行人无血色，战骨多青苔。"

来到襄邓不久，高适又被朝廷想了起来，他因此被任命为蜀中彭州（今四川彭县）刺史。高适接到任命后先去长安拜见了肃宗，然后就踏上了入蜀之路，其《赴彭州山行之作》写道："峭壁连崆峒，攒峰叠翠微。鸟声堪驻马，林色可忘机。怪石时侵径，轻萝乍拂衣。路长愁作客，年老更思归。且悦岩峦胜，宁嗟意绪违。山行应未尽，谁与玩芳菲？"诗里描写了途中景色，而美景自赏，孤独寂寞之情自在言外。经过艰苦跋涉，高适在六月初抵达彭州任所，随后写了《谢上彭州刺史表》，此文概述了自己一生的主要经历，史料价值弥足珍贵。这年十月，唐将李光弼破史思明获得大捷。消息传来，朝野欢腾。当时高适正与前河南少尹李岘宴于毕员外宅院，听到这个消息，情绪激昂，即席赋《同河南李少尹毕员外宅夜饮时洛阳告捷遂作春酒歌》，诗中写到"洛阳告捷倾前后"的喜悦，也写到自己近几年的经历和此时的心情："前年持节将楚兵，去年留司在东京。今年复拜二千石，盛夏五月西南行。彭门剑门蜀山里，昨逢军人劫夺我，到家但见妻与子。赖得饮君春酒数十杯，不然令我愁欲死。"在彭州任上，高适从朝廷和百姓的立场出发，上了论述"西山三城罢戍"的奏文，他建议合东西川为一道，罢西山三城之戍，以减轻当地百姓的赋税负担。当时朝廷虽没有接受他的意见，但几年后还是把东西川合为一道了，高适的奏章也许起了些作用。

上元元年（760年）九月，高适又被任命为蜀州（即今四川崇州市）刺史。高适赴新任后，有两件事值得特别加以介绍。其一，高适迁蜀的第二年四月，梓州刺史段子璋反，自称梁王，西川节度使崔光远整兵讨伐，高适率兵参与平定叛乱。其二，宝应元年（762年）严武应召归京，剑南兵马使徐知道乘严武离职之机，联合羌人占领西川，以兵据剑阁，严武不能出蜀。

八月,高适率兵击败徐知道,剑南悉平。不久,高适由蜀州至成都,就任剑南西川节度使,摄东川节度使。当时边防紧急,吐蕃时刻准备入侵,高适虽加紧练兵,但"师出无功,而松、维等州寻为蕃兵所陷"(《旧唐书》本传)。高适因此"为大臣所轻",代宗便用严武将其代还,"用为刑部侍郎,转散骑常侍,加银青光禄大夫,进封渤海县侯,食邑七百户"。回到长安的第二年正月,高适离开了人世,他死后"赠礼部尚书,谥曰忠"。

七、唐代的杰出诗人

　　《旧唐书》本传说:"有唐以来,诗人之达者,唯适而已。"这话是符合实际的。在唐代诗人中,高适的确十分显达。但是,高适首先是一位诗人,他在诗歌发展史上的地位和影响,是其他诗人所不能替代的。他的诗作在当代就受到了人们的注意和高度评价,《新唐书》本传说他"年五十始为诗即工,以气质自高,每一篇已,好事者辄传布"。杜甫更说他"独步诗名在"(《闻高常侍亡》),又说:"当代论才子,如公复几人?"(《奉简高三十五使君》)。在这里有个问题需要解释一下,即高适"五十始为诗"的说法是否可靠?关于高适五十岁才开始或留意作诗的记载,见于新旧《唐书》、《唐诗纪事》、《唐才子传》等书,似乎是人们一致的看法。其实,只要认真研究高适的生平和作品,就会看出这种记载是明显不准确的,因为《燕歌行》、《蓟门五首》、《邯郸少年行》、《别韦参军》等许多名作都是他三十岁以前所作,这是没有疑问的。之所以会产生高适"五十始为诗"的说法,是因为五十岁左右是高适一生中的重要转折时期,前此落魄蹭蹬,虽有诗名却并不突出,后此由于步入仕途,更多地接触了官吏和文人,诗名日盛,甚至以前写的一些诗作也借其地位的变化而广为流传,故给人留下了"五十始为诗"的印象。《旧唐书》本传未加辩正而取此说,其他各书均沿用《旧唐书》成说,遂使此说在相当长的时期内似乎成了定论。其实,这种说法是没有根据的,要全面研究高适的生平和诗歌,就必须推翻这种所谓的"定论"。

　　高适的诗歌有丰富的内容,其中成就最大的是边塞诗,他也因此与岑参一起成为盛唐边塞诗派的代表诗人。高适的边塞诗不仅描写了边地风光和少数民族人物形象,更写到边塞战斗的激烈和紧张;不仅用热情的笔触歌颂了唐军将士的勇敢和战斗的胜利,更表达了自己的安边之策;不仅抒发了建功立业的愿望,更对边塞军中黑暗现实作了有力的抨击。边塞诗之外,高适的怀古诗、政治诗和赠友送别诗都有不少佳作名篇,如《别董大二首》之二就是千古传诵的诗作:

> 十里黄云白日曛,北风吹雁雪纷纷。
> 莫愁前路无知己,天下谁人不识君?

此诗虽写送别,却不作伤心语,而充满乐观精神,与高适豪放的性格有着密切的联系。

高适是一位不同寻常的诗人,他"喜言王霸大略,务功名,尚节义,逢时多难,以安危为己任"。对理想和功名的追求,对社会和国家的关心,胸有大志而长期沉沦下僚,加之豪放不羁的个性,这一切凝聚在诗文中,就形成了他诗歌风格的主要特色——豪放悲壮,而《燕歌行》就是其风格的最有代表性的作品。在诗歌的语言方面,高诗"多胸臆语",即大多流露了他的真情实感,因而具有朴素自然的特点。这大概是因为高适长期浪迹四方,接触了下层百姓的生活,民间的语言对他当有很大的影响;同时,高适素来胸有大志,并不以舞文弄墨为满足,所以他的诗往往重在达意言志,并不以文辞华丽取胜。如他的咏物诗《咏马鞭》:

> 龙竹养根凡几年,工人截之为长鞭。
> 一节一目皆天然。珠重重,星连连;
> 绕指柔,纯金坚。绳不直,规不圆。
> 把向空中捎一声,良马有心日驰千。

此诗对马鞭的描写具体生动,颇为传神,其中亦寄寓了作者希望能为世用的心情,而语言却很质朴。由此说来,高诗朴素自然的语言特点,是他豪放性格和其美学追求相结合的必然结果。

岑参

一、家世和早期生活

岑参,唐玄宗开元三年(715 年)生于荆州江陵(今湖北省江陵县),而其先世本居南阳,梁时才徙居江陵,故而一些史料说他是"南阳人"。其实,南阳是他的郡望,江陵才是他的籍贯。

岑参出生在一个封建地主官僚家庭里,他的曾祖父、伯祖父、堂伯祖父都做过宰相,他自言"国家六叶,吾门三相矣"(《感旧赋》)。其曾祖父文本相太宗,伯祖父长倩相武后,堂伯父羲相中宗、睿宗,但他的伯祖父和堂伯父均因得罪了朝廷而被杀,家族成员有的被放逐边远地区,有的甚至被处死。他的祖父景倩和父亲植都做过朝廷高官或州刺史一类的地方长官。岑参兄弟五人,为渭、况、参、秉、亚,渭官至澄城丞,况曾任单父县令、湖州别驾,秉为太子赞善大夫,亚曾做过长葛丞。生活在这样一个家庭里,岑参看到了自己家族由堂伯父被杀后家道中衰的境况,加之,家庭的正常教育,使他自幼便有一种重振家业、建功立业的愿望,因而他而立之年表示"嗟予生之不造,常恐堕其嘉猷"(《感旧赋》)就是完全自然的了。

岑参在童年时曾随任晋州刺史的父亲在晋州生活了八九年,并于此开始发蒙读书,其《感旧赋》便说他"五岁读书,九岁属文"。但不幸岑植在参尚未成年便去世了,岑参在十五岁时移居嵩阳少室一带,依靠其长兄生活和读书。在此期间,岑参刻苦攻读,希望能重振家业,因为他涉世不深,其心境往往是很恬静的,有时难免以深山隐士自居,他此期的诗作便常常带有一种超然的意味,如:"田中开白屋,林下闭玄关。卷迹人方处,无心云自闲。竹深喧暮鸟,花缺露春山。胜事那能说,王孙去未还。"(《丘中春卧寄王子》)再如:"结宇依青嶂,开轩对翠畴。树交花两色,溪合水重流。竹径春来扫,兰樽夜不收。逍遥自得意,鼓腹醉中游。"(《南溪别业》)这些诗作生动地描绘出恬淡静谧的环境和无拘无束的生活。同当时许多读书人一样,岑参此时还常与道士往还,并阅读了不少有关道士炼丹的书,这对他的思想无疑产生了重要的影响。

随着年龄的增长,岑参重振家业的欲望更加强烈,在他二十岁的时候,他认为自己可以离山求仕了,于是来到洛阳向玄宗献书,希望得到皇帝的赏识。献书虽然没有取得期望的效果,却锻炼了青年岑参的才干,他奔波于东都洛阳与西都长安之间,拜访了不少达官显贵,希望能找到施展抱负的机会。这段时间竟然有十年之久,即《感旧赋》所说:"出入二郡,蹉跎十秋。"此期岑参的思想是比较复杂的,一方面他急切地寻找着出仕之路,故深以不仕为耻,其《戏题关门》说:"来亦一布衣,去亦一布衣,羞见关城吏,还从旧道归。"另一方面,因为出仕的愿望长期不能实现,使他对嵩山隐居的生活产生了更强烈的怀念之情,并时常回到旧隐之处短住。

也许是感到二郡求仕的艰难,岑参开始到其他地方周游。此次,他由长安出发,游览了古邺城(故址在今河北临漳县一带)、邯郸城(今属河北)、冀州(今河北冀县),还到了井陉、黎阳等地,两年以后才回到长安。在长安,他仍然不能忘怀于仕进,故在送别友人时写道:"功名须早著,岁月莫虚掷。"(《送郭乂杂言》)这一年冬天,诗人王昌龄被贬为江宁丞,岑参写了《送王大昌龄赴江宁》诗送行。此期岑参的心情很不愉快,在《至大梁却寄匡城主人》一诗中,他感叹道:"一从弃鱼钓,十载干明主。无由谒天阶,却欲归沧浪。"在《感旧赋》里,他更为沉痛地说:"参年三十,未及一命,昔一何荣矣,今一何悴矣!"为了尽早入仕,他决定走当时一般读书人大都选择的道路——应举。天宝三载(744年),岑参一举中第,被任命为"右内率府兵曹参军"。右内率府是唐十率府之一,为太子居官,掌东宫兵杖、仪卫、门禁等职事。府置兵曹参军,从八品下,"掌武官簿书",其职位不高,工作也颇为琐碎,但因为生活困难,岑参虽然对这个官职不满,却还是接受下来,并在这个职位上度过了几年。其实,他一直在寻找着新的机会,希望能离开这卑微而又刻板的职位。他终于找到了他期望中的新的路径,那就是从军入塞,在边塞建立自己的功业。

二、边塞风云

魏晋以来的几百年里,汉族一直受着落后的异族的侵凌与威胁,唐朝建立之初,由于国力不强,仍向东突厥统治者称臣。随着唐统一局面的形成,国家势力的加强,唐朝对一些少数民族统治者的入侵和虏掠展开了抗击,并取得了骄人的成果。频繁的战争、火热的生活,自然吸引了诗人们的注意力。文士们经常看到浩浩荡荡的大军开赴边陲,不时地获悉边地传来的消息,过去人们印象中的不毛之地,这时也具有了丰富的色彩。于是,投笔从戎,立功边塞,就成了许多读书人的愿望和理想。岑参像同时代的文士一样,他也向往着边塞生活,希望能在那里开阔自己的视野,寻求报效国家和建功立业的机会。天宝八载(749 年)的秋冬之际,岑参终于如愿以偿,他带着对一个新天地的好奇与向往,奔向了去安西的道路,他的目的地是安西四镇节度使高仙芝的幕府。杜确《岑嘉州诗集序》说岑参"转右威卫录事参军",这也许便是他在安西幕府里担任的职务。

岑参在秋冬之际的一个早晨告别长安,踏上长途,走过了一个又一个驿站,终于在日暮时分到达了陇山头(在今陕西陇县西北)。这里是赴河西、陇右的必经之地,《三秦记》说:"小陇山,其坂九回,上者七日乃越,上有清水四注。俗歌曰:'陇头流水,鸣声幽咽,遥想秦川,肝肠断绝。'"面对陇头的荒凉景象,岑参不由低吟道:"陇水何年有,潺潺逼路旁?东西流不歇,曾断几人肠?"(《经陇头分水》)在陇山岑参正巧与高仙芝属下宇文判官相遇,宇文氏此时与高仙芝由安西入朝,他先期到达了陇山。岑参写了《初过陇山途中呈宇文判官》诗赠给宇文氏,诗中先写自己早发长安暮至陇山的行程和初至陇山所引发的愁绪:"一驿过一驿,驿骑如星流,平明发咸阳,暮到陇山头。陇水不可听,呜咽令人愁。"接着写宇文判官风尘仆仆由安西四镇陪伴都护（指高仙芝）前去长安，一路上马不停蹄，甚是辛苦："沙尘扑马汗，雾露凝貂裘，西来谁家子，自道新封侯。前月发安西，路上无停留，都护犹未到，来时在西州。十日过沙碛，终朝风不休，马走碎石中，四蹄皆血流。"继而表达了自己入塞的志愿和报国的决心："万里奉王事，一身无所求，也知塞垣苦，岂为妻子谋！"最后描写了当时的环境和心情："山口月欲出，光照关城楼，溪流与松风，静夜相飕飕。别家赖归梦，山塞多离忧，与子且携手，不愁前路修。"此时岑参的心情是复杂的，一方面，他决心立功边塞，"万里奉王事"，"岂为妻子谋"；另一方面，初次远行，且是去那遥远而神秘的边陲，因而思乡之情就特别浓重，所以在西去的路途中，他写下了好几首思乡念友诗，如行至渭州（今甘肃陇西县西南），有《西过渭州见渭水思秦川》："渭水东流去，何时到雍州（指长安）？凭添两行泪，寄向故园流。"行至燕支山（今甘肃山丹县东），有《过燕支寄杜位》："燕支山西酒泉道，北风吹沙卷白草；长安遥在日光边，忆君不见令人老。"行过酒泉（即肃州，治所在今甘肃酒泉县），有《过酒泉忆杜陵别业》："昨夜宿祁连，今朝过酒泉。黄沙西际海，白草北连天。愁里难消日，归期尚隔年。阳关万里梦，知处杜陵边。"而西行途中的思乡之作，以《逢入京使》最为著名，其诗云：

> 故园东望路漫漫，双袖龙钟泪不干。
> 马上相逢无纸笔，凭君传语报平安。

此诗音韵自然，语言质朴，却表达出了真挚而细腻的感情。

岑参一路奔波，经敦煌出阳关。阳关是一座古关，在今甘肃敦煌县西南百余里，是古代通往西域的交通要道。岑参的目的地是安西节度使治所龟兹镇（在今新疆库车县），因而他过了阳关还有不短的路程，还须加紧赶路。岑参出阳关后经蒲昌海（今罗布泊一带）向北到了西州（今吐鲁番）。在路途上他看到了火焰山，感到特别惊奇。火焰山又叫火山，山由红砂岩构成，远看像火在燃烧，且其地气候十分干燥炎热，更给人一种满山火焰的感觉。此山由新疆吐鲁番向东一直伸展向鄯县以南地区。带着兴奋和激动，岑参记录下自己初见火山时的惊奇和感受：

火山今始见，突兀蒲昌东。
赤焰烧虏云，炎气蒸塞空。
不知阴阳炭，何独燃此中？
我来严冬时，山下多炎风，
人马尽流汗，孰知造化功！

继续西行，十天后诗人来到银山碛（在今新疆吐鲁番西南的库木什附近），《银山碛西馆》即作于此时，其诗曰："银山峡口风似箭，铁门关西月如练。双双愁泪沾马毛，飒飒胡沙迸人面。丈夫三十不富贵，安能终日守笔砚！"诗中表达了思乡之情和立功之愿，情绪颇为复杂。而此时最使他神牵梦绕的还是家乡亲友，所以他的诗作便较集中地抒发了这一类感情，如《宿铁关西馆》："马汗踏成泥，朝驰几万蹄。雪中行地角，火处宿天倪。塞迥心常怯，乡遥梦亦迷。那知故乡月，也到铁关西。"再如《碛中作》："走马西来欲到天，辞家见月两回圆。今夜不知何处宿，平沙万里绝人烟！"在这一年岁末，岑参终于来到了安西，开始了他的幕府生活。

岑参在安西幕府担当的职务已不可详知，从有关材料推测可能是专管后勤事务的散官，职位虽然不高，却颇为忙碌。通过他的诗作，我们可以知道他经常奔走于安西四镇之间。他曾去过安西以西的地区，其《过碛》说："黄沙碛里客行迷，四望云天直下低。为言地尽天还尽，行到安西更向西。"他也去过焉耆（唐军镇名，安西四镇之一，其地在今新疆焉耆西南），其《早发焉耆怀终南别业》说："一身虏云外，万里胡天西。终日见征战，连年闻鼓鼙。"从此诗后二句看，岑参也参加过一些战斗，或者是负责战场上紧缺物资的供应。他还到过胡芦河一带，出安西柘厥关行五百余里至小石城，再行二十五里才至胡芦河，在当时这里是很偏远的地方。其《题苜蓿烽寄家人》说："苜蓿烽边逢立春，胡芦河上泪沾巾。闺中只是空思想，不见沙场愁杀人！"身处遥远的边陲，诗人思念亲人的心情自然更加强烈了。他还两次出入阳关，在敦煌等地办理公事，其《寄宇文判官》诗说："终日风与雪，连天沙复山。二年领公事，两度过阳关。"岑参还到了西州（即交河郡，其地辖今新疆吐鲁番盆地一带），在那里他领教了边地的狂风和沙石，参观了使人感怀的古战场，他有诗记叙道："曾到交河郡，风土断人肠。塞驿远如点，边烽互相望。赤亭多飘风，鼓怒不可当。有时无行人,沙石乱飘扬。夜静天萧条,鬼哭夹道旁。地上多骷髅,皆是古战场。"(《武威送刘单判官赴安西行营便呈高开府》)置身于萧瑟的古战场,岑参的感受该是多么深沉!岑参在边塞谨奉王事,四处奔波,恰如风中的飘蓬,但却未受到重用,其《安西馆中思长安》诗中有句说:"弥年但走马,终日随飘蓬。寂寞不得意,辛勤方存公。"仕途的失意,使诗人的心情很不愉快,而又无可奈何。

天宝十载正月,高仙芝被任命为武威太守、河西节度使,他的一些幕僚先期到达河西节度府驻地凉州(唐郡名,治所在今甘肃武威县),根据岑参"胡地三月半,梨花今始开"、"凉州三月半,犹未脱寒衣"等诗句,岑参、刘单、李副使等人是在这年的三月来到凉州的。但因为大食兵来攻安西四镇,高仙芝领军抗之,故不能来河西任职,他的幕府僚属只得纷纷回去,岑参却受命留在凉州。五月,岑参送别了刘单判官,写下了《武威送刘单判官赴安西行营便呈高开府》一诗。此诗内容颇为丰富,是岑参此期的一篇重要作品。诗的前一半说:"热海亘铁门,火山赫金方。白草磨天涯,胡沙莽茫茫。夫子佐戎幕,其锋利如霜。中岁学兵符,不能守文章。功业须及早,立身有行藏。男儿感忠义,万里忘越乡。孟夏边候迟,胡国草木长。马疾过飞鸟,天穷超夕阳。都护新出师,五月发新装。甲兵二百万,错落黄金光。扬旗拂昆仑,伐鼓震蒲昌。太白引官军,天威临大荒。西望云似蛇,戎夷如丧亡。浑驱大宛马,系取楼兰王。"诗人先描绘了边塞风光,进而对刘单投笔从戎表示赞赏,最后渲染了唐军出征时的气势和必胜的信念。六月,李副使也要奔向高仙芝的部队,岑参又有《送李副使赴碛石官军》,其诗云:

> 火山六月应更热,赤亭道口行人绝。
> 知君惯度祁连城,岂能愁见轮台月?
> 脱靴暂入酒家垆,送君万里西击胡。
> 功名只应马上取,真是英雄一丈夫!

最后两句突出地表现了诗人马上立功的志愿和对李副使奔赴战场的羡慕,但他却不能前往安西,而是带着边将交付的任务和"无事向边州"的惆怅,由武威出发,经临洮,在这年初秋时节回到长安。

三、长安交游

　　长安与边地有天壤之别，这里没有征战的鼓鼙，没有无边无际的沙漠，这里只有安定和平的气氛，似乎与遥远的边地是两个世界。长安是大唐帝国的首都，是人文荟萃之所。岑参免不了要与文士们唱酬往来，高适、杜甫等著名诗人都是他此期经常交往的朋友，他也因此写下不少送别应和之作。此期他与杜甫过从甚密，他们曾一道去渼陂游玩。渼陂，在户县西五里，集终南山诸谷之水，合胡公泉为陂，方广十余里，陂上为紫阁峰，峰下陂水清澈，是当时人们游乐、赏玩的重要场所。杜甫有《渼陂行》，开首两句即是："岑参兄弟皆好奇，携我远来游渼陂。"在游玩中，岑、杜有同赋之作，岑参又有《与鄠县群官泛渼陂》，也是与杜甫同游时所作，其诗云："万顷浸天色，千寻穷地根。舟移城入树，岸阔水浮村。闲鹭惊箫管，潜虬傍酒樽。暝来呼小吏，列火俨归轩。"诗中描写了渼陂优美的景色以及游玩之乐。这年秋天长安多雨，杜甫不能去拜访岑参，便写了一首《九日寄岑参》诗，诗中说："出门复入门，雨脚但仍旧。所向泥活活，思君令人瘦。……岑生多新语，性亦嗜醇酎。"当时岑参住在曲江一带，故杜诗又有"寸步曲江头，难为一相就"之句。尤为值得一提的是天宝十二载秋天的登塔之游。这一天，岑参与杜甫、高适、薛据、储光羲相邀同登慈恩寺塔，高、薛先写了《同诸公登慈恩寺塔》诗，杜、储、岑都有酬和之作。慈恩寺在今西安市南，寺内有塔，即大雁塔。慈恩寺是唐高宗为其母追荐冥福而建。唐永徽三年（652年），玄奘为保护由印度带回的经籍，由高宗资助，在寺内西院修建该塔。塔有七层，高五十多米。秋高气爽，相携登塔，极目远眺，和而赋诗，这是多么令人向往的盛事！难怪清代王士禛说："每思高、岑、杜辈同登慈恩塔，李杜辈同登吹台，一时大敌旗鼓相当，恨不能厕身其间,为执鞭弭之役。"(《唐贤三昧集笺注》引)可见其羡慕之至。诸作之中,后人一般公推杜诗最为突出,其他各篇也自有其所长。仇兆鳌说得较为公允:"岑、储两作,风秀蔚贴,不愧名家;高达夫出之简净,品格亦自清坚;少陵仰高深之景,盱衡今古之识,感怀身世之怀,莫不曲尽篇中,真是压倒群贤,雄视千古矣。"(《杜少陵集详注》)岑参的诗作确有特色,不妨一读:

> 塔势如涌出,孤高耸天宫。
> 登临出世界,磴道盘虚空。
> 突兀压神州,峥嵘如鬼工。
> 四角碍白日,七层摩苍穹。
> 下窥指高鸟,俯听闻惊风。
> 连山若波涛,奔凑似朝东。
> 青槐夹驰道,宫馆何玲珑。
> 秋色从西来,苍然满关中。
> 五陵北原上,万古青蒙蒙。
> 净理了可悟,胜因夙所宗。
> 誓将挂冠去,觉道资无穷。

此诗先写塔之高峻,再写塔上眺望所见之景色,最后表示要学习和实践佛教清净之理、挂冠而去,反映出诗人当时的思想情绪。当然这并不是说岑参要求建功立业的愿望已经完全消失了,其实他一刻也没有忘记自己报国的理想,在一些送别之作中,他仍然表达了对边塞生活的向往,如《送人赴安西》说:"上马带吴钩,翩翩度陇头。小来思报国,不是爱封侯。万里乡为梦,三边月作愁。早须清黠虏,无事莫经秋。"正是因为岑参没有忘怀"报国"的宿愿,他才能在不久后第二次踏上入塞之路。

四、二入边塞

　　天宝十三载(754 年)夏,岑参接到了安西、北庭节度使封常清的召辟,颇为兴奋,他后来说:"何幸一书生,忽蒙国士知!"所谓"国士",即指封常清。封常清曾与岑参一道在高仙芝幕府供职,如今升作节度使,故驰书诚请老友入幕,岑参认为建功立业的机会终于来了,遂带着对未来的憧憬离开长安。岑参此次出塞仍是秋冬之际由长安首途,目的地是北庭(今新疆吉木萨尔北破城子)。由长安出发,经过陇头,不久岑参到达了临洮(唐郡名,在今甘肃临潭县西),在此正巧与从北庭罢使还京的友人赵仙舟相遇,二人一道泛舟游玩,赵之东归,自然引发了岑参思乡之情,因而写下"醉眠乡梦里,东望羡归程"(《临洮泛舟赵仙舟自北庭罢使还京》)的诗句。在离开临洮时,岑参写下了《发临洮将赴北庭留别》,诗曰:

> 闻说轮台路,连年见雪飞。
> 春风不曾到,汉使亦应稀。
> 白草通疏勒,青山过武威。
> 勤王敢道远,私向梦中归!

在作者笔下,边塞是多么荒凉,而结尾二句又使情绪一转,使人想到"也知塞垣苦,岂为妻子谋"的诗句,可见他两次出塞的动机是一致的。怀抱勤王之念,岑参继续前行,经过金城(今兰州市)到达了河西节度使治所凉州,在此与一些老友重逢,难免游宴斗酒、倾诉别情,《凉州馆中与诸判官夜集》便写于此时:

弯弯月出挂城头，城头月出照凉州。
凉州七里十万家，胡人半解弹琵琶。
琵琶一曲肠堪断，风萧萧兮夜漫漫。
河西幕中多故人，故人别来三五春。
花门楼前见秋草，岂能贫贱相看老。
人生大笑能几回，斗酒相逢须醉倒。

在凉州与老友相逢，斗酒欢宴，岑参的心情是很愉快的，故而他有时也与客舍的酒家翁开个玩笑，如其《戏问花门酒家翁》就颇风趣："老人七十仍沽酒，千壶百瓮花门口。道旁榆荚仍似钱，摘来沽酒君肯否？"在凉州略作停留，岑参又由此出发，经过玉门关，不久，来到了北庭。

在封常清节度使幕府里，岑参的情绪是比较开朗和昂扬的，《北庭西郊候封大夫受降回军献上》诗的最后几句便是他此期的自画像："何幸一书生，忽蒙国士知。侧身佐戎幕，敛衽事边陲。自逐定远侯，亦著短后衣。近来能走马，不弱并州儿。"（敛衽，整敛衣襟，表示肃敬；定远侯，即班超，此指封常清；短后衣，一种便于骑马的前长后短的服装；并州儿，指今山西省一带的少年，他们自古以善骑射而著名。）虽然只有短短的几句诗，却把诗人终遇知己的兴奋和侧身戎幕的喜悦以及走马边塞的英姿都生动地表现出来了。

岑参在北庭期间，边塞战争时有发生，他虽然是文职官员，不能随主将和大军杀向战场，但他是诗人，因而便用诗篇来表现唐军将士卫边爱国的精神和不畏艰难的气概，其《轮台歌奉送封大夫出师西征》《走马川行奉送出师西征》等都是这一类作品。这些诗作往往写得很有气势，字里行间洋溢着爱国主义情绪和必胜的信念，如《轮台歌奉送封大夫出师西征》：

轮台城头夜吹角，轮台城北旄头落。
羽书昨夜过渠黎，单于已到金山西。
戍楼西望烟尘黑，汉兵屯在轮台北。
上将拥旄西出师，平明吹笛大军行。
四边伐鼓雪海涌，三军大呼阴山动。
虏塞兵气连云屯，战场白骨缠草根。

剑河风急雪片阔,沙口石冻马蹄脱。

亚相勤王甘苦辛,誓将报主静边尘。

古来青史谁不见,今见功名胜古人。

此诗集中描写了唐军将士为静边尘而不畏风雪严寒的精神,充满了豪迈感人的力量。

岑参不仅在大军出征时往往赋诗壮行,而且在唐军凯旋之时,他也常常用诗歌来表达自己的喜悦之情,因而写下了《献封大夫破播仙凯歌六章》《北庭西郊候封大夫受降回军献上》等诗作。这一类诗篇往往充满轻松与愉快的情绪,如《北庭西郊候封大夫受降回军献上》有句云:"胡地苜蓿美,轮台征马肥。大夫讨匈奴,前月西出师。甲兵未得战,降房来如归。橐驼何连连,穿帐亦累累!"再如《灭胡曲》:"都护新灭胡,士马气亦粗。萧条房尘净,突兀天山孤。"战斗的胜利,使唐朝将士斗志更加旺盛;肃清了战争的尘雾,天山显得更加崔巍。

岑参在封常清的幕府里仍然负责后勤工作,初至北庭,他的职务可能是支度判官,这是协助支度使掌管军资粮杖的后勤官员,因此他要经常在北庭及其属县奔波,而轮台是他去的次数最多的地方之一,于是便写下了许多有关轮台的诗作,如《轮台即事》记录了轮台的风物和自己的心情:"轮台风物异,地是古单于。三月无青草,千家尽白榆。蕃书文字别,胡俗语音殊。愁见流沙北,天西海一隅。"他还到过西州(天宝元年更名交河郡,辖今新疆吐鲁番一带,治所在高昌),有《使交河郡郡在火山脚其地苦热无雨雪献封大夫》诗,其中说:"奉使按胡俗,平明发轮台。暮投交河郡,火山亦崔巍。"可见他的任务之一就是考察当地少数民族的风俗习惯,为上级提供安定边地的建议。在交河郡,他曾送别友人,其《送崔子还京》诗说:"匹马西从天外来,扬鞭只共鸟争飞。送君九月交河北,雪里题诗泪满衣。"他还到过热海边上(热海即今伊塞克湖,在吉尔吉斯斯坦境内),写有《热海行送崔侍御还京》诗,其中有"侧闻阴山胡儿语,西头热海水如煮"之句。为了公事,岑参多次出入玉门关,有一次他受命考察边地军队的储备(即"我来塞外按边储"),守卫玉门关的将军盖某热情地款待了他,他们在一起"醉争酒盏相喧呼",致使岑参兴奋异常,竟然"忽忆咸阳旧酒徒"(《玉门关盖将军歌》)!

当然,岑参此次出塞主要生活在北庭,其生活总的讲还是颇为清闲的,故而他在诗中说:"公府日无事,吾徒只是闲。"(《敬酬李判官使院即事见呈》)作为封常清的僚属和旧友,岑参免不了要陪封常清或重阳登高,或夏日纳凉,或月夜游宴,也免不了要写一些应酬之作,但其中有些诗句还是很有史料价值的,如:"西边虏尽平,何处更专征。幕下人无事,军中政已成。座参殊俗语,乐杂异方声。醉里东楼月,偏能照列卿。"(《奉陪封大夫宴》)诗中描写了边地安定、各族官员和睦相处的情景,这可与"军中置酒夜挝鼓,锦筵红烛月未午。花门将军善胡歌,叶河蕃王能汉语"(《与独孤及渐道别长句兼呈严八侍御》)的诗句对照阅读,从而使我们感受到唐代边塞生活丰富多彩的一面。在北庭岑参送别了许多朋友,写下不少赠别之作,其中固然有一些纯粹出于应酬,但大部分诗作还是表达了他的真情实感,如《北庭贻宗学士道别》便对宗某有功不见赏的遭遇表示了深切的同情:"万事不可料,叹君在军中。读书破万卷,何事来从戎? 曾逐李轻车,西征出太蒙。荷戈月窟外,擐甲昆仑东。两度皆破胡,朝廷轻战功。十年只一命,万里如飘蓬。容鬓老胡尘,衣裘脆边风。"由"何事来从戎",似乎也透露出岑参此时的思想动态,他已不像初至边塞时那么情绪高昂了,宗某的遭遇自然使他体会到边塞立功的艰难。作为岑参来说,他虽然被封常清引为知己,经常相伴出游、欢宴,但却并没有被委以重任,马上建功仍然是一种空想,难怪他要感叹:"可知年四十,犹自未封侯!"(《北庭作》)而《登北庭北楼呈幕中诸公》更突出表现了他此次出塞后期的思想情绪,诗中说:

> 上将新破胡,西郊绝尘埃。
> 边城寂无事,抚剑空徘徊。
> 幸得趋幕府,托身厕群才。
> 早知安边计,未尽平生怀。

从此诗里可以看出岑参深深感到志向不得伸展,内心是很痛苦的,以至于他竟发出这样的感叹:"轮台万里地,无事历三年!"(《首秋轮台》)正在这个时候,"安史之乱"爆发了,岑参遂决定东归,希望能寻找一条建功立业的新途径。

五、丹心未休

天宝十四载(755 年)十一月,安禄山发动了叛乱。朝廷慌忙命令高仙芝、封常清相继东讨,又命哥舒翰防守潼关,但因叛军来势凶猛,加之唐朝军备弛坏、内部矛盾尖锐,故而三位大将都打了败仗。不久叛军攻克潼关,唐玄宗逃往蜀中,太子李亨即位于灵武,此即肃宗。至德二年(757 年)肃宗来到凤翔(今属陕西),大将如郭子仪,文人如杜甫等都由全国各地纷纷来到临时首都凤翔。这年六月岑参由北庭来到凤翔,由正任左拾遗的杜甫和裴荐共同向朝廷举荐,肃宗任命岑参为右补阙。这个职位虽然品秩不高,但却是皇帝的近侍,可以直接进谏和上封事,其地位颇为清要。岑参深知自己责任重大,因此"入为右补阙,频上封事,指述权佞"(杜确《岑嘉州诗集序》),没有辜负老友们的期望。

在凤翔,岑参最重要的作品是《行军二首》。至德元载十月,宰相房琯率兵收复京师,但他不懂军事,结果在咸阳县东之陈陶斜大败,为叛军"所杀者四万余人"。岑参刚至凤翔就听人讲起陈陶斜之败,感到十分悲哀,在《行军二首》其一里写道:"昨闻咸阳败,杀戮尽如扫。积尸若丘山,流血涨丰镐。干戈碍乡国,豺虎满城堡。村落皆无人,萧条空桑枣。"字里行间似乎滴着血和泪,读之令人感慨万千。面对这种现实,诗人在《行军二首》其二里发出深长的感叹:

> 早知逢世乱,少小谩读书。
> 悔不学弯弓,向东射狂胡!
> 偶从谏官列,谬向丹墀趋。
> 未能匡吾君,虚作一丈夫。

> 抚剑伤世路，哀歌泣良图。
>
> 功业今已迟，览镜悲白发。
>
> 平生抱忠义，不敢私微躯。

首四句"悲其所遇非时也"（《对床夜话》），正表现出诗人恨不能在前线平定叛乱的心情；"偶从"四句言自己身为谏官，当尽职尽责，匡正君主；最后六句表达了功业未成的感伤和为国捐躯的愿望。诗中的感情颇为沉痛。

风翔距长安不算很远，但却为叛军所占，这自然引发了岑参心中无限感慨，九月九日重阳节，他写了《行军九日思长安故园》，题下注"时未收长安"，其诗云：

> 强欲登高去，无人送酒来。
>
> 遥怜故园菊，应傍战场开！

诗中表现了作者对长安故园的忆念之情和早日平定叛乱的殷切愿望。

这一年九月，元帅广平王椒、副元帅郭子仪将朔方等军及回纥、西域之众十五万从风翔出发，在长安西摆开阵势，经过一场激战，斩敌六万人，叛军弃城而逃，唐军又向洛阳进攻，安庆绪败走河北，唐军收复东京洛阳。十月肃宗便带着文武百官回到长安，岑参也扈从而归。他先任右补阙，不久又改为起居舍人，其《西掖省即事》便描写了他此时的生活和思想："西掖（指中书省）重云开曙辉，北山疏雨点朝衣。千门柳色连青琐，三殿花香入紫微（指宫殿）。平明端笏（上朝用的手板）陪鹓列（朝官的行列），薄暮垂鞭信马归。官拙自悲头白尽，不如岩下偃荆扉。"这时诗人王维、杜甫、贾至等都在朝中为官，他们一道上朝，一道出宫，彼此的来往是很密切的。一天早晨，中书舍人贾至去大明宫（旧址在今西安龙首山上）上朝，途中所见均春日景色，联想到两京收复，天下太平有望，于是诗兴大发，写下了七律《早朝大明宫呈两省僚友》，王维、杜甫、岑参都有奉和之作，王诗有"九天阊阖开宫殿，万国衣冠拜冕旒"之句，杜诗有"五夜漏声催晓箭，九重春色醉仙桃"之句，贾诗有"剑佩声随玉墀步，衣冠身惹御炉香"之句，都是常为人们提到的名句。在这四首诗里，岑参之作历来最为后人

推重,邢昉《唐风定》评岑参诗为"早朝诗第一",在王、杜等人之上。其诗如下:

> 鸡鸣紫陌曙光寒,莺啭皇州春色阑。
>
> 金阙晓钟开万户,玉阶仙杖拥千官。
>
> 花迎剑佩星初落,柳拂旌旗露未干。
>
> 独有凤凰池上客,阳春一曲和皆难。

方东树《昭昧詹言》说此诗"起二句'早'字。三四句大明宫早朝。五六正写朝时。收和诗,匀称。唱及摩诘、子美,无以过之"。这几首早朝诗在艺术上确实各有特色,但内容颇为肤浅,由此也可看出肃宗眼光短浅,天下尚未安定,其早朝竟如此排场,而诗人们却沉浸在天下太平的气氛里,为处于风雨中的朝廷歌功颂德,难怪生活在京师里的岑参产生了错觉,故而在《寄左省杜拾遗》里竟说"圣朝无阙事,自觉谏书稀",后代有人认为这是讽刺的反语,其实只要采取求实的态度,就会明白这是正面颂圣之作,不必为岑参讳,终日生活在表面升平的京城里,难免生出盲目乐观的情绪,其实"至德初,安史之乱方剧,朝野骚然,果无缺事耶"?因此孙涛《全唐诗话续编》感叹道:"以是知凡造意立言,不可不豫为天下来世虑。"细细品味,这话是很有启发性的。

乾元二年(759年)四月,岑参被外放为虢州(即今陕西宝鸡市)长史。唐朝重内轻外,在朝里任补阙、舍人之职,官品虽然不高,地位却很重要,因此外放州之佐史,自然有被贬的意味,故而岑参赴任出潼关时要说:"谪宦忽东走,王程苦相仍。"(《出关经华岳寺访法华云公》)初至虢州又有这样的牢骚话:"黜官自西掖,待罪临下阳。空积犬马恋,岂思鵷鹭行。"(《初至西虢官舍南池呈左右省及南宫诸故人》)岑参四月出长安,当月就到任上了,但因为仕途不很得意,他归隐的念头日益浓厚,在初至虢州时,他给朝中的朋友写诗说:"早岁迷进退,晚节悟行藏。他日能相访,嵩南旧草堂。"有时岑参与其他属吏一道参谒官长,汇报事务,听候指示,心情常常很不愉快,在《衙郡守还》一诗里,他不禁感叹道:"世事何翻覆,一身难可料。头白反折腰,归家还自笑。所嗟无产业,妻孥嫌不调。五斗米留人,东溪忆垂钓。"世事难料,头白反为小吏;叹无产业,只能空忆东溪,其心情是很矛盾的。他常常回忆在朝中任职的荣耀，感叹外放州郡的失意，如《佐郡思旧游》说：

> 幸得趋紫殿，却忆侍丹墀。
> 史笔众推直，谏书人莫窥。
> 平生恒自负，垂老此安卑。
> 同类皆先达，非才独后时。
> 庭槐宿鸟乱，阶草夜虫悲。
> 白发今无数，青云未有期！

前四句写昔日之荣耀，后八句写今日之难堪，《郡斋闲坐》诗意与此相似："幸曾趋丹墀，数得侍金屋。故人尽荣达，谁念此幽独？"由这类诗作可以看出，岑参的功名之念十分强烈，而他的悲叹全是在自认青云无望时产生的，这当然是与他思想局限和家庭教育分不开的。其《题虢州西楼》也较为集中地反映了他此时矛盾的心情：

> 错料一生事，蹉跎今白头。
> 纵横皆失计，妻子也堪羞。
> 明主虽然弃，丹心亦未休。
> 愁来无去处，只上郡西楼。

明主虽弃，丹心未改，诗人只能借山水风光来娱悦性情和排遣愁绪了。虢州多山，岑参常常去山上游玩，其《题山寺僧房》说："窗影摇群木，墙阴戴一峰。"西山的亭子，他更是常来："亭高出鸟外，客到与云齐。树点千家小，天围万岭低。"（《早秋与诸子登虢州西亭观眺》）郡斋附近有南池，池边有水亭，岑参与朋友们也常来此畅饮："郡僻人事少，云山遮眼前。偶从池上醉，便向舟中眠。"（《郡斋南池招杨辚》）

岑参虽然任职于"僻郡"，但老朋友们并没有忘记他，在他赴虢州任不久，当时在秦州（今甘肃天水）的杜甫就写了长诗《寄彭州高三十五使君虢州岑二十七长史参三十韵》，诗中对高适、岑参表示了深切的怀念，而且第一次将高岑二人并称而加以赞扬，所评极为精当，非知己不能道出。

诗的最后,表达了殷切的期望:"会待妖氛静,论文暂裹粮。"还值得一提的是岑参与严武的交往。严武仕途通达,后来曾任剑南节度使和礼部尚书。岑参早与严武相识,在边塞时即曾寄诗给他,其中有句云:"台中严公于我厚,别后新诗满人口。自怜弃置天西头,因君为问相思否?"(《与独孤渐道别长句兼呈严八侍御》)岑参到虢州时,严武任河南尹兼御使中丞,当时河南府治在长水(故城在今河南洛宁县西四十里),严武由长安往长水需经虢州。上元元年(760年)春,岑参听说严武要赴任,便计日在南池等待这位友人,但严武因事耽搁,岑参颇为失望,《虢州南池候严中丞不至》诗说:"池上日相待,知君殊未回……相思不解说,辜负舟中杯。"不久,有人报告严武已到了虢州西边的稠桑驿,岑参匆匆赶到那里,与严武见了一面,写下了《稠桑驿喜逢严河南中丞便别》诗:

> 驷马映花枝,人人夹路窥。
> 离心且莫问,春草自应知。
> 不谓青云客,犹思紫禁时。
> 别君能几日,看取鬓成丝!

岑参在中书省任职时,严武在门下省任给事中,现在他虽然显达了,但却不忘旧日友情,这使岑参很感动,"不谓"二句即写此种感情。

在虢州度过三年,代宗宝应元年(762年)的春天,朝廷任命岑参为太子中允,兼殿中侍御史,充关西节度判官。关西节度治华州,因此时叛军仍盘踞在洛阳,所以关西节度兼掌潼关的防御。赴任之初,岑参心情是很兴奋的,他认为报国平叛的机会终于来到了,但他所看到的现实却使他很失望:虽然大敌当前,武将们却无功自傲,终日燕乐而不思报国;自己虽有防敌之策,因惧于主帅的骄横而不敢轻易提出,这令他多么难堪,多么痛苦!正巧,由虢州来了一位旧友,岑参便把自己的苦恼统统告诉了他,还嫌话未说透,在这位友人归去以后,又写一首诗寄给他,即《潼关镇国军句覆使院早春寄王同州》,诗的前半部分写到了当时的形势和自己的心情:

> 胡寇尚未灭,大军镇关西。
> 旗旌遍草木,兵马如云屯。

圣朝正用武,诸将皆承恩。
不见征战功,但闻歌吹喧。
儒生有长策,闭口不敢言。

对叛乱未平的忧虑,对诸将自傲的不满,对有策难献的苦闷,诗中都有所表现。这年十月,以雍王李适为大下兵马元帅,令诸道节度使及回纥兵于陕州,进讨史朝义,李适任命岑参为掌书记,负责"书奏之任"。第二年史朝义败死,诸道军皆还,岑参也于七月下旬回到长安,被任为祠部员外郎。年近五十,才为郎官,岑参心中自有无限感慨,其《秋夕读书幽兴献兵部李侍郎》说:

年纪蹉跎四十强,自怜头白始为郎。
雨滋苔藓侵阶绿,秋飒梧桐覆井黄。
惊蝉也解求高树,旅雁还应厌后行。
览镜试穿邻舍壁,明灯何惜借馀光。

光阴荏苒,功业无成,诗人希望李侍郎能给予提携与帮助。此时严武为京兆尹,地位非常重要,岑参常去拜访这位老友,当然寓有希望得到引荐的含义。这次岑参在长安虽然仅生活了两年,却调换了几次职务,可叹的是并没有大的升迁,老朋友们似乎也并没帮上忙。长安是唐朝政治和经济中心,在此为官的两年,使岑参对社会的认识更加深刻,他在一首送别诗中写下了这样的诗句:"何处路最难,最难在长安。长安多权贵,珂佩声珊珊。儒生直如弦,权贵不须干。斗酒取一醉,孤琴为君弹。"(《送张秘书充刘相公通汴河判官便赴江外觐省》)这是诗人长期观察的结果,虽然比起李白、杜甫等人来还显得不够深刻,但对岑参说来,已经是难能可贵了。

六、蜀道难

生活总是那么不稳定，永泰元年(765 年)十一月，岑参被任命为嘉州(治所在今四川乐山市)刺史，因为朝廷规定的期限很紧，岑参接受任命后便匆匆上路了，幸好少尹成某也要到四川去，故而能"携手出华省，连镳赴长途"，他们由长安出发，经骆谷到了梁州，希望早一些到达成都，可是天违人愿，此时四川境内发生了军阀混战，岑参与成某只得返回长安。不久，朝廷任命杜鸿渐为山南西道、剑南东西川副元帅，剑南西川节度使，以平蜀乱。杜鸿渐推荐岑参为"职方郎中兼侍御史，列于幕府"，一同前往蜀中。在离京之时，杜鸿渐写了《初发京师》诗，岑参有奉和之作，诗曰：

> 按节辞黄阁，登坛恋赤墀。
> 衔恩期报主，授律远行师。
> 野鹊迎金印，郊云拂画旗。
> 叨陪幕中客，敢和《出车》诗。

诗中表达了对杜鸿渐的期望，同时也有自励之意。杜鸿渐一行二月出发，三月到达梁州，因故在这里耽搁了两个月，一直到五月才离开梁州，开始入蜀的行程。几天后他们来到在今四川广元县东北约二百里的五盘岭，此处自古就是秦、蜀的分界之地，岭上石磴曲折，颇为难行，但岑参有感于杜鸿渐的举荐，可谓意气风发，其《早上五盘岭》诗说："平旦驱驷马，旷然出五盘。江回两岸斗，日隐群峰攒。苍翠烟景曙，森沉云树寒。松疏露孤峰，花密藏回滩。栈道溪雨滑，畲田原草干。此行为知己，不觉行路难。"虽然不怕行路的艰难，但所行之路毕竟是"难于上青天"的蜀道，一路上峰回路转,径窄桥危,又恰逢夏季,不时遇到倾盆的暴雨,行路之难可想而知,这又难免使岑参生出思乡念亲之情,好在他总是以尽心王事来自勉。在经过龙门阁时,他写了《赴犍为经龙阁道》,诗云:

> 侧径转青壁,危桥透沧波。
> 汗流出鸟道,胆碎窥龙涡。
> 骤雨暗溪谷,归云网松罗。
> 屡闻羌儿笛,厌听巴童歌。
> 江路险复永,梦魂愁更多。
> 圣朝幸典郡,不敢嫌岷峨。

龙门阁石壁陡立,十分险要,难怪诗人要"汗流"和"胆碎"了。由"典郡"二字可以看出,岑参此时虽为杜鸿渐的幕僚,但朝廷仍未撤消他嘉州刺史的任命。道路虽然十分难行,但同行的人颇为投契,也自有一种乐趣,岑参写道:"数公各游宦,千里皆辞家。言笑忘羁旅,还如在京华。"从诗中可以感觉到,他们的心情还是很轻松、很愉快的。经过利州,这一行人不久就到达了剑门。剑门又称剑阁,是四川北向的门户,素有"剑阁天下雄"的美誉。几乎所有经过剑阁的文人墨客都为它的雄奇所震惊,因而留下许多优秀诗篇,如"剑阁峥嵘而崔嵬,一夫当关,万夫莫开"(李白)、"剑门天设险,北向控函秦"(陆游)等都是千古传诵的名句。岑参亦为雄奇的剑阁所吸引,他思绪万千,写下了长诗《入剑门作寄杜杨二郎中时二公并为杜元帅判官》。此诗先赞叹剑门之奇险雄壮:"不知造化初,此山谁开坼。双崖倚天立,万仞从地劈。云飞不到顶,鸟去难过壁。速驾畏岩倾,单行愁路窄。平明地仍黑,停午日暂赤。凛凛三伏寒,巍巍五丁迹。与时忽开闭,作固或顺逆。磅礴跨岷峨,巍蟠限蛮貊。星当觜参分,地处西南僻。斗觉烟景殊,杳将华夏隔。"诗人详细地描绘了经过剑门时的感受,给人一种具体生动的印象,较之一般诗作,特别是那些未经过剑门的诗人的作品,就显得内容丰富得多。继而诗人对"一夫当关,万夫莫开"的传统说法表示了相反的看法,"四海今一家,徒然剑门石",诗中洋溢着对国家统一安定的热切期望。

到成都后,杜鸿渐采取安抚的方法,很快使蜀中形势稳定下来,岑参也暂时留在成都,做些辅助性的工作,同时等待情况进一步好转后去嘉州赴任。这次入蜀,岑参的情绪还是很兴奋的,到成都不久,他便邀约同僚狄员外一道去成都府西的张仪楼游览,他们在楼上眺望西山,俯瞰成都,岑参有感而作《陪狄员外早秋登府西楼因呈院中诸公》诗,诗中先描写眺望所见之景象:"千峰带积雪,百里临城墙。烟氛扫晴空,草树相映光。车马隘石井,里闬盘二江。"接着写杜鸿渐率师来此,使蜀中得以安定:"亚相自登坛,时危安此方。"最后,抒发了登临时的感慨,表示要珍惜朝廷的信任,回报杜鸿渐的知遇之恩:

> 今我忽登临,顾恩不望乡。
> 知己犹未报,鬓毛飒已苍。
> 时命难自知,功业岂暂忘。
> 蝉鸣秋城夕,鸟去江天长。
> 兵马休战争,风尘尚苍茫。
> 谁当共携手,赖有冬官郎。

诗中表现的情绪是乐观的,要求建功立业的志愿,并未因年老头白而放弃,相反却更加强烈了。诗人还意识到虽然战争平息,但世事的变迁是难以预料的,这表明经过安史之乱,岑参对社会的认识日趋深刻和冷静了。他十分关心边塞事务,并常借题发挥,表述在送别友人的诗作中。如这年冬狄员外受命去西山考察,岑参写了《送狄员外巡按西山军》一诗,诗曰:

> 兵马守西山,中国非得计。
> 不知何代策,空使蜀人弊。
> 八州崖谷深,千里云雪闭。
> 泉浇阁道滑,水冻绳桥脆。
> 战士常苦饥,糇粮不相继。
> 胡兵犹未归,空山积年岁。
> 儒生识损益,言事皆审谛。
> 狄子幕府郎,有谋必康济。
> 胸中悬明镜,照耀无巨细。

> 莫辞冒险坚,可以裨节制。
>
> 相思江楼夕,愁见月澄霁!

西山即剑南西山,一名雪山,又称雪岭,属岷山山脉,绵延于四川中部岷江以西地区,唐时在这里置防秋三戍以备吐蕃,有众军守卫,这给唐朝中央和蜀地百姓带来沉重负担,当时不少诗人如高适等都对此表示了不满,岑参此诗开篇也对唐置西山之戍提出怀疑,继而描写西山一带的守兵生活艰苦,而又必须长年累月戍守在那里,最后希望狄某能不畏艰险,提供有益的考察结果,以利于主将节制军队。诗人忧国忧民之情溢于言表。

因为杜鸿渐采取了息事宁人的态度,蜀中军阀暂时休战,从而使成都出现了安定与和平的局面,作为杜鸿渐的僚属,岑参的生活颇为悠闲和清静,这对首次入川的岑参来说是一个难得的机会,他便利用这段空暇游览了成都几乎所有的名胜古迹,其中有武侯庙、扬雄草玄台、李冰石犀、司马相如升迁桥和琴台、文公讲堂、严君平卜肆、张仪楼、万里桥,以及成都附近的青城山,并都有诗记其所思所感。在成都盘桓了几个月,岑参在大历二年(767年)五月前往嘉州去任刺史。他一到嘉州便写了《初至犍为作》,诗曰:"山色轩槛内,滩声枕席间。草生公府静,花落讼庭闲。云雨连三峡,风尘接百蛮。到来能几日,不觉鬓毛斑。"身处偏远之地,公事颇为清闲,诗人对京城长安的思念便日益浓烈,在郡斋眺望远处山水,他感叹:"梦魂知忆处,无夜不京华。"(《郡斋望江山》)看到郡斋墙壁上的云图,他又忽发奇想:"丹青忽借便,移向帝京飞。"(《咏郡斋壁画片云》)惆怅寂寞之情自在言外。

好在嘉州山水极佳,王渔洋在《蜀道驿程记》中说:"天下之山水在蜀,蜀之山水在嘉州。"岑参经常到峨眉山、凌云寺、青衣山等地游览,借美好的山光水色来暂时排遣心中的愁绪,他的《登嘉州凌云寺作》描写了壮丽优美的山水风光,同时也表现出他此时的思想倾向,是一篇值得注意的作品:

> 寺出飞鸟外,青峰戴朱楼。
>
> 搏壁跻半空,喜得登上头。
>
> 殆知宇宙阔,下看三江流。

天晴见峨眉,如向波上浮。

迥旷烟景豁,阴森棕楠稠。

愿割区中缘,永从尘外游。

回风吹虎穴,片雨当龙湫。

僧房云蒙蒙,夏月寒飕飕。

回合俯近郭,寥落见远舟。

胜概无断倪,天宫可淹留。

一官讵足道,欲去令人愁。

凌云寺在嘉州东,"寺之殿阁磴道,依山盘曲,前望峨眉三峰,下俯眉雅诸水,真江山辐辏处也"(《益部谈资》)。此诗形象地描绘了寺上眺望和俯瞰所见之景象,生动细致,使人有身临其境之感。同时,诗人的归隐之思,也在"愿割"、"一官"等句中得到突出的表现,这种倾向在此时其他作品中亦常常表现出来,如"君子满天朝,老夫忆沧浪"、"且欲寻方士,无心恋使君"、"西掖诚可恋,南山思早归"等诗句,都反映了他在嘉州期间的思想状态。在欲去不能的痛苦中度过了整整一年,岑参终于任满解职,他的生活又出现了一次转折。

大历三年(768年)七月,岑参由嘉州解职东归,《东归发犍为至泥溪舟中作》说:"前日解侯印,泛舟归山东(指崤山函谷关以东地区)。平旦发犍为,逍遥信回风。七月江水大,沧波涨秋空。"此时他真是归心似箭,因而有诗说:"梦魂知忆处,无夜不先归。"(《巴南舟中思陆浑别业》)按岑参的本意,是想由嘉州起行,乘舟东下,直出夔门,但在路途上遇到泸州刺史杨子琳起兵叛乱,沿江东下,声言入朝。岑参行至戎州(今四川宜宾市)、泸州地区,受到杨子琳乱兵阻碍,便留住在戎州,其《阻戎泸间群盗》下注曰:"戊申岁(即大历三年),余罢官东归,属断江路,时淹泊戎州作。"诗中描绘了白骨遍地、血流成河的凄惨景象:"南州林莽深,亡命聚其间。杀人无昏晓,尸积填江湾。饿虎衔骷髅,饥乌啄心肝。腥裹滩草死,血流江水殷。夜雨风萧萧,鬼哭连楚山。三江行人绝,万里无征船。唯有白鸟飞,空见秋月圆。"乱兵的罪行令人发指。诗人接着对盗寇提出警告并指出他们的必然下场,充满了对叛军的痛恨之情:

明主每忧人，节使恒在边。

兵革方御寇，尔恶胡不悛？

吾窃悲尔徒，此生安得全！

在戎州的一段日子里，岑参的心情很不愉快，已近九月，仍然不能成行，只能终日借酒浇愁。他在《青山峡口泊舟怀狄侍御》中写道：

九月芦花新，弥令客心焦。

谁念在江岛，胡人满天朝。

无处豁心胸，忧来醉能销。

时已入秋，不能东归，诗人是多么焦急！想到故人皆在朝中为官，谁还能想到自己被遗忘在这偏远的地方呢？字里行间浸透了心酸与悲哀。此时他的归意更浓，在《下外江舟中怀终南山》里他这样说："岩壑归去来，公卿是何物！"但是，出于无奈，岑参还是不得不来到成都，这时已经是大历四年的春天了。此时诗人心情十分压抑，在独处之时，他常常想念朝中友人，愈加增强了悲哀之情，他的《西蜀旅舍春叹寄朝中故人狄评事》就写得很沉痛："春与人相乖，柳青头转白。生平未得意，览镜心自惜。四海犹未安，一身无所适。自从兵戈动，遂觉天地窄。功业悲后时，光阴叹虚掷。"春来而人老，且功业未成，像岑参这样的诗人又该有多少感慨？军阀割据混战，天下如何能安？归宿又在哪里？"自从"二句典型地反映出安史之乱以后广大读书人的心境，其中蕴含的愁苦与无奈之情颇为感人。他盼望能早日东归，其《送绵州李司马秩满归京因呈李兵部》诗中说："久客厌江月，罢官思早归。眼看春色老，羞见梨花飞。"可是他却总不能如愿，一直滞留到秋天，他的《客舍悲秋有怀两省旧游呈幕中诸公》历来以其深沉和悲壮为后人所称道，其诗如下：

三度为郎便白头，一从出守五经秋。

莫言圣主长不用，其那苍生应未休！

人间岁月如流水，客舍秋风今又起。

不知心事向谁论，江上蝉鸣空满耳。

此诗首联概括了自己的仕宦生涯,无限感慨自在言外;三四两句立意高远,表达了"先天下之忧而忧"的情怀;五六两句感叹光阴荏苒,暗含功业未成的感伤;最后两句情景交融,写出作者孤独寂寞的心情。细细品味此诗,会使人想到杜甫为诸葛亮致慨的名句:"出师未捷身先死,长使英雄泪沾巾!"当然,我们不应将岑参与诸葛亮简单地相提并论,但那种悲怆之气确有相似之处。正是在这种心境里,岑参于大历四年(769年)岁末卒于成都客舍,时年五十五岁。

七、边塞诗作的内容与特色

岑参是盛唐诗坛上的一位重要诗人,他的诗作在当代就受到人们的赞扬,时人殷璠《河岳英灵集》便选录了岑参的作品,并评论说:"岑参诗语奇体峻,意亦造奇。"杜甫将他与前人谢朓并提,说他的诗"每篇堪讽诵"(《寄岑嘉州》)。岑参死后三十年,杜确收集其诗并在序中说,开元之际,许多诗人"颇能以雅参丽,以古杂今,彬彬然,粲粲然,近建安之遗范矣。南阳岑公,声称尤著。……遍览史籍,尤工缀文。属辞尚清,用意尚切,其有所得,多入佳境。迥拔孤秀,出于常情。每一篇绝笔,则人人传写,虽闾里士庶,戎夷蛮貊,莫不讽诵吟习焉"(《岑嘉州集序》)。至于后代的赞扬与肯定,更是多见,如陆游说:"予自少时,绝好岑嘉州诗,尝以为太白、子美之后,一人而已。"(《跋岑嘉州诗集》)明代边贡亦曰:"称其近于李杜,斯可谓知言者矣。夫俊也、逸也,是太白之长也;若奇焉而又悲且壮焉,非子美孰其当之!……夫俊也、逸也、奇也、悲也、壮也五者,李杜弗能兼也,而岑诗近之。"(《刻岑诗成题其后》)虽然陆、边二人所论似有过誉之处,但还是很有参考价值的,从而亦可大体看出岑参在文学史上的地位和影响。

岑参最著名的是边塞诗,他先后两次出塞,在边塞度过了六年时间,边塞的生活深深地感染了他,也磨炼了他,《唐才子传》说:"岑累佐戎幕,往来鞍马烽尘间十余载,极征行离别之情,城障塞堡,无不经行。"艺术是生活的反映,岑参的边塞诗就是他边塞生活的结晶,是他整个文学创作的精华,其内容是相当丰富和广泛的。首先,他的边塞之作热情歌颂了唐朝将士不畏艰苦、英勇卫国的精神,描写了唐军士气的雄壮和战斗的胜利,《轮台歌奉送封大夫出师西征》《武威送刘单判官赴安西行营便呈高开府》等就是这一类诗作;其次,他的边塞诗生动地描写了边塞的山水风光,其中融入了诗人对祖国边疆的满腔热爱之情,即使今天读来仍使人赞叹,如诗人描写边地的火山:"火山突兀赤亭口,火山五月火云厚。火云满山凝未开,飞鸟千里不敢来。"(《火山云歌送别》)诗人描写迷人的热海:"侧闻阴山胡儿语,西头热海水如煮。海上众鸟不敢飞,中有鲤鱼长且肥。岸旁青草常不歇,空中白雪遥旋灭。蒸沙烁石燃虏云,沸浪炎波煎汉月。"(《热海行送崔侍御还京》)诗人描写天山:"天山雪云常不开,千峰万岭雪崔嵬。"(《天山雪歌送萧治归京》)正如杜甫所说,岑参是一位"好奇"的诗人,因而他还在诗中广泛地描写了边地奇异的风物与气候,如:"终日见雪飞,连天沙复山";"秋雪春仍下,朝风夜不休";"凉州三月半,犹未脱寒衣"。这些描写颇为生动具体,的确是非亲到边塞者不能写出的。岑参的边塞诗还表现了各民族间的友好交往,此类作品虽然不多,但很有代表性,其中最为著名的是《赵将军歌》"九月天山风似刀,城南猎马缩寒毛。将军纵博场场胜,赌得单于貂鼠袍。"边境无事,各族和洽,少数民族首领和汉将便可以在博弈场中决一胜负了。岑参对边塞少数民族的音乐和舞蹈有很浓厚的兴趣,《凉州馆中与诸判官夜集》描写了"胡人"弹奏琵琶的艺术魅力:"凉州七里十万家,胡人半解弹琵琶。琵琶一曲肠断,风萧萧兮夜漫漫。"《酒泉太守席上醉后作》不仅写了胡笳的动人,更写了其他乐器和歌唱:"胡笳一曲断人肠,座上相看泪如雨。琵琶长笛曲相和,羌儿胡雏齐唱歌。"而《田使君美人舞如莲花北旋歌》对少数民族的音乐舞蹈作了生动的描绘:

> 如莲花,舞北旋,世人有眼应未见。
> 高堂满地红氍毹,试舞一曲天下无。
> 此曲胡人传入汉,诸客见之惊且叹。
> 曼脸娇娥纤复秾,轻罗金缕花葱茏。
> 回裙转袖若飞雪,左旋右旋生旋风。
> 琵琶横笛和未匝,花门山头黄云合。
> 忽作出塞入塞声,白草胡沙寒飒飒。
> 翻身入破如有神,前见后见回回新。
> 始知诸曲不可比,《采莲》、《落梅》徒聒耳。

世人学舞只是舞,姿态岂能得如此!

作者的描写细致而形象,使胡女的舞姿和神态栩栩如生地展现在读者面前。

岑参的边塞诗往往能选取那些最具特色的事物加以描写,从而扩大了唐诗的题材范围,正如《许彦周诗话》所说:"岑参诗意自成一家,盖尝从封常清军,其记西域异事甚多,如《优钵罗歌》、《热海行》,古今传记所不载也。"这些作品来自生活,故而"奇而入理"、"奇而实确",是"耳闻目见得之,非妄语也"(《北江诗话》)。岑参诗歌的突出特点是一个"奇"字,而这在边塞诗上表现更加明显,翁方纲《石州诗话》说:"嘉州之奇峭,入唐以来所未有,又加以边塞之作,奇气益出,风云所感,豪杰挺出,遂不得不变出杜公矣。"因为有切身的体验,岑诗之奇有深厚的生活基础和真实的感情。当然,要想达到"奇"的境界,还离不开乐观主义精神和丰富的想象力,在这方面,《白雪歌送武判官归京》常常被人们提起,其诗曰:

> 北风卷地白草折,胡天八月即飞雪。
> 忽如一夜春风来,千树万树梨花开。
> 散入珠帘湿罗幕,狐裘不暖锦衾薄。
> 将军角弓不得控,都护铁衣冷难着。
> 瀚海阑干百丈冰,愁云惨淡万里凝。
> 中军置酒饮归客,胡琴琵琶与羌笛。
> 纷纷暮雪下辕门,风掣红旗冻不翻。
> 轮台东门送君去,去时雪满天山路。
> 山回路转不见君,雪上空留马行处。

此诗借助丰富的想象和生动的比喻,描绘出边塞特有的风光,抒发了深长的惜别之情。岑参的边塞诗不仅有"奇"的一面,还有"壮"的一面,形成了"奇壮"的特色。这是因为在岑参入塞之时,唐朝的国力相当强大,将士们自然有一种豪迈雄壮的气概,这对诗人当然会有深刻的影响,因而写出了许多风格奇壮的佳作,《武威送刘单判官赴安西行营便呈高开府》、《轮台歌奉送封大夫出师西征》等都是此类作品,其中最有代表性的是

《走马川行奉送封大夫出师西征》：

> 君不见走马川行雪海边，平沙莽莽黄入天！
> 轮台九月风夜吼，一川碎石大如斗，随风满地石乱走。
> 匈奴草黄马正肥，金山西见烟尘飞，汉家大将西出师。
> 将军金甲夜不脱，半夜军行戈相拨，风头如刀面如割。
> 马毛带雪汗气蒸，五花连钱旋作冰，幕中草檄砚水凝。
> 虏骑闻之应胆慑，料知短兵不敢接，车师西门伫献捷。

诗人立足于现实生活，借助于奇特的现象，极力描写出黄沙连天，风吹滚石的特定环境，以衬托一场大战即将展开时的紧张气氛，其形容与夸张自有"奇"的一面。但诗人写自然景象，是为了突出特定的人物，诗人渲染条件的艰苦和敌人的强大，是为了更好地表现唐军将士必胜的信心，从而表现了唐军所向无敌的气势，自然达到了"壮"的效果。

总之，岑参的边塞诗内容丰富、艺术成就甚高，被人们视为盛唐边塞诗派的代表人物之一。

高适评传

自　序

唐代是我国诗歌的黄金时代,其中固然有李白、杜甫这样伟大的诗人,同时,也有如高适、岑参、王维、孟浩然这样一些杰出的歌者,正是:

群才属休明,乘运共跃鳞。
文质相炳焕,众星罗秋旻。

诗人们共同的创作,形成了唐代诗坛百花齐放的壮丽局面。

研究李白、杜甫自然是重要的,但是不能以对李、杜的研究代替对王、孟、高、岑的研究。每位诗人都从其特定的角度反映了他所见到的社会生活和一定阶段的文学发展。高适的思想与诗歌的艺术成就都不能与李白、杜甫相媲美,但是作为一个诗人,他自有其特色,发掘和探讨这种不同和特色、勾勒出诗人高适的形象就是我写作本书的目的。

笔者自知才疏学浅,切望专家学者给以批评指教。

第一章

家世和早年生活

一　家世

　　高适,字达夫。关于他的籍贯,历来众说纷纭,莫衷一是,这主要是因为史书记载多有矛盾,而且语焉不详。《旧唐书》本传说:"高适者,渤海蓨人也。"《新唐书》本传说高适是"沧州渤海人"。《新唐书》是从唐代的行政建置出发,看到《旧唐书》所记之"蓨县"已不属渤海郡,而沧州又本为渤海郡,便错误地把沧州与渤海连在一起。比较可靠的是《旧唐书》的记载,渤海蓨县,即今河北景县,孙钦善先生《高适年谱》指出:"按唐时已无渤海郡,渤海为郡,蓨为其属县,乃汉代建置,《旧唐书》当是称高适之郡望。"这个分析是有道理的。唐以前人们就喜欢以郡望相称,如庾信,这种习惯一直到唐代仍然保留着。所谓以郡望相称,即是说某地出过一个某姓的望族,以后凡是姓某姓的,便以某地为自己的籍贯,正所谓"言李悉出陇西,言刘悉出彭城"。东汉时,有一位叫高洪的渤海太守,"因居渤海蓨县",他的后代曾做过朝廷大官,自然算是名门望族,因此后人称高氏,不论他是否真是渤海蓨人,也必用"渤海"称之,他们也常常以此自称。《隋书·高颎传》云颎"自云渤海蓨人"。《旧唐书·高士廉传》也称士廉为"渤海蓨人"。不仅史书记载,就是同时代人也用"渤海"为高适籍贯,如李华在《三贤论》里说"渤海高适达夫,落落有奇节"。由此可见,高适的真正籍贯难于确知,根据他的诗文,不会是渤海一带,说到底,那里只是他的郡望。他大半生虽然住在梁(今河南开封)、宋(今河南商丘),但他又总称自己的居住是"客",看来他的籍贯也不会在梁、宋。这个问题还有待于研究。

其次是高适的生年,同样是众说纷纭。史书记载他卒于永泰元年(公元765年)正月,但却无只字提到他卒时年长几何或者生于何时。因此,后人谈到这个问题,多有异词。一般推断高适生年所用证据无非是高适本人和其他人的诗文,现在可资为证的材料约有如下几种:

a.高适在天宝四、五年之时,曾有《奉酬北海李太守丈人夏日平阴亭》诗,其中云:"一生徒羡鱼,四十犹聚萤。"

b.高适在天宝八载终于获得出仕之机会,他写了《留别郑三韦九兼洛下诸公》诗,有句云:"寒蹐蹉跎竟不成,年过四十尚躬耕。"

c.也是天宝八载,高适初获禄位,李颀有诗说高适:"五十无产业,心轻百万资。"(《赠别高三十五》)

d.高适在天宝十载左右说自己"晚年学垂纶"(《答侯少府》)。

e.杜甫《王竟携酒高亦同过共用寒字》诗原注曰:"高每云:汝年几小,且不必小于我,故此句(头白恐风寒)戏之。"

据以上数条材料,后人将高适生年订在公元698—707年不等,上下相差9—10年。我以为据b条知在天宝八载高适"年过四十",而这个"过"已近"五十"了,故而李颀说他"五十无产业",由此可知:天宝八载,高适年龄已四十有余而近五十,约是四十七八,姑订为此年四十八岁,上推可知高适约生于公元702年。这样看a、d、e数条皆无碍。知他天宝四年正四十四岁,约略可言"四十犹聚萤";而天宝十载年已五十,亦可称"晚年学垂纶",与杜甫在蜀中以老相戏之时也早已到了"头白恐风寒"的高龄了。还有另一条不大为人注意的材料可以证明:高适开元十九年到蓟北访王之涣不遇写诗说:"迢递千里游,羁离十年别。"可见高适与之涣是旧识,十年前曾经相交,两人相识的地点最可能是高适"西游长安城"之时,那时高适二十岁。开元九年是公元721年,上推二十年,正是公元702年。

高适生长在一个官僚家庭,他自己的诗文里并没有谈到他的家庭,史书上也没有详细的记载,只是《旧唐书》本传里涉及了一笔,说高适:"父从文,位终韶州长史。"唐制:州之佐职有长史一人,上州者从五品上,中州者正六品下,下州则不设。其位在别驾以下,司马之上。韶州就是现在的广东曲江一带,长史是有一定职权的地方官吏。高适的父亲最终才做到长史之职,并不能算高官,因而他的家庭也不显赫,故高适常称自己为"野人"。但是,高适并非生长在贫寒百姓之家,官僚家庭的教育对他是十分重要的,高适日后所形成的较强的功名之念当是受这种影响的结果。周勋初先生据《千唐志斋藏石》里邢宙撰高琛墓志考证出高适之曾祖、祖父、伯父皆曾为官吏,颇有参考价值,此不详述(参看周勋初先生《高适年谱》)。

高适的童年和少年生活已经不能详知,他后来所写的诗文几乎根本没有涉及这个时期的情况。所可知者,高适在少年时代曾经跟随其父到过闽越一带,也许还到过岭外,这在他的诗歌里留下了一丝痕迹。高适后来送两位朋友去岭南做官,曾写了《饯宋八充彭中丞判官之岭南》和《送柴司户充刘卿判官之岭外》,对南方情况描写颇为细致,诸如:"猿啼山不断,鸢跕路难登,海岸出交趾,江城连始兴"、"海对羊城阔,山连象郡高",当是亲临其地方能写出。高适曾到过闽越一带则是很明显的,他在《秦中送李九赴越》里说:"镜水君所忆,莼羹余旧便。"又在《送郑侍御谪闽中》里云:"谪去君无恨,闽中我旧过。"查高适生平,他二十岁以后没有去过闽越、岭外,故而可以推断他是少年时随在外做官的父亲有此远行的。

二 "西游长安城"

高适在二十岁以前就已移住在梁宋一带,而且他一直以这里为中心进行漫游,直到天宝八载有道科考试中第,被授以封丘尉。高适什么时间和为什么要客居梁宋已不可考,但梁宋是他的第二故乡则是无疑的。唐代的京城长安,在梁宋的西边,是全国政治、经济中心,而且是人文会萃的都市。为了谋求自己的出路,士子们纷纷奔向那里,高适也不甘落后,他在二十岁时便"西游长安城",希望有所作为。

唐代长安城是由隋的大兴城改建的。隋大兴城始建于开皇二年(公元582年),工程由宇文恺全面规划主持。它是总结了我国历史上的城市建设,并且考虑了适合中央集权的需要而精心设计和施工的。隋唐长安城郭周长三十六点七公里,城垣面积八十四平方公里。它的规模远远超过汉长安城,大于后来的北京城,相当于现在明建西安城的七倍。隋唐长安城由宫城、皇城和郭城三部分组成。宫城为皇室居处的宫殿建筑,位于郭城北部的正中。其南即为皇城,是百官衙署的所在。郭城内有南北向大街十一条,东西向大街十四条,把郭城分为一百零八坊,以朱雀大街为中界,东西各五十四坊,分属万年、长安二县。这些坊里分布着寺院道观、贵族宅邸或一般民居。手工业和商业集中在繁华的东西二市。郭城每面各开三个城门,以南墙正中的明德门规模最大。总之,隋唐长安是规模浩大,气象宏伟,布局整齐的大都市。唐长安城是学者、诗人、艺人云会之所,诗词歌舞盛况空前,仅国子监就有学生八千人。它还是交通频繁、宾客辐辏的国际都会,有来自各国的使节、学者、高僧、艺术家和留学生。从首都长安就可以看到唐代国家的富强和国际文化交流的盛况。

唐代是我国封建社会发展的鼎盛时期,一般知识分子都认为这正是自己建功立业之时,因而他们心情开朗,满怀理想,李白《长歌行》对此时知识分子的精神状态作了形象的描绘:

> 桃李得开日,荣华照当年。
> 东风动百物,草木尽欲言。
> 枯枝无丑叶,涸水吐清泉。
> 大力运天地,羲和无停鞭。
> 功名不早著,竹帛将何宣。

这首诗生动地表现了这个时代所赋予人们的进取精神。当时许多诗人的理想是惊人的,李白的理想是:"申管晏之谈,谋帝王之术,奋其智能,愿为辅弼,使寰区大定,海县清一……"(《代寿山答孟少府移文书》)杜甫的理想则是:"致君尧舜上,再使风俗淳。"(《奉赠韦左丞丈二十二韵》)又说:"许身一何愚,窃比稷与契!"(《自京赴奉先县咏怀五百字》)高适也同样具有自己的理想,希望能够为国家多做贡献,但他有更浓的功名之念,理想也比李、杜更为具体实在。在《别韦参军》里,他写到自己的豪迈壮志:

> 二十解书剑,西游长安城,
> 举头望君门,屈指取公卿。

读这几行诗,常能使人联想起李白"仗剑去国,辞亲远游"的英姿。可见,唐代的青年士子,在青少年时代不仅刻苦读书作诗,而且学剑习武,等到这些功夫都差不多了,即"解书剑"了,便会趁着盛唐漫游之风奔向京城,希望得到上层统治者的赏识,取个仕位,施展自己的抱负。高适为人颇有几分傲气,自视甚高,二十岁时即自认书剑已成,便前来京师猎取功名。他不仅有志于卿相之位,而且视之易如"屈指",这固然说明他胸怀大志,豪放不羁,同时也说明他初入世途,年轻气盛,对生活的坎坷尚无深刻的认识。

高适成长于盛唐开元时代,这时社会生产力迅速发展,社会财富不断积累,用高适的诗加以描绘,那正是:

> 国风冲融迈三五,朝庭欢乐弥寰宇。

> ——《别韦参军》

当时国家的强盛甚至超过了三皇五帝,整个国家充满了欢乐之气,这自然使我们想起杜甫那首著名的《忆昔》诗:

> 忆昔开元全盛日,小邑犹藏万家室。
> 稻米流脂粟米白,公私仓廪俱丰实。
> 九州道路无豺虎,远行不劳吉日出。
> 齐纨鲁缟车班班,男耕女桑不相失。

杜甫与高适都目睹了唐开元年间的强盛,他们当然要由衷地赞扬,不同的是杜甫是后来的回忆,难免在美好的怀念中杂有惋惜之情,高适诗则是当时社会的写照;杜甫的描绘较为具体、形象,高适的歌唱则较为有气势,正反映了时代和他个人的特点。其实,这种全盛只是唐朝社会特征的一个方面。作为封建社会和封建统治者,随着经济的发达,必然走向腐朽和荒淫,政治黑暗的一面是不可避免的,这就必然使那些胸有大志且有才能的士子不能实现自己的理想。这在李白的《古风·四十六》里有特别集中和突出的表现:

一百四十年，国容何赫然。

隐隐五凤楼，峨峨横三川。

王侯象星月，宾客如云烟。

斗鸡金宫里，蹴鞠瑶台边。

举动摇白日，指挥回青天。

当涂何翕忽，失路长弃捐。

独有扬执戟，闭关草《太玄》。

在强盛的国容的后面，却隐藏着尖锐的矛盾现象：一方面是皇帝与王侯"斗鸡金宫里，蹴鞠瑶台边"，另一方面则是像扬雄那样的知识分子穷困潦倒，不得重用。高适来到长安时的政治状况就是这样的，他"屈指取公卿"的美梦只能宣告破产。在长安，他也看到了李白所描写得那种矛盾和社会阴暗面，对人才不得见用的现象十分敏感，思想也逐渐深刻，他大胆地指出：

白璧皆言赐近臣，布衣不得干明主。

——《别韦参军》

由于玄宗并不能真正地任人唯贤，因而"白璧"统统赏给了宠幸之臣，才能之士甚至不能靠近干谒皇帝，这难道还能称为"明主"吗？高适诗里不无讥讽不满之意，只是表达的较为隐蔽罢了。本来充满了希望，甚至自认公卿之位也屈指可取，可到头来，却因为身为布衣竟连"明主"都不得靠近，这怎么能不使"二十解书剑"的高适伤心和不满呢？

《行路难二首》，一般认为是高适"西游长安城"时所作，体现了他认识的不断深入，也流露了他心中的不满，很值得重视，诗曰：

君不见富家翁，旧时贫贱谁比数？

一朝金多结权贵，百事胜人健如虎！

子孙成长满眼前，妻能管弦妾歌舞。

自矜一身忽如此，却笑傍人独愁苦。

东邻少年安所如？席门穷巷出无车，
有才不肯学干谒，何用年年空读书。

——《其一》

长安少年不少钱，能骑骏马鸣金鞭，
五侯相逢大道边，美人弦管争留连，
黄金如斗不敢惜，片言如山莫弃捐。
安知憔悴读书者，暮宿灵台私自怜。

——《其二》

前一首是用长安的富翁和读书的少年相对比；第二首是以长安的贵游少年和夜宿灵台的少年书生相对照，思想感情是一致的。高适来到长安，看到了社会的种种不平，正象岑参所说："何处行路难？最难在长安！"你看，那过去的贫穷之人，只是因为发了一笔横财，于是结交京城的权贵豪绅，过上了"百事胜人"的奢侈生活。他整日沉醉在歌舞酒杯之间，却带着轻视的眼光嘲笑那些仍然陷身愁苦之中的人们，这富翁的东邻少年就是这"愁苦"群里的一个。他生活得怎么样呢？原来却用草席做门帘，出门靠步行呀！接着诗人满含悲愤的说：你干吗不像那富翁一样去结交权贵，这样天天读书用功又有何用?！言外之意很明显，那就是：读书获得了才能是没有用的，还不如把你的聪明才智用于干谒名门，因为这个时代是不重人才的呀！如果说《行路难》其一高度概括了当时长安的两种相反的生活，那么其二则更像是高适自己生活的写照：在长安，多少有钱的公子哥儿，骑着骏马打着响鞭驰过大街，像是汉代的五侯一样相逢在大道边上，妙龄美女为他们弄琴弹筝，使他们久久留连。他们有的是黄金，从来不知道节省，他们的一句话竟像山一样重，别人不敢不听。与这样骄奢的生活相对照的是怎样的呢？诗人画出了自己以及其他青年士子的不幸处境：又有谁知道那被读书害得憔悴的读书郎，由于仕途不通，只能在灵台过夜之时私自怜惜呢?！诗人在这里为我们画出了两幅色彩明显相异的图画：一幅是富翁和贵少的欢歌笑语、骏马美女；一幅是读书少年的憔悴的面容和困窘的生活。这使人想到李白的《咸阳二三月》（古风·八），此诗与高适《行路难二首》立意相同。在这首诗里，李白以董偃为例，对得势的外戚进行了讽刺与揭露，又以扬雄为例，为具有才能而遭

遇困顿的读书人鸣屈,借古喻今,表现了李白对当时政治的不满,诗云:

> 咸阳二三月,宫柳黄金枝。
>
> 绿帻谁家子?卖珠轻薄儿。
>
> 日暮醉酒归,白马骄且驰。
>
> 意气人所仰,冶游方及时。
>
> 子云不晓事,晚献《长杨辞》。
>
> 赋达身已老,草《玄》鬓若丝。
>
> 投阁良可叹,但为此辈嗤。

高适、李白二人之作在精神上完全一致,正可参读。

高适初入长安期间,还写了其他一些作品。根据作品风格和所描写的内容,《古歌行》似乎是此时所作。在《古歌行》里,诗人借汉代之史实来写唐开元时的社会状况,还隐隐地抒发了心中的不平之气,诗是这样的:

> 君不见汉家三叶从代至,高皇旧臣多富贵,
>
> 天子垂衣方宴如,庙堂拱手无馀议。
>
> 苍生偃卧休征战,露台百金以为费。
>
> 田舍老翁不出门,洛阳少年莫议事。

字面上歌颂的是汉文帝的功业,因为文帝是继高帝、惠帝之后,先是做代王然后继承的帝位,故曰"三叶从代至"。"高皇旧臣"指辅佐高皇定天下的大臣如绛、灌诸人。"垂衣"用的是《易经》里的成语,《易·系辞》曰:"黄帝、尧、舜垂衣裳而天下治"。这是说天子不用亲自动手,就已经太平了,天下没有战争和灾难,百姓生活自然安定。汉文帝还是个节俭的皇帝,他"尝欲作露台,石匠计之,值百金",便说:"百金,中民十家之产,吾奉先帝宫室,常恐羞之,何以台为?"(《史纪·孝文本纪》),最后还是没有盖露台。天下如此太平,种田的老农不用再出外逃荒,洛阳贾谊也不必再议论国家大事了!在这首诗里,高适一方面借汉代天下太平的古事,歌颂了唐玄宗开元之盛,也隐约地表达了自己理想不得实现的痛苦与不满,

仍有"布衣不得干明主"之悲叹,这里由"洛阳才子莫议事"一句流露出来的。《史记·贾生列传》记载贾谊二十余岁就被文帝召为博士,但却受到"高皇旧臣"的攻击,后来皇帝也"疏之,不用其议"。晚唐李商隐有《贾生》诗写得很好:

> 宣室求贤访逐臣,贾生才调更无伦。
> 可怜夜半虚前席,不问苍生问鬼神。

　　高适在《古歌行》里很可能是用"洛阳少年"自指,以抒发怀才不遇的感慨,初入长安,仕途不利,想来高适的心情一定很沉痛。但是这时的高适毕竟尚年轻,因而对未来仍然充满了希望,并不那么沮丧。本来嘛,将来的路还长着呢!周勋初先生在《高适年谱》里将《送桂阳孝廉》系于此时,是有一定的道理的。他说:"诗曰:'即今江海一归客,他日云霄万里人',对前途仍抱乐观态度,反映年轻时之心情。当是初入长安时之作。"此说可从。高适在长安送走的那位"桂阳孝廉"已经"数经甲科犹白身",因而高适以"万里云霄"相鼓励,同时也寄寓了他自己壮志不减的雄心,表现出他失利后仍然对未来充满了信心与希望。

三　归居梁宋

　　"长安居,大不易"。
　　现在已无从知道,高适是怎样以及与谁一起到的长安。所可知者,是高适在长安住了一个时期,本来抱着"举头望君门,屈指取公卿"的壮志,然而此时虽然号称开元盛世,其实皇帝并不能真正任用有才之士,故发出"白璧皆言赐近臣,布衣不得干明主"之叹;再则高适那样的青年士子没有什么名望,父辈的功业也不显赫,不能荫益于他,只能郁郁而归梁宋,继续过着读书种地和在附近周游的生活。
　　《旧唐书·高适传》说:"适少濩落,不事生业,家贫,客于梁宋,以求丐取给。"即说的是高适初入长安前后的生活状况。说高适家贫及客居梁宋都是不错的,但说他"不事生业"则不甚可信。高适在《别韦参军》里回忆自己由长安回来后的境况时写道:

归来洛阳无负郭,东过梁宋非吾土。

　　兔苑为农岁不登,雁池垂钓心长苦。

　　前两句写他的家贫,后两句则描绘了他以农渔为生的劳动生活。需要说明的是"归来洛阳"并不是说他的家在洛阳,因为这里的"洛阳"、"负郭"都是用的典故。《史记·苏秦列传》记载着能言善辩之士苏秦始以连横说秦,不行,又以合纵说六国,被六国信任,佩带了六国的相印,好不威风!他得意洋洋地对家人说:"使我有洛阳负郭田二顷,吾岂能佩六国相印乎?"高适以苏秦连横说秦不行而归自况,固然表现了自己的志向,但更突出的是写出了自己的贫穷。由长安归梁宋要向东,故曰"东过",但他的家乡并不在梁宋一带,他只是客居于此,故而感叹"非吾土",字里行间自有一种辛酸的漂泊之感。特别值得注意的是高适写到了他的劳动生活:种地于兔苑,收成却并不好;在雁池里钓鱼,不时地想起自己入京的失意,难免心中痛苦。作为封建社会的知识分子,他是希望能出将入相的,谁料想此时却在这种地方垂钓,怎么能不心情郁郁呢?!兔苑,在宋城(今河南省商丘市)县东南十里,是汉代梁孝王所修建,当时是个游乐的场所,但在唐代时已经变为废墟,所以高适能在此"为农"耕耘。雁池,在兔苑内,岑参《梁园歌送河南王说判官》诗自注云:"梁园中有雁池鹤州"。由此可见,高适从长安归来以后,确实曾亲身参加农业生产——在兔苑里耕种,在雁池里垂钓。这在他归来后的另一首诗——《酬庞十兵曹》里也有反映,这诗说:

　　忆昔游京华,自言生羽翼。

　　怀书访知己,末路空相识。

　　许国不成名,还家有惭色。

　　托身从畎亩,浪迹初自得。

　　雨泽感天时,耕耘忘帝力。

　　……

　　前面几句叙述他虽胸怀大志,奔赴京城,一心许国,但却"不成名",

只得带着羞愧之色而还家——又归梁宋。后边几句则是写他还家后的生活：为了谋生，他只得托身于畎亩之间；同时又在周围浪游，颇为自得。看他"雨泽感天时，耕耘忘帝力"之句，不像是没有实践经验的人所能言，想来是他的切身体会。从长安归来的一段时间里，由于家里没有势力与财产，他只得亲自参加农业劳动，这与史书"不治生业"的记载不相符合。但似乎也不必完全否认他曾"求丐取给"，这恐怕往往发生在年岁不登之时吧？根据他的性格也有这种可能。在《别韦参军》里，他说："世人向我同众人，唯君于我最相亲，且喜百年有交态，未尝一日辞家贫。"恐怕这里就含有"求丐取给"的辛酸吧？

高适毕竟不是一个真正的农民，因而他的"为农"、"垂钓"也绝不会像一般的农民那样认真、劳苦，作为一个封建知识分子，他还有另一种生活。殷璠《河岳英灵集》说高适早年："性拓落，不拘小节。……隐迹博徒，才名自远。"他在《别韦参军》里也写到了另一种生活："弹棋击筑白日晚，纵酒高歌杨柳春。"高适文集里有一篇《双六头赋送李参军》，这篇赋就是写得一种叫"双六"的游戏，也可以作为赌博的工具，由此赋可证高适早期与博徒往还的行事。不过，他并没有停留在简单地描写双六的游戏上，而是借物咏志，赋中说：

> 李侯李侯保令名，无怨效于垂成，朝影入平川，川长复垂柳，明年有一掷分，君不先鸣谁先鸣？

可见他在"隐迹博徒"之时并没有忘记自己的理想，期人中有自期，正如李白也有句云："六博争雄好彩来！"同样是含义深长的。

四 《宋中十首》

高适由长安归来到下一次出游，大约有六、七年的间隔。在这期间，如上所述，他参加了一些农业劳动，也常常隐迹博徒之中下棋饮酒，同时他还在梁宋一带漫游。梁宋一带，历史上是一个颇有盛名的地区，在这里有许多名胜古迹可以凭吊，有许多历史故事到处传扬，这些无疑熏陶了高适的思想，增长了他的见识。在这过程中，他写作了怀古组诗《宋中十首》，这十首诗格调如一，风格相类，大约是一次游历中所作。虽然他以后也曾在梁宋作过漫游，但时令与风格多所不合，因而可以认为这组诗歌是这个时期的作品。下面我们逐首加以介绍和说明：

其一曰："梁王昔全盛，宾客复多才。悠悠一千年，陈迹唯高台。寂寂向秋草，悲风千里来。"这一首是凭吊梁孝王遗迹的。《史记·梁孝王本纪》记载："孝王筑东苑，广睢阳城七十里，大治宫室，为复道，自宫连属于平台，五十余里。……招延四方豪杰，自山以东，游说之士莫不毕至。"当年孝王全盛之时，宾客多是有才之士，如邹阳、枚乘之流。可是随着时光的流逝，这里只留下了高台遗址，上面长满了秋草，从高适心中不由得涌起感慨之情。这里客观的说明了一个道理：不管生前多么显赫，但时光一过，留下的却是一片虚无，常使人想起李白的名句："屈平辞赋悬日月，楚王台榭空山丘"。

其二曰："朝临孟渚上，忽见芒砀间。赤帝终已矣，白云长不还。时清更何有？禾黍满空山。"孟渚，是个大泽的名字，位于现在河南商丘市东北方向。芒砀，相传是当年汉高祖刘邦藏身之处，那儿的上空常常是云气缭绕。赤帝，指刘邦，《史记·高祖本纪》说有一次刘邦杀了一条拦路的大蛇，这时有位老妪哭道："吾子，白帝子也，化为蛇当道，今为赤帝子斩之"。这首诗描写诗人面对广袤的大泽，忽然遥想到当年刘邦藏身的芒砀，不觉感慨万端：当年那"威加海内兮"的赤帝哪儿去了？只有空中的白云，一去不再复还，目中所见唯有到处生长的旺盛的庄稼！这种感慨与上一首相近。

其三曰："景公德何广，临变莫能欺。三请皆不忍，妖星终自移。君心本如此，天道岂无知。"这里描写的是宋景公的故事和传说：宋景公在位的一年，一颗"妖星"遮住了宋的分野"心"的上空，正所谓"荧惑守心"。宋景公为此事非常担忧，因为这象征着本国该有灾难降临。那时宋国有一位星相家姓韦，他观测了一下妖星，然后对景公说："可以把妖星带来的灾难转移到宰相身上。"景公说："宰相是我的左、右臂，岂能让他承受此灾？"姓韦的又说："那可以把这灾难转移到老百姓的身上。"景公还是不同意，他说："我这个当国君的就得依靠这些老百姓呀！"姓韦的又献计说："那可以把这灾难转移到收成上"，意思是说：如果收成不好，国家就可以免灾，景公却又表示反对，说："如果收成不好，老百姓很贫困，我为谁当国君呢?"这位星相家最后高兴地说:"天虽然很高远,但是地上的声音它都能听到,您有这三句话,那么老天一定会受感动,这颗妖星一定会自动移走"。后来这颗妖星果然往旁边移动了三度。这显然是一个迷信的传说,但其中却表达了一定的民本思想,即"民为重,君为轻"。正因为如此,高适在宋景公所生活的地方才这么容易地想到这位国君的言论,表示了自己的希望,如果国君的心都如此,老天怎么会不知道呢?

其四曰:"梁苑白日暮,梁山秋草时。君王不可见,修竹令人悲。九月桑叶尽,寒风鸣树枝。"这诗仍然是怀念梁孝王的,梁苑就是他所修筑,而梁山又是他经常打猎的地方。现在梁苑上的太阳已经落山了,梁山上长满了秋草,那细长的竹子引起了人们不尽的悲思,梁孝王安在哉?此时正是九月的时节,树上的桑叶已经落尽了,只有寒风吹动着树枝发出鸣鸣的声响,这是多么悲凉的景象!

其五曰:"登高临旧国,怀古对穷秋。落日鸿雁度,寒城砧杵愁。昔贤不复有,行矣莫淹留。""旧国",指梁宋,因其为宋微子的封地;高适登高眺望梁宋故地,不禁有"大夫登高而赋"的气概。暮秋之时正易触发人的怀古之幽情,此刻鸿雁在落日的余晖里穿行,城里传出了捣捶衣服的声音,这一切怎能不惹动人的愁思呢? 昔日在这里生活过的诸如梁孝王一类的贤人已经"不复有"了,想到这,高适提醒自己:快走吧,不要淹留于此地了! 待在这里,只能增加自己的思古幽情和感叹时光易逝的愁苦。

其六曰:"出门望终古,独立悲且歌。忆昔鲁仲尼,栖栖从此过。众人不可问,伐树将如何?"这里写的是孔丘离开曹国到宋国的一段故事:当年孔子不得志,曾栖栖惶惶从此经过,正当孔子和弟子"习礼于大树下"的时候,宋司马桓魋却想加害于孔子,拔掉了大树,"孔子去,弟子曰:'可以速矣。'孔子曰'天生德于予,桓魋其如予何'!"(《史纪·孔子世家》)。诗的最后两句颇有为孔子怀才不得用抱不平的意思,在怀古的幽思里散发着诗人自己的哀怨。

其七曰:"逍遥漆园史,冥没不知年。世事浮云外,闲居大道边。古来同一马,今我亦忘筌。""漆园史",指庄子。《河南通志》卷五十一曰:"漆园在(归德)府城南二十五里小蒙城内,庄周尝为漆园史,即此地也。"归德即今商丘地区。此诗前四句描写庄子的逍遥自在、浮云世事。"古来同一马"用《庄子·齐物论》的话:"天地一指也,万物一马也。"王先谦注道:

"近取诸身,则指是;远取诸物,则马是。……故天地虽大,特一指耳;万物虽纷,特一马耳。""我今亦忘筌"也是用《庄子·外物》的话:"筌者所以在鱼,得鱼而忘筌。"《释文》云:"筌,崔音孙,香草也,可以饵鱼。或云:积柴水中,使鱼依而食焉。一云,鱼笱也"。这诗表现了高适对庄子浮云世外思想的向往,最后两句借庄子语表明自己对庄子思想的理解和推崇。崇尚老庄是唐代的一种社会风气,高适自然难以避免其影响,这在他以后的诗文中时有表现。

其八曰:"五霸递征伐,宋人无战功。解围幸奇说,易子伤吾衷。唯见卢门外,萧条多转蓬。""五霸"指战国时期的齐桓、晋文、秦穆、宋襄、楚庄。五国连年征战,互相攻伐,而宋襄公又是其中最弱的,总是失利,故说:"宋人无战功"。"解围"两句说得是宋人华元的故事:在一次战争中,宋人大败,被对方围在城里,城里的人们没有粮食只得易子而食,宋人华元见状十分气愤,他趁着夜色潜入围城的楚军之中,摸到了楚将子反的床头,对子反说:"我的国君命令我将城内困境相告,虽然城里已到了易子而食,燃骨做饭的地步,但我们宋人宁可亡国也不能听从你们的城下之盟,如果你们能撤军三十里,有话才好商量!"子反很害怕,就和宋订了和盟,两国不再打下去了。夜入敌军,不顾身危,达成和议,这真称得上是"奇说"了。可现在那一些往事已成为过去,卢门外只有被风拔掉了根的蓬草在飘飞,这是一副多么萧条的景色呀!高适在诗里表达了对华元见义勇为的赞扬,同李白对鲁仲连的歌颂一样,都是在古人身上寄托了自己的希望与理想。

其九曰:"常爱宓子贱,鸣琴能自亲。邑中静无事,岂不由其身?何意千年后,寂寥无此人。"高适是一位关心人民的诗人,他对那些能给社会带来和平安定局面的人物是十分崇敬的。这首诗就是歌颂古代的一个能吏——宓子贱,他治理单父时采取无为而治的方法:"弹鸣琴,身不下堂而单父治"(《韩诗外传》)。单父县,唐时属宋州睢阳郡,在今山东省单县东南。高适在赞扬了宓子贱以后,不无感叹地说:可惜千年以后,再也看不到像他那样的能吏了!高适后来还多次登上宓子贱弹琴台,可见他对宓子贱是相当钦佩的。

其十曰:"阏伯古已久,高丘临道傍。人皆有兄弟,尔独为参商。终古犹如此,而今安可量?""高丘",即"阏伯台",旧址在宋国一带。关于阏伯,《左传》记子产的话说:"昔高辛氏有二子,伯曰阏伯,季曰实沈,居于旷林,不相能也,日寻干戈,以相征伐。后帝不臧,迁阏伯于商丘,主辰,商人是因,故辰为商星;迁实沈于大夏,主参,唐人是因,及成王灭唐,而封太叔焉,故参为晋星。"高适来到传说中的阏伯台,想到阏伯和实沈兄弟二人不能相容,以至于大动干戈,被分处两地,不能相见,这是多么可悲!高适在这里表达了一种人类共同的感情,唐代其他诗人也常常引用这个典故以表现兄弟的离别,如李白在《上留田》里有句云:"动为参与商"。细读高适此诗,不能不使人猜想:这也许是有感而发的吧? 要不怎么会说:"终古犹如此,而今安可量?"——古昔就有参商之事,而今则更难料度呀! 充满了感慨,可惜已无法确切弄清感从何来了。

《宋中十首》在内容和艺术上可以视为一个整体,在这一组诗里,高适借助于他浑朴的艺术风格表达了怀古思今的感情,几乎写遍了当时宋中的所有古迹,可见诗人还是善于借景抒情的。在这些诗里,用语朴素自然,情景交融,与高适"直抒胸臆"的风格是一致的。它们没有什么华丽的辞藻,也没有什么细巧的构思,只不过有感而发,故给人一种感情真挚自然的感觉。高适屡屡发出"前不见古人"的感叹,叹息时光的流逝,这是和他要求及早建功立业的思想相一致的,因此他歌颂华元,歌颂宓子贱,也为孔子的不幸致慨,这就是他《宋中十首》的主旋律。至于他羡慕庄子出世逍遥,只不过是在社会风气影响下,高适思想中的一个侧面罢了。当然,这 组诗,在内容上还显得比较肤浅,并不如他以后所写的一些怀古诗那样深刻,因而给人一种单调的感觉,这恐怕是因为他还涉世不深,思想与艺术都还不老成吧?

高适在宋中生活期间,一方面以躬耕为生,但也难免由于"为农岁不登"而有求丐的行为;一方面隐迹博徒,周游梁宋,作诗吊古,颇有一点儿隐士的风味儿,正所谓:"浪迹初自得"。但高适骨子里入世的思想和热情却一点儿也没有减弱。开元十八年,他终于忍受不住乡居的寂寞,踏上了去东北边塞的旅程。

第二章

北上蓟门

一 边塞，诗人们向往的地方

魏晋以来的几百年里，汉族一直受着文明落后的异族的侵凌与威胁。唐朝初建的时候，由于国力不强，曾派刘文静等出使东突厥，并曾向东突厥统治者称臣。《贞观政要》卷二《论任贤》记唐太宗的话说：

> 往者国家草创，突厥强梁，太上皇（高祖）以百姓之故，称臣于颉利，朕未尝不痛心疾首……

随着唐朝统一局面的形成，国家势力的加强，抗击突厥统治者的虏掠就势在必行了。唐朝先用兵灭掉了东突厥，然后移兵于西突厥，目的在于维护对西域的统治，保护中西商业的交通。经过力战多年，才击破西突厥。在这之前，唐朝还进击了再起的吐谷浑和阻拦交通西域的高昌。唐朝取代西突厥在西域的统治，解除了西突厥统治者对唐西境的威胁，对于维护西北各族人民的和平生活，维护唐帝国的统一，发展商业交通，以及对这一带的社会发展、中外经济文化的交流，客观上起了积极的作用。在唐的其他边疆，唐朝对吐蕃、奚、契丹等少数民族统治者的入侵也进行了反击，当然有时也有唐朝对四邻少数民族政权的侵略，这一切造成了频繁的边塞战争。需要说明的是：即使在民族战争最激烈的时期，各族人民之间的和平友好，仍是历史发展的主流。但战争比其他历史时期更为频繁毕竟是历史的事实,史书上关于战争的记载甚多,此处从略不引。用历史唯物主义的观点考虑唐代的边塞战争,不能否认,在唐与少数民族政权的战争中,有许多次战争是由唐朝的封建帝王好大喜功,边将挑衅寻事而引起的,是不义的战争,正所谓:"边庭流血成海水,武皇开边意未已!"(杜甫《兵车行》),"汉家能用武,开拓穷异域"(高适《蓟门五首》其三)。但更多的战争是较为正义的,是对少数民族统治者大肆入侵的反击,对照史书可以看出:唐朝与四邻的交往活动相当频繁,唐朝主动进攻少数民族政权如突厥、吐蕃、奚、契丹的非正义行为要少于唐朝本土被侵凌的次数。有些少数民族统治者对唐的侵凌是十分严重的,如李白所说是:"匈奴以杀戮为耕作,古来唯见白骨黄沙田"(《战城南》),必须进行正当的防御。

频繁的战争,火热的生活,自然吸引了诗人们的注意力。文士们经常看到浩浩荡荡的大军开赴祖国的边陲,不时地获悉边地传来的胜利捷报或失败的消息,他们怎能不受到强烈的吸引?过去人们认为那里是荒凉的不毛之地,这时也具有了丰富的色彩。边塞的生活是那样新鲜奇异,那里的战争场面、风俗习性,甚至那里的季节变化、山水状态也与内地大不相同,这该是多么新奇呀!于是,有的文人投笔从戎,跻身幕府,还有的千方百计地通过从军的亲友了解边塞。当然,许多文士向往边塞,还有更重要的原因,那就是希望立功于边塞,"画图麒麟阁"。唐朝在科举考试中把"军谋宏远,堪任将率"一科与选拔政治人才的科举并列,这样便使一般的知识分子更加注意边塞现实问题,当时撰有"安边书"的人不胜枚举。同时,唐自开国以来,就有不少出将入相的人才,他们立功边塞的业绩,十分具有吸引力。于是,许多文人纷纷效法,大批地奔向了边塞。向往边塞成了唐代中小地主阶级知识分子普遍的心理状态,在唐诗里有突出的反映,如:

> 宁为百夫长,胜作一书生。
>
> ——杨炯《从军行》
>
> 封侯自有处,征马去啴啴。
>
> ——张九龄《送赵都护赴安西》
>
> 功名只应马上取,真是英雄一丈夫!
>
> ——岑参《送李副使赴碛西官军》

尔随汉将出门去,剪虏若草收奇勋。

——李白《送族弟绾从军安西》

高适更说:

万里不惜死,一朝得成功,
画图麒麟阁,入朝明光宫。

——《塞下曲》

一般地说,唐代出仕大约有三条道路:最普通的是考取进士以授官职;其次是隐居终南,待诏入仕;边塞又为文士们展现了第三条途径,那就是从军入伍,马上立功。唐朝的文士往往几条路都要走一走,因此岑参在《送祁乐归河东》里说:

天子不召见,挥鞭遂从戎。

唐朝的文士们向往边塞,固然有希望立功边陲、入奏明光的功名思想,但如果仅仅把诗人们向往边塞说成是为了个人的功名,那也是不恰当的。我们还应注意到鼓舞诗人们奔赴边塞的更强大的动力——爱国主义热情。唐代,特别是盛唐,是一个蓬勃向上的时代,人们精神振奋,对未来充满了希望。生活在这个时代的文人们,必然对国家的强大感到骄傲和自豪,对民族的前途充满了信心,对国家的安危抱有强烈的责任感,这在唐诗中也有十分生动的表现,如:

万里奉王事,一身无所求;
也知垠塞苦,岂为妻子谋?

——岑参《初过陇山途中呈宇文判官》

忘身辞凤阙,报国取龙庭。
岂学书生辈,窗间老一经。

——王维《送赵都督赴代州》

一闻边烽动,万里忽争光。

——孟浩然《送陈上赴西军》

在各种动力的推动下,初、盛唐时期文士们奔赴边塞已经形成了一股热潮。许多著名诗人,诸如陈子昂、李白、王维、岑参、李颀、崔颢、王昌龄、王之涣等都到过边塞。在那里,他们写作了许多优秀的边塞诗作。经过许多诗人的努力,还形成了唐代诗坛上的一个重要流派——边塞诗派,它的一位主要的代表人物就是高适。

二 赴蓟门与边塞之游

高适也像当时的许多诗人一样,由于考试入仕的愿望没有实现,又不忍或无力隐居终南走"终南捷径",便自然地把目光转向了边塞,边塞火热的生活正符合他的性格,马上立功的道路正是他所热衷和向往的。开元十八年(公元 730 年)秋,他由梁宋起身,踏上了北上蓟门的道路,时年高适二十九岁。蓟门在哪呢?《唐六典》曰:"蓟门在幽州北。"大约是今天北京北部一带。这里是有唐以来战争风云屡起之地,祖咏有《望蓟门》诗,所写正是这里,祖诗颇豪迈有气势:

燕台一去客心惊,笳鼓喧喧汉家营。
万里寒光生积雪,三边曙色动危旌。
沙场烽火侵胡月,海畔云山拥蓟城。
少小虽非投笔吏,论功还欲请长缨。

高适就是怀抱着这种"论功还欲请长缨"的志向奔向了东北边塞。

高适在后来回忆自己此次北上时说:"少时方浩荡,遇物犹尘埃。脱略身外事,交游天下才。单车入燕赵,独立心悠哉。"(《酬裴员外以诗代书》)高适由梁宋出发,先到了魏郡,即今河北省大名县东一带,在这里他参观了唐初著名大臣魏徵、郭元振的旧居,参观了曾经保卫了魏州的狄仁杰的祠堂。高适把这三位贤人作为自己的楷模,写下了《三君咏》,在这一组诗前有一个简短的自序:

开元中,适游于魏,郡北有故太师郑公旧馆,里中有故尚书郭公遗业,邑外又有别太守狄公祠焉。睹物增怀,遂为《三君咏》。

这三首诗与《宋中十首》相仿,皆为借古咏怀之作。但不同的是这三首诗所歌颂的全是本朝的贤臣,更强烈地表达了他要求建功立业的愿望,正契合他此次北上时的心情。《魏郑公》是歌颂太宗朝的直臣魏徵的,这位魏郑公少年时行事与高适颇有相似之处,《唐书·魏徵传》云徵:"少孤贫,落拓有大志,不事生业,好读书,多所通涉,见天下渐乱,尤属意纵横之术。"正是这样一个人,却能"济代取高位,逢时敢直言。道光先帝业,义激旧君恩"。高适怎么能不羡慕呢?《郭代公》是赞扬边将郭元振的,元振很有雄才大略,在驻守安西时比较注意正确处理汉族与少数民族人民之间的关系,所以高适赞他:"仗节归有德",当睿宗继位后召他回朝时,"将行,安西酋长有劓面哭送者,旌节下玉门关,去凉州犹八百里,城中争具壶浆欢迎,都督嗟叹以闻"。这种安边的英雄行为,光彩业迹,怎么能不深深地打动向往边塞立功的高适呢?《狄梁公》是歌颂武后朝的大臣狄仁杰的,诗里不仅赞扬了仁杰稳定李家天下的奇功,而且更突出了他引荐贤才的事迹,所谓:"待贤开相府,共理登方伯。至今青云人,犹是门下客。"这里涉及了仁杰荐举张柬之的往事。《新唐书·张柬之传》云:"长安中,武后谓狄仁杰曰:'安得一奇士用之?'仁杰曰:'荆州长史张柬之,虽老,宰相才也,用之必尽节于国',即召为洛州司马。它日,又求人,仁杰曰:'臣尝荐张柬之,未用也',后曰:'迁之矣',曰'臣荐宰相,而为司马,非用也'。"后来张柬之还是做了宰相。狄仁杰知人善任,很有眼光,先后由他荐举的人就有张柬之、桓彦范、敬晖、姚崇,"皆为中兴名臣"。正在人生道路上摸索前进、希望有朝一日一致青云的高适,是多么希望能逢着像狄仁杰一样有眼光有魄力的伯乐呀,难怪他参观了狄仁杰的祠堂要思绪万千呢!

高适在魏郡凭吊了"三君"以后,继续北上,来到距鹿,在这里他遇到了一位姓李的少府。少府即是县尉,"唐人呼县令为明府,丞为赞府,尉为少府"(《容斋随笔》卷一)。高适赠给李少府一首诗,对他"骏马常借人,黄金每留客"的豪侠习气极表赞扬。更值得注意的是在赴蓟门途中高适赠给司空璱的一首诗,因其中有"燕赵何苍茫,鸿雁来翩翩",知道是此时所作。诗中写道:"飘飘不得意,感激与谁论。昨日遇夫子,乃欣吾道存"。可见这位司空璱与高适一样,都是颇有大志的人物,但同样并不得意,高适此时虽然对边塞充满了向往,但未知前途如何?不能不十分担心。

高适北上并未急行,他沿途凭吊古迹、与朋友酬会,大约在当年秋冬之际才到了蓟门。由于史料不足,对他北上蓟门途中的行事只能大体勾勒出一个轮廓,详细叙述已不可能。作为一个长期生活在内地的诗人,今日来到蓟门,怎能掩住好奇之心呢?作为一个关心现实的诗人,怎么能不认真地观察边塞的现实呢?在蓟门生活期间,高适写作了著名的《蓟门五首》,我们在下一节要对这一组诗专门加以介绍。下面我们来谈一谈高适在东北边塞的一些活动。

高适至蓟门以后曾"东临碣石,以观沧海",他在诗里写道:"登高俯沧海",又说:"题诗碣石馆"。《太平寰宇记·平川·卢龙》下云:"碣石山在县南二十三里,碣然而立在海旁,因以为名。"碣石地处今河北省昌黎县西北。高适在这一带游历了一个时候,结识了一位姓冯的朋友,两人交往了个把月,冯某就要应召入军幕了,高适自然十分羡慕,便写诗相送,诗曰:

> 碣石辽西地,渔阳蓟北天。
> 关山唯一道,雨雪尽三边。
> 才子方为客,将军正渴贤。
> 遥知幕府下,书记日翩翩。

——《别冯判官》

在碣石一带高适还常和朋友们一道打猎游玩,他的《同群公出猎海上》把打猎的场面描写得极为壮观、动人:"偶与群公游,旷然出平芜。层阴涨溟海,杀气穷幽都。鹰隼何翩翩,驰聚相传呼。"读此诗极易使人想起青年高适英姿勃勃的形象。

高适还出过卢龙塞,他的《塞上》诗曰:"东北卢龙塞,浩然客思孤"。卢龙塞,是唐代重要边防关塞之一,在今河北迁安县西。《新唐书·地理志》云："怀戎（今河北怀柔县）东南五十里有居庸塞，东连卢龙、碣石，西属太行、常山，实天下之险。"《水经注》卷十四云："濡水又东南经卢龙塞。……卢龙之险，峻坂萦折。"高适东出卢龙塞，更真切地看到了边陲的战争风云，他描写道：

> 亭堠列万里，汉兵犹备胡。
> 边尘满北溟，虏骑正南驱。

战争随时都可能发生，这样下去什么时候是个头呢？高适提出了自己的疑问和建议：

> 转斗岂长策，和亲非远图。

既然转斗不是长远之计，依靠公主和蕃的和亲政策又非有识之见，那怎样才能保证边塞的安全呢？高适的回答是："不战则已，战则必胜"，他想起了古代的名将李牧，不胜向往：

> 惟昔李将军，按节临此都。
> 总戎扫大漠，一战擒单于。
> 常怀感激心，愿效纵横谟。

可是，现实却是那么冷酷，自己纵有一片忠心、千条计策，又有谁听呢？高适感伤地写道：

> 倚剑欲谁语？关河空郁纡。

这就是高适出卢龙塞时的遭遇和感想，凝集成他边塞代表作之一《塞上》，至今读来，仍能使人感叹不已。后来高适回忆到此次出塞空有安边之策，但无人肯听的不幸时十分愤慨，《酬裴员外以诗代书》里说道：

> 北望沙漠陲，漫天雪皑皑。

临边无策略,览古空徘徊!

字里行间透露出多么浓重的悲愤呀!

从卢龙塞出发,道经碣石,再经东北就到了营州。《新唐书·地理志》云:"营州柳城郡有柳城县,西北接奚,北接契丹,东有碣石山",营州在今辽宁省朝阳县。当时大体地理位置是这样的:幽州东至蓟州二百一十里,蓟州(今河北蓟县)东至平州三百里,平州(今河北昌黎县)东北至营州七百里,可见高适已经深入塞外了。在营州,高适看到了边地少年强悍尚武,很有兴趣,因而写下了《营州歌》:

营州少年厌原野,皮裘蒙茸猎城下。
虏酒千钟不醉人,胡儿十岁能骑马。

这诗像一幅白描画,描绘了少数民族少年的英姿和风俗,读之使人兴趣盎然。

正是此次北上,高适与裴霸订交为友,二人友谊颇深,高适晚年的一篇最优秀的诗就是写给他的。在这诗里,高适忆及他们当年在蓟门一带的交往,诗曰:

且欣清论高,岂顾夕阳颓?
题诗碣石馆,纵酒燕王台。

——《酬裴员外以诗代书》

燕王台即昭王置千金其上以延天下士的黄金台,故址在今河北易县东南。在这古代君王广招才人的旧地,高裴二人纵酒清谈,该有多少感慨!

高适在边塞周游了一个时期,希望能寻找到仕进的机会,但总没有成功,便又回到了蓟门。听说老朋友王之涣、郭密之也居住在这一带,高适便前去拜访,可惜二人都不在家,也许又离开蓟门去他处周游了,高适写了《蓟门不遇王之涣郭密之因以留赠》。王之涣是盛唐时代的著名诗人,太原人,卒于天宝元年,开元二十年寓居蓟门。《唐才子传》说他:"少有侠气,所以游皆五陵少年,击剑悲歌,从禽纵酒。后折节工文,十年名誉日振,耻困场屋,遂交谒名公。为诗情致雅畅,得齐梁之风,每有作,乐工辄取以被声律。"他一生留下来的作品不多,仅六首,但却不乏传世之作,如《登鹳雀楼》,简直是家喻户晓:

> 白日依山尽,黄河入海流;
> 欲穷千里目,更上一层楼。

再如《凉州词》也十分有名:

> 黄河远上白云间,一片孤城万仞山,
> 羌笛何须怨杨柳,春风不度玉门关。

郭密之也是开元、天宝年间诗人,今存诗仅有二首。王、郭二位是高适早年就交好的朋友,因此他说"迢递千里游,羁离十年别",高适远游千里,本想与旧友相会,谁知却"不遇",因而不无惆怅的说:

> 适远登蓟丘,兹晨独搔屑。
> 贤交不可见,吾愿终难说。

他又为自己此行希望尚未实现致慨道:

> 逢时事多谬,失路心弥折,
> 行矣勿重陈,怀君但愁绝。

感情是极沉痛的。

想来高适在边塞一定多次试图从军入伍,但并没有得到别人的汲引,突出的一个例子是在开元二十年高适投书信安王李祎幕下诸人,希望他们能够给以援助,这就是被胡应麟评为:"典重整齐,精工赡色,特为高作"的长诗《信安王幕府诗》,诗前小序曰:

开元二十年,国家有事林胡,诏礼部尚书信安王总戎大举。时考功郎中王公、司勋郎中刘公、主客郎中魏公、侍御史李公、监察御史崔公,咸在幕府。诗以颂美数公,见于词,凡三十韵。

《旧唐书·玄宗纪》说开元二十年"春正月乙卯,以礼部尚书、信安王祎率兵讨契丹",又"三月,信安王祎与幽州长史赵含章大破奚、契丹于幽州之北山"。高适诗序与史书记载正相符合,故而诗中"落梅横吹后,春色凯歌前"应是实写。在这首诗里,诗人大力颂扬信安王祎的武功和幕下诸人的高才,最后颇为悲戚地写道:

> 直道常兼济,微才独弃捐。
> 曳裾诚已矣,投笔尚悽然。

可见高适当时落魄的情状以及希望诸公能加以援引的心情,但不知何故,这首长诗似乎并没有发生什么作用,高适仍然受到了冷遇。至此,他希望从军边塞、马上立功的愿望破灭了,不得不准备另寻出路。

三 《蓟门五首》

在蓟门期间,高适还和一些低级军吏往还,故而写下了《酬李少府》,诗里写道:"出塞魂犹惊,怀质意难说。……一登蓟丘上,四顾何惨烈。来雁无尽时,边风正骚屑",似乎是初到蓟北而作,对边地风物的描写颇为生动形象。除此之外,还有其他一些作品,但这次北上真正称得上是最优秀的创作,当推《蓟门五首》。这五首诗写作时间并不相同,但都是此次北上写作于蓟门,所以编为一组诗。这些诗表现了高适忧国忧民、关心边事的现实主义特色,是他的边塞诗的先声。他后来的名作《燕歌行》就是与《蓟门五首》一脉相承的。下面我们来读这五首诗作。

其一曰:"蓟门逢古老,独立思氛氲。一身既零丁,头鬓白纷纷。勋庸今已矣,不识霍将军。"这首诗记录了高适自己的所见所闻:高适来到蓟门遇到一位不被将军所重用的老兵,心中充满了同情之感。最后两句是说:什么功绩、勋庸都让它去吧,为了守边头发都白了,至今却连霍将军都没有见过！霍将军，借汉代名将霍光代指当时的边将。诗里不仅有同情，也对军队里有功不能见赏的现实表示了不满。盛唐时代的文士们把立功边塞作为自己的目标，纷纷奔向边陲，他们对封建军队里的奖罚十分敏感、注意，因而当他们看到了军队里奖罚不明，战斗勇敢、屡立战功的人们反不能见用等现象，怎么能不用诗歌来加以抨击呢？与高适同时的其他诗人也写过同样题材的作品，如王昌龄就曾愤怒地说："功勋多被黜，兵马亦寻分"（《塞下曲》四首之四），"功多翻下狱，士卒但心伤"（《塞下曲》）。李颀说："膂力今应尽，将军犹未知"（《塞下曲》）。这些诗，虽然反映的具体情况略有差异，但基本精神都是一致的。

唐代的皇帝有时为了开边扩土，自然很重视边功，这就使得一些临边的将军们往往用优厚的待遇诱降胡人来上报战绩，以便于他们邀宠固位，而唐朝的士兵却受着非人的对待，这是多么不公平呀！作为一个关心现实的诗人，这种现象也没有躲过高适的抨击。高适在《蓟门五首》其二里写道："汉家能用武，开拓穷异域。戍卒厌糟糠，降胡饱衣食。关亭试一望，吾欲涕沾臆。"前两句表现了高适对唐王朝开边政策的不满，十分大胆尖锐，使人想起杜甫《兵车行》里的名句："边庭流血成海水，武皇开边意未已。"但高适要比杜甫早十几年，更见其难能可贵。可见此时的高适思想是比较清醒的，问题看得也比较深刻。诗人又客观地摆出了戍卒与"胡人"的两种完全不同的生活待遇的现实，虽然并没有在字面上加以评论，但一个"厌"，一个"饱"，却使人感到酸辛自在其中，批判和不满也自在其中了，因而诗人"关亭"一望，禁不住伤心地落下泪来。高适此时"涕沾臆"，固然有对士兵生活的不公平深切的同情，但更为伤心的，大约是他感到像某些边将那样靠诱降的方法，是根本不能巩固边防的，然而自己的"安边书"又有谁愿意一听呢？

其三和其四在基本主题上是一致的，都表现了唐朝将士英勇卫国的雄姿，可以放在一起来读。其三说："幽州多骑射，结发重横行。一朝事将军，出入有声名。纷纷猎秋草，相向角弓鸣。"结发，指束发，形容成年之时；角弓，"以角饰弓也"（朱熹）。赵熙评论这首诗说："收处能仿魏人气局"，所谓魏人气局，指的是汉魏人那种浑厚、丰腴的风格，不以字句华丽取胜，而以气势壮阔见长。其四说："黯黯长城外，日没更烟尘。胡骑虽凭陵，汉兵不顾身。古树满空塞，黄云愁杀人。"这一首比前一首写的更为悲壮,如果说其三写得比较轻盈,那么这一首则略为沉重,表现出了唐朝士兵在反侵略战争中不怕牺牲、勇于拼杀的精神。由于高适在边塞生活了一段时间,耳闻目睹了唐朝士兵在战斗中的英雄行为,他自己也深受感动,因而歌颂起来,虽然寥寥数语,却十分传神,特别是:"胡骑虽凭陵,汉兵不顾身"两句,更是警醒动人。这一类题材的作品在唐代其他诗人的文集里也可以读到,如崔颢的《赠王威古》就很有代表性,诗先写道:"春风吹浅草,猎骑何翩翩。插羽两相顾,鸣弓新上弦。射麋入深谷,饮马投荒泉。马上共饮酒,野中聊割鲜",这真是太平之时的豪迈生活,但是,"相看未及饮,杂虏寇幽燕。烽火去不息,胡尘高际天。长驱救东北,战解城亦全。报国行赴难,古来皆共然"。王昌龄的《少年行》也很动人,诗云:"西陵侠少年,送客短长亭。青槐夹两道,白马如流星。闻道羽书急,单于寇井陉。气高轻赴难,谁顾燕山铭!"这些诗都以热情的笔触对那些为保卫祖国而不顾身死、不顾声名的战士表示了由衷的赞扬,也表现了诗人们的爱国主义精神。

战士们在那遥远的边塞,当保卫祖国之时,他们能"气高轻赴难",能"不顾身"地去战斗。但是,他们毕竟是有血有肉的人,由于唐代边事频繁,终日征战,出征的士卒们怎么能不思念自己的家乡和亲人呢?这正是边塞士兵真挚感情的另一个侧面。这在高适《蓟门五首》里也有表现,且看其五:"边城十一月,雨雪乱霏霏。元戎号令严,人马亦轻肥。羌胡无尽日,征战几时归?"十一月的时候边地早已是雨雪交加的季节了,此时主将传下严厉的号令,战士也做好了出征的准备,但是"羌胡无尽日",战斗什么时候才能结束,征人什么时候才能归乡呢?这正和高适的"转斗岂长策"的思想是一致的。边地思归是一种正常的自然的感情,因而在唐人边塞诗里,这种感情总是能受到尊重和得到细致的表现,如王昌龄说:"万里云沙涨,平原水霰涩。唯闻汉使还,独向刀环泣(力环之"环"谐还家之"还""音")"(《从军行二首》之二),又言:"烽火城西百尺楼,黄昏独坐海风秋。更吹羌笛关山月,无那金闺万里愁"(《从军行七首》之一)。岑参也写道:"凭添两行泪,寄向故园流"(《西过渭州见渭水思秦川》)。高适反映战士思归的思想是放在"羌胡无尽日"的前提下表现的,这自然表现了高适对久戍难归的战士的同情,更为深刻的则是在这里流露了高适对唐代戍边政策的不满:在唐代,为了立功以邀赏,有许多边将故意向四邻的民族政权挑衅,引起了不断的边塞战争,造成了"羌胡无尽日"的局面。并不是真有那么多外族士兵向唐主动进攻,以至于戍边战士竟不能分批回乡省亲。可见,这种征人不得归的现象,在一定程度上也是由唐统治者自己造成的。由此可以看到,高适因为亲历边塞,有一定的生活感受,加之观察的细致,所以他此时的思想是相当深刻的。

总之,高适的《蓟门五首》是他第一次出塞所作的最优秀的作品。由于当时高适地位甚低,故而能接近下层兵士,能较深入地了解他们的疾苦;同时,他几次希望入伍为国所用,但却不能如愿。最后,一切心思只能凝结为这一组诗。《蓟门五首》表现了高适观察的细致、认识的深刻,涉及了边塞的几个重大问题。这五首诗写得雄浑、自然,内容丰富多彩,非亲到边塞者不能言之。

四 自蓟北归

高适本来希望能在边塞寻找到建功立业的机会,但是由于种种原因,他的愿望没有实现。为了另寻出路,他于开元二十年冬离开蓟门而南归梁宋。高适在动身以前,徘徊于边塞,写作了《自蓟北归》诗,可以认为是他第一次出塞的总结,诗曰:

> 驱马蓟门北,北风胡马哀。
> 苍茫远山口,豁达胡天开。
> 五将已深入,前军止半回。
> 谁怜不得意,长剑独归来。

五、六两句当有所指,可惜史已无考;最后两句集中表现了他在边塞失意而归的心情,是多么惆怅又孤独!

高适由蓟北南返,路过真定,当时韦济正在恒州刺史任上,治所就在真定,真定即今河北省正定县。高适拜访了地方长官韦济,写作了《真定即事奉赠韦使君二十八韵》,在诗里高适写了自己北上蓟门漂泊一路,但前途无望,此刻又来"问津"、"投刺"于韦使君,心中甚为不安;接着对韦济的政绩以及他的历官进行了描写和叙述,这是一般干谒之作的惯例;又写了真定的城邑山川,较为生动,最后高适写到了自己已经十分贫穷失意,表示希望韦济能够援手,但看来高适的干谒并没有得到希望的结果。顺便提一下,这位韦使君后来作了尚书左丞,很赏识杜甫的诗才,杜甫于天宝七载写作了《奉赠韦左丞丈二十二韵》对他表示感谢,"读书破万卷,下笔如有神"、"自谓颇挺出,立登要路津。致君尧舜上,再使风俗淳"以及"朝扣富儿马,暮随肥马尘。残杯与冷炙,到处潜悲辛"等许多名句即出于这首诗。

高适离开真定继续南行,到了邯郸,高适后来有《淇上酬薛三据兼寄郭少府微》诗,诗里写道:"北上登蓟门,茫茫见沙漠。倚剑对风尘,慨然思卫霍。"这是描写他出塞时的情状,下面又写到了他南归的行事:"拂衣去燕赵,驱马怅不乐。天长沧州路,日暮邯郸郭",可见高适南返途中确经邯郸。邯郸,《新唐书·地理志》曰:"河北道惠州有邯郸县",即现在的河北省邯郸市。邯郸是古代赵国的首都,在唐时仍然是一座繁华的都市。高适在邯郸与游侠少年相往还,共同饮酒射猎,好不狂放,因而作《邯郸少年行》以抒其情,诗写得豪放而深沉:

> 邯郸城南游侠子,自矜生长邯郸里。
> 千场纵博家仍富,几度报仇身不死。
> 宅中歌声日纷纷,门外车马常如云。
> 未知肝胆向谁是,令人却忆平原君。
> 君不见即今交态薄,黄金用尽还疏索。
> 以兹感叹辞旧游,更于时事无所求。
> 且与少年饮美酒,往来射猎西山头。

这首诗气格豪放,立意深沉,体现了高适"直抒胸臆"的特色,故引起后人特别的注意,但具体解释颇有不同。唐汝询在《唐诗解》里说:"此叹交道之薄,因少年以发之也。意谓世之交者,孰非势力耶?观此邦游侠之子,贪嗜于财,侥免于法,非能豪举也,然而门庭若市,故我之肝胆未知所向,以世无平原君也。交态既日薄矣,吾岂待金尽而疏索哉?惟辞彼旧游而于时事无求耳。今少年不尚游侠,不趋势利,但与饮酒射猎以相娱乐,故其交也庶几哉!"王尧衢在《古诗合解》卷三里写道:"邯郸是赵之旧都,其生长人士多轻生尚义,而多游侠少年,故少年亦以自夸。"唐、王二说或牵强或过略,皆有偏颇。这首诗实际描写的是高适结交游侠少年的行状以及由此而产生的感想。前半先写邯郸城南的游侠之子,为生长在这赵之古都而十分得意,因为"燕赵古称多感慨悲歌之士"(韩愈《送董邵南序》)。邯郸侠少果然气概不凡:"千场纵博家仍富,几度报仇身不死"。这种生活颇合高适性格,殷璠说高适"性拓落,不拘小节,隐迹博徒",正指出了高适与邯郸侠少精神气质的一致。脚踏古赵国旧都的土地,高适自然想到:"喜宾客,宾客盖至者数千人"的赵之公子平原君赵胜,想到自己前去出塞但却无人赏识,一副肝胆不知为谁所用,不由地吟出惊人心魄的名句:

> 未知肝胆向谁是,令人却忆平原君。

真是字字千斤,令人振动,在当时就广为流传,为时人所称道,《河岳英灵集》的编者殷璠说这两句诗是他"所最爱者"。这种怀才不遇、更思前贤的情绪在古代诗人身上是常见的,他们由于现实生活道路坎坷难行,个人理想无由实现,便往往从怀古中得到一点安慰,和高适这两句诗立意相同的,我们可以举出李贺《浩歌》中的几行,李贺的感情也是颇为沉痛的:

> 不须浪饮丁都护,世上英雄本无主。
> 买丝绣作平原君,有酒唯浇赵州土。

高适、李贺的情绪是多么相似呀!

此次北上高适不仅没有遇到平原君一样善养士的人物,却领受了严酷的生活的磨炼,对这个社会人与人之间那种"交态薄"有了更加切身的体会,正所谓"君不见即今交态薄,黄金用尽还疏索",他对这种世态炎凉是颇为厌恶的。他在《赠任华》一诗里更激愤地说:"丈夫结交须结贫,贫者结交始亲,世人不解结交者,唯重黄金不重人。黄金虽多有尽时,结交一成无竭期,君不见管仲与鲍叔,至今留名名不移。"他晚年虽已登高位,但和贫寒的杜甫却"交情老更亲",就是用行动对这种世俗的批判。

高适此时"交态薄"的感叹不是没有来由的,他北上蓟门当有不少旧友在那里,但是对高适却都漠不关心,不相援助。想到这里,高适只得"感叹辞旧游",对仕进也不存什么想头了,还是与邯郸少年饮酒作乐、往来射猎吧!这字里行间其实是隐藏着诗人对这个社会压抑人才的无限悲愤,也隐藏着诗人对只认黄金不认人的旧友的深深的失望。

高适离开邯郸来到了漳水边上,在这里他结识了一位姓韦的朋友,两人相识不久便要分别,只得暂且借酒浇愁,在两人告别的宴会上,高适赋诗"夏云满郊甸,明月照河州,莫恨征途远,东看漳水流"。是呵,比起漳水东去的旅途,我们的征途又何谓远呢?!还是好自为之吧!不久高适有《淇上酬薛三据兼寄郭少府微》诗,其中写到他南返情况,说"酒肆或淹留,渔潭屡棲泊。独行备艰险,所见穷善恶"。所谓"酒肆或淹留"大概就是写他南返一路,结识了不少新朋,共同欢饮,如在邯郸"且与少年饮美酒",在漳水与韦五"徒然酌杯酒,不觉散人愁";而"渔潭屡棲泊"则写他一路艰辛,屡次借宿于渔夫之家。大约就是在这种生活环境里,高适写出了《渔父歌》,这首诗朴素自然,全用白描手法,像是为生活中的一位渔父画像:

> 曲岸深潭一山叟,驻眼看钓不移手。
> 世人欲得知姓名,良久问他不开口。
> 笋皮笠子荷叶衣,心无所营守钓矶。
> 料得孤舟无定止,日暮持竿何处归?

固然这位渔父是高适所见,但他塑造的这个形象却带着此时高适的思想印记:由于仕途的不利,自然产生了隐逸的思想,渔父也就成了一位悠闲的隐者,这与他"更于时事无所求"的思想是一致的。不久,他来到淇上,在与薛据等人的唱和中,他更表示:"不然买山田,一身与耕凿。且欲同鹪鹩,焉能志鸿鹤?"《渔父歌》一出颇有人仿作,刘开扬先生说:"岑参有《渔父》诗与此命意相同。其后张志和有《渔父歌》、《渔父》,柳宗元有《渔翁》,皆由此出。"

高适在淇上住了比较短的一段时间,在那儿他与薛据等老友相会,虽有心在此隐居,但财力不能支持,何况他北上蓟门已近三年,思家之情在所难免。因此他在淇上稍事停留又启程归向梁宋,不久就回到了他的家园。至此,高适第一次出塞的旅程结束了。

对高适来说,此次出塞同他初入长安一样,美好的愿望破产了,他去是一布衣,归来仍是一布衣。但是,这次出塞对青年高适来说,却是十分重要的。因为在这次出塞过程中,高适凭吊了古代贤人的遗迹,增长了见识;接触了下层官吏和人民,更好地认识了社会;对边塞有了更为深刻的了解,写作了优秀的边塞诗作;同时与一些旧游绝交,又结识了一些新朋,使他对世态之炎凉也有了更为具体的认识。这一切对高适的思想和创作都是十分有益的。

第三章

再入长安

一 考试下第

高适北上蓟门,没有找到仕进的机会,只得再归居梁宋,他心里不免凄然。虽然在宋州的生活看来并不得意,但高适毕竟性格落拓不拘,尚且富于青春,却也并不颓唐。最能说明问题的是他的《苦雪四首》,这是高适在归宋州第二年的冬末春初所作。读这四首诗可以概见高适这一阶段在宋州的生活。

其一曰:"二月犹北风,天阴雪冥冥。寥落一室中,怅然惭百龄。苦愁正如此,门柳复青青。"前两句写宋州冬末春初之景;三四句表现了自己有志却不得施展的怅惘,感到有愧于此生。他的心境虽然愁苦,但他毕竟是一位豪放的诗人,"门柳复青青"中固然有"又是一年"的时光流转之叹,但也由这青青的门柳看出了春的消息,给全诗抹上了一道绿色。

其二曰:"惠连发清兴,袁安念高卧。余故非斯人,为性兼懒惰。赖兹尊中酒,终日聊自过。"惠连,南朝宋诗人谢灵运族弟,据说灵运每次看见他便能写出好诗,"池塘生春草,园柳变鸣禽"就是灵运梦见惠连而写下的。袁安,后汉人,《后汉书·袁安传》有注云:"《汝南先贤传》曰:时大雪,积地丈馀。洛阳令自出察行,见人家皆除雪出,有乞食者。至袁安门,无有行路,谓安已死。令人除雪,入户,见安僵卧。问何以不出,安曰:大雪人皆饿,不宜干人。令以为贤,举为孝廉也。"由于独自处于大雪中,高适想到了惠连、袁安,于是饮酒赋诗,过着无聊的生活。

其三曰:"濛濛洒平陆,淅沥至幽居。且喜润群物,焉能悲斗储?故交久不见,鸟雀投吾庐。"诗人看着纷纷扬扬的雪花滋润万物,虽然生活无着,但并不为无斗米之储而悲,只是更加怀念朋友们;门庭罗雀,不由产生一丝孤独之感。

其四曰:"孰云久闲旷,本自保知寡。穷巷独无成,春条只盈把。安能羡鹏举,且欲歌牛下。乃知古时人,亦有如我者。"高适虽然离群索居,但仍然不忘用世:深居穷巷,功业无成,眼看着春芽已经绽开,时光正在流逝,虽然不敢羡慕大鹏一飞九万里,却也希望像古代的宁戚一样歌于牛下、立功人间!《吕氏春秋·举难》云:"宁戚饭牛,居车下,望桓公而悲,击牛角疾歌……桓公赐之衣冠,将见之。宁戚见,说桓公以治境内。明日复见,说桓公以为天下。桓公大说,将任之。"高适用这个典故就是表达希望有一天能被桓公那样的君王重用的心情。因而他才自我安慰道:"乃知古时人,亦有如我者"。

自蓟北归来的一个时期,高适还写作了其他一些诗。总的说,这些作品显示他仍存出仕之志。虽然他也时发"且欲同鹪鹩,焉能志鸿鹤"之类的感叹,但那毕竟是刚刚受了生活无情打击以后的激愤之言,而骨子里用世之心一点儿也没有消退。他在宋州的生活虽然孤独而又贫困,但这并没有影响他注意时局、等待时机。

终于,机会来了。

开元二十三(公元735)年玄宗亲自下诏进行制举考试,《册府元龟》卷六百四十五〔贡举部〕说:

> (开元)二十三年正月诏:其或才有王霸之略,学究天人之际,智勇堪将帅之选,政能当牧宰之举者,五品以上清官及军将、都督、刺史各举一人;孝悌力田乡闾推挽者,本州刺史长官各以名闻。

《旧唐书·玄宗纪》记载相同:

> 开元二十三年春正月,有命:其才有霸王之略,学究天人之际,及堪将相牧宰者,命五品以上清官及刺史各举一人。

高适是怎样参加的这次考试,是由谁举荐的? 这已经不能详细知道了。所可知者,他参加了这次考试并且落选。天宝九载,高适送兵青夷途经博陵时有《酬秘书弟兼寄幕下诸公》诗,诗序有云:

乙亥岁,适征诣长安。

乙亥岁,即是开元二十三年。根据记载,这一年举王霸科的有刘璀、杜绾,举智谋将帅科的是张重光、崔圆、季广琛,举牧宰科的是张秀明。高适所应何科不详,但榜上无名却是无疑的。王达津先生之《诗人高适生平系诗》把高适举有道科中第,旋被授封丘县尉的事件系于此年是不确的。一则因为这次应试中第的人里并无高适;再则,高适后来中有道科是"宋州刺史张九皋"荐之,而此时九皋还在朝中任尚书职方郎中,怎么会去宋州举荐高适呢? 第三,开元二十三年以后高适仍常有不得入仕的感叹,这是在授封丘尉以后不应该有的。

杜甫这一年也参加了进士考试,那是在东都洛阳崇业坊福唐观举行的。这次登进士的有贾至、李颀、李华等,也不见杜甫的名字,可见也是落第了。高适参加的是制举,杜甫参加的是进士考试,因为不是一类考试,故地点并不相同。高、杜二人都名落孙山,心中不免懊丧,但是他们都没有消沉,又开始了各自新的生活:高适留在长安开始了广交名流文士的社会活动,杜甫则由东都出发,开始了"放荡齐赵间,裘马颇清狂"的漫游。

二 在长安的交游

高适考试失利以后,并没有急归梁宋,而是开始了在京城长安的交游。由于史料不足,已经不能详知高适此次在长安的活动,对他这个时期的交往也只能概而叙之,这实在是一件使人感到遗憾的事。

高适在长安交游所遇者,通过考证可以大体确定的有张旭、颜真卿、任华,以及王之涣、王昌龄等。

张旭,唐代的大书法家,善写草书。《新唐书·李白传》云:"旭,苏州吴人,嗜酒,每大醉,呼叫狂走,乃下笔,或以头濡墨而书,既醒自视,以为神,不可复见也,世呼张颠。"他的草书取法于东汉张芝的大草,但又有自己独特的风格,与王羲之草法路数不同。唐代著名书法家颜真卿曾拜他为师,颜有《张长史十二意笔法记》,其中云:"予罢职醴泉,特诣东洛,访金吾长史张公旭,请师笔法。"张旭很善于学习和钻研,甚至从日常生活和其他艺术形式中汲取养料,他曾说:"始吾见公主担夫争路,而得笔法之意。后见公孙氏舞剑器,而得其神。"因他官至金吾长史,故世称张长史。当时他是知名人士,李白与他是好友,曾说"楚人每道张旭奇"。其他诗人也多与他交往,描写他的"奇"、他的"颠"的诗歌不少,如:

> 张旭三杯草圣传,脱帽露顶王公前,
> 挥毫落纸如云烟。
>
> ——杜甫《饮中八仙歌》
>
> 张公性嗜酒,豁达无所营。
> 皓首穷草隶,时称太湖精。
> 露顶据胡床,长叫三五声。
> 兴来洒素壁,挥笔如流星。
> ……
> 问家何所有? 生事如浮萍。
> 左手持蟹螯,右手持丹经。
> 瞪目视霄汉,不知醉与醒。
>
> ——李颀《赠张旭》

　　高适落第之时,张旭正在长安,因二人性格多有相似之处,想来二人当是一见如故,也许他们经常一道饮酒长谈,甚为投机。一次,两人都喝得很痛快,高适提笔赋《醉后赠张旭》,诗曰:

> 世上漫相识,此翁殊不然。
> 兴来书自圣,醉后语尤颠。
> 白发老闲事,青云在目前。
> 床头一壶酒,能更几回眠?

　　因为高适与张旭交往密切,故能捕捉到张旭的特点。前两句是说张旭不同于流俗，"世俗交谊不亲，而浮云知己，所谓漫相识也"（沈德潜《唐诗别裁》卷十），张旭则结友谨慎、待人真诚。三四句写他酒后狂态可与杜甫、李颀诗参看。"白发"两句，用王尧衢的话解即："一任白发满头，那顾青云在目？年岁功名都非意中事也"（《古唐诗合解》卷八）。这充分表现了张旭不为功名所缚、自然处世的态度。最后两句重笔描写张旭醉酒生活，充满了人情味，诗句里透露出好友的关怀与调笑，十分亲切自然。

高适和颜真卿的交往没有留下更多的诗文，可贵的是高适后来入哥舒翰幕府曾有《奉寄平原颜太守》诗赠给真卿，这首诗有个序，记载了高适与颜真卿在长安定交的往事，序中说：

> 初，颜公任兰台郎，与余有周旋之分，而于词赋特为深知。洎擢在宪司，而仆寓于梁宋。今南海太守张公之牧梁也，亦谬以仆为才，遂奏所制诗集于明主。而颜公又作四言诗数百字并序，序张公吹嘘之美，兼述小人狂简之盛，遍呈当代群英。

颜真卿是我国著名的书法艺术家，现在所流行的"颜体"就是指他的书法风格。根据殷亮《颜鲁公行状》、留元刚《颜鲁公年谱》，可知颜真卿"开元二十二年进士及第，登甲科，二十四年，吏部擢判入高等，授朝散郎、秘书省著作局校书郎"。因龙朔二年秘书省即改为兰台，故此处所言"秘书省著作局校书郎"就是高序所说的"兰台郎"。由此可知，开元二十四年颜真卿正在兰台任职而高适仍滞京城，二人在此定交，即"与余有周旋之分，而于词赋特为深知"。两人交情一定很深，应有诗文酬答，可惜今日已不能复见。从长安分手以后，高适与颜真卿相别了相当长一段时间，直到天宝六载，宋州太守张九皋把高适的诗收集起来，由当时刚任监察御史的颜真卿作"四言诗数百字并序"，这时高适大约来过一次长安得与真卿再逢。两人的友谊一直保持到晚年，高适在边塞给真卿寄诗时距他们长安初交已近二十年了，可见二人的友情是多么深。

高适与任华也是在长安的这两年相识的。任华，绵州涪城人，比高适略小，性戆直，亦是狂狷者流。开元二十三年，任华来游京师，与高适交往，后举进士授校书郎转监察御史，开元末年被贬为桂州参佐。他也不喜拘束，曾自言："华本野人，常思渔钓，寻当杖策，归乎旧山，非有机心，致斯扣击"(《全唐诗》引)。任华晚年弃职归家,与李白、杜甫皆有交往,并有《杂言寄李白》《杂言寄杜甫》读,颇有价值。高适与任华初识时两人皆落魄不仕,性格又相接近,故而建立了友谊,高适有《赠任华》诗,其中有自己对交友之道的看法,也含有兄长对小弟的忠告,这诗写得明白易懂,但值得寻味,诗曰:

> 丈夫结交须结贫,贫得结交交始亲。
> 世人不解结交者,唯重黄金不重人。
> 黄金虽多有尽时,结交一成无竭期。
> 君不见管仲与鲍叔,至今留名名不移。

字字句句都是发自高适内心的愿望,是他一个时期以来对生活观察的总结,对任华当是有触动的。

在京城里,高适与朋友们交往,难免要写一些送别之作。每一个读书人都在努力寻找着自己的道路,长安自然是个人来人往的处所。可以确定为高适这个时期作品的有《送崔功曹赴越》、《独孤判官部送兵》等,在后一首诗里诗人说:

> 饯君嗟远别,为客念周旋。
> 征路今如此,前军犹眇然。
> 出关逢汉壁,登陇望胡天。
> 亦是封侯地,期君早着鞭。

可见在遭受了生活的多次打击以后,高适仍然没有消沉,而且对边塞仍然充满着向往,因而在这送别的诗里也表现了自己的情怀。

还有一件事应该说一说,那就是所谓"旗亭画壁"的故事。有些研究者认为这故事发生在开元二十四五年,即高适此次入长安之时;但也有人认为这故事纯属虚构,不足为信。我认为这件事戏剧性太强,显然经过后人的加工和想象,但是根据谭优学先生的考证:开元二十四年左右,王之涣、王昌龄、高适有可能齐聚长安,其时王昌龄任校书郎,王之涣、高适均无职,故有"风尘未偶"之说。既然三人有可能同在长安,又是旧交,因而很有可能有"旗亭"式的游宴；但故事里又有破绽：为什么所引之涣、昌龄诗皆是七言，高适则是五言？王昌龄之《芙蓉楼送辛渐》是他开元二十九年夏天以后任江宁丞时所作，怎么会在几年前就为乐人传唱？这种矛盾的现象需要认真分析。我以为情况大约是这样的：之涣、昌龄、高适确有"旗亭"式的欢游，但地点并不一定就在旗亭；他们也曾在欢游时以自己的诗争强取笑，但未必就是故事里所记录的那么几首诗。后人要把这故事说得更为生动、吸引人，便会为他们安排一个特定的环境，并且选他们诗集里比较优秀的作品，却不管其他细节的真实与可靠，这正是小说家流所为，我们不必过于拘泥。王之涣、王昌龄、高适旗亭画壁的故事，最早记载在薛用弱《集异记》里，写得颇为生动，不妨抄在下面，借以使读者轻松一下：

> 开元中，诗人王昌龄、高适、王之涣齐名。时风尘未偶，而游处略同，一日天寒微雪，三诗人共诣旗亭，贳酒小饮。忽有梨园伶官十数人登楼会宴，三诗人因避席隈映，拥炉火以观焉。俄有妙妓四辈，寻续而至，奢华艳曳，都冶颇极。旋则奏乐，皆当时之名部也。昌龄等私相约曰："我辈各擅诗名，每不自定其甲乙，今者可以密观诸伶所讴，若诗入歌词之多者，则为优矣"。俄而一伶附节而唱，乃曰："寒雨连江夜入吴，平明送客楚山孤。洛阳亲友如相问，一片冰心在玉壶。"昌龄则引手画壁曰："一绝句"。寻又一伶讴之曰："开箧泪沾臆，见君前日书。夜台何寂寞，犹是子云居。"适则引手画壁曰："一绝句"。寻又一伶讴曰："奉帚平明金殿开，强将团扇共徘徊。玉颜不及寒鸦色，犹带昭阳日影来。"昌龄则又引手画壁曰："二绝句"。之涣自以为得名已久，因谓诸人曰："此辈皆潦倒乐官，所唱皆巴人下俚之词耳，岂阳春白雪之曲，俗物敢近哉。"因指诸使之中最佳者，曰："待此子所唱，如非我诗，吾即终身不敢与子争衡矣。脱是吾诗，子等当须列拜床下，奉吾为师。"因欢笑而俟之。须臾，次至双鬟发声，则曰："黄沙远上白云间，一片孤城万仞山。羌笛何须怨杨柳，春风不度玉门关。"之涣即揶揄二子曰："田舍奴，我岂妄哉！"因大谐笑。诸伶不喻其故，皆起诣曰："不知诸郎君何此欢噱？"昌龄等因话其事。诸伶竞拜曰："俗眼不识神仙，乞降清重，俯就筵席"。三子从之，饮醉竟日。

这个故事虽然有虚构的成分,但王之涣、王昌龄和高适于开元二十四年左右同在长安,经常一道饮酒赋诗是完全可能的。最后,再补充说一下高适与王之涣之间的交往。在长安两人更常在一起唱和,这是有诗可以为佐证的。岑仲勉先生《唐人行第录·王七之涣》条说:

> 全诗三函高适四《和王七听玉门关吹笛》云:"胡人吹笛戍楼间,楼上萧条海月闲。借问落梅凡几曲,从风一夜满关山。"押间、山二韵同之涣诗,余认为此王七即之涣。

岑先生立意在于考证行第,但认为高适《和王七玉门关听吹笛》是和王之涣《凉州词》之一,即"黄沙远上白云间,一片孤城万仞山。羌笛何须怨杨柳,春风不度玉门关"。却是很富有启发性的。高适的这首诗在《高常侍集》里作《塞上听吹笛》,《河岳英灵集》作《塞上闻笛》,首两句作"雪净胡天牧马还,月明羌笛戍楼间"与《全唐诗》所载有异。王之涣青年时很可能到过玉门关一带,故有切身之感受,而高适却在王之涣死后十余年才出塞西北。高适此诗不仅押的同样是间、山二韵而且"胡人吹笛戍楼间"或"月明羌笛戍楼间"也正与王之涣"羌笛何须怨杨柳"句相应。因此,可以认为这正是高适在长安时和王之涣《凉州词》之作。傅旋琮先生认为"王之涣这首诗又题作《听玉门关吹笛》,大约以'凉州'为题者乃以乐曲命名,而所谓'听玉门关吹笛',则叙其作诗时情景"(傅旋琮《唐代诗人丛考·靳能所作王之涣墓志铭跋》),这是颇有道理的。

高适此次入长安,大约在京师生活了二到三年的时间,一定还有更多的交游,可惜由于史料不足,难以叙述得更为详细了。

第四章

《燕歌行》——千古绝唱

一　小引

高适在长安滞留了二年有余便又回到了宋州旧居。此次长安交游，他的处境并未有什么根本的改变，生活状况依然如故：贫困而没有出路。对此这期间他写作的一些诗歌里多有反映。

然而特别有意义的是，二返梁宋后，高适写作了两首著名的边塞诗——《睢阳酬别畅大判官》和《燕歌行》。正是这两首长诗同高适的其他一些优秀作品一道奠定了他在唐代诗坛上的地位及唐代边塞诗派的代表声誉。

二　《睢阳酬别畅大判官》

睢阳，即唐代的宋州，汉代称为睢阳县，天宝元年又改为睢阳郡，这首诗的题目用的是旧名。高适有许多朋友是从军的文士，这位畅氏就是其中的一位。畅大，有人说就是唐代诗人畅当，此说似有可商：其一，章定《名贤氏族言行类稿》卷四十六记畅当有兄畅常，故畅当不应称为"畅大"；其二：据记载，天宝末年其父畅璀方为河北海运判官，开元末畅当即为判官定不可能，贞元三年顾况代畅当作《韩滉谥议》知当贞元三年犹为太常博士，可见年龄与高适朋友畅大不合。我以为此畅大者即畅当之父畅璀是也：其一，畅璀与高适年龄相仿，且能诗文；其二，畅璀排行居首，正

108

可称畅大。《旧唐书·畅璀传》云:"璀廓落有口才,好谈王霸之略"。可见畅璀也是一个胸怀大志的人物。正在边塞幕府作判官的畅璀由边陲回内地承办公事,与朋友高适相遇于宋州,两人相对倾谈,必然要涉及边塞事务,关心边塞形势的高适认真听了畅璀的介绍,在与畅璀分手之时,写作了《睢阳酬别畅大判官》这首诗。

《睢阳酬别畅大判官》可以分成三节来读:

先看第一节:

> 吾友遇知己,策名逢圣朝。
> 高才擅白雪,逸翰怀青霄。
> 承诏选嘉兵,慨然即驰轺。
> 清昼下公馆,尺书忽相邀。
> 留欢惜别离,毕景驻行镳。

高适曾出塞蓟北,希望能得到"伯乐"的汲引和友人的援手,但却两手空空扫兴而归,因而当他的朋友幸遇知己,策名幕府,高适十分高兴。开首两句便表示了对朋友的羡慕之情,然后又赞扬畅璀的才能不同寻常,诗作极佳,尽是阳春白雪,而志向也很远大,希望立致青云。接着写畅璀接受了选择幕僚的指示,便非常郑重地负命而至。轺,马车。最后写二人相别的情景:畅璀清晨步出公馆,驰书高适以相邀会;老友相聚,难舍难离,太阳就要落山了,畅璀的车马仍然恋恋未发,可见二人之友情是多么真挚深厚!"毕景",指日落,"镳",马之衔也。

第二节写到畅璀在离别的酒席上谈起了边地的情况,因为他刚从北方前线归来,情况了解的自然清楚,高适津津有味地听着。诗是这样写的:

> 言及沙漠事,益令胡马骄。
> 大夫拔东蕃,声冠霍嫖姚。
> 兜鍪冲矢石,铁甲生风飚。
> 诸将出井陉,连营济石桥。
> 酋豪尽俘馘,子弟输征徭。

边庭绝刁斗,战地成渔樵。

榆关夜不扃,塞口长萧萧。

降胡满蓟门,一一能射雕。

军中多燕乐,马上何轻矫。

这一节是全诗的主要内容,显得也比较复杂,可以分成两个层次来读。前边十句主要是写边将张守珪于开元二十二年击败契丹统治者的史实。大夫,指张守珪,他于开元二十二年春兼任御史大夫;东蕃,指契丹。《旧唐书·玄宗纪》云:"开元二十二年,幽州长史张守珪发兵讨契丹,斩其王屈烈及其大臣可突干于阵,传首东都,馀叛奚皆散走山谷",这正是此诗所言之史实。"声冠霍嫖姚",说张守珪的声名甚至超过了汉代名将霍去病,因去病当过嫖姚将军,故称霍嫖姚。兜鍪,即头盔;铁甲,即盔甲。井陉,地名,在常山郡恒州;济石桥,即赵州桥,在河北省赵县东南。这一层诗人描绘了唐军的勇敢和胜利:将军声名卓著,超过汉家名将;战士冒死前进,顶住箭羽硬石;唐军阵势威严,由井陉出发,军营座座相连至济石桥旁。战果颇为辉煌:契丹的首领都作了俘虏,他们的子弟也得像普通百姓一样为唐朝"输征徭"。高适的描绘是十分传神的,很自然地使人想起岑参相近内容的《灭胡曲》:

都护新灭胡,士马气亦粗。

萧条虏尘净,突兀天山孤。

肃清了战争的尘雾,天山也似乎显得更加崔巍,唐朝将士士气更盛。高适与岑参所歌颂的虽然不是同一次战斗和胜利,但喜悦之情却是一致的。这一节诗的第二层,诗人描绘了战斗胜利后边塞上的一片和平景象。高适虽然渴望边塞立功,但他并不是一个黩武主义者,他衷心希望边塞能够获得和平。因此我们在诗人的笔下读到了和平的赞歌:由于战雾荡清,敌人不犯,因而边庭彻夜敲击的刁斗就用不着了(刁斗是一种铜器,军队特用,白天用来作饭,夜里用来报警);这曾是战争硝烟弥漫的地方,也可以任凭渔夫樵夫自由生产;榆关(今山海关),也不必上锁备敌;边塞的各个要道只能听到风声萧萧,而不会再时起战斗的嘶喊了。你再看吧:那些投降唐朝的"胡人",虽然一个个都有射雕的本事,可是在唐军面前也只得甘拜下风,何况其他武功稍差一些的来敌呢? 此时,军营里到处都是欢歌笑语,战士们在马上所作的游戏又是多么矫健! 唐朝的边塞诗人,往往一方面歌颂正义的对外战争,另一方面也祈望边塞的和平安定,不仅高适是这样,其他诗人也有此类作品,如崔颢的《雁门胡儿歌》就写得很动人:

> 高山代郡东接燕,雁门胡人家近边。
> 解放胡鹰逐塞鸟,能将代马猎秋田。
> 山头野火寒多烧,雨里孤峰湿作烟。
> 闻道辽西无战斗,时时醉向酒家眠。

诗里生动地写出了边地没有战斗时生活的乐趣,表达了作者对边塞和平的赞美。比高适更为可贵的是崔诗从"胡人"着眼,因此写得更为深入。另一位诗人王昌龄更发出了希望和平的呼声:

> 便令海内休戈矛,何用班超定远侯!
>
> ——《箜篌引》

立意则更高了。

《睢阳酬别畅大判官》的最后一节主要表现了高适安边的思想:

> 戎狄本无厌,羁縻非一朝。
> 饥附诚足用,饱飞安可招?
> 李牧制襜蓝,遗风岂寂寥?
> 君还谢幕府,慎匆轻蒭荛。

周勋初先生在《高适年谱》里对这几行诗说了一段颇为中肯的话,他说:"唐代早期奚、契丹力量尚弱,然地处东北,与其他少数民族接壤,唐王朝持挟二族以制突厥之策,故常用两手政策,或以武力侵袭,或以和亲拉拢,奚、契丹仍有时反抗,有时归降,其间复屡因突厥或其他少数民族之态度而生变化。高适对边疆少数民族之看法,是站在唐王朝之正统立场的,但认为应效李牧守边之策,以防守为主,对方如侵扰不已,则猛力反击。此种可取之见解,当有感而发。"其实这里表达的思想,在高适第一次出塞时就产生了,那时他说:"转斗岂长策,和亲非远图",他是反对用和亲的办法来求得民族间之和平的。因为唐王室屡次以宗室外戚女嫁于奚、契丹首领,但这并没有避免唐与少数民族政权的战争(《唐会要》卷六〔和蕃公主〕有详细记载)。客观地说,当时的一些少数民族仍处于落后的社会状态,以"杀戮为耕作",严重破坏了唐边境的安定,唐王朝利用和亲手段,在某些时候确能使他们为唐所用,但这些少数民族贵族贪得无厌,一旦达到了自己的目的,就会像吃饱的野鹰远去而不可招回。高适的希望是像李牧那样"总戎扫大漠,一战擒单于",因而特别歌颂了李牧的战绩。《史记·李牧列传》云:"大破匈奴十馀万骑,灭襜褴"。襜褴,是一个少数民族的名字,居住在代北,李牧采取"战"的方法将其消灭,当然是残酷的,但却引起了高适的羡慕,他认为只有采取这种立足于"战"的防边之策,才能换来真正的和平。正因如此,高适才希望当时的边将能够像李牧那样,故而叹道:"遗风岂寂寥?"难道今人就没有谁能步李牧之后尘吗!当然,应当特别指出:因为高适站在唐王朝正统立场上,就难以看到,有时正是唐王朝滥施两手政策,或以武力侵袭,或以和亲拉拢,致使奚、契丹有时反抗,有时归降。错误有时在唐朝一边,高适却把责任全推到少数民族政权头上,说什么"戎狄本无厌,"就带有更大的偏见了。另外,高适一味歌颂"一战擒单于"、"李牧制襜褴",而认为"和亲非远图",就忽略了各族人民之间的友好联系,根本否认了和亲的必要性和可能性,表现了他严重的大汉族主义思想,这也是由他阶级的与历史的局限决定的。全诗最后两句是高适的希望,他希望自己上述议论能为边将所重,因而当畅璀完命归幕之时,他嘱托畅璀代为转达,且莫轻视。因这时高适仍耕种垂钓于梁宋,故以"荛荛"(砍柴之人,此指山野之人)自称,正体现了所谓"位卑不敢忘忧国"的情怀。

三　千古绝唱《燕歌行》

我们只要一个提起高适,便会想到他的《燕歌行》;或者一提起《燕歌行》就会想到高适。《燕歌行》是乐府古题,古来作者很多,但只有高适的这首诗作最为杰出,无论其思想的深刻性还是艺术的独创性都属难得的佳作。不仅是高适首屈一指的作品,而且被历来诗论定为盛唐边塞诗歌的压卷之作。这就使高适与《燕歌行》有了特殊的联系。

《燕歌行》作于高适客居宋州之时,时间是开元二十六年(公元738)。写作此诗的时间和缘起,高适在诗序里说得十分清楚:

> 开元二十六年,客有从元戎出塞而还者,作《燕歌行》以示适,感征戍之事,因而和焉。

有的研究者认为这里的"客"即是上篇诗里的畅大,也有人认为是高适的族侄高式颜,这都是猜测之辞,并没有足够的证据,存疑可也。"元戎"指得是边将张守珪,《旧唐书·张守珪传》曰:"开元二十三年春,守珪诣东都献捷……遂拜守珪为辅国大将军、右羽林大将军,兼御史大夫。"其他的唐诗本子,如《全唐诗》、《文苑英华》里"元戎"都写作"御史大夫张公"。通过这篇序文我们知道:张守珪的一个幕僚,从边塞来到梁宋一带,先写了一首《燕歌行》给高适,"客"诗的描绘和叙述很细致、真切,触动了高适出塞时的感受,因而挥笔"和焉",写下千古绝唱——《燕歌行》。

《燕歌行》讽刺的是谁?因为这首诗及序文都没有明确说明,因而自然引起了后人的分析和猜测,意见不大一致。一般的意见认为此诗是讽元戎张守珪的,至少是与他有关的。清人陈沆在其《诗比兴笺》里说:"张守珪为瓜州刺史,完修故城,版筑方立,虏奄至,众失色,守珪置酒城上,会饮作乐,虏疑有备,引去,守珪因纵兵击败之,故有'战士军前半死生,美人帐下犹歌舞'之句,然其时守珪尚未建节。此诗作于开元二十六年建节之时,或追咏其事,抑或刺其末年富贵骄逸,不恤士卒之词,均未可定。要之观其题序,断非无病之呻也。"陈氏这段话前半说此诗是赞守珪足智多谋,纯属臆说,他自己也并不相信。此说不仅与开元二十六年之史实不合,且与《燕歌行》所表达之情绪完全不同。值得注意的却是陈氏又认为此诗或者是刺守珪"末年富贵骄逸,不恤士卒",特别是他敏感地意识到此诗"断非无病之呻也",确是精当的见解,对后人有不小的启发。岑仲勉先生在《读全唐诗札记》里引申陈说,进一步发挥道:"此刺张守珪也。……二十六年,击奚,讳败为胜,诗所由云:'孤城落日斗兵稀,身当恩遇常轻敌,力尽关山未解围'也。"此说颇有道理,可从。但近人蔡义江又立异说①,认为此诗是讽刺安禄山的。要言之,他的论据主要有三:其一,根据史书记载,"开元二十六年,守珪裨将赵堪、白真陀罗等假以守珪之命,逼平卢军使乌知义令率骑邀叛奚烬于潢水之北,将践其禾稼。知义初犹固辞,真陀罗又诈称诏命以迫之,知义不得已而行。及逢贼,初胜后败,守珪隐其败状而妄奏克获之功。事颇泄,上令谒者牛仙童往按之,守珪厚赂仙童,遂附会其事,但归罪於白真陁逻,逼令自缢而死。二十七年,仙童事露伏法。"蔡先生认为守珪隐败虽在开元二十六年,但事泄却在第二年,事泄之前高适不会知道底细,因而也不会讽刺张守珪。但却忘记了这位"客"是来自"元戎"幕府,当然会详知守珪劣迹,作为高适的好友,想来他会把内部情况悄悄告诉高适,高适有感而和《燕歌行》,这是完全可能的。蔡文理由之二是:高适写作了这首《燕歌行》的第二年,在送族侄式颜时赋《宋中送侄式颜》,其中对张守珪极力赞扬,怎么可能前一年讽刺第二年又盛赞呢?岂不知高式颜乃由守珪所引荐、所提拔,高适怎么好当着式颜的面再刺守珪?何况此时也许更了解了情况,觉得守珪隐败在一定程度上出于不得已,又受了宦官的谗言,所以产生了同情心。蔡文的第三条理由是引用了许多安禄山所为的记录,以证明高适是讽刺禄山。其实张守珪与安禄山在本质上是一致的,他们的具体行为可能不同,但总不会相差太远,因而适用于张的情况安也不见得没有,所以这条理由也并不有力。综上所述,我还是同意《燕歌行》为刺张之说。当然又必须指出,作为一个完整的艺术整体,这首诗既不是单纯地讽刺张守珪,更不是讽刺安禄山,它讽刺抨击的对象是安禄山们、张守珪们,如果认为它仅仅是讽刺某一个人,那就限制和缩小了它的意义。

《燕歌行》内容异常丰富复杂,涉及了边塞生活的许多方面。为了使读者对这首诗有一个总体的认识,我们还是先读一下原诗:

汉家烟尘在东北,汉将辞家破残贼。

男儿本自重横行,天子非常赐颜色。

摐金伐鼓下榆关,旌旆逶迤碣石间,

---

① 《高适〈燕歌行〉非刺张守珪辨》见《文史哲》八〇年二期。

114

校尉羽书飞瀚海，单于猎火照狼山。

山川萧条极边土，胡骑凭陵杂风雨。

战士军前半死生，美人帐下犹歌舞！

大漠穷秋塞草腓，孤城落日斗兵稀。

身当恩遇常轻敌，力尽关山未解围。

铁衣远戍辛勤久，玉箸应啼别离后。

少妇城南欲断肠，征人蓟北空回首。

边庭飘飖那可度，绝域苍茫无所有。

杀气三时作阵云，寒声一夜传刁斗。

相看白刃血纷纷，死节从来岂顾勋？

君不见沙场征战苦，至今犹忆李将军。

如前所说，此诗内容极为复杂，所表达的思想也颇为深刻，在艺术风格上也自有特色。我们不妨分几层来读：

《燕歌行》首先描写了战斗的激烈、残酷，不仅写出了将士出征的气势，也写出了敌人来势的凶猛。在这当中，作者还描写了士兵的勇武和主将的骄逸，这是多么尖锐、多么深刻，写得又是多么扣人心弦："汉家烟尘在东北，汉将辞家破残贼。男儿本自重横行，天子非常赐颜色。摐金伐鼓下榆关，旌旆逶迤碣石间，校尉羽书飞瀚海，单于猎火照狼山。山川萧条极边土，胡骑凭陵杂风雨，战士军前半死生，美人帐下犹歌舞！""烟尘"，指边疆的寇警，表示着战争的发生；"横行"，指纵横驰骋，汉将樊哙曾说："臣愿得十万众横行匈奴中"（《史记·季布列传》）。"天子非常赐颜色"，是说皇帝对这些出征的将军非常重视，非常信任。"摐金伐鼓"，是说鸣锣击鼓以壮行色。"摐"，敲，撞；"伐"，击打。"逶迤"，大军浩浩荡荡的样子；"羽书"，带着羽毛的信件，表示紧急的文书；"瀚海"，指沙漠，因其无边无际，故以"海"称之。"凭陵"，侵陵压迫之意；"杂风雨"，像裹带着风雨一样，这是形容敌军来势之凶猛。这一层首先渲染边地的战斗气氛：在东北方扬起了报警的尘烟，将军们受皇帝之命，威严地出征，想横行于敌军之中；再写大军鸣锣击鼓、浩浩荡荡，旌旆一直延伸到碣石那样遥远的地方，校尉的急件已飞入大沙漠，而这时"单于"打猎的篝火映照着狼山。两军相遇，必然有一场恶战，战火便在那萧条的边地燃起：一方面是敌人的攻势,有如挟风带雨,好不猛烈!一方面是唐军的表现,战士自然是保家卫国的主力,他们不怕牺牲,虽然死伤过半,仍然浴血奋战;可是那些平时挑衅外族引起边患的将军们却躲在军幕里观赏美女的歌舞,这是多么严酷的对立呀!唐汝询云:"……言烟尘在东北,原非犯我内地,汉将所破馀寇耳。盖此辈本重横行,天子乃厚加礼貌,能不生边衅乎?于是鸣金鼓,建旌旆,以临瀚海,适值单于之猎,凭陵我军,我军死者过半,主将方且拥美姬歌舞帐下,其不惜士卒乃尔。"这个解说基本是正确的,"不惜士卒"四字下得也颇为精当。在唐代诗人中,有不少人在自己的作品里描写了战斗的激烈和残酷,却很少有人把战士与将军放在这样一个特定的环境里加以对比,从而突出封建军队里的不合理,这是高适思想深刻的地方。描写战争的诗,不妨举崔国辅《从军行》为例,崔诗曰:"塞北胡霜下,营州索兵救。夜里偷道行,将军马亦瘦。刀光照塞月,阵色明如昼。传闻贼满山,已共前锋斗。"诗里描写了塞月与刀光交相辉映,战阵像白昼一般,给人一种真切的战斗激烈之感,但不仅气势上比高诗略差,而且也仅停留在对战争的描绘上,自然不如高适《燕歌行》来得警策、深刻。

诗人接着具体描写战斗的艰难和战士复杂的心理。由于主将轻敌,唐军被困于孤城之中,力战而不能解围。在这激战的时候,久戍的士兵怎能不思念家乡和亲人,亲人们又怎么能不思念他们呢?但这种思念只能是徒劳的,请读:"大漠穷秋塞草腓,孤城落日斗兵稀。身当恩遇常轻敌,力尽关山未解围。铁衣远戍辛勤久,玉筋应啼别离后。少妇城南欲断肠,征人蓟北空回首。""铁衣",指出征的战士;"玉筋",状思妇的眼泪。唐汝询在《唐诗归》卷十二里解释道:"是以防秋之际,斗兵日稀,然主将不以为意者,以其恃恩而轻敌也。何为使士卒力尽关山未得罢归乎?戍既久,室家相望之情极矣……"在这一层里,高适典型地表现了唐代边塞战争频繁、主将轻敌所带来的一个恶果:士卒与家人长期分离,苦苦相思而不得相见。这种主题,前边也曾提到,其他边塞诗人如王昌龄、岑参都曾涉及过。但高诗又有不同,《燕歌行》把这种相离放在特定的环境中加以表现,使这种离情表现得更为典型和生动:因为边将恃恩轻敌,不能力战,敌围总是不能打开,因而才造成了士卒的"力尽关山未得罢归"的恶果。可见,高适并不是一概地反对戍守边土,也不是单纯地去表现征夫思妇刻骨的相思,而是把这种感情放在特定环境加以渲染,使其表现得更为深刻、细致。在艺术上讲，加上这样的描写也使全诗显得活泼，因而赵熙旁批道："此段事外远致"。其实这种描写似乎游离了主题，实际上却更衬托出了诗人所要表现的主题，使主题更加丰富和深刻。

最后，诗人继续描绘战斗气氛的浓烈，表现了在这种战争氛围里唐朝士兵的大无畏精神，然后笔锋一转，写出了士兵们心中的愿望："边庭飘飖那可度，绝域苍茫无所有。杀气三时作阵云，寒声一夜传刁斗。相看白刃血纷纷，死节从来岂顾勋？君不见沙场征战苦，至今犹忆李将军。"前四句是对边塞战斗气氛更细致的描绘：在那遥远的边庭，只有战斗的云烟在春夏秋三季燃个不息；夜里，寒风伴着刁斗的敲击在怒吼，这是多么紧张，多么艰苦的战斗生活呀！后四句写出了在这种环境中战士的志向与希望：虽然眼看着闪光的刀锋上血珠滚落，但战士们却毫不畏惧；为了精忠报国，还顾什么能否立功？边塞的征战艰苦、持久，士卒们唯一的希望就是能有一位像汉代李广那样的人作主帅，因为只有李广那样的将军才能与士兵同甘共苦，富于谋略，才能率领士兵们取得战斗的胜利。"李将军"，即指李广。沈德潜《唐诗别裁》卷五曰："李广爱惜士卒，故云。"可见"至今犹忆李将军"正是针对"战士军前半死生，美人帐下犹歌舞"而来。李广确是十分体恤士卒的，《史纪·李将军列传》记载："广之将兵，乏绝之处，见水，士卒不尽饮，广不近水；士卒不尽食，广不尝食。宽缓不苛，士卒以此乐为其用。"这和那些在战斗激烈之时犹拥姬歌舞的将军们是多么不同呀！难怪战士们要深深地怀念李广了。但是沈德潜的话还并不全面，士卒们怀念李广，固然因为他能体恤士卒，但还因为他能征善战，比那些"身当恩遇常轻敌，力尽关山未解围"的将军们英武能战百倍。在《史记·李将军列传》里还有这样的记载："广居右北平，匈奴闻之，号曰汉之飞将军，避之。"看，匈奴见了李广竟要退避三舍，跟着这样的将军作战能不常胜？在这种对汉代李广的追怀之中也就自然流露了兵士们对当时边将们遣责的情绪。这种情绪在其他边塞诗人的作品中也时有表现，如王昌龄的名篇《出塞》就是其中的代表作品，诗曰："秦时明月汉时关，万里长征人未还。但使龙城飞将在，不教胡马度阴山。"全篇立意正与高适结句同，真是同一主旨，各有千秋。顺便说一下：有人把这里的"李将军"解作古将李牧，似乎也有道理。沈德潜说："或云李牧亦可。"唐汝询说："……则又述士卒之意曰：吾岂欲树勋于白刃间耶？既苦征战，则思古之李牧为将,守备为本,亦庶几哉!"李牧与李广的行事颇有相似之处,《史记·李牧列传》说李牧"常居代雁门,以便宜置吏,市租皆输入莫府,为士卒费,日击数牛飨士,习射骑,谨烽火,多间谍,厚遇战士,……匈奴数岁无所得,终以为怯,边士日得赏赐而不用,皆愿一战,于是乃具选车得千三百乘,选骑得万三千匹,百金之士五万人,彀者十万人,……大破杀匈奴十馀万骑,灭襜褴,破东胡,单于奔走。其后十馀岁,匈奴不敢近赵边城。"细读《燕歌行》,我以为高适诗中之"李将军"更可能指李广,这样才能与全诗开头的"汉家"、"汉将"相一致。其实这位李将军或指李广,或指李牧,区别并不很大,他们都是体恤士卒、善于筹划卫边的将才。

殷璠在《河岳英灵集》里评高适诗说:"适诗多胸臆语,兼有气骨,故朝野通赏其文。至如《燕歌行》等篇,甚有奇句。"《唐才子传》说高诗"读之令人慷慨感怀"。我们只要看了《燕歌行》便也会同意前人诸如此类的意见。《燕歌行》大气磅礴,笔力劲拔,风格雄伟而悲壮。诗人用浓墨重笔具体地描绘了战争的激烈场面,写出了敌人来势的凶猛和唐军将士的昂扬斗志,也深入地刻画了战士们细致入微的心理状态,表现了他们在战斗间隙思念家乡而不得归的痛苦以及思妇的怀念之情。诗人还用有力的笔触,揭示了士兵与将军两种迥然不同的战地生活,充分地显示了他观察的敏锐和思想的深刻。高诗虽然涉笔于种种矛盾,但整首诗的情绪却仍然是积极的豪壮的。《燕歌行》颇多偶句,功力尤深,具有极强的音乐性,声调与诗的内容以及全诗情绪十分谐调,读来如金戈铁马交相鸣击,黄培芳说:"句中含只单字,此七古造句之要诀,盖如此则顿跌多姿,而不伤于虚弱……"(《唐贤三昧集笺注》),这是有道理的。在语言上,《燕歌行》充分体现了高诗朴素、自然、不加雕饰的特色,不愧为高适诗歌的代表作。

四　送别高式颜

开元二十七(公元 739)年,边将张守珪收买牛仙童事泄。牛仙童供出守珪谎报军情,玄宗大怒,遂贬张守珪为括州(今浙江省丽水县东南)刺史。高式颜是守珪信任的人物,两人关系甚为融洽。张守珪至贬所便命人来宋州请式颜去括州做幕僚。式颜将行,高适与之饮酒作别,叙叔侄之情。席间,高适作《宋中送族侄式颜(时张大夫贬括州使人召式颜遂有此作)》。一则因式颜与守珪关系非同一般,高适赠别说些什么当有所选择;再则张守珪在隐败为胜以前确曾屡立战功,颇为时人所重;第三是因为细究原因,守珪隐败为胜固然不对,但也是出于不得已,此时又受到了众宦官的交相攻击。这就使得高适此诗与一年前所作之《燕歌行》有较大区别。抓住了上边所说三点,就能理解这种区别之由来。在送式颜的诗里,高适对守珪不乏赞扬和同情之词,如:

> 大夫东击胡,胡尘不敢起。
> 胡人山下哭,胡马海边死。
> 部曲尽公侯,舆台亦朱紫。
> 当时有勋业,末路遭谗毁。

并以叔辈之尊对式颜表示了衷心的希望:

> 我携一尊酒,满酌聊劝尔。
> 劝尔惟一言,家声勿沦滓。

高适对式颜是颇为重视的,这也许是因为当时正穷愁无路,而式颜却逢着"贤主人"的赏识,仍能投奔在张守珪的幕下,还是有机会做一番事业的。因此高适希望他能使"家声"不陷沦滓之境地。不仅如此,高适还在不久后写的《又送族侄式颜》诗里更赞式颜是:

> 世上五百年,吾家一千里。

把高式颜比为五百年才出其一的人物,并喻之为高氏家族的千里马,这实在是极高的评价了。想来式颜大概是颇有才能的,因而高适才有"惜君才未遇,爱君才若此"之句。高式颜后来与杜甫也有交往,他们曾一道饮酒赋诗,杜甫晚年有《赠高式颜》诗,他们的感情还是比较深厚、真挚的。

高适在独居穷困之际,时有边塞的朋友来访,一起酬和作诗,谈论边事,这给他寂寞的生活增添了一点儿色彩;现在,又要送族侄式颜奔赴南方,他的心里难免产生羡慕的想法。但是,高适不仅没有畅璀等人那样的立功边塞的机会,也没有式颜那样应召入幕的运气,因此他只能继续过着客居梁宋和在周围漫游的生活。在《又送族侄式颜》里,高适说:"我今行山东,离忧不能已。"山东,梁山以东也,可见高适送走了式颜又开始了在梁宋一带的漫游。

第五章

梁宋之游与东征

一 李白与杜甫

开元二十七年送别高式颜以后,高适仍然客居梁宋,并在这一带漫游。他曾同当地的地方长官如李少康等人往来应酬,写下了《酬鸿胪裴主簿睢阳北楼见赠之作》、《画马篇》、《奉酬睢阳李太守》。特别值得一提的是在这个期间,任灵昌郡(滑台)太守的名士李邕托人带给高适《鹘赋》一篇,高适虽自言"才无能为",但"尚怀知音",便写作了《奉和鹘赋》赠李邕。高适与李邕的友谊大约就是在此期建立的,由李邕赠赋可以想见,当时高适已经是颇有文名了。

天宝三载(公元七四四)秋天,李白和杜甫先后来到了梁宋并与高适相逢,开始了三位诗人同游梁宋的快意生活。

李白(701—762)字太白,唐代伟大的浪漫主义诗人。他的祖籍是陇西成纪(今甘肃泰安),隋末他祖先流亡至西域的碎叶,直到唐中宗神龙元年(705),李白的父亲李客才携带家族重返内地,定居于西蜀绵州的昌隆(今四川江油)。李白后来说自己出蜀远游时曾:"不逾一年,散金三十余万"(《上安州裴长史书》),又在《秋于敬亭送从侄耑游庐山序》里说:"余少时,大人令诵《子虚赋》,私心慕之。"据此后代学者以为李客是一个颇通文墨的富商,这虽属推测,却也合情合理。李白青少年时期学习范围很广,兴趣也很杂,他说自己:"五岁诵六甲,十岁观百家;轩辕以来,颇得闻矣"(《上安州裴长史书》),又说:"十五观奇书,作赋凌相如"(《赠张相稿·其二》）。他在少年时就"游神仙"，"好剑术"，魏颢说他："少任侠，手刃数人"（《李翰林集序》）。二十岁时，李白在家乡戴天山读书并与喜谈"纵横术"的友人赵蕤交游。在这种环境里成长起来的李白，自然形成了复杂的思想，正如龚自珍所论："庄、屈实二，不可以并，并之以为心，自白始；儒、仙、侠实三，不可以合，合之以为气，又自白始也"（《最录李白集》）。但综观李白一生仍是儒家思想占了主导地位。

李白的诗文是早有声誉的，他的从弟李令问曾叹道："兄心肝五藏（脏）皆锦绣耶？不然，何开口成文，挥翰霞散？"更早在开元八年（720）礼部尚书苏颋读了李白的诗文以后说："此子天才英丽，下笔不休……若广之以学，可以相如比肩也。"作为一个胸有大志的诗人，李白渴望在新的天地里去闯荡。二十五时，他便"仗剑去国，辞亲远游"，要把自己的才能奉献给这个时代。李白不愿意走一般知识分子应试入仕的道路，而是企图通过广泛的结交和诗文投赠，培养声名，以期得到上层统治者的重用，像初唐马周那样由布衣而卿相，实现他兼济天下的政治理想。因此，李白出蜀后就在祖国东部漫游，他不仅求仙访道，而且结交豪雄，好不快意！值得一提的是在江陵他曾与著名道士司马承祯相遇，司马承祯夸他有"仙风道骨"，李白因作《大鹏遇希有鸟赋》，"以鹏自比，而以希有鸟比司马子微"（元祝尧《古赋辩体》）。这篇赋当时颇为流行，几乎"家藏一本"（魏颢《李翰林集序》）。在这次漫游中，李白曾游江陵，泛洞庭，登苍梧山。他也曾上庐山，著名的《望庐山瀑布》就是此次所作，后来他又去了金陵，写作了《乌栖曲》等名篇。可叹的是至此李白仍然没有寻找到施展抱负的机会，便又回舟西上来到江夏一带。开元十六年（728），李白来到了安陆，在这里他与故相许圉师的孙女结为百年之好，开始了"酒隐安陆，蹉跎十年"的生活。李白的许多著名的文章，诸如《代寿山答孟少府移文书》、《上安州李长史书》、《上安州裴长史书》都写于此地。在这十年里，李白长期隐居在白兆山上，同时仍然过着漫游、求仙访道的生活。他可能还曾由安州出发，取道南阳，前往长安，这时大约是开元十八年。李白长安之行以失败告终便又回到安陆，不久便举家迁往任城（今山东济宁），几年以后又移家宣州南陵（今安徽南陵）。

天宝元年（742），李白终于得到推荐，被玄宗召至长安，供奉翰林。离开南陵时，李白是相当得意和喜悦的："仰天大笑出门去，我辈岂是蓬蒿人!"(《南陵别儿童入京》)李白到长安结织了贺知章,经过他的称誉,李白诗名大振。孟棨《本事诗》说道:"李太白……至京师,舍于逆旅。贺监知章闻其名,首访之。既奇其姿,复请所为文。出《蜀道难》以示之。读未竟,称叹者数四,号为谪仙,解金龟换酒,与倾尽醉。期不间日,由是称誉光赫。"杜甫后来写的《寄李十二白二十韵》开头两句说:"昔年有狂客(贺知章自号四明狂客),号尔谪仙人",即咏其事。李白至长安受到的礼遇不同一般:"天宝中,皇祖下诏,征就金马,降辇步迎,如见绮、皓。以七宝床赐食,御手调羹以饭之……置于金銮殿,出入翰林中,问以国政,潜草诏诰,人无知者。"①受到如此厚待,李白以为渴望已久的"申管晏之谈,谋帝王之术"的机会来了,他可以实现其"奋其智能,愿为辅弼,使寰区大定,海县清一"的大志了。岂不知玄宗此时做皇帝已三十年,昏聩骄纵,不理政事,信用权臣李林甫,朝政日趋腐败,他不过把李白仅仅看作一个文学弄臣,为宫廷生活作些点缀。如宋代乐史《李翰林别集序》所载玄宗赏看牡丹,召李白立进《清平调》三章之类便是证明。李白是素有大志,"心雄万夫"的人物,岂甘心作一个文学侍从? 他的性格傲岸不羁,真是"戏万乘若僚友,视俦列如草芥"(苏轼《李太白碑阴记》引晋代夏侯湛语)。这种鄙视权贵的叛逆精神自然引起了从皇帝至权臣的不满,因而遭到宦官高力士、驸马张垍等的谗毁。正是"丑正同列,害能成谤,格言不入,帝用疏之"(《草堂集序》),终于被"赐金放还"了。李白此次在长安前后不足两年,但却接触到宫庭生活的内幕和上层统治集团的腐朽,使他的认识日益深刻,写出了《古风》的大部分以及《梁甫吟》等不少现实性很强的作品,这是此次长安之行的主要收获。

杜甫(712—770)字子美,唐代伟大的现实主义诗人。杜甫的祖籍在京兆杜陵(今陕西西安市东南),后徙居襄阳。他曾祖终巩县令,遂世居河南巩县,他就出生于此地。杜甫出生于一个封建官僚地主家庭,他的远祖杜预是西晋的名将,杜甫颇以能做他的后人而骄傲。杜甫的祖父是武则天时著名诗人杜审言,他的父亲杜闲作过奉天县(今陕西乾县)县令,他的母亲是当时大族清河崔家的女儿。杜甫从小就开始学习作诗,七岁时就写作了生平第一首诗,他在《壮游》一诗中回忆道:"七龄思即壮,开

---

① 李阳冰《草堂集序》。

口咏凤凰。"虽然此诗已不存,但可猜测出杜甫幼年即富于幻想。杜甫九岁开始练习书法,十四五岁就步入了文坛,开始和洛阳的文人交往。所谓:"往昔十四五,出游翰墨场"(《壮游》)。崔尚、魏启心诸人看了杜甫所作,一致认为写得好,因此把他比作汉朝的扬雄和班固,他自己也颇为得意:"脱略小时辈,结交皆老苍。饮酣视八极,俗物多茫茫"(《壮游》)。大约由于崔、魏诸人的奖许与赞扬,杜甫这时也能常到岐王李范和秘书监崔涤的府里去作客。正是在那里,杜甫听到了著名乐工李龟年的演唱,获得了高超的艺术享受。这一切更激发了杜甫作诗的热情,经过刻苦学习,他已经达到相当高的水平。用他自己的话说,这时他已经"读书破万卷,下笔如有神"(《奉赠韦左丞丈二十二韵》)了。但杜甫其时毕竟还是一个孩子,因此有了空闲,他还是要像一般的少年那样玩个痛快的:"忆昔十五心尚孩,健如黄犊走复来。庭前八月梨枣熟,一日上树能千回"(《百忧集行》),这正是他少年生活一个侧面的写照。

像当时的许多青年知识分子一样,杜甫很早就开始了漫游。他于十九岁那年曾去郇瑕(今山西临猗县),第二年便开始了吴越之游。在吴越一带,杜甫游览了许多古迹与旧址,诸如吴王阖闾的姑苏台,苏州门外的阖庐墓,虎丘山上的剑池,以及吴太伯庙宇。在这里还激起了他对"卧薪尝胆"的勾践和曾游会稽的秦始皇的追思遥想。《壮游》诗里详细回忆了他这次吴越之游的经历:"东下姑苏台,已具浮海航。到今有遗恨,不得穷扶桑。王谢风流远,阖庐丘墓荒。剑池石壁仄,长州荷芰香。嵯峨阊门北,清庙映回塘。每趋吴太伯,抚事泪浪浪。蒸鱼闻上首,除道晒要章。枕戈忆勾践,渡浙想秦皇。越女天下白,鉴湖五月凉。剡溪蕴秀异,欲罢不能忘。"开元二十三年(735),杜甫二十四岁自越归东都参加进士考试,试前他颇自信:"气劘屈贾垒,目短曹刘墙,"竟然看不上屈原、贾谊、曹植、刘桢这样的古代大家,可谓狂矣,正表现了他当时的年轻气盛。狂则狂矣,结果却是:"忤下考功第,独辞亲尹堂"(《壮游》)。第二年杜甫又到齐赵一带漫游去了,他记其行曰:"放荡齐赵间,裘马颇清狂。春歌丛台上,冬猎青丘旁。呼鹰皂枥林,逐兽云雪冈。射飞曾纵鞚,引臂落鹙鸧"(《壮游》)。"齐赵",即今山东与河北南部一带。杜闲当时正作兖州(今山东兖州)司马,杜甫前去省亲,作为公子哥儿,生活当然有保障,故能到处漫游,或放歌于丛台(今河北邯郸之北)之上;或射猎于青丘(今山东广饶北)之旁。他还和友人苏源明一道登上泰山日观峰,曾作《望岳》诗。又过了几年,大约是开元二十九年(741),杜甫由齐地回到洛阳,在偃师县西北的首阳山下筑起了"陆浑庄"土室,过起了隐士的生活。第二年他二姑万年县君在洛阳仁风里去世,六月,还殡于河南县,杜甫来到东都,为她服丧并作墓志。直到天宝三载(744),杜甫仍在东都洛阳。

天宝三载三月李白离开长安,于四月到达东都,在这里与杜甫相见。这两位大诗人的会面,历来被看作是中国文学史上的佳话。当时李白已经完成了许多杰作,在诗坛上享有极高声誉,又有一段供奉翰林的生活;而杜甫最重要的创作时期还没有开始,在文坛上还只能说是初露头角。但他们二人有许多共同的地方,能够互相尊敬,故而二人一见倾心,如杜甫所说就是:"乞归优诏许,遇我宿心亲"(《寄李十二白二十韵》)。李白在洛阳逗留的时间不长,不久便到梁园(即汴州,今河南开封)去了。临行时,杜甫写了记录李杜友谊的一系列诗歌中的第一首《赠李白》,在诗中杜甫与李白相约在梁、宋再见,然后一起去寻仙访道,诗是这样写的:"亦有梁宋游,相期拾瑶草"。

二 "亦有梁宋游"

闻一多先生《杜少陵先生年谱会笺》说:"白三月放还,五月已至梁宋,至其与高、杜同游则在深秋耳。"杜甫有私第于汴州,他当然常来常往,况且与李白有约在先;李白要经梁宋去他处投奔友人,五月即已来到梁宋,有《梁园吟》一首,是他此时所作,诗里写道:"我浮黄河去京阙,挂席欲进波连山。天长水阔厌远涉,访古始及平台间。平台为客忧思多,对酒遂作《梁园歌》。却忆蓬池阮公咏,因吟'渌水扬洪波'。……平头奴子摇大扇,五月不热疑清秋。……昔人豪贵信陵君,今人耕种信陵坟。荒城虚照碧山月,古木尽入苍梧云。梁王宫阙今安在? 枚马先归不相待! 舞影歌声散渌池,空余汴水东流海……"诗中所言"平台"在宋州虞城县西四十里,宋皇国父为宋平王所筑,汉梁孝王大治宫室,为复道,自宫连属于平台三十余里,与邹、枚、相如之徒并游此台,故址在今河南开封市东北。可见李白五月即已游梁园、上平台了。高适则一直在梁宋一带漫游,故而很容易与李白、杜甫相遇。也许李白五月游梁园时他即同游,可惜没有确切材料证明。现在能说明三位诗人梁宋之游的主要是他们自己的诗文,这些诗文皆指明天宝三载秋天三位诗人相遇于梁宋。

梁宋一带是唐代颇为繁华的地区,杜甫《遣怀》诗里描述了梁宋的盛况说:"昔我游宋中,惟梁孝王都。名今陈留亚,剧则贝魏俱。邑中九万家,高栋照通衢。舟车半天下,主客多欢娱。"这诗主要写宋城水陆交通发达,人口稠密,建筑宏伟,习尚豪华。但其中"名今陈留亚"一句却侧写了梁城。"陈留"即汴州,古梁地也。宋州名望尚在陈留以下,可见陈留之繁盛了。三位诗人在这样繁华的都市和周围漫游,一方面可以尽情饮酒赋诗,以忘却生活道路上的不快;另一方面,梁宋一带有许多古迹可以凭吊,借此以抒发胸中的郁积。

李白、高适、杜甫之所以能相遇为友、结伴同游,我以为还有一些内在的原因。其一,三位诗人都生长在盛唐时代,他们所受的时代影响是一致的。他们都很自负,都有把自己的才能贡献给国家的愿望,也就是说他们都胸怀大志。李白的志向是:"申管晏之谈,谋帝王之术,奋其智能,愿为辅弼,使寰区大定,海县清一"(《代寿山答孟少府移文书》)。高适的志向大而实际:"举头望君门,屈指取公卿"(《别韦参军》)。杜甫的理想却大得惊人:"自谓颇挺出,立登要路津。致君尧舜上,再使风俗淳"(《奉赠韦左丞丈二十二韵》)。三位诗人虽然有才有志,但这个社会实质上只能是:"梧桐巢燕雀,枳棘栖鸳鸾"(李白《古风》第二十九),"白璧皆言赐近臣,布衣不得干明主"(高适《别韦参军》)。此时三位诗人的遭遇正说明了这个问题:李白应召入宫,自以为大志兑现有望,却被玄宗视为文学弄臣,又受群小攻击,结果是"赐金还山";高适"二十解书剑,西游长安城",却只得失望而归,又出塞企图走边陲立功的道路,也落得"谁怜不得意,长剑独归来"(《自蓟北归》)的结果,虽又去长安再次应举,仍然名落孙山,此时只能仍在梁宋一带漫游;杜甫虽然比李白、高适均小十岁左右,却也过了而立之年,且不说第一次应试不利,就是后来的漫游也没有找到仕进的机会,只得暂时隐居起来。胸有大志而不得施展是三位诗人共同的遭遇,这必然造成了他们之间感情的融洽,故他们之间是完全能够互相理解的。其二,由于他们对社会阴暗面都有一定的认识,都厌恶世态炎凉,因而更看重真正的友谊。李白得意与失意时所看到的社会相是怎样的呢?他在《赠从弟南平太守之遥二首其一》里回忆道:"承恩初入银台门,著书独在金銮殿。龙驹雕镫白玉鞍,象床绮席黄金盘。当时笑我微贱者,却来请谒为交欢。一朝谢病游江海,畴昔相知几人在？前门长揖后门关,今日结交明日改。"高适北上蓟门时多次请朋友援手,但却受到冷遇,对他漠不关心。他由蓟北归来经过邯郸写了《邯郸少年行》,其中愤怒的说:"君不见即今交态薄,黄金用尽还疏索。"在长安,高适与任华结交,有《赠任华》诗更说到,"世人不解结交者,唯重黄金不重人!"可见高适是十分痛恨嫌贫爱富的社会风气的。杜甫虽然还年轻,但也看到了社会的阴暗:"二年客东都,所历厌机巧。野人对腥膻,蔬食常不饱。岂无青精饭,使我颜色好？苦乏大药资,山林迹如扫!"(《赠李白》)。诗中说他看到上层统治者之间的尔虞我作,很是厌恶,因而想到山林中去修仙炼丹,说得是很激愤的。对社会丑恶现象的强烈不满和厌恶,必然使三位诗人相见而投合共鸣,在他们之间定会产生纯洁真挚的亲切情感,他们也一定十分珍重这种感情。其三,三位诗人出身虽然各不相同,但性格却十分相似,都是那么狂放。李白是"斗酒诗百篇,长安市上酒家眠;天子呼来不上船,自言臣是酒中仙"(杜甫《饮中八仙歌》);高适是"性拓落,不拘小节,耻预常科,隐迹博徒,才名自远"(《河岳英灵集》);杜甫是"性豪业嗜酒,嫉恶怀刚肠。……放荡齐赵间,裘马颇清狂"(《壮游》)。三位诗人的性格不是很相似吗？这必然使他们感到情投意合。其四,我们不要忘记李白、高适、杜甫是三位诗人,他们都热爱诗歌创作,而且此时都已各有成就。李白如前所言在当时诗坛上享有极高的声誉,高适这时也早已创作出了《燕歌行》、《邯郸少年行》等名篇,他的诗"每吟一篇已,为好事者传诵"(《旧唐书·高适传》),在当时文坛上也自有一席地位;杜甫虽然刚露头角,但已"下笔如有神",写出了"会当凌绝顶,一览众山小"(《望岳》)等名句和名篇。在诗歌上的共同爱好和成就,必然使三位诗人名声可闻,今日难得幸会,自然有同游共赋的愿望。三位诗人一路漫游,畅饮豪吟,议论天下,何其超迈。《新唐书·杜甫传》概叙三人之游曰:"(甫)尝从白及高适过汴州,酒酣,登吹台,慷慨怀古,人莫测也。"

李白、杜甫、高适的梁宋之游一定走过不少地方,但可惜有关的史料并不多,只能参考他们的诗文加以简略的介绍。

三位诗人曾一起登上梁孝王增筑的吹台,慷慨怀古。大历中,寓居夔州的杜甫满怀深情地回忆道:

忆与高李辈,论交入酒垆。
两公壮藻思,得我色敷腴。
气酣登吹台,怀古视平芜。
芒砀云一去,雁鹜空相呼。

——《遣怀》

"吹台",在开封东南六里,俗号繁台,《陈留风俗传》云:"(开封)县有仓颉、师旷城。上有列仙之吹台,北有牧泽,俗谓之蒲头泽。梁王增筑以为吹台。"(转引自《地名大辞典》)。从杜甫的诗里我们可以看出,三位诗人意气相投,饮酒论交,十分惬意。"壮藻思"是夸李白、高适之诗才,正与后来杜甫赞扬李白是"笔落惊风雨,诗成泣鬼神"以及称赞高适是"骅骝开道路,鹰隼出风尘"相一致。"色敷腴"是描写李白、高适与杜甫交往的喜悦。三位诗人皆能酒会诗,而且都道路不遇,便"气酣登吹台,怀古视平芜",缅怀春秋晋国相传能听音乐而知吉凶的师旷,而且还于台上远望芒砀,不禁无限感慨:汉高一死,此地无人,空有云朵飘浮,雁鹜相呼而已!这是多么悲凉的景象!"芒砀",《汉书·高祖纪》:"高祖隐于芒砀山泽间,所居上常有云气",故三位诗人共望芒砀而翩然思刘邦。三位诗人都十分关心国家大事,在吹台之上,他们还谈论当时的形势,特别是谈论玄宗用兵异域的事情,杜甫忆道:

先帝正好武,寰海未凋枯。
猛将收西域,长戟破林胡。
百万攻一城,献捷不云输。
组练弃如泥,尺土负百夫。
拓境功未已,元和辞大炉。

——《遣怀》

天宝初年,玄宗政权已腐朽不堪,又好大喜功。"收西域",如王忠嗣、哥舒翰之攻吐蕃;"破林胡",如张守珪、安禄山之攻契丹(契丹即战国林胡也)。攻取岂能总是胜利,但边将蒙蔽邀功,故虽败而报捷;为求边功,不惜物力,组练如泥;为争尺土,牺牲百人,不惜民命。"元和",太平和乐的气象;"大炉",指天地(见《庄子》)。"元和辞大炉"是说天地间失去和平气象,意指天下大乱。这是杜甫晚年的回忆,难免要加进一些后来的认识,但三位诗人关心边事、议论边事却是无疑的。他们看到玄宗宠幸边将,边将屡起战争,劳民伤财,而势力渐大,这对朝廷并非幸事。至于边将掩败报捷,高适《燕歌行》里即有表现,现在三人聚谈,难免感慨系之!

三位诗人还同登单父台。单父台,即琴台。宓子贱作单父宰,鸣琴而治,后人思之,名其台曰"琴台"。杜甫晚年所作的《昔游》是一篇专忆与高适、李白游宋、齐的诗篇,其中云:

> 昔者与高李,晚登单父台。
> 寒芜际碣石,万里风云来。
> 桑柘叶如雨,飞藋共徘徊。
> 清霜大泽冻,禽兽有馀哀。

三位诗人在冬天登上单父台,"远望平荒,直到碣石,万里风云,争来入目"(萧涤非《杜甫诗选》)。桑叶已经飘零,与飞藋一道如雨而下;天寒地冻,霜封孟渚大泽,其间的禽兽痛苦的哀鸣,于单父台上时有所闻。在琴台上,三位诗人仍然议论边事,对玄宗的开边政策表示自己的意见,杜甫《昔游》记录了他们谈论的内容:

> 是时仓廪实,洞达寰区开。
> 猛士思灭胡,将帅望三台。
> 君王无所惜,驾驭英雄材。
> 幽燕盛用武,供给亦劳哉!
> 吴门转粟帛,泛海陵蓬莱。
> 肉食三十万,猎射起黄埃。

当时仓廪充实,道路通达,国势强盛,因而猛士想立边功,将帅想作宰相。开元二十四年,玄宗因朔方节度使牛仙客以镇守河西有功被升任工部尚书、同中书门下三品,遥领朔方节度如故。此风一开,故有"将帅望三台"的结果。李林甫为保己位、杜绝出将入相之路,便向玄宗进言要重用外族将领,玄宗不察,便特别任用安禄山、哥舒翰之流,对他们有求必应,特别是对禄山更为宠爱,此谓"无所惜"也。由于幽燕一带屡屡发生边战,故使国内供应颇劳,大大加重了人民的负担,"开元之前,每岁供边兵衣粮,费不过二百万;天宝之后,边将益兵浸多,每岁用衣千二十万匹,粮百九十万斛,公私劳费,民始困苦矣"(《资治通鉴》卷二一五)。仇兆鳌引《博议》注杜诗"幽燕"以下六句曰:"唐运江淮租税以给幽燕,此天宝间海运也,"又解道:"泛海输粟,则民日疲。射猎练军,则兵日横,欲不乱得乎?"细续杜诗,我们不正可以窥见三位诗人关心时政、关心边事的拳拳之心吗?!

　　高适长期生活在梁宋,单父台他是常来周游的,《宋中十首》之九即是登琴台之作。这一次他又陪同李白、杜甫来游琴台,可以想象,他们三人一定会同感于子贱的功绩,从而感叹己身之不遇,诗作酬和一定不少。高适有《同群公秋登琴台》诗,从这个诗题,我们至少可以看出两点:其一,杜甫《昔游》说:"昔者与高李,晚登单父台",是秋末冬初时节;而高适亦云"秋登琴台",可证是同一次游览;其二,高诗之"群公"显然指李白、杜甫诸人,"同"就是"和",可见首唱并不是高适,现已不可知是李白还是杜甫。但李、杜都该有作品却是无疑的,可惜这些诗作今已不存。高适对宓子贱是十分赞赏的,这反映了他的追求和向往,在《同群公秋登琴台》里他写道:

> 古迹使人感,琴台空寂寥。
> 静然顾遗产,千载如昨朝。
> 临眺自兹始,君贤久相邀。
> 德与形神高,孰知天地遥?
> 四时何倏忽,六月鸣秋蜩。
> 万象归白帝,平川横赤霄。
> 犹是对夏伏,几时有凉飚?
> 燕雀满檐楹,鸿鹄搏扶摇。
> 物性各自得,我心在渔樵。
> 兀然还复醉,尚握樽中瓢。

刘开扬先生在其《高适诗文编年笺注》里对此诗所作小笺,十分精确明白:"诗谓琴台古迹,使人感怀,千载之事,犹如昨朝也。群公久相邀登,今始得临眺,思宓公之德高,见天地之遥远,四时转换,今又立秋矣,何时得有凉风飒然而至乎?檐前燕雀之自适,亦如鸿鹄之高飞,我亦各适其性,志在隐处,以饮酒为乐也。"此诗主要是酬答朋友之作,故多写自己此时的思想状况,而他的《登子贱琴堂赋诗三首》则多赞语并对能发扬子贱遗风的官吏表示了赞扬,此诗前有一小序,序曰:

> 甲申岁,适登子贱琴堂,赋诗三首,首章怀宓公之德,千祀不朽;次章美太守李公能嗣子贱之政,再造琴台;末章多邑宰崔公能思子贱之理。

"甲申岁",即天宝三载,可见此诗也是高适与李、杜同游之作。我们不妨读一读这三首诗:

其一曰:"宓子昔为政,鸣琴登此台。琴和人亦闲,千载称其才。临眺忽悽怆,人琴安在哉?悠悠此天壤,唯有颂声来。"怀念之情多么深沉!其二曰:"邦伯感遗事,慨然建琴堂。乃知静者心,千载犹相望。入室想其人,出门何茫茫。唯见白云合,来临邹鲁乡。""静者",即仁者,"邹鲁乡",因孔子是鲁人,孟子是邹人,古用之代指山东一带为礼仪之乡。此章对"慨然建琴堂"的太守极表赞扬。其三曰:"皤皤邑中老,自夸邑中理。何必昇君堂,然后知君美?开门无犬吠,早卧常晏起。昔人不忍欺,今我还复尔。"诗中对崔邑宰能使人民安居乐业的吏治十分赞赏。

高适是十分怀念宓子贱的,除了上面几首诗提到的以外,他还多次游访琴台。在大约作于与《登子贱琴堂》同时稍前后的《单父逢郑司仓覆仓库因而有赠》里,高适写道:"邂逅得相逢,欢言至夕阳。开襟自公馀,载酒登琴堂。"登上琴台,他会想到国计民生:"四人忽不扰,耕者遥相望",赞扬地方的平安。高适很希望能将宓子贱的声名流传下去,以赢得更多地方官吏的效法。因而他不仅对能"再造琴堂"的李太守大表赞扬,而且对为宓子贱树神祠碑的少府李翥也赞扬道:"吾友吏兹邑,亦尝怀宓公。安知梦寐间,忽与精灵通";又说:"于焉建层碑,突兀长林东。作者无愧色,行人感遗风"(《观李九少府翥树宓子贱神祠碑》)。可见高适对宓子贱的推崇。李白、高适、杜甫的梁宋之游,得到了本地长官诸如李太守、崔邑宰、李九少府的帮助,他们与这些官吏往还,结下了一定的友谊。随便说一句,高适后来仕途通达,作了淮南节度使,便请这位李九少府作了幕府中的判官,为高适起草或递呈表文。

三 《古大梁行》

大梁是战国时魏国的首都,《史记·魏世家》云:"惠王三十一年,徙治大梁。"《河南通志》也记载:"梁王城在府城西北二里,即梁惠王故城。"即是今河南省开封市。高适的《古大梁行》作于何年已不可知,因为他长期生活在梁宋一带,诗中所抒发的感触想来时有迸发,但也可能写作于此次与李白、杜甫相携游梁宋之时,因而放在这里加以介绍。《古大梁行》气势雄浑,是高适诗歌中的代表作之一,还是先读原诗吧——

> 古城莽苍饶荆榛,驱马荒城愁杀人。
> 魏王宫观尽禾黍,信陵宾客随灰尘。
> 忆昨雄都旧朝市,轩车照耀歌钟起。
> 军容带甲三十万,国步连营一千里。
> 全盛须臾那可论,高台曲池无复存。
> 遗墟但见狐狸迹,古地空馀草木根。
> 暮天摇落伤怀抱,抚剑悲歌对秋草。
> 侠客犹传朱亥名,行人尚识夷门道。
> 白璧黄金万户侯,宝刀骏马填山丘。
> 年代凄凉不可问,往来唯见水东流。

高适驱马于古大梁城旧址之上,眼见昔日繁华的都城如今只留下遗迹荒土,昔日不可一世的人物俱已化成尘灰,不禁百感交集;只有当年生活在这里的侠客,英名犹在,使后人无限向往。《古大梁行》表达的思想比较复杂,既有江山易改之叹,又有时光如水之悲,更有对古代侠客的仰慕,寄寓了高适希望建功立业的思想。日人近藤元粹评此诗:"开后人故迹凭吊诗之法门"(《笺注唐贤诗集》卷下)。

前四句开笔总写,首先渲染出一种悲凉的气氛:大梁,这座历史上有名的古城,旧址上已长满了野草荆榛,驱马来到这里怎不使人愁思绵绵,几近愁杀?当年这里的主宰者——魏王的宫殿已经变成良田,信陵君的数千宾客也早已化为灰烬。信陵君是战国四公子之一,善养士,《史记·魏公子列传》称:"信陵君食客三千人。"虽然当时养士如云,可现在一切都化为乌有了,这多么使人伤悲!读至此,我们自然想起李白《梁园吟》里的诗句:"昔人豪贵信陵君,今人耕种信陵坟。荒城虚照碧山月,古木尽入苍梧云。"虽然高适、李白不必同时所作,但所表达的情绪却是一致的。"忆昨"四句,针对前四句灰暗的色彩,诗人加上一点儿亮色,他用满含感情的诗笔描绘了当年大梁的繁华兴盛:昔日这里曾是天下的雄都和朝市,华美的轩车在街上浩浩驰过,歌舞铜钟之音不绝于耳。那时魏国是多么强大,带甲的士兵有三十余万,营寨相连逶迤竟有千里之遥。诗人典型地写出了魏都当年之"雄",从全诗来看,可以算一个波澜。"全盛"以下四句又是一转,与第一个层次遥相呼应,上面四句虽然写了魏都当年之雄,但诗人的目的不是要渲染那昔日之盛,而是要借此更写出江山易改的感叹。因而这里又回到了全诗的基调——暗淡:时光呀,真是冷酷无情!只是在须臾之间,那全盛的局面就已不可再见;高台曲池一类华丽的建筑也被时光的流水冲去、淹没,不复存在。在这旧墟之上,只能看到狐狸的踪迹和杂草荒树。"暮天"以下四句又起一个波澜,前面几层写出了随着时光的流逝,古代的大梁城成为一片废墟,当年全盛之象,在历史的长河中仅仅是"须臾"一瞬而已。那么,难道什么都是不确定的、终将失去的吗?不,千古流传的是侠客的声名、侠客的事迹。这里表达了诗人对古代侠客的崇敬,表现了高适希望像古代侠客那样建立非常之功的愿望:草木摇落的秋日傍晚,面对着荒废的古城旧址,诗人抚剑放歌,心里无限感伤,但也暗自庆幸:当年侠客朱亥的名声仍然布在人口;侯嬴所管辖的大梁东门前的旧道,仍有行人认得。朱亥,魏国的一个屠夫;侯嬴,魏国的一个隐者,"年七十,家贫,为大梁夷门监者"(《史记·信陵君列传》)。他们是魏公子收养的两位侠士。公元前二五七年,秦军围攻赵国都城邯郸(今河北邯郸市),赵向魏求救。魏王派晋鄙带兵前去救助,但迫于秦的威吓,又令晋鄙按兵不动。信陵君多次相劝,但魏王拒不用兵。后来侯嬴为信陵君出计,窃得魏王的兵符前去接替晋鄙的统帅职务,晋鄙并不相信信陵君所持兵符,朱亥便抡起铁椎打死了他,信陵君领兵攻秦解救了邯郸。朱亥与候嬴的所作所为,颇受后代封建知识分子的激赏,李白有《侠客行》就是通过对这两位侠士的赞扬,表现出李白对行侠生活的向往,诗里对候朱的事迹叙述得较为详细:"闲过信陵饮,脱剑膝前横。将炙啖朱亥,持觞劝候嬴。三杯吐然诺,五岳倒为轻。眼花耳热后,意气素霓生。救赵挥金椎,邯郸先震惊。千秋二壮士,烜赫大梁城。"这正可与高适《古大梁行》参读。《古大梁行》在最后作了一个小结,更深刻地表达了自己驱马古都旧址的感慨:那些拥有白璧黄金无数的万户侯哪里去了? 他们的宝刀、骏马只能成为废物填入山沟,时光的无情真是不可思议! 只有那泪泪流水如旧,日夜东去,这"往来唯见水东流"写的是实在的水,也是时光之水,含义是相当深刻的,正有孔子"逝者如斯"的意味。

《古大梁行》在艺术上也颇具特色,层次分明,层层深入。方东树在《昭昧詹言续录》卷二里说此诗:"起二句伉爽,魏王二句衍,忆昨四句推开,全盛句折入,暮天句入已,以下重复感叹,自有浅深,而气益厚,韵益长,反复吟咏,久之自见。"这个分析还是细致的。《古大梁行》全诗气势雄浑,"壁垒森严"(黄培芳《唐贤三昧集笺注》)。邢昉批曰:"按节安歌,步武严整,无一往奔轶之习"(《唐风定》卷九),这都是不错的。在总的风格上,《古大梁行》正可与《燕歌行》、《邯郸少年行》相较上下。

四 "东征"

天宝三载秋暮,李白、高适、杜甫梁宋之游结束,三位诗人只得于此分手,李白北往安陵(属平原郡),乞盖寰为造真箓;杜甫渡过黄河到王屋山寻访道士华盖君去了;高适则由梁宋启程,开始了"东征"。高适东征的路线是鄪县、符离、灵壁、彭城、泗水、盱眙、淮阴、涟上,主要方向是向东,故曰"东征。"

我们在这里补叙一下盛唐的漫游之风。初唐到盛唐时期,经济发展很快,社会局势安定,保持了国家的长期统一的局面,海内交通也很发达。全国的统一,给诗人们周游各地提供了政治上的保障;交通业的发展,又为诗人们吟游四方提供了方便条件。那时,知识分子们往往通过周游广做干谒,以期遇到有地位的人给以举荐,以而有所作为。因此,漫游就成为盛唐时代的一种社会风尚。《贞观政要》提到贞观年间,"行旅自京师至于岭表,自山东至于沧海,皆不赍粮,取给于路,入山东村落,行客经过者,必厚加供侍,或发时有赠遗……"《新唐书》说开元时"海内富实,米斗之价钱十三,青、齐间斗才三钱。绢一匹,钱三百。道路列肆,具酒食以待行人。店有驿驴,行千里不持尺兵"(《食货志》卷五十一)。社会物质丰富,物价便宜,为诗人们漫游提供了十分有利的条件。由于社会局势稳定,社会财富不断积累,国家就会注意交通业的发展。当时唐代国内的交通路线,据《历代盛衰户口》和《通典》记载,以长安为中心,东至宋汴,以至山东半岛;南至荆、襄,到达广州;西至凤翔,入于西川;西北至凉州,以通西域;北至太原、范阳。至于水路,那就更为发达了,以运河为中心,沟通了中国的南北,漕运比历史上任何时期都繁忙。国家还设立了驿传制度,大小水路及陆路皆有驿站,负责传递公文,接待来往官员,有时还要提供交通工具,如"驿驴"之类。这样,即使是私人旅行,也由于"道路列肆"而十分方便。据《新唐书·地理志》记载尚有七条对外交通要道,分别通向高丽、大同、回鹘、西域、天竺等方向。唐朝的知识分子大都胸怀远志,而要有所作为,就不能局限在自己的小天地里,就必须走出书斋,走向社会,广泛交游,以扬声名;四处干谒,以求知己,这是非漫游不可的。同时,由于仕途的失意以及佛、道思想的影响,还有许多人或借旅行以销愁,或借山水以养性,更促长了盛唐漫游之风。在盛唐诗人中,几乎没有谁是不喜漫游的,大诗人如李白、杜甫、孟浩然、王维、岑参、王昌龄都以此著称。

高适也一样,曾远游蓟北,但自蓟北归来以后他便一直以梁宋为中心活动。现在,告别了李白、杜甫,开始了向南楚的漫游。

高适此行没有留下几首诗作,如果仅仅根据他的诗,我们不仅不会知道他东征的时间,甚至不会知道他东征的路线。幸亏高适在东征途中写了一篇《东征赋》,其中不仅谈到了他决意东征的原因,而且还为我们勾画出他东征的路线,特别是记录了他一路凭吊古迹所触发的思古之幽情。因而,《东征赋》是研究和了解高适生平与思想的一篇十分重要的作品。《东征赋》开篇即曰:"岁在甲申,秋穷季月,高子游梁既久,方适楚以超忽。望君门之悠哉,微先容以效拙,始不隐而不仕,宜漂沦而播越"此行始于天宝三载秋末,这时他已居梁宋呆了好几年,因而要去楚——今江苏淮安一带周游。"游梁既久"确是事实,但仅仅因为这个原因还不足以使他下东征的决心。那么,更深的原因是什么呢? 那就是"望君门之悠哉,微先容以效拙。"向皇帝求仕之路对我是那么遥远,而又没有人为我引荐,因此才"不隐不仕"。实际是似隐实不隐,求仕不能仕。高适认为此时最适于"漂沧而播越"。如果说这一段是全赋的序文,那么以后各段则像一篇游记历数了他的东征行程和观感,为有一个详细的了解,我们来分段析读高适的这篇赋。

第二段曰:"出东苑而遂行,沿浊河而兹始,感隋皇之败德,画平原而为此,西驰洛汭,东并淮浹。地豁山开,川流波委,六宫景从,千官逦迤,龙舟锦帆,照耀乎数千里。大驾将去,群盗日起,尸禄者卷舌而愉生,直谏者解颐而后死,寄腹心于枭獍,任手足于蛇虺。既受杀于匹夫,尚兴疑于爱子,岂不为穷力役于征战,务淫逸于奢侈? 六军悲牧野之师,万姓哭辽阳之鬼,嗟颠覆于曩日,指年代于流水。唯见长亭之烟火,悲旷野之荆杞。"东苑即兔苑,高适由这里出发,进入了"浊河"(睢水)。高适此行走的是水路,船所行处即当年隋炀帝为自己享受所开之运河,因而他的感慨便围绕炀帝而发。我们读一读《隋书·炀帝纪》便会对赋中的一些句子有较为深切的感觉。大业元年三月,炀帝遣王弘、于士澄往江南采木,造龙舟、赤舰、楼船等数万艘,八月幸江都,舳舻相接,二百余里,这是多么奢侈! 隋末天下乱,大臣们沉默不敢进言,隋皇却把小人(枭獍、蛇虺)当成手足。当宇文化及作乱入宫时,炀帝竟仍然认为是自己的儿子齐王暕发动的叛乱,可见他是多么昏庸! 接着高适就探问隋亡的原因:这难道不是竭国家财力人力进行征战,皇帝专心于骄奢淫逸的结果吗? 这不能不使高适感叹万端。

第三段曰:"至鄼县之旧邑,怀萧相之高风,既屈节于主吏,每归诚于沛公。始俱起于天下,乃从定于关中,推金帛于他人,挹图籍于我躬,按山川之险阻,救天地于屯蒙。嘉盈俸以增邑,方指踪而建功,纳邵平以防患,举曹参而告终。"《元和郡县志》:"鄼县,秦汉旧县,汉属沛郡,萧何封鄼侯,即此邑也。"故城在今河南省永城县西南。高适行至萧何封地,触景生情,慨叹萧何大志得以施展,隐含着自己壮志未酬的悲哀。萧何先同刘邦共事,后随刘邦起事,他足智多谋,当刘邦军队开进咸阳,萧何不顾金帛财物而先收秦律令图书,"汉王所以具知天下阸塞,户口多少,疆弱之处,民

136

所疾苦者,以何具得秦图书也"(《史记·萧相国世家》)。刘家天下已定,刘邦认为萧何功劳为最,有人不服,认为萧何持文论事,不当功居首位,刘邦说:"夫猎,追杀兽兔者狗也,而发踪指示兽处者人也。今诸君徒能得走兽耳,功狗也。至如萧何,发踪指示,功人也。"此正是"方指踪而建功"之谓也。后来吕后用萧何计诛了淮阴侯,刘邦又拜萧何为相国,益封五千户,令卒五百人一都尉为相国卫,这是很荣耀的。大家都来相贺,只有召平对萧何言明利害,劝萧何辞去这些宠赐,"相国从其计,高帝乃大喜"。萧何与曹参关系不好,但在临终时仍荐曹参代替自己,表现了为汉家天下着想的胸怀,受到高适的赞扬。

第四段曰:"经铚城而永望,想谯郡而销忧,慨魏武之雄图,终大济于横流。用兵戈以临四海,挟天子以令诸侯,乃擅命以诛伏,徒矫跡以安刘。吾始未知夫顺逆,胡宁比德于殷周?"铚城,在古沛郡,即今安徽宿县西南;谯郡,也在沛地,即今安徽亳县,是曹操的老家。高适过铚城而想谯郡,自然为曹操致慨,最后还流露了高适对曹操的崇敬:怎么能把他与殷周相比呢?

第五段曰:"下符离之西偏,临彭城之高岸,连山郁其漭荡,大泽平乎渺漫。昔天末厌祸,项氏叛涣,解齐归楚,自萧击汉。天地无色,风尘溃乱,悯君王之辗轲,混士卒以奔散,苟炎运之克昌,岂生人之涂炭?"符离,仍在沛郡,在今安徽宿县。彭城,即今江苏徐州市,是项羽自立西楚霸王的都城。高适由符离向西到达彭城旧址,因而想到与刘邦争天下的项羽。秦末大乱,项氏起兵与汉相争。"天地"以下写楚汉之间一次重要的战斗,当时"围汉王三匝,于是大风从西北而起,折木发屋,扬沙石,窈冥昼晦,逢迎楚军。楚军大乱,坏散,而汉王乃得与数十骑遁去。"当时双方士卒死伤极多。故而高适最后提出了质问:为了汉家国运能够昌盛,难道生民就该遭到涂炭吗?高适对战争带给人民的灾难表示了极大的愤慨。

第六段曰:"次灵壁之逆旅,面垓下之遗墟,嗟鲁公之慷慨,闻楚声而悒於。歌拔山以涕洟,窃霸图而莫居,摈亚父之何甚,悲虞姬之有馀。出重围而狼狈,至阴陵以踌躇,顾天亡以自负,虽身死分焉如?登夏丘以寓目,对蒲隧而愁予,闻取虑之斯在,微长直而舍诸。"灵壁,在徐州符离县西北;逆旅,即客舍;垓下,在沛之洨县。鲁公,指项羽,楚怀王封他为长安侯,号为鲁公。高适休息于灵壁的客舍,而对当年"汉军及诸侯围之数重"的垓下旧址,感叹项羽英雄末路的慷慨悲凉,听到楚地歌声想到当年项羽夜闻楚歌的窘况,不觉心情郁郁。亚父即范曾。汉王使陈平计,离间项王与范曾,项羽不察,解范曾之权,失去了主要的谋士。高适批评项羽虽有"力拔山兮"的英雄气概,但终因不能任用范曾这样的忠臣,致使"霸图"不能实现,在穷途末路之时,对虞娱悲哭,又有何益?!后来项羽陷入大泽之中,知己不能脱身,绝望地说:"天之亡我,非战之罪",然后自杀了。最后,高适写自己在这一带漫游:放目于夏丘,有感于蒲隧,游取虑,访长直。这里的"夏丘"、"蒲隧"、"取虑"、"长直",都是沛郡里的地名。

第七段曰:"宿徐县之回津,惟偃王之旧域,方以小事大,岂无位而有道?彼皆昏暴以丧邦,伊何仁义而亡国?高延陵之挂剑,慕班彪之述职,缅沛水之悠悠,府娄林之纡直。"徐县,属临淮郡,在今安徽省泗县北,因为这里是徐君偃好的徐国旧地,故曰:"偃王之旧域。"徐君偃好好行仁义,周穆王遣楚袭其不备,大破之,杀偃王,仁义而亡国,使高适颇多感慨。由徐君想到延陵挂剑的义举:季札(即延陵)出使过徐国,徐君喜欢季札之剑,季札心知之,但因有出使重任没有把剑献给徐君,待他归来路过徐时,徐君已死了,季札便把剑挂在徐君墓旁的树上而离去。"高",意动用法,即以季札挂剑之举为高。高适还想到曾作过徐令的班彪,十分羡慕班彪的机遇。班彪与大将军窦融友善,为其从事,曾为窦融画策上书,"帝雅闻彪材,因召入见,举司隶茂才,拜徐令"(《后汉书·班彪传》)。这表现了高适希望有机会一展雄才的向往,但却不能如愿以偿,因而只能望着悠悠而去的沛水发愁,俯视着弯弯曲曲的娄林而遐想……

第八段曰:"即日河浒,依然泗上,山川土田,耳目清旷。眺雎源之呀豁,倚楚关之雄壮,挂轻席于中流,顺长风以破浪。过盱眙之邑屋,伤义帝之波荡,虽三户之亡秦,知万人以离项。"盱眙,即今江苏盱眙县,是楚怀王被佯尊为义帝前的治所,后义帝被项羽杀于江南。高适想到虽然楚国人极怨恨秦国,仅三户犹能亡之,但项羽刚愎自用,使得万人离去,像范曾这样的谋士也愤而辞退,可见离项之人众矣!此种人不败谁又会败呢?

第九段曰:"越龟山而访泊,入渔浦而待潮,鸿雁飞兮木叶下,楚歌悲兮雨潇潇。霜封野树,冰冻寒苗,岸草无色,芦花自飘。幸息肩于人事,愿投迹于渔樵,思魏阙而天远,向秦川而路遥。"龟山,在盱眙县东北,周回四里,高十五丈。高适越过龟山入于浦泊,产生了息肩人事、投迹渔樵的思想,虽然仍思朝廷,但惜乎天远;心向长安,而怨乎路遥。魏阙,指君门,秦川,指京师一带。

第十段曰:"侯鸣鸡以进帆,趋乱流以争迅,纵孤舟于浩大,抚垂堂以诚慎。遵枉渚于淮阴,征昔贤于韩信,哀王孙以寄食,嘉漂母之无愠,鄙亭长之不仁,乃晨炊而啬愇。忽从龙以获骋,遂擒以自奋,破全赵而用奇,称假齐以益振。幸辞通以感惠,俄结豨而谋衅,当处约而心亨,曷持盈而不顺。"高适张帆前行,沿着枉渚而至淮阴。淮阴,今江苏淮阴县东南,是汉代名将韩信的故乡,诗人又为韩信致慨。韩信始为布衣时,常数从其下乡南昌亭长寄食,数月,亭长妻患之,乃晨炊蓐食。食时信往,不为具食。后信钓于城下,诸母漂,有一母见信饥,饭信,竟漂数十日。秦末大乱,信先投项羽又归刘邦,被拜大将。韩信多谋善战,虏魏王豹,破赵军城,攻下齐城以称假王,又被刘邦立为齐王。齐人蒯通以相人说韩信,劝他叛高祖,但韩信感汉高之恩,终不用蒯通之言。后来陈豨叛乱,韩信却答应作为内应,召来杀身之祸。高适不无感慨的说:应当安心于自己的地位,不应像满水的容器自己溢出,这是高适对韩信不能功成身退表示的惋惜。

最后一段曰:"凌赤岸之迢递,棹白波之纡馀,历山阴之村野,投襄贲之邑居,人多嗜艾,俗喜观鱼。连葭苇于郊甸,杂汀洲于里间,感百川之朝宗,弥结念于归欤,日杲杲以丽天,云飘飘以卷舒。鲁放情而蹈海,丘永叹于乘桴,遇坎则止,吾今不知其所如者哉!"前四句描写高适行过赤岸,经过山阳,投宿于襄贲。襄贲,在古东海郡,即今江苏涟水县。嗜艾,"五十曰嗜,六十曰艾"(《礼记·曲礼》)。"人多嗜艾,俗喜观渔,"是写襄贲的民俗民情。高适看到郊甸上一片葭苇,里间与汀洲相杂而布,不由有感于百川归海,从而想到每一个士子都心向魏阙,于是有归去之志。"鲁放情而蹈海",鲁仲连说平原君时讲如果让秦称帝,他宁可蹈东海而死;"丘永叹于乘桴",孔子在自己的政治理想不能实现之时说:"道之不行,乘桴浮于海。"桴,小筏子一类的舟具。这两句表现了诗人对鲁仲连和孔子的崇敬和向往。最后两句写到自己:今天我遇水而止,真不知道该往何处去呵!坎,指水,《说卦》,"坎为水";如,之也,去也。高适东征历游数地,但仍没有遇到知己,自然归思愈浓,但去哪呢? 继续前进,还是再入京师?字里行间,隐隐地有一种穷途末路的感叹。

五　客居涟上

《东征赋》记叙了高适东征经过的各个地方,以及一路上发了不少感慨,最后的地点是:"历山阳之村野,投襄贲之邑居。"襄贲,可能是高适此游的最后一站。在涟水县,他曾住在一个樊姓地主家里,此篇《东征赋》大约就是写在那里。高适天宝三载秋由梁苑出发,不久即到了涟上,在这住了一些时间。在涟上他结识了一些朋友,樊氏地主就是在这认识的。高适住在这位姓樊的朋友家里,有时饮酒尝鱼;有时观菱芋于蒲篱,望渔樵于目前。高适有《涟上题樊氏水亭》记录了他涟上生活的某些思想和侧面,诗曰:

> 涟上非所趣,偶为世务牵。
> 经时驻归棹,日夕对平川。
> 莫论行子愁,且得主人贤。
> 亭上酒初熟,厨中鱼每鲜。
> 自说宦游来,因之居住偏。
> 煮盐沧海曲,种稻长淮边。
> 四时长晏如,百口无饥年。
> 菱芋藩篱下,渔樵耳目前。
> 异县少朋从,我行复迍邅。
> 向不逢此君,孤舟已言旋。
> 明日又分首,风涛还渺然。

此诗先说自己为世情所牵,远游涟上,所幸的是主人贤惠,能销行子离乡之忧。主人热情待客,于水亭上置酒烹鱼,使人感激。由"自说"句,我们知道这位姓樊的主人是由他处来这里作官的人。他在这里颇有家产,不仅能在沧海曲里煮盐,淮河边还有他的土地,因而生活富裕,一家百口从不逢饥荒之年。最后高适说:我长期寓居梁宋,涟上少有亲朋好友,现在远行又充满了艰难,若不是逢遇着你这位好客的主人,我早驾着小舟回去了。明日就要分手告别,想来前程定会有渺然的风涛!

虽然高适有时也有"息肩人事"的念头,但他在本质上却是一个要求进取的诗人。远游涟上,不仅没有平息他希望建功立业的热情,反而使他对隐居或离世感到了不满,在涟上他送别一位王秀才,便表示自己要离涟归去,再去寻找自己的新的出路。他在对王秀才的期望中表达了自己的志向:

> 行矣当自爱,壮年莫悠悠。
> 余亦从此辞,异乡难久留。
> 赠言岂终极,慎勿滞沧洲。
>
> ——《涟上别王秀才》

　　沧洲,隐者居处,代指出世隐居。从这里,我们看到虽经长期不遇的磨难,高适也曾有过隐处的闪念,但他要求入仕的思想却是根深蒂固的。他由"适楚以超忽"至此时,历时大约一年,因此他要"余亦从此辞,异乡难久留。"天宝四载秋初他由楚北归,为了寻找新的出路,他又开始了齐鲁之游。

第六章

漫游齐鲁与隐居淇上

一　漫游齐鲁

　　高适天宝四载春夏仍然漫游楚州淮阴一带,秋天便经临沂(属沂州琅琊郡)、费县、曲阜而到了东平(属郓州东平郡),他又由东平转道汶阳和济南。在这过程中,高适与李白、杜甫、李邕以及其他一些新朋老友相遇。

　　高适天宝四载秋初即到了曲阜,在这里,他结识了一位姓徐的录事,此人对王羲之书法颇为爱好。高适与徐某告别时作《鲁郡途中遇徐十八录事(时此君学王书嗟别)》。高适在诗中先称自己是嵩颍山居之人,今天竟来到孔孟礼乐之乡,凭吊了少昊的遗墟,方知蒙山路途之遥远,自己独身远游并非心中志愿,只是为了借览古而发泄怀古幽情罢了!孔子、游夏都已成为历史人物,高适徘徊于原野泽畔,更增添了悲哀之思;早晨他瞻仰了孔子的故里,由川水平缓而猜知这里定是汶阳故城。最后高适感慨言之:"弱冠负高节,十年思自强,终当不得意,去去任行藏。"他自二十岁西游长安至此时已十年有馀,虽然他无时不在思量建功立业,但道路上多有坎坷,终于不能如愿以偿,因而自我安慰道:还是可行则行,可止则止吧,不必强求了!这正反映了高适在种种打击之下的真实思想,仔细品味,其中浸透着怎样的悲伤与辛酸呀!高适与徐录事感情是比较深的,徐某正学书法,故常赠给高适一些书法作品。高适有时只身住在旅馆里,翻出徐某所赠,不由地又怀念起这位朋友,便寄诗相酬,请读《途中寄徐录事(比以王书见赠)》,这诗写得清新有味,感情浓郁:

落日风雨至，秋天鸿雁飞。

离忧不堪比，旅馆复何如？

君又几时去，我知音信疏。

空多箧中赠，长见右军书。

王羲之，晋人，因曾作过右军将军，故世称王右军。他草行书俱佳，尤善隶书，行家称赞他的书法艺术和笔势，飘若浮云，矫若惊龙，堪古今之冠。徐某正在学习王书，故高适用"右军书"来赞扬徐录事的字。在这首诗里，高适借秋日之景的萧条来表现朋友分别的忧愁，何况此时自己又是孤身独处呢！字里行间浸透着诗人对朋友的深情。钟惺、谭元春评此诗道："起二句清光纷披，'君又'句若有承接，实无着落，妙妙。'我知'句妙在预知，苦在预知。妙在不添一词藻然后逼真。'长见'句亦自写得亲厚。"（《唐诗归》卷十二）。这个评语还是颇为细致和中肯的。

在鲁郡，高适还与一位姓郭的处士交往，郭某要前往鲁郡莱芜县，高适为他送行，赠以《送郭处士往莱芜兼寄苟山人》诗，此诗写得很有特色，不仅写出了处士、山人不重名利的品格，而且也流露了此时高适思想里又不断抬头的归隐念头。诗里先写郭处士的行事和身份：

君为东蒙客，往来东蒙畔。

云卧临峄阳，山行穷日观。

"峄阳"，地名，在东海郡；"日观"，《汉官仪》卷下："东山名曰日观，日观者，鸡一鸣时，见日始欲出，长三丈所。"郭处士常常往来于东蒙之畔，故称之为"东蒙客"。"处士"即指那些有德而隐处的人士。郭某出没无常，游历极广，或高卧而远望峄阳，或山行而远及日观。诗人又正面夸赞郭处士不为名利所局限，热爱和追求自由的性格：

少年词赋皆可听，秀眉白面风冷清。

身上未曾染名利，口中独未知膻腥。

可见这位郭处士虽早有才华,但却不像当时一般知识分子那样染上名利之思,而是甘心隐于深山,高适用"秀眉白面"、"未知羶腥"来衬托郭处士的高洁。最后由郭处士而及苟山人,表达了诗人对苟山人的问候:

> 今日还山意无极,岂辞世路多相识。
> 归见莱芜九十翁,为论别后长相忆。

由"为论别后长相忆"知高适与苟山人是老相识了;而"今日还山意无极",不是正表现了诗人对郭处士归隐山林的羡慕吗?

不久,高适离开鲁郡,由水路到了东平,东平即天宝元年前的郓州。高适有《鲁西至东平》就叙述了他去东平的情况;诗曰:

> 沙岸泊不定,石桥水横流。
> 问津见鲁谷,怀古伤家丘。
> 寥落千载后,空传褒圣侯。

诗中点明了高适是由水路到的东平,也写出了诗人的无限感慨:正要问津却看见了孔子诞生的谷口,因而致慨于孔子的遭遇。"家丘","鲁人不识孔子圣人,乃云'我东家丘者,吾知之矣',言轻孔丘也"(张铣注陈琳《为曹洪与世子书》)。"伤家丘"其实也是暗伤高适自己的不遇。诗人又叹道:孔子生前冷落,千载以后,他的后代被封褒圣侯,这对孔子来说又有什么用呢?因而赵熙批道:"大绪而寄慨无尽。"

在东平郡,高适常与郡里的官吏往还,有《东平留赠狄司马》,是他离开东平时的留别之作。《唐百家诗选》此诗题下有注曰:"曾与田安西充判官。"田安西即田仁琬,字正勤,先除易州刺史,开元二十八年又制摄御史中丞,迁安西都护。天宝元年因为其"不能振举师旅,绥宁夷夏,而乃公行暴政,不务恤人"(《贬田仁琬舒州刺史制》见《册府元龟》卷四百五十"将帅部"),被贬为舒州刺史。田仁琬在安西时狄某曾充判官,待田去职,狄某亦随之东归,任东平郡司马,不甚得意,因而高适离别时赠诗以表示慰勉之意。由于狄某曾有边塞生活的经历,这一段生活又是他历史上光彩的一页,高适必然提及,所以高诗便描写了一些边塞生活,故而有人

144

将它归入边塞诗之列。此诗第一层是带着羡慕的笔触赞扬狄某在边塞的得意历史。诗人先赞狄某重义气、怀壮志,不远万里投奔知己,入田仁琬幕府为判官:

> 古人无宿诺,兹道未为难。
> 万里赴知己,一言诚可叹。

再写狄某随军征战足迹之遥:

> 马蹄经月窟,剑术指楼兰。
> 地出北庭尽,城临西海寒。

其中"月窟"、"北庭"、"西海"都是边地极远之处;"楼兰",指少数民族政权。诗人又写了狄某在军中的威壮:"森然瞻武库,则是弄儒翰,"是说他多才多能,尤能为文弄翰;"入幕绾银绶,乘轺兼铁冠,"是写他入幕之后官位渐高,秩比二千石(按《汉书》,只有二千石以上官吏方能佩戴银绶);"轺",战车;"铁冠",御史所服,这是说狄某身兼御史之职而且经常乘战车驰骋于边陲。然后总写田仁琬与狄某之边功,诗曰:

> 练兵日精锐,杀敌无遗残。
> 献捷见天子,论功俘可汗。
> 激昂丹墀下,顾盼青云端。

"可汗",少数民族首领,"丹墀",皇帝殿陛;"青云",喻高官重位。这里诗人细致地描绘了练兵、杀敌、献捷的战斗和胜利场面,最后两句更写出了田、狄的得意之色。《东平留赠狄司马》的第二层则是感叹狄某仕途中忽起波澜,并用豪言劝勉他振作起来:

> 谁谓纵横策,翻为权势干。
> 将军既坎壈,使者亦辛酸。

"将军",指田仁琬;"使者",指狄某;"坎壈",挫折,指被贬。诗人在此感叹由于权势人物的干扰,田、狄的安边之策不能实现,将军遭到贬黜,狄某也随之落入使人辛酸之境地。读此,可知田仁琬被贬当有复杂背景,具体详情已不可知。高适殷切希望狄某乐观积极,千万不要消沉:

> 耿介抱三事,羁离从一官。
> 知君不得意,他日会鹏抟。

你是耿介之人,揖别三公赴司马之任,虽然此时心情郁郁,但日后一定会像大鹏那样扶摇直上的!字里行间充满对不得意者的同情和鼓励,也隐隐表达了诗人的自我安慰。

高适还和东平本地的长官唱和应酬,有《东平旅游奉赠薛太守二十四韵》诗,这是一般的奉酬之作,无非是先历数主人之官历和功绩,最后表示对自己的知遇之恩,没有什么可取之处,只是借以可以了解高适此时的社会交游以及他思想的某些方面。

高适由东平东行到了汶阳,汶阳在鲁郡东部,即今山东省宁阳县东北。在去汶阳的途中,高适写下了《东平路作三首》。第一首告诉我们,他是在南行收获不大的情况下,才成此东鲁之行的,又正值凉风吹拂,蝉鸣叶落之时,心情与景致都很萧瑟,诗云:"南图适不就,东走岂吾心?索索凉风动,行行秋水深。蝉鸣木叶落,兹夕更秋霖。"第二首写他在太平之世试图干谒王公,以献画策,但仕途不顺,坎坷无成,于是才更与老农相亲,才有汶阳之行:"明时好画策,动欲干王公。今日无成事,依依亲老农。扁舟向何处?吾爱汶阳中。"第三首是高适想到自己离梁宋已一年有余,又恰逢秋天摇落之时,不免有思乡之旅愁,有孤独之叹息:"清旷凉夜月,徘徊孤客舟。渺然风波上,独梦前山秋。秋至复摇落,空令行者愁。"孤舟行旅,怎能不使人伤感呢?!

高适往汶阳去之时,正赶上东平郡一带遭遇特大洪水,《旧唐书·玄宗纪》下记载道:"天宝四载秋八月,河南睢阳、淮阳、谯等八郡大水。"东平郡属河南道且与上举几郡相近,故而情况类似。高适往汶阳行的是水路,所以能从船上亲见大水灾情,写下了《东平路中遇大水》一诗。刘开扬先生笺此诗曰:"此适反映灾害之苦农,为高适集中关怀人民生活之杰

作,虽杜甫、白居易亦无以过。"这个评价无疑是相当高的。《东平路中遇大水》先写此次水灾,不比平常,溢满川原,淹没田畴:

> 天灾自古有,昏垫弥今秋。
> 霖霪溢川原,澒洞涵田畴。

诗人又写自己要前去汶阳,小舟经过芦州,远望齐鲁,白云悠悠,而行至巨野泽旁,则目睹了水灾之凶恶:

> 指涂适汶阳,挂席经芦州。
> 永望齐鲁郊,白云何悠悠?
> 傍沿巨野泽,大水纵横流。
> 虫蛇拥独树,麋鹿奔行舟。
> 稼穑随波澜,西成不可求。
> 室居相枕籍,蛙黾声啾啾。
> 乃怜穴蚁漂,益羡云禽游。
> 农夫无倚着,野老生殷忧。

"巨野泽",在今山东省巨野县北;"西成",指秋天的收成。这一节写水灾极为详细:由于洪水奔流,虫蛇争攀树木,麋鹿追逐行舟;庄稼都被大水冲倒、淹没,看来今年的收成是毁了!房屋倒塌,蛙鸣声悲,面对大水所造成的灾难,诗人不由地竟为穴蚁的漂流而感伤,抬头一望,鸟儿自由自在地穿云而行,实在令人羡慕!因为高适曾躬耕垂钓,此时又"依依亲老农",因此他对农民的不幸深表同情:"农夫无倚着,野老生殷忧。"高适由对灾民的同情,进而提出了开仓廪、罢田租的建议,只恨人微言轻,无人采纳,这只能引起诗人的无限感叹:

> 圣主当深仁,庙堂运良筹。
> 仓廪终尔给,田租应罢收。
> 我心胡郁陶,征旅亦悲愁。
> 纵怀济时策,谁肯论吾谋?

字里行间浸透着高适对民生之关心,对壮志不展之忧愁。由于此时高适四处周游,更多地接触了下层人民和社会现实,因而能更真切地体会出农夫野老心中的痛苦,并能提出一些救民的"济时策",但却无人理睬,这怎能不使他感到伤心呢?

一直到天宝五载的春天,高适仍在独自漫游,在漫游中他难免要交友送别,因此他写了不少赠别诗,有一些还特别出色,我们不妨选读二首。其一是《东平别前卫县李寀少府》。卫州汲郡的前任卫县少府在东平与高适相遇,此时又要他往,高适便写此诗相送,诗曰:

> 黄鸟翩翩杨柳垂,春风送客使人悲。
> 怨别自惊千里外,论交却忆十年时。
> 云开汶水孤帆远,路绕梁山匹马迟。
> 此地从来可乘兴,留君不住益凄其。

正是黄鸟翩翩、春风浩荡的美好时节,相交十年的老友却要到千里之外去。友人由汶水乘舟而去,诗人只能骑马绕过梁山而归。此地风景别致且又恰逢万紫千红之春天,本来是可以尽兴欢聚游玩的,但却留友不住,只能使人更加伤心罢了! 一般的送别诗,往往爱用秋天萧瑟之景来衬托人们的依依别情,但高适在此诗里却用春景的渲染,把离情表达得更为真挚和深沉。这首诗写得较为成功,因而颇受后人称赞,金圣叹说:"只加翩翩二字,便知其写出两黄鸟也。杨柳垂之言,值此良日也。……曾我之与君,而固一鸟不如。……云开,写少府既别而去也;路绕,写自己既送而归也。远字,见去者之太疾;迟字,见送者之不舍。末又补写东平,言今日设无别离,则此处与君正堪乘兴,而今已不必说也"(《唐才子诗集》卷四)。金氏的分析是相当细致的,特别对"黄鸟"、"云开"句的分析有独到之见。赵臣瑗的话也颇为精当,他在《唐七言律诗笺注》卷一里说:"春风和煦,黄鸟方相逐于柳阴深处,而人方送别,当此之时,即新知近地,且犹不可,况以十年之谊,而为千里之游乎? 所以忽然而惊,猛然而忆,而卒至怅然而悲也。此四句从未分手时言。于是而去者去矣,帆非远,我偏觉其远,归者归矣,马非迟,我偏欲其迟。此二句写一种恋恋不舍情事,逼真如画。"顾璘批点道:"语意天成,如此篇者绝妙"(《唐音》杨士弘编次、顾璘批点)。这些评语都很精确,富有启发性。我们再读《别崔少府》,此诗比前一首诗味较弱,有过于直朴外露之嫌,但由于诗人感情真挚、深厚,语言自然、朴素,仍使它不失为一首送别佳作,先读原诗:

> 知君少得意,汶上掩柴扉。
> 寒食仍留火,春风未授衣。
> 皆言黄绶屈,早向青云飞。
> 借问他乡事,今年归不归?

"寒食",是一种民间的习俗节日,"介之推以三月三日自燔,后成禁火之俗"(《汝南先贤传》);"黄绶",指县尉小官。诗人形象地写出了崔少府不得意的情况,表达了自己对他的友情与鼓励,细细读来,也颇动人。

高适在这一阶段的漫游中,更多地接触了下层不得意的官吏如狄司马、崔少府诸人,也接触了郭处士那样的隐士,更可贵的是他仕途不通,愈感老农可亲,且亲见洪水给人民造成的灾难,表示了深切的同情,向统治者提出了安民措施,这一切对高适的思想发展是十分有益的。当然,作为一个封建知识分子,为了寻找仕进之路,高适也与一些高级官僚如薛太守等往还,但那更多地是为了应酬而已。这是他思想发展的另一方面。

二 "今日对诸侯"

这一年春夏之际,正在漫游的高适突然收到了北海太守李邕寄来的《夏日平阴亭》诗,并且邀请高适由汶阳至临淄郡(十月改名济南郡)。这时李邕早作了北海太守,他的从孙李之芳自尚书郎出至济州任职,李邕由北海前来相会,即驰书请高适前来。高适收到李邕的诗书,先作一诗相寄,即《奉酬北海李太守丈人夏日平阴亭》,然后便取道济南,会见李邕。其时,李白、杜甫也在济南,故旧友再得机会重逢。

李邕,广陵江都(今江苏江都县)人,是唐代的一位大名士。李峤为内史,与监察御史张廷珪"荐邕文高气方直,才任谏诤,乃召拜左拾遗",正是高适《奉酬北海李太守》中"出身待丹墀"之谓也。李邕之所以成为唐代的名士,大约主要有两个原因:其一,因为李邕是个敢于讲话的人物。在武后朝,御史中丞宋璟弹劾武后内宠张昌宗有反状,应该治罪,武后自然是想置之不理,李邕便站在宫殿的台阶下边大声谏道:"璟所陈社稷大计,陛下当听!"武后不得已接受了宋璟的意见,把张昌宗交法推断了。中宗即位以后,妖人"郑普思以方伎幸,擢秘书监"。李邕特别反对,力谏曰:"陛下今若以普思有奇术可致长生久视之道,则爽鸠氏久应得之,永有天下,非陛下今日可得而求。若以普思可致仙方,则秦皇、汉武久应得之,永有天下,亦非陛下今日可得而求。若以普思可致佛法,则汉明、梁武久应得之,永有天下,亦非陛下今日可得而求。"这话说得真是大胆泼辣,言之有理,可惜没有被中宗采纳,高适奉酬李邕诗说他:"两朝纳深衷,万岁无不听",是并不完全符合事实的,奉酬之作,往往如此,但李邕的敢言却是记叙甚明的。李邕敢于直言的品格是当时人们所经常称道的,特别在那"谏官莫敢议,酷吏方专刑"的武后朝仍然敢言直谏,更不一般。李邕有名士之望的另一个原因,是他书法文章都擅长,有名于当世。李邕早就富有才华,玄宗封泰山还时,他到汴州拜见并献上辞赋,受到玄宗的赞赏。李邕为文,尤长碑颂,《李邕传》云:"邕之文于碑颂是所长,人奉金帛请其文,前后所受巨万计,邕虽诎不进,而文名天下,时称李北海。"李邕不仅自己能文,而且还很赏识一般的文士,他仕途不顺,性格放荡不羁,因此总是受到当朝者的打击,与执政者往往把关系搞得很僵。可他对文人学士却很客气。高适和李邕是老相识了,天宝初两人即有文字往还;杜甫二十几岁来到长安,李邕曾前去看望过他,杜甫每每想起这段往事,总是感到颇为自豪,他在《奉酬韦左丞丈二十二韵》里得意地说:"李邕求识面,王翰愿卜邻。"当然李邕有时也非常有个性,若有不合他意的诗人,他也从不客气,《唐诗记事》卷二十一记载了这样一件趣事,很能说明李邕的性格:"(崔颢)擢进士第,有文无行,终司勋员外郎。初,李邕闻其(崔颢)名,虚舍待之。颢至献诗,首章云:十五嫁王昌。邕叱曰:小儿无礼。不与接而去。"李邕虽然为人写了大量的碑颂之文,赚了许多钱,但"邕性豪侈,不拘细行,所在纵求财货,驰猎自恣",所赚金钱不够挥霍。他曾两次犯过贪污案,天宝五载奸脏事发,这正表现了他思想里腐朽的一面。不管怎样,李邕敢言和能文的两个特点为时人推重,据说他所至之处,人们遥望聚观,读书人望风拜谒。这却遭到了权奸李林甫的忌妒,为了扫除异己,林

甫在天宝初年把李邕贬到边远的北海郡(今山东东部滨海地区),"邕、王
弼、王琚皆耆艾,补外久,书疏尺题有谴谪留落之句,林甫故阴议除之"
(《唐诗纪事》卷十七)。天宝六载李林甫终于借故派人杖杀李邕于刑庭
之上。李邕之死是有其政治原因的,反映了当时社会的黑暗,因而赢得了
人们的同情和惋惜。如李白在《答王十二寒夜独酌有怀》里悲愤的写到:
"君不见李北沟,英风豪气今何在?"杜甫更作《八哀诗·赠秘书监江夏李
公邕》表示追悼和怀念,诗中云:"长啸宇庙间,高才日陵替。古人不可
见,前辈复谁继。忆昔李公存,词林有根柢。声华当健笔,洒落富清制。
风流散金石,追琢山岳锐。情穷造化理,学贯天人际。……独步四十年,
风听九皋唳。呜呼江夏姿,竟掩宣尼袂。往者武后朝,引用多宠嬖。否臧
太常议,面折二张势……忠贞负冤恨,宫阙深旒缀。放逐早联翻,低垂困
炎厉……"感情十分深沉。

　　高适收到李邕相邀的诗书以后,即作《奉酬北海李太守丈人夏日平阴
亭》诗相寄。诗里先对李邕的立身行事、功名政绩说了一些赞扬的话,然
后写到谁知这位李太守竟能想起我这个柴门之士,且有来书还附着诗作,
使我开启缄封而见千里之心,诗中情谊可谓深矣:

> 谁谓整隼旟,翻然忆柴扃?
> 寄书汶阳客,回首平阳亭。
> 开封见千里,结念存百龄。
> 隐轸江山丽,氛氲兰茝馨。

　　最后写自己虽然恰逢盛时,却仍然像流萍一样漂泊不定。放眼望,春
去夏来,时光如梭。我一生总想找机会入仕,四十多岁本当是施展抱负的
年头,我却仍然聚萤苦读,从此恐怕将更加闲放,哪还能有再取高官之意
呢? 诗是这样写的:

> 自怜遇时休,漂泊随流萍。
> 春野变木德,夏天临火星。
> 一生徒羡鱼,四十犹聚萤。
> 从此日闲放,焉能怀拾青。

"羡鱼",指求仕,孟浩然有诗曰"坐观垂钓者,徒有羡鱼情"(《临洞庭湖赠张丞相》)。"聚萤",用的是晋人车胤的典故,据说他家贫没钱买油,便在夏天用个布袋盛着许多荧火虫来照明读书。"拾青",由于汉代御史大夫一类的官吏皆佩青绶,故而把得到一定的官位称为"拾青"。此诗形象地、生动地写出了高适此时生活的窘迫、仕途的坎坷,以及由此而来的悲愤情绪。

不久,高适赶到了济南,免不了主客要一起饮酒赋诗,谈古说今。有时李邕出去游玩,高适也要奉陪。一次,高平(今山西晋城县东北)郑太守来到济南,李邕泛舟宴请他,高适也同游。李邕诗兴大发,才思敏捷,先成一诗,高适也不甘落后,作《同李太守北池泛舟宴高平郑太守》和之。北池,即济南大明湖。高适此诗是一般的奉酬之作,只有"云从四岳起,水向百城流"一联颇为清新、工整。因为李邕与郑某皆是太守,相当于古代分封的诸侯,故高适诗里说:"今日对诸侯"。高适与李、郑泛舟之时,李白、杜甫也在济南,不知他们是否同舟? 大明湖畔的历下亭,杜甫是来过多次的,他和高适一样曾在济南游赏宴会,有《陪李北海宴历下亭》、《同李太守登历下古城员外新亭》,后一首诗原注说:"时李之芳自尚书郎出齐州,制此亭。"可见高适与杜甫在济南的时间相同,很可能是李邕下书请他们从不同的地方齐集济南的,想来他们定会再相聚首,所以杜甫在《陪李北海宴历下亭》里写到:"海右此亭古,济南名士多"。这"名士"当中应包括高适与李白。这次李白是与杜甫一起来到齐州的,李白拜见李邕留下了《上李邕》。当时李白刚由朝廷赐金还山不久,故语气十分激愤,诗曰:"大鹏一日同风起,扶摇直上九万里。假令风歇时下来,犹能簸却沧溟水。时人见我恒殊调,见余大言皆冷笑。宣父犹能畏后生,丈夫未可轻年少。"李白虽然遭遇了长安失意的挫折,但仍充满了自信,以高飞九天的大鹏自比,还希望李邕不要像时人那样看轻自己,语气是极为狂傲的。李白、高适、杜甫三人自梁宋一别,现在又齐集济南,按常理是会再次重逢的,可惜没有什么可靠的资料加以证明。

初秋时,李邕回青州(即北海,治所在今山东省益都县),李之芳相送,高适也一起前往北海。此次杜甫并没有同往,他在《暂如临邑至崤山湖亭奉怀李员外率尔成兴》里说:"暂游阻词伯,却怀望青关",可见在李之芳(赞为词伯)送李邕往北海之时,杜甫还在齐州一带漫游,此时李白已前去曲阜,三位诗人又各奔东西了。在北海郡,仍有一些至交好友与高适出入于李邕的家宅,高适有《同群公十月朝宴李太守宅》,就记载了一次"群公"在李邕宅作客的宴游,他"已听甘棠颂,顾陪旨酒欢",颇为欢乐,颇受重视,因而无限感激道:

> 仍怜门下客,不作布衣看。

可见高适颇得李邕青睐,他也希望能够由李邕援引进身,看他"一生徒羡鱼,四十犹聚萤"的感叹更会明了。想来他这样与群公宴于李宅的事情定不止三、五次。

高适来到北海郡以后,不仅与李邕等人来往欢宴,而且因这里地近渤海,他也常来渤海边上眺望。有一天一位姓贺兰的判官与他相携而至海边,贺兰先有诗成,高适遂作《和贺兰判官望北海作》。高适在这首诗里形象地描绘了渤海的景色:"迢遥溟海际,旷望沧波开。四牡未遑息,三山安在哉?巨鳌不可钓,高浪何崔嵬。湛湛朝百谷,茫茫连九垓。挹流纳广大,观异增迟回。"又曰:"远色带孤屿,虚声涵殷雷,风行越裳贡,水遇天吴灾"。"百谷",指渤海,因其是众水所汇之地;"九垓",即九天;"裳贡",云南一带地名;"天吴",水神名。高诗在结束时又说:

> 吏道竟殊用,翰林乃忝陪。
> 长鸣谢知己,所愧非龙媒。

"翰林",指文墨;"龙媒",指骏马。大约贺兰在自己的诗里对高适作了极高的评价,因而高适说:你真是我的知己,可惭愧的是你过奖了,我并非骏马呀!此时高适想到自己"四十犹聚萤"的经历,一定会有几分心酸。

三 淇上隐居

高适在北海大约停留了一个月,然后又返汶阳转道淇上。淇上,"卫州汲郡有卫县，贞观十七年省清淇县入焉"（《新唐书·地理志》），在今河南省淇县。高适对淇上并不陌生，他第一次北上蓟门归来就曾在这里停过脚，也许这里优美，可以娱情性；抑或这里土壤肥沃，便于耕种；或者是因为这里有许多朋友？总之，这一次高适不仅来到了淇上，而且还在这里买了山田，建了别业。从天宝五载秋开始，他在淇上住了约一年。

高适初来淇上，曾经与薛据等人往来，在酬和诗里，他表达了要在淇上一带购置山田、隐居起来的想法，不知是当时决心不大，还是因为财力有限，总之他并没有在淇上隐居。经过十几年的时间，他这次又来到了淇上，终于实现了隐居，他已有决心有财力购置一处别业了。可以想象，他的部分"财"是靠朋友们周济的，因为他不仅家里并不富裕，在梁宋时尚且有时求乞，何况又有好几年在外周游，哪里来"财"？可是他有许多朋友，甚至其中有北海太守李邕那样的大官，因而他会得到朋友们的帮助。

高适这时的隐居，并不像陶渊明那样真正归隐，安心老死林下。唐代的士人固然有真隐的，如与高适有交往的郭处士、苟山人。但一般的人却是或用归隐来排除自己胸中的郁闷，或借归隐等待时机，准备走"终南捷径"。高适这个时期的归隐，当有两方面的想法：其一，高适虽然素有大志，但是近十年以来，终过梁宋、东征、齐鲁之游，与李邕这样的人物一起唱和，但仍然没有机会出仕，心中甚不快意，故而想借归隐消弥心中不平之气，并等待出仕的机会。同时，他在漫游中也产生了"从此日闲放，焉能怀拾青"的情绪，借着归隐，可以着实闲放几日，也是人生的乐事。其二，高适身体素来健壮，但近十年以来一直在四处漫游，身体再好也禁不住如此长时间的奔波劳顿，因而可以在淇上安心休养一段时间。

由于均田制遭到破坏，唐以前早就存在的土地兼并和广占田园之风至初、盛唐时就十分厉害，大批中小地主都有自己的庄园，大地主大官僚则更不在话下。武则天的女儿太平公主"田园遍于近甸膏腴"（《旧唐书·武嗣传》附《太平公主》），到了开元、天宝年间，此风更甚，《李林甫传》记载道："林甫京城邸第，田园水磑，利尽上腴。城东有薛王别墅，林亭幽邃，甲于都邑，特以赐之……"不仅大官僚、大地主如太平公主、李林甫有其庄园，就是中小地主也几乎家家有自己的庄园。当然无论是从所占面积还是从内部建筑看，庄园与庄园之间的区别是相当大的。庄园，在中国史书上或称"庄"、"别墅"、"庄田"，在唐代多称"别业"。唐代的许多诗人都有自己的庄园,如孟浩然在襄阳有其庄园,他说:"余亦忘机者,田园在汉阴"(《都下送辛大之鄂》);储光羲的地主庄园在终南山,《田家杂兴》八首就是他隐居终南山庄园所作;綦母潜也长期生活在自己的庄园里,李颀有《题綦母校书别业》诗;更著名的当推王维的辋川别业,他描写道:"余别业在辋口山谷,其游止有孟城坳、华子岗、文杏馆、斤竹岭、鹿柴……"(《辋川集序》),又描写庄园里是:"雨中草色绿堪染,水上桃花红欲然",可见庄园之美。较大的地主庄园,不仅占地面积很大,其中有农田、果园、菜园,而且还有庄宅、亭台、楼阁以及清泉怪石,以供赏玩。较小的地主庄园恐怕就只是一个自给自足的经济单位,并没有更多的设施。高适的淇上别业,可能就和一些中小地主的庄园一样,仅仅有几处住房、几处田地罢了。

　　高适在淇上建了别业,过起了"隐士"的生活,有时也要参加一点儿轻微的体力劳动,在《淇上别刘少府子英》里,他说:"近来住淇上,萧条惟空林。又非耕种时,闲散多自任。"他初至淇上已经冬初景象了,不是农耕季节,他自然可以闲散自任,想来农忙之时他是不会那么"闲散"的。高适的别业不仅有田种,而且还养了不少鸡鸭,很有一点农家的气氛,我们读一下他的《淇上别业》就明白了,这首诗写道:

> 依依西山下,别业桑林边。
> 庭鸭喜多雨,邻鸡知暮天。
> 野人种秋菜,古老开原田。
> 且向世情远,吾今聊自然。

　　此诗的特点是怡淡自然,大有王维、孟浩然的田园风味。由于政治斗争的尖锐以及佛道思想的影响,加之"终南捷径"的考虑和庄园制的发展,在唐代诗坛上形成了一个与高适、岑参为代表的边塞诗派相区别的、主要用恬淡笔法描写大自然的山水和田园风光的诗歌流派——山水田园诗派,这一个诗派的代表人物就是王维和孟浩然。我们不妨读读他们的诗:"屋上春鸠鸣,村边杏花白。持斧伐远扬,荷锄觇泉脉。归燕识故巢,旧人看新历。临觞忍不御,惆怅远行客"(王维《春中田园作》)、"昨夜斗回北,今朝岁起东。我年已强仕,无禄尚忧农。野老就耕去,荷锄随牧童。

田家占气候,共说此年丰"(孟浩然《田家元日》)。细细体会,我们就可感觉到王、孟之作与高适《淇上别业》有其一致的地方:都是用自然、朴素的语言描写自己田园生活的喜悦。因为长期仕进无路,浪迹四方,现在好不容易得隐淇上,高适难免产生"且向世情远,吾今聊自然"的离世之念。这并不奇怪,正是他"从此日闲放"思想的发展。

高适的淇上别业依傍西山,地近桑林,离滑台也不远。他曾说:"南登黎阳渡,莽苍寒云阴"。黎阳渡又叫白马津,在滑县北。他还有《淇上送韦司仓往滑台》诗,诗云:"饮酒莫辞醉,醉多适不愁。孰知非远别,终念对穷秋。滑台门外见,淇水眼前流。君去应回首,风波满渡头。"此诗语言质朴自然,且情景交融。至于"滑台"两句,知他的淇上别业确离滑台不远,因此他不免时常往来两地。《同群公题郑少府田家》诗在《唐百家诗选》里题下有注曰:"此公昔任白马尉,今寄住滑台"。可见,高适隐居淇上,偶至滑台和"群公"一起在郑少府家游宴而写下了这首诗。诗中说:"男儿未称意,其道固无适。劝君且杜门,勿叹人事隔"。正是以他此时所滋长的消极思想来奉劝别人。

高适淇上生活的一个方面就是经常与新交旧朋相会送别,因而写下了几首较好的送别诗,很值得一读。我们先看《送魏八》,诗曰:

> 更沽淇上酒,还泛驿前舟。
> 为惜故人去,复怜嘶马愁。
> 云山行处合,风雨兴中秋。
> 此路无知己,明珠莫暗投。

唐汝珣解说道:"君之往也,盖欲求售于时,然前路无知己,岂可以明珠暗投耶? 当自重其才,勿轻视也"(《唐诗解》卷三十七)。这里说的虽是最后两句,但颇能抓住这首诗的中心,理解高适对友人的殷切希望。再看《酬陆少府》诗:

> 朝临淇水岸,还望卫人邑。
> 别意在山阿,征途背原隰。
> 稍稍前村口,唯见转蓬入。

入渚人去迟，霜天飞雁急。
固应不远别，所与路未及。
欲济同上舟，相思空伫立。

　　此诗写得情真意切，情景交融，充分表现了高适对友人的一片深情。高适还有一首七律送别诗《夜别韦司士》，写得也很好，大约是天宝六载春天，他在滑台北边的黎阳渡送别友人时作，诗曰：

高馆张灯酒复清，夜钟残月雁归声。
只言啼鸟堪求侣，无那春风欲送行。
黄河曲里沙为岸，白马津边柳向城。
莫怨他乡暂离别，知君到处有逢迎。

　　唐汝询说："言饯饮司士至于钟鸣月落，闻归雁之声而客愁可想矣。我与君方若鸟之求侣，奈当此春风而欲送行乎？前途所历景物萧条，然君之才名人所共慕，随处当有逢迎者，亦何所惆怅邪！"（《删订唐诗解》）。赵臣瑗解释的也很详细："首句七字，字字快心，次句七字，字字败兴。三承一，四承二。一顿一宕，多少风致。五六指其所往之处，七八聊以慰之。玩此诗语气，先生与司士当是初次相识，而司士之为人，足以动人爱慕，又可知也"（《唐七言律笺注》）。方东树云："起二句叙夜，为别字传神，亦用攒字设色。三句垫，四句点别。五六别后情事，收世情而已。"这些解释都很细致，也较准确，有助于我们对高诗的理解。
　　高适隐居淇上，不仅与朋友相会送别，而且也与朋友互相寄诗，"奇文共欣赏"，平添多少乐趣！一次，有一位叫卫八的朋友在大雪封门时给高适寄来一首诗作，高适读了卫八的作品，十分兴奋，即作《酬卫八雪中见寄》以答之，诗曰：

季冬忆淇上，落日归山樊。
旧宅带流水，平田临古村。
雪中望来信，醉里开衡门。
果得希代宝，缄之那可论。

在一个飞雪漫漫的日子,不能出门访友,朋友也不能来访,因此只能自酌自饮,盼望友人书信了,这是会使人感到寂寞的。当友人的信和诗真的来了,高适便"醉里开衡门",那急切的神态似乎就在我们眼前。卫八的诗已不存,对高适来说,正在雪中独处之时得之,自然看成"希代宝"了,这种赞扬是完全可以理解的。这位卫八是常与高适往来的,在这次雪里酬和不久,他们又一起去本地陆少府家访问。他们在陆某的书房里翻书谈天,兴致来了,卫八先题诗一首,高适也作《同卫八题陆少府书斋》,全诗平平,只有"散帙至栖鸟,明灯留故人"一联颇为生动形象,雅有风致。

高适隐居淇上,还有一件事值得一提,即高适曾由淇至濮上,与著名诗人沈千运相遇,留下了两首送别千运的诗作。《唐才子传》卷二曰:"千运,吴兴人,工旧体诗,气格高古,当时士流皆敬慕之,号为沈四山人。天宝中,数应举不第,时年齿已迈,遨游襄邓间,干谒名公。来濮上,感怀赋诗曰:'圣朝优贤良,草泽无遗族。人生各有命,在余胡不淑。一生但区区,五十无寸禄。衰落当捐弃,贫贱招谤讟。其时多艰,自知屯蹇,遂浩然有归欤之态,赋诗曰'栖隐无别事,所愿离风尘。不来城邑游,礼乐拘来人'。又曰'如何巢与由,天子不得臣'。遂释志,还山中别业,尝曰'衡门之下可以栖迟,有薄田园,儿嫁女织,偃仰今古,自足此生,谁能作小吏走风尘下乎?'高适赋《还山吟》赠行……肃宗议备礼征致,会卒而罢,有集传世。"元结对千运极为推崇,曾说:"近世作者,更相沿袭,拘限声病,喜尚形似,且以流易为词,不知丧于雅正。……吴兴沈千运独挺于流俗之中,强攘于已溺之后,穷志不惑,五十余年,凡所为文,皆与时异,故朋友后生,稍见师效。能侣(似)类者,有五六人。呜呼,自沈公及二三子,皆以正直而无禄位,皆以忠信而久贫贱"(《箧中集序》)。看沈千运的声名与行事,与高适有许多相似的地方。高适在濮上送别千运,先作《赠别沈四逸人》,诗中粗略地勾勒了千运的风貌:"沈侯未可测,其况信浮沉。十载常独坐,几人知此心?乘舟蹈沧海,买剑投黄金。世务不足烦,有田西山岑。"又写高适与千运之友谊:"我来遇知己,遂得开清襟。……平生重离别,感激对孤琴。"字字句句都浸透着知己的深情,读之使人感动。一般认为,几天以后所作《赋得还山吟赠沈四山人》更有特色,诗曰:

还山吟,天高日暮寒山深,

送君还山识君心。

人生老大须恣意,看君解作一生事,

山间偃仰无不至。

石泉淙淙若风雨,桂花松子常满地。

买药囊中应有钱,还山服药又长年。

白云劝尽杯中物,明月相随何处眠?

眠时忆问醒时意,梦魂可以相周旋。

前篇云:"几人知此心?"此篇又云:"送君还山识君心",可见高适是深深理解沈千运"自知屯蹇"的苦衷的,而"人生老大须姿意"又浸透了高适自己的辛酸。他此时正隐居淇上,颇具隐士的心境,因而对沈千运归山后的自由生活流露出向往之情,在那对山林生活的纵笔描绘里可以使我们感受到高适此时的思想情绪。

四 《自淇涉黄河途中作十三首》

高适虽然隐居了,而且在一些诗里流露了向往和满足于退隐的倾向,其实,他毕竟把归隐仅仅看作是人生道路上的一段旅程,并不认为它是归宿。高适并不想做真正的隐士,他虽然在淇上生活了一年时间,但雄心壮志并未在隐居的日月里消沉。为了寻找新的仕途,高适在天宝六载夏秋之际,从卫州渡黄河归向梁宋。当然,其中还有省亲的因素。在归梁宋的途中,高适写下了《自淇涉黄河途中作十三首》,这是此次云游各地留下来的较为重要的作品。

这一组诗虽然有一个总的题目,其实并非一时之作,更不是一地之作,但时间相距也并不很远,因此后人把这十三首诗编为一组。无论从思想还是从艺术上看,我们完全可以把这十三首诗当作一个整体,或者说作为一个有机的组诗。大致时间是天宝六载夏秋之际,大致方向是由淇涉黄河。这十三首诗如果按其内容分类,大致可以分成三组。当然,这只是粗略的、近似的,因为有些诗的内容比较复杂,不好简单地归入某类。只是为了阅读和理解的方便,姑且分一下类而已。

第一组:借旅途所及之景致,抒自己怀才不遇之心情,或者表现自己超然出世的情绪。其一曰:"川上常极目,世情今已闲。去帆带落日,征路漫长山。亲友若云霄,可望不可攀。于兹任所适,浩荡风波间。"诗人站在行进的小舟上,极目远望,落日白帆,前路漫漫,不由地想到自己虽有入仕之心,可惜亲友如在云端,不能相援,只得任情放荡于波浪之间! 其二曰:"清晨泛中流,羽族满汀渚。黄鹤何处来,昂藏寡俦侣。飞鸣无人见,饮啄岂得所? 云汉尔固知,胡为不轻举?"见黄鹤而思自己,不能一冲云汉,其中有多少辛酸?! 其四曰:"兹川方悠邈,云沙无前后。古堰对河壖,长林出淇口。独行非吾意,东向日已久。忧来难得知,且酌罇中酒。"可见诗人东向日久,独行不是自己所愿,可是空游四方,忧愁无限,只有借酒浇愁一个法子了。诗里表现了诗人孤寂苦闷的心情。其六曰:"南登滑台上,却望河淇间。行树夹流水,孤城对远山。念兹川路阔,羡尔沙鸥闲。长想别离处,犹无音信还。"高适登滑台望河淇,见沙鸥自由飞翔,不禁羡忌油然;对朋友的想念,又流露出他此时心境孤寂。其八曰:"东入黄河水,茫茫泛纤直。北望太行山,峨峨半天色。山河相映带,深浅未可测。自昔有贤才,相逢不相识。"东入黄河,太行峨峨,由山河映带,难测深浅,诗人想到自古就有些隐居的贤才,相逢而无人相识,诗外有无限自伤之叹。其十也是羡慕隐沦之士的,其中说:"临水狎鱼樵,望山怀隐沦。谁能去京洛,憔悴对风尘?"从这些诗里,我们完全可以窥见诗人此时的思想状态。高适此行还有一些诗用描写的手法,塑造了"野人"、"河滨叟"的形象,表达了自己的羡隐之思,如其五曰"野人头尽白,与我忽相访。手持青竹竿,日暮淇水上。虽老美容色,虽贫亦闲放。钓鱼三十年,中心无所向。"这位"野人"虽然年纪已老,但因经常参加劳动,因而脸色很健康,虽然生活贫穷,但无拘无束,终日放任自由;在这里已经垂钓三十年了,心里从来就没什么功名之想。这种生活和心境,怎能不使这时的高适向往呢? 高适自己功名心颇强,但真遇到不求功名的人,他又由衷的敬佩。再看其十三,诗曰:"皤皤河滨叟,相遇似有耻。辍榜聊问之,答言尽终始:一生虽贫贱,九十未曾死。且喜对儿孙,弥惭远城市。结庐黄河曲,垂钓长河里。漫漫望云沙,萧条听风水。所思强饭食,永愿在乡里。万事吾不知,其心只如此。"此诗更为详细具体:诗人见到河边的一位白发老翁,便停下船(榜,即船)向老人发问,老人回答说:我年已九十,可喜的是儿孙满堂,僻居草野,在黄河弯处结庐为家,在黄河水里垂钓为生。平日无事,我只是悠然地远望云际、沙地,细细地谛听风声、水声,所思考的仅仅是怎样才能增强食欲。我真愿意永远住在乡间,世上之事一概不问不知,做到这样,我的心里就满足了!通过这一组诗,我们看到此时的高适确有较强的归隐之思,这是因为他生性豪放,不愿受各种各样的拘束,又因在仕途上长期不能得意,因此便"于兹任所适,浩荡风波间"、"忧来谁得知,且酌罇中酒",用此来安慰自己冷却的心灵。其实高适是一个"喜言王霸大略"的人物,他的归隐之思虽然时常产生,有时甚至表现得还很强烈,但这毕竟只是特定环境中的一些表现。他不仅没有真像"老翁"那样弃世而垂钓于黄河边上,相反却用黄鹤自比,自期道:"云汉尔固知,胡为不轻举?"可见一个历史人物的思想是很复杂的,不能简单化。

在这十三首诗里,还有一部分是怀古之作。当然怀古是为了发己之幽情,但毕竟不同于那些借景抒情的作品,姑且把这些诗归入第二组。其三是诗人途经李密遗迹,思古而慨,诗先说:"朝景入平川,川长复垂柳。遥看魏公碑,突兀前山后。"魏公即李密,因其曾被推为魏公故也,他的墓地在黎阳山南五里,正是高适所经之处。诗又写李密的历史功绩:"忆昔大业时,群雄每奔走。伊人何电迈,独立风尘首。传檄举敖仓,拥兵屯洛口。连营一百万,六合如可有。方项终比肩,乱隋将假手。"隋末时,李密起兵,几乎夺天下而居之,但"力争固难恃,骄战曷能久?若使学萧曹,功名当不朽。"高适在此为李密不能效法萧何、曹参,做到知进知退,终致灭亡而致慨。其九是高适来到汉武帝曾经筑堤防水的地方:"茫茫浊河注,怀古临河滨。禹功本豁达,汉迹方因循。"于是想到当年大水猛烈,皇帝亲自领导抗洪:"天子忽惊悼,从官皆负薪。箧筑岂无谋,祈祷如有神。宣房今安在?高岸空嶙峋。"诗人有感于那动人的历史已成为过去,昔日的天子是那样关怀下民,今天又如何呢?因有"空传歌瓠子,感慨独愁人"之叹。其十一是高适秋登滑台,想到晋宋偏安江左,这里曾是边防前线:"晋宋何萧条,羌胡散驰骛。当时无战略,此地即边戍。兵革徒自勤,山河孰云固?"今日乘闲暇登临眺望,见落日、远帆、北风、南雁,联想自己长期流寓在外因而感伤惆怅:"乘闲喜临眺,感物伤游寓。惆怅落日前,飘飘远帆处。北风吹万里,南雁不知数",于是:"归意方浩荡,云沙更回互。"其十二是高适顺流而下,遥见刘邦与项羽相对列军的广武城,不由缅怀起楚汉之争:"乱流自兹远,倚楫时一望。遥见楚汉城,崔嵬高山上。"刘、项在三皇山上曾筑二城,东曰东广武,西曰西广武,各在一山头,相去二百馀步,其间隔深涧,两军对峙,互不能下。诗人由此想到秦末天下大乱,群雄争王:"天道昔未测,人心无所向。屠钓称侯王,龙蛇争霸王"。当年楚汉相争,这里曾发生过多次战斗,高适不由庆幸于今天天下统一,自己方能享受闲放的生活:"缅怀多杀戮,顾此生惨怆。圣代休甲兵,吾其得闲放"。流露出由衷的喜悦,也表现了诗人希望国家安定的愿望。

我们知道,高适是一位关心人民疾苦的诗人,这一点在他的前期表现得最为突出,这是和他自己靠耕钓为生的经历分不开的,也和他在漫游中较为深入地接触了社会下层,在一定程度上了解了广大人民的愿望和要求分不开。此次漫游,他的《东平路中遇大水》等诗作就集中表现了诗人的人道主义思想和现实主义精神。在《自淇涉黄河途中作十三首》里,也有突出地反映现实的作品,虽然仅只一首,却同样能说明诗人忧国忧民的思想感情和关心世事的思想状态。因此这首诗是值得我们特别重视的,故自为一组,是为第三组。这就是其七,诗曰:

> 朝从北岸来,泊船南河浒。
> 试共野人言,深觉农夫苦。
> 去秋虽薄熟,今夏犹未雨。
> 耕耘日勤劳,租税兼乌卤。
> 园蔬空寥落,产业不足数。
> 尚有献芹心,无因见明主。

去年收成很不好,今年夏天又久旱无雨,虽然耕耘劳苦,但苦于租税繁重,加之多是盐碱之地,因而园蔬空落无物,家产少得可怜。可即使如此,我们仍然有献芹君上之心,可惜无路得见圣上呵! ——这就是"野人"之言,难怪高适要:"深觉农夫苦"呢!"乌卤",指盐碱之地;献芹心,用的是《列子》中的一个故事:从前有个人,自己很爱吃芹菜,便把它作为礼物献给本地的一位乡绅,谁知这乡绅认为芹菜味苦,把他讥骂了一顿。高适用此表示了农夫对皇帝的忠心,但却"无因见明主",反过来也就是说,虽然我们很穷苦,但朝廷怎么能知道呢？ 这正隐含了高适对朝廷执政的不满,结合"耕耘日勤劳,租税兼骺卤",意思则更为明白。

　　总之,高适从淇上涉黄河所写得这一组十三首诗,反映的思想比较复杂,正可看出他此时思想中的矛盾。此时的高适正在仕与隐的矛盾中徬徨,想仕而不能仕,思隐而不忍隐,读这十三首诗,我们可以得到这样一个总体的印象。

第七章

出仕与辞职

一　出仕前的生活和思想

高适于天宝六载夏、秋之间由淇上出发,不久就回到了梁宋。在这里,他又生活了将近两年,终于在天宝八载获得了出仕的机会。在出仕以前高适的思想和生活大体是怎样的呢?

三年前,高适开始"东征",然后又游齐鲁、隐淇上,现在才回到家园。仕途仍然无望,他的心境是颇为冷漠的。初归梁宋,他与老友陈兼相遇,写下了《宋中遇陈二》,诗中对陈兼的不遇表示惋惜又达观地劝道:

> 伊昔望霄汉,于今倦蒿莱。
> 男儿命未达,且进手中杯!

其中固然有对老友怀才不遇的同情,但又有多少个人的辛酸呀! 高适初归梁宋不仅理想不能实现引起他的伤心,即使生活上也是相当贫困的,《酬裴秀才》就是刚由淇上归来所作,其中哀叹道:

> 飘荡与物永,蹉跎觉年老。
> 长卿无产业,季子惭妻嫂。

前两句说自己长年飘荡于外,生不逢时,眼看已年纪老大了,后两句写自己一列所获,归有惭色。"长卿",即司马相如,《史记》说他外出无成,归而家贫,无以自业。"季子",即苏秦,《史记》说他曾出外周游,大困而归,妻嫂父母都嘲笑他,他"闻之而惭,自伤"。这里诗人正借用司马相如和苏秦困归的经历比况自己,最后不无感伤的说:

> 此事难重陈,未为众人道。

想来这个时期,高适的家境甚窘,因而他常以苏秦困归自比,又以苏秦得遇期人,在《别王彻》里,他说:

> 吾知十年后,季子多黄金。

这正由"季子惭妻嫂"而来,《史记》说苏秦后来合纵成功,佩六国相印,自然黄金无数,其嫂前来谢罪。高适引用这个典故正表现了他对"季子多黄金"的羡慕,可见由于家贫,故志趣也显得低微了。严羽对此颇为不满,他说:"高达夫赠王彻云:'吾知十年后,季子多黄金',金多何足道,又甚于以名位期人者,此达夫偶然逗漏处也。"吴昌祺对严说略有异辞,他说:"沧浪哂其黄金句,然胜于口憎心竞者"(《删订唐诗解》)。我以为,一方面固然是家贫生活困难,故使高适思想里庸俗的东西有所表现,另一方面也是高适的激愤之辞,正如杜甫的"朝扣富儿门,暮随肥马尘。残杯与冷炙,到处潜悲辛"(《奉赠韦左丞丈二十二韵》)一样,是处于极困窘时才能言的。在贫困中生活的高适虽然仍然常在周围漫游,与朋友交往,却也常常闭门索居,有一首《秋日作》很好地写出了他这种生活的寂寞与无聊,诗是这样写的:

> 端居值秋节,此日更愁辛。
> 寂寞无一事,蒿莱通四邻。
> 闭门生白发,回首忆青春。
> 岁月不相待,交游随众人。
> 云霄何处托,愚直有谁亲?
> 举酒聊自劝,穷通信尔身。

秋日独居的愁辛,岁月如水的惆怅,一上青云的渴望,以及失意醉酒的自劝,这一切为我们勾勒出此时愁苦、失望的诗人形象。在这种闭门索居的日子里,他的痛苦并不能得到解脱,因此他内心里还是希望朋友能来造访。在《苦雨寄房四昆季》里,诗人先叙自己的孤寂:"独坐见多雨,况兹兼索居",最后又表达了他此时思友之心切:"宁能访穷巷,相与对园疏"。于此可见高适这个时期心境与生活之一斑了。

穷困索居于乡间陋巷,毕竟不是长远之计,因此高适经过了"且进手中杯"的苦闷阶段,又滋生了寻机出仕的想法。这里固然有希望大志得展、奉献谋划的成分,但也有由生活的贫困生发的争富贵的思想。一次,高适与一位姓刘的书记相逢于宋,二人痛饮大醉于蒿莱之中。分别时,高适赋诗对刘某的时运表示羡慕:"自身谒明主,待诏登云台",又颇为庸俗地鼓励道:"男儿争富贵,劝尔莫迟回。"他自己有时却不免悲观,如说:"后时今如此,高兴亦徒然"(《寄孟五少府》)。但高适毕竟不甘心这样潦倒下去,他在《宋中别李八》里表达了希望借朋友推荐而出仕的想法:

世情恶疵贱,夫子怀贤哲。
行矣各勉旃,吾当把馀烈。

世情已日益变坏,您却心怀贤人哲士之志,努力吧,咱们都努力! 我呀,还等着借你的光哪。"烈",即光。《史记》里有贫女向邻女借光的故事,高适用此表达希望李某能够汲引的意思。此时的高适比任何时期都急于出仕,这在他的《平台夜遇李景参有别》里表达的特别直白,他说:

家贫羡尔有微禄,欲往从之何所之。

可见由于家里贫穷,本来就没有什么产业,加之出外几年收获不大,且不说实现理想,生活都发生了困难,故而他入仕之心犹烈。即使是"微禄"也不由地羡慕起来,这就可以使我们理解:高适虽然素有大志,但为什么在天宝八载也接受了县尉小职的任命,这并不是偶然的。

166

二 得举中第与解褐封丘

天宝八载(公元749年),高适终于为睢阳太守张九皋(张九龄之弟)推荐,举有道科中第。这在《旧唐书·高适传》里有较为详细的记载:

> 天宝中,海内事干进者注意文词。适年过五十,始留意诗什,数年之间,体格渐变。以气质自高,每吟一篇,已为好事者称诵。宋州刺史张九皋深奇之,荐举有道科。时右相李林甫擅权,薄于文雅,唯以举子待之。解褐汴州封丘尉,非其好也。

这里的"宋州刺史"是沿用旧称,其实是时宋州已更名睢阳郡,故张九皋之官职应称"睢阳太守"。

本传虽然写明荐举高适之人,但却没有详记所举之年份,故而后人众说纷纭。有的人认为在开元二十三年,还有人认为在天宝六载。我以为宋人晁公武的记载比较可靠,他在《郡斋读书志》卷十七里说:

> 《高适集》十卷,《集外文》一卷,《别诗》一卷:右唐高达夫也。渤海人,天宝八年,举有道科中第。

既然荐举高适的人是张九皋,那么对照张九皋之行事则可得到印证:徐浩《唐尚书右丞相张公(九龄)神道碑》有言曰:"公仲弟九皋,宋、襄、广三州刺史,采访、节度、经略等使,殿中监。"由此可知九皋确曾作过宋州刺史,那么他为宋州刺史时大约在什么时间呢?再查萧昕《殿中监张公(九皋)神道碑》其中言曰:"……及曲江公(九龄)翊赞庙谋,盐梅鼎实,讲论道德,求贤审官,以识量通时与闻其议,故能致君尧舜,克济忠贞,公之佐也。及元昆出牧荆镇,公亦随贬外台,遂历安康、淮安、彭城、睢阳四郡守,所莅之邦,必闻其政。"可见开元二十五年四月张九龄被贬为荆州长史,张九皋也随即外谪(这之前他任尚书职方郎中),历任安康、淮安、彭城、睢阳四个州的刺史。睢阳是四个州郡的最后一个,虽然萧昕所作神道碑并没系确切时间,但按唐代一般仕宦升迁时间——每任三年——计算,则天宝八载张九皋正在睢阳太守任上,此时荐举高适是完全有可能的。

高适的得举是由于张九皋的推荐,当是无疑的,这也有高适自己的诗作为证。敦煌写本《高适诗集》有《奉寄平原颜太守》诗是《全唐诗》未载的。其诗前有自序曰:"初颜公任兰台郎,与余有周旋之分,而于词赋特为深知。洎擢在宪司,而仆寓于梁宋。今南海太守张公之牧梁也,亦谬以仆为才,遂奏所制诗集于明主。而颜公又作四言诗数百字并序,序张公吹嘘之美,兼述小人狂简之盛,遍呈当代群英。"写此诗时高适已在哥舒翰幕府之中了,故用的是回忆的口气。张公即张九皋,他于天宝后期任南海太守,天宝十四载四月卒。据颜真卿的年谱,知颜任监察御史(即所谓"宪司"),正是天宝六载至八载,而这时高适尚"寓于梁宋",可知高适中举不得早于天宝八载。由这篇序文以及《本传》,我们知道:高适的被推荐,是因为他的诗作得好,在睢阳一带颇有佳名,所以"宋州刺史张九皋深奇之",把他的诗集献给玄宗过目并"遍呈当代群英",加之有颜真卿的序文,更引起了当时人们的注意,然后才有荐举有道科中第的这个过程。

天宝八载的夏天,皇帝下诏考试,高适冒着炎热酷暑,急忙应诏赶到京师。虽然中举,但由于李林甫的排挤,仅仅捞到个县尉小官,这不仅在《本传》里有记载,他自己的诗也说得很明白,诗云:

> 常日好读书,晚年学垂纶。
> 漆园多乔木,睢水清粼粼。
> 诏书下柴门,天命敢逡巡?
> 赫赫三伏时,十日到咸秦。
> 褐衣不得见,黄绶翻在身。

——《答侯少府》

应诏之前,高适只是过着读书、垂钓的生活,由"柴门"二字可以窥知他生活之贫困。所以收到诏书便不顾三伏之炎热,"十日到咸秦",参加并通过了考试。但由于"时右相李林甫擅权,薄于文雅,唯以举子待之,解褐汴州封丘尉,非其好也"。一介县尉,高适自己觉得不如意,但他在梁宋生活十分穷困,入仕有许多实际的利益;再则,他长期不能走入仕途,难免有时有自暴自弃,县尉小职,也顾不得那么多了;何况县尉之职也毕竟是仕进的一个台阶,弄好了,将来还是有机会升迁的。因此,虽然"非其好也",却也没有推辞不干。在赴任之前,高适上了《谢封丘县尉表》,因为是官样文章,难免言不由衷,却也能透露一点儿真实的信息,表云:

> 臣适言:臣田野贱品,生逢圣时,得与昆虫俱霈雨露,常谓老死林薮,不识阙庭;岂其岩穴久空,弓旌未已,贤才毕用,搜纺乃勤,见尧舜之为心,荷乾坤之善贷。臣艺业无取,谬当推荐,自天有命,追赴上京,曾未浃旬,又拜臣职。顾惭虚受,实懼旷官。捧日无阶,戴天何报?臣已于正衙辞讫,即以今日赴官。无任犬马之志,谨奉表陈谢以闻。臣适诚惶诚恐,顿首顿首。

把高适的这篇表文与其他诗作相印证更可看出他出仕前的生活与思想。而且应举后不久便被任命为封丘县尉。很快,他"于正衙辞讫,即以今日赴官",由此也可看出高适此时心情的急切。

我们知道,高适曾长期寓居梁宋一带,还曾漫游了相当于现在的江苏、山东、河北等地。在这过程中,他较多地接触了社会现实,写出了不少优秀之作。但是,高适毕竟是封建地主阶级的知识分子,在他对事业、功名的追求中,有较强烈的跻身于上层封建统治集团的思想。因此,他有时可以尖锐地揭露统治阶级的腐朽,有时又会向一些腐朽的封建统治阶级的代表人物献诗称颂,如高适在离京赴任前写下的《奉赠李右相林甫》与《古乐府飞龙曲留上陈左相》,就是这样的作品。

李林甫是唐玄宗时有名的奸相,所谓"口蜜腹剑"者也。开元二十五年他把张九龄排挤下相位,标志着唐朝由盛而衰的开始,"上即位以来,所用之相,姚崇尚道,宋璟尚法,张嘉贞尚吏,张说尚文,李元纮、杜暹尚俭,韩休、张九龄尚直,各其所长也。九龄既得罪,自是朝廷之士,皆容身保位,无复直言。李林甫欲蔽塞人主视听,自专大权,明召诸谏官谓曰:'今明主在上,群臣将顺之不暇,乌用多言!诸君不见立杖马乎?食三品料,一鸣辄斥去,悔之何及!'补阙杜琎尝上书言事,明日,黜为下邽令。自是谏争路绝矣。牛仙客既为林甫所引,专给唯诺而已。然二人皆谨守格式,百官迁除,各有常度,虽奇才异行,不免终老常调,其以巧诣邪险自进者,则超腾不次,自有他蹊矣"(《资治通鉴》卷二一四)。于是可见林甫奸恶之一端了。李林甫任宰相时，对那些才能、名望皆超过自己的人就千方百计想法除掉，如迫害李邕、裴敦复、韦坚、李适之等人。为了达到杜绝言路的目的，他不惜牺牲众多文人的前途。在高适被荐举有道科的前两年，即天宝六载，玄宗求天下之士，诏令凡有一技之长的人皆集京师，便于挑选，"李林甫恐草野之士对策斥言其奸恶，建言：'举人多卑贱愚聩，恐有俚言污浊圣听。'乃令郡县长官精加试练，灼然超绝者，具名送省，委尚书复试，御史中丞监之，取名实相副者闻奏。既而至者皆试以诗、赋、论，遂无一人及第者。林甫乃上表贺野无遗贤。"（《资治通鉴》卷二一五）杜甫、元结等人就是在这次骗人的考试中落选的，他们极为不满，杜甫后来写诗道："破胆遭前政，阴谋独秉钧"（《奉赠鲜于京兆二十韵》），元结在其《谕友》诗里更直书其事，与史传记载大致相同。高适有道科中第，不被李林甫重视，仅授一个封丘县尉之官职，应该是有怨气的，但他却忍气吞声，不顾当时事实，对李林甫大加赞扬，说什么："深沉谋九德，密勿契千龄。独立调元气，清心豁窅冥。本枝连帝系，长策冠生灵。傅说明殷道，萧何律汉刑。钧衡持国柄，柱石总朝经。隐轸江山藻，氤氲鼎鼐铭。"竟把李林甫比作历史上有德政的宰相傅说、萧何，确实是太过分了。李林甫为了自己擅权为政，一方面排挤打击那些有德有才有识的政坛人物，如张九龄等；另一方面选择那些没有主见、唯他之言是听的人向皇帝推荐，实际上是把权力集于他自己一身，他上台不久引用的牛仙客是这样的人，而天宝六载为左相的陈希烈也是同路货色。"（陈）希烈，宋州人，以讲老庄得进，专用神仙符瑞取媚于上，李林甫以希烈为上所爱，且柔佞易制，故引以为相。凡政事一决于林甫，希烈但给唯诺。"（《新唐书本传》）可见陈希烈仅仅是一个政治上的摆设。但高适却赞扬他说："能为吉甫颂。善用子房筹。"这种称颂也是极为不当的，陈希烈怎么可与吉甫、张良比呢?! 对高适这种不着边际的腴美之辞，前人早有不满，宋代曹立方在《韵语阳秋》里对此作了尖锐的批评：

> 唐明皇时，陈希烈为左相，李林甫为右相，高适各有诗上之，以陈为吉甫、子房，以李为傅说、萧相，其比拟不伦如是！

高适中举得第后试图讨好李林甫和陈希烈，故其赞语十分不合实际，反映了他思想里庸俗和应该批判的一面。这是我们不应忽略和忘记的。

　　不久，高适便离开京城前去封丘上任，途经东都洛阳，见到了韦建、郑某和其他住在洛阳的朋友。听说高适要去封丘作县尉，朋友们难免摆酒设宴，为他饯行，于是高适写作了《留别郑三韦九兼洛下诸公》，诗中先说：

　　　　忆昨相聚论久要，顾君晒我轻常调。
　　　　羁旅虽同白社游，读书已作青云料。

　　"久要"，旧约也；"常调"，《新唐书·选举志》载曰："其不第则习业如初。三岁而又试，三试而不中第，从常调。""白社游"，用的是晋董京的典故，《晋书》说董京与朋友一起到了洛阳，"被发而行，逍遥吟咏，常宿白社中，时乞于市"，这里用来形容自己与朋友羁旅的穷困生活。诗中又说：

　　　　蹇步蹉跎竟不成，年过四十尚躬耕。
　　　　长歌达者杯中物，大笑前人身后名。

　　"蹇"，跛也；"蹉跎"，不得意之情状；"达者"，谓明达之人；"杯中物"，指酒。这几句是说自己仕途多坎坷，年过四十本该有所作为，谁料却仍躬耕梁宋，本想能够饮酒而长歌达者之行为，便知足了，可笑前人重身后之名，又有何用？！最后两句，高适暗用了一个典故，《晋书·张翰传》云："或谓之曰：'卿乃可纵适一时，独不为身后名邪？'答曰：'使我有身后名，不如即时一杯酒'。时人贵其旷达。"这里正用来表现自己应试前的思想情绪。此诗继续写道：

　　　　幸逢明盛多招隐，高山大泽征求尽。
　　　　此时亦得辞渔樵，青袍裹身荷圣朝。
　　　　犁牛钓竿不复见，县人邑吏来相邀。

　　"青袍"，袍之一种。唐制：三品服紫，四品五品服朱，六品七品服绿，八品九品服青。高适是县尉，从九品，服的是青袍。"犁牛"，黄黑色相杂的耕牛。这几句紧紧照应前文:虽然我想"长歌达者杯中物,大笑前人身后名",但是幸逢盛世,高山大泽里的隐士尚且招致,我也只得辞别梁宋的渔樵生活,着县尉之服而谢恩于圣朝。其实这并不是老实话,只是高适不好意思承认自己急切要求出仕罢了。他虽然对县尉之职不满,但告别了"犁牛钓竿"也不免有得意之色。《留别郑三韦九兼寄洛下诸公》在最后表达了朋友相离的缠绵之情,情景交融,感情真挚,很能打动人,可见高适直抒胸臆皆胸中真情,诗云:

> 远路鸣蝉秋兴发,华堂美酒离忧销。
> 不知何处更携手,应念今晨去折腰。

最后一句暗用了陶渊明的典故,陶潜作彭泽令时要去拜访上司,小吏告他许多礼节,陶潜颇为不快,说:"我不能为五斗米折腰向乡里小人。"这里诗人以"折腰"代县尉之职,同时也可看出此时高适家境极为贫困。

洛阳诸公中当有著名诗人李颀,在高适离开东京时,李颀相送有《赠别高三十五》诗。李颀(公元690—751年),《唐才子传》说他是东川(今四川三台县)人,寄籍颍川(今河南省许昌市)。开元二十三年,李颀进士及第,授官新乡县尉,他"性疏简,厌薄世务,慕神仙,服饵丹砂,期轻举之道,结好尘喧之外"(《唐才子传》)。其实他也是一个希望入世、胸怀大志的人,在《缓歌行》里说得明白:"男儿立身须自强,十年闭户颍水阳。业就功成见明主,击钟鼎食坐华堂。"可见他是主张先功成而后身退的,但是,"前年上书不得意,归卧东窗兀然醉"(《送刘十》)。由于仕途失意,他消极入世思想发展起来,后来终于弃官归隐。李颀的诗内容和体裁都有特色,尤以边塞诗著称,如《古意》、《塞下曲二首》、《古塞下曲》、《古从军行》都是名篇;他还有一些送别诗,如《送章甫》、《别梁锽》写得也很受人赞扬。他的《听安万善吹觱篥歌》、《听董大弹胡笳声兼寄语弄房给事》等听乐诗,也因其描写细致、富于想象而为人们传诵。《河岳英灵集》认为他的诗"发调既清,修辞亦秀",这个评价还是恰当的。读李颀给高适的赠诗,知二人是老友,互相颇为了解,诗曰:

五十无产业，心轻百万资。

屠酤亦与群，不问君是谁。

饮酒或垂钓，狂歌兼咏诗。

焉知汉高士，莫织越鸱夷。

寄迹栖霞山，蓬头睡水湄。

忽然辟命下，众谓趋丹墀。

沐浴赐著衣，西来马行迟。

能令相府重，且有函关期。

傺偲从寸禄，旧游梁宋时。

蟠蟠邑中叟，相侯鬓如丝。

官舍柳林静，河梁杏叶滋。

摘芳云景晏，把手秋蝉悲。

小县情未惬，折腰君莫辞。

吾观主人意，不久召京师。

此诗写得颇为细致而深带感情，李颀对高适形象的描写十分传神，又描绘了高适出仕前后的生活和思想，而"不久召京师"又寄寓了友人的希望。

告别了洛阳友朋，高适来到了封丘。

封丘县，在汴洲，《旧唐书·地理志》云："汴洲陈留郡有封丘县"，即今河南省封丘县。高适虽由制举出身，却仅得一个小小的县尉之职，心中自然并不愉快，此时又远离家人，难免感到孤独，这在他上任不久写的《初至封丘作》里表达得很明白：

可怜薄暮宦游子，独卧虚席思无已。

去家百里不得归，到官数日秋风起。

高适的情绪是很低的。当然，有时也有朋友来访，一起赋诗唱和，聊解忧思。不久，李颀又由洛阳前来相会，高适很高兴，先作诗赠李颀，可惜诗已不存。李颀写了《答高三十五留别便呈于十一》，诗中说：

173

累荐贤良皆不就,家近陈留访耆旧。

……

昨日公车见三事,明君赐衣遣为吏。

怀章不使郡邸惊,待诏初从阙庭至。

散诞由来自不羁,低头授职尔何为。

故园壁挂乌纱帽,官舍尘生白接䍦。

李颀对高适入仕前后情状叙述得相当细致,充满了友情。诗题中之"于十一"即同时诗人于逖,他长期隐居在梁宋一带,所以和高适是老相识了,高适出仕时他仍然过着隐居生活,因此李颀又在诗中说:"寄书寂寂於陵子,蓬蒿没身胡不仕?"由高适出仕而寄希望于于逖,可是这位于十一却终身未仕。

高适是个胸有大志的诗人,虽然解褐封丘,但心里却并不满足于州县小吏的地位。自从上任以后,他不仅常常感到孤独而且还十分痛苦。他在第二年春天曾经与陈留郡的崔司户一道在逢池饮酒,写了《同陈留崔司户早春宴逢池》,陈留即今河南省开封市,市南有逢池,司户是州郡里的官吏,与高适是同僚。高适在此诗里写道:

同官载酒出郊圻,晴日东驰雁北飞。

隔岸春云邀翰墨,傍檐垂柳报芳菲。

池边转觉虚无尽,台上偏宜酩酊归。

州县徒劳那可度?后时连骑莫相违。

诗里写得虽然是早春晴日与同僚"出郊圻"、"邀翰墨",好不快意,但"州县徒劳那可度"却真实地表达了他此时的内心痛苦。州县小吏,徒然劳人,何时是个头呢? 这种境地与"举头望君门,屈指取公卿"相差何止千里! 难怪在这良辰美景里,他仍然想到了自己的不幸了。高适此时所写的《封丘作》更能说明他的痛苦心情,诗曰:

州县才难适,云山道欲穷。

揣摩惭黠吏,栖隐谢愚公。

174

前两句是说:我的才能实在不适合做州县小吏,表面上是谦词,实际上表示了他对县尉之职的蔑视;但要归隐入仙境,我又没有那样的途径与方法。后两句说:我羞于像一般的黠吏那样努力恃度以迎合官长,想退隐,又有愧于愚公,因为我并不安心隐居。"愚公",一位隐士,《说苑》说一人入山见一老公,便问他此谷何名,老公答曰:这是愚公之谷,盖自指也。可见此时高适的心情并不稳定,十分矛盾,欲去不能,欲留不愿,只有在他进一步认清了州县官吏实质以及确认这种职务不是他所能够忍受的以后,才决心辞职。但是,由此也可看出高适后来辞去封丘之职,并非偶然的行为。

四 送兵青夷

既然做了县尉,自然便有自己的差事。高适上任封丘的第二年冬天,受命往蓟北青夷军送新征的士兵。他有诗讲到此行的使命:"积雪与天迥,屯军连塞愁。谁知此行迈,不为觅封侯。"(《送兵到蓟北》)

高适由封丘出发,途经河间与博陵。《新唐书·地理志》云:"瀛州河间郡治河间",即今河北省河间县。在河间,高适遇到了老友敬某、卢某,他们一道在河间清河里泛舟游玩,使高适暂时忘却了心中的痛苦,写下了《同敬八卢五泛河间清河》,诗写得很清新:

> 清川在城下,沿泛多所宜。
> 同济恢数公,玩物欣良时。
> 飘飘波上兴,燕婉舟中词。
> 昔涉乃平原,今来忽涟漪。
> 东流达沧海,西流延潏池。
> 云树共晦明,井邑相逶迤。
> 稍随归月帆,若与沙鸥期。
> 渔父更留我,前潭水未滋。

诗里描写了高适和朋友们在"良时"同济赋诗,多么高兴;还描写了云明树晦,井里相连;昔为平原,今为绿波的景色,很有情味,也颇轻松动人。离开河间,继续北上,高适到了博陵,《旧唐书·地理志》云:"定州,天宝元年为博陵郡,治安喜",在今河北省定县东。在这里高适遇到族弟高秘书等人,歌酒欢悦,唱和赋诗,写下《酬秘书弟兼寄幕下诸公》。"幕下",指范阳平卢节度使安禄山幕府,高适送兵之青夷军即归范阳节度管辖,高适的族弟正在安禄山幕中任秘书,高适便赠诗与他并寄幕府中其他人。这首诗有个自序曰:

> 今年适自封丘尉统吏卒于青夷,途经博陵,得太守贾公之政,相见如旧,他日之意存焉。

这里叙明了时间、事由,是很重要的资料。其中所提之贾公即指贾循,安禄山兼为平卢节度,他为副使,迁博陵太守,后来安禄山反叛,颜真卿招贾循倾贼巢穴,为叛军缢死。高适此诗重在赞美,先赞安禄山及侍御史杨某、太守贾循、司业张某,又赞秘书族弟。然后又写到自己:

> 客从梁宋来,行役随转蓬。
> 酬赠欣元弟,忆昔瞻数公。
> 游鳞戏沧浪,鸣凤栖梧桐。
> 并负垂天翼,俱乘破浪风。
> 耽耽天府间,偃仰谁敢同。

诗写自己由梁宋而来,行役匆匆恰如转蓬;北使途中幸得族弟赠诗,不由地想到幕下诸公:诸公正如鱼游水中,凤栖梧桐,终会一起展翅高飞,共同乘风破浪,多么令人羡慕!最后表达了自己怀才不遇,勉强做个风尘小吏的痛苦,诗是这样写的:

> 何意构广厦,翻然顾雕虫。
> 吾知阮步兵,惆怅此途穷。

"构广厦",喻自己胸有大志;"雕虫",指自己由诗赋而得官,《法言·

176

吾子》云:"赋者,童子雕虫篆刻,……壮夫不为也。""阮步兵",指阮籍,"籍以世多故,禄仕而已。闻步兵校尉缺,厨多美酒,营人善酿酒,求为校尉,遂纵酒昏酣,遗落世事。……时率意独驾,不由径路,车迹所穷,辄恸哭而反"(《魏氏春秋》)。高适在此以阮籍自况,说自己也要为途穷而哭泣了。弦外之音,就是希望得到贾循诸人的援手汲引。高适对县尉之职并不满意,而对边塞幕府生活充满了向往,这是因为边塞生活更为热烈,更易于进取,因而更符合高适的性格,对他有更强的吸引力。

高适送兵的地点是青夷,这是个军名,"唐初兵之戍边者大曰军,小曰守捉,曰城,曰镇"(《新唐书·兵志》)。《通典》云:"范阳节度使统青夷军,妫川郡城内,垂拱中刺史郑崇述置,管兵万人,马三百匹,南去理所二百十里"(卷一七二)。妫川郡城在今河北省怀来县。高适于天宝九载冬送兵达于青夷军,还入居庸关。居庸关,在今北京昌平县西北。高适写下了组诗《使青夷军入居庸关三首》,下面我们来读这三首诗:

其一曰:"匹马行将久,征途去转难。不知边地别,只讶客衣单。溪冷泉声苦,山空木叶干。莫言关塞极,云雪尚漫漫。"王文濡《唐诗评注》评此诗说:"由行役而写到边塞,复由边塞而转入行役,意绪环生,如见当日匹马过关之状。"三、四两句写到边塞与内地气候的差异,使人想起岑参的一些诗句;最后两句与《送兵蓟北》中之"积雪与天迥",同一理趣,形象地写出了边地的辽阔。

其二曰:"古镇青山口,寒风落日时。岩峦鸟不过,冰雪马堪迟。出塞应无策,还家赖有期。东山足松桂,归去结茅茨。"前四句描写边塞之古镇、寒风,山高鸟难越,冰雪马犹行。后四句说自己送兵任务已经完成,归家有期;并表示归去后要像谢安一样归隐东山,居茅屋度日。他为什么在边塞又萌发了归隐之思呢?

其三回答了这个问题:"登顿驱征骑,栖迟愧宝刀。远行今如此,微禄果徒劳。绝坂水连下,群峰云共高。自堪成白首,何事一青袍!""登顿",上登攀也;"栖迟",游息也。前四句依然是壮志未酬之叹:我这样登顿奔忙驱赶着征骑,游历四方却不能有所建树,真是愧对手中的宝刀(实指自己的生活与才能),由封丘到青夷行程遥远也不过如此,小小的县尉微职,果然是白白操劳!因而最后说:我已是白首之人了,怎么能甘心于作一青袍县尉呢! 这一切都坚定了他归去便归隐的思想。

高适此行至千里之外，心中本来凄然，又是独自一人，这时新年来到了，可想而知此时高适的心情该是怎样的了！一般认为他的名作《除夜作》就是写于这个时候，周勋初先生更详解道："考高适游踪虽广，然离梁宋而至远地，亦不过闽中、幽州、陇右、河西、剑南数地而已。高适至闽中时，年岁尚轻；首次至幽州时，未及'霜鬓'之年；至陇右、河西、剑南时，已甚得意，与此诗内容不合，故知此诗定当作于第二次北上，即送兵青夷归来寓蓟门旅馆之时"（《高适年谱》）。我以为这个推论是正确的，加之高适当时心情凄楚，年纪老大尚无建树，因而不仅情绪十分抑郁，就是对时间的流逝也特别敏感，故有"又一年"之"又"的强调。所以把这首诗定于此时所作，当不大谬。后人编选唐人绝句，一般总要将它选入，可见其思想与艺术确实有自己的特色，先读原诗吧：

> 旅馆寒灯独不眠，客心何事转凄然？
> 故乡今夜思千里，霜鬓明朝又一年。

全诗朴素自然，感情真挚，寥寥数语便勾勒出千里之外独伴寒灯而不眠的诗人形象。其身世之可怜，心境之凄冷，以及对故乡亲人之思念皆于字里行间见出。前人对此诗颇为欣赏，谭元春云："故乡亲友思千里外人霜鬓，其味无穷"（《唐诗归》卷十二）。唐汝询云："怀乡心切，衰老继之，客心所以悲"（《唐诗解》卷二十七）。顾璘尾批曰："痛快"（《唐音》）。此诗用了以宾拱主之法：本意是写客之思乡，却故意不从客写，反从家人思客落笔，使人想起杜甫的《月夜》，《月夜》云："今夜鄜州月，闺中只独看。遥怜小儿女，未解忆长安。香雾云鬟湿，清辉玉臂寒。何时倚虚幌，双照泪痕干？"两位诗人正是一种写法，使情意更为缠绵，想象又深一层，使人读之更为有味，更加动人。《除夜作》的结语也很巧，王夫之曰："七言绝句有对偶如'故乡今夜思千里，霜鬓明朝又一年'，亦流动不羁"（《姜斋诗话》卷下）。

高适作了县尉小吏，且送兵千里之外，心中不免悲伤，但他毕竟不是一个仅仅悲叹个人不幸的诗人。高适来到边塞，当然要观察边塞社会的状况，要表达自己希望建功立业的决心，也要献计献策，以巩固边塞之防。可叹的是，像他这样一个"着青袍"的小吏的话，又有谁肯听呢？这对他来说,是更大的不幸。请看他的《蓟中作》,这首诗在《文苑英华》里题作《送兵还作》,可知是高适送兵青夷,在蓟门过了年,于天宝十载春初还封丘之前所作。诗云:

> 策马自沙漠,长驱登塞垣。
> 边城何萧条,白日黄云昏。

这几句先写边塞的环境,渲染战争的气氛。高适驱马从沙漠驰来,登上守边的塞垣,极目远眺:边塞的城堡是多么萧条冷落,虽是白昼却黄云翻动,给人一种昏暗的感觉。又云:

> 一到征战地,每愁胡虏翻。
> 岂无安边书? 诸将已承恩。

"翻",叛去。高适是一位热爱祖国、有一腔热血的诗人,他历来关心祖国的边防,首次出塞就写道:"边尘满北溟,虏骑正南驱。转斗岂长策,和亲非远图"(《塞上》)。在睢阳困居时,朋友来访,他又献策云:"戎狄本无厌,羁縻非一朝。饥附诚足用,饱飞安可招?"(《睢阳酬别畅大判官》)。现在他又来到边塞,仍然关心边防如故,"一到征战处,每愁胡虏翻",即经常担心受降的少数民族贵族率众叛去。他虽有制止此种情况发生的"安边书"(这些安边之策在其他诗里早已提出,用今天的眼光看,自然有其不当之处),但由于守边的将军(如安禄山)已经受宠于皇帝,怎么会听一个小吏的话呢? 因此,他沉痛地说:

> 惆怅孙吴事,归来独闭门。

诗人只能缅怀当年孙武、吴起谋划用兵之事而闭门长叹了! 这使人想起他首次北上所作之《自蓟北归》,其中有句云:"谁怜不得意,长剑独归来。"虽然前后两次出塞,高适身份有所不同,但不幸却是一样的,他的感情同样悲伤而无可奈何。有人认为,《蓟中作》是针对玄宗过分宠信安禄山而发,但其中却说"诸将",因而此诗当不仅指安禄山一人,但包括安禄山则是无疑的。唐汝询《唐诗解》卷九云："此志在安边伤不遇也,言我览观边塞胡虏之未宁,岂无安边之书可献乎? 特以诸将巧作以图爵赏,使贤者不能自达于上耳,是以徒抱孙吴之略而不得一试耳"。沈德潜说:"言诸将不知防边,虽有策无可陈也。乃不云天子僭赏,而云主将承恩,令人言外思之"(《唐诗别裁》卷一),沈氏虽从"温柔敦厚"之诗教出发,但却点明了此诗有言外之旨的特点,因而显得更为深刻。

送兵的任务已经完成,虽有安边书欲上,但"诸将已承恩",只得闭门叹息。鉴于此,高适于天宝十载春初之际从蓟北出发还归封丘。途经燕赵,遇到一位姓侯的朋友,写下了长诗《答侯少府》,诗里先写了自己隐居授官的经过,又感叹道:"吏道顿羁束,生涯难重陈。"因为高适刚由边塞归来,故在此难免触笔于边事:

> 北使经大塞,关山饶苦辛。
> 边兵若刍狗,战骨成埃尘。
> 行矣勿复言,归欤伤我神。

这几句写了诗人北使送兵,目睹边塞战斗的艰苦,士兵生活之艰难,表达了高适对士兵的关心,与"战士军前半死生,美人帐下犹歌舞"的感叹是一脉相承的。接着诗人写自己"如何燕赵陲,忽遇平生亲",并受到侯某的热情相待,侯氏赠诗,由性灵与风骨可知超越常辈,其才学如王粲,至公似邴诶,为众人推敬。我路遇知己,心事正可尽言,谁知离别得竟这样匆忙:"心事正堪尽,离忧宁太频。"最后高适表达了归去即隐的思想,其中描写燕赵春景以及与侯某的友谊也很动人,诗云:

> 两河归路遥,二月芳草新。
> 柳接淖沱暗,莺连渤海春。
> 谁谓行路难,猥当希代珍。
> 提握每终日,相思犹比邻。
> 江海有扁舟,丘园有角巾。
> 君意定何适? 我怀知所遵。
> 浮沉各异宜,老大贵全真。

180

莫作云霄计,棲遑随搢绅。

所谓"扁舟"、"角巾",皆是隐士所备。高适感叹道:年纪老大,所贵在于全真,云霄之思不可再有,再随搢绅(指为官)则更棲遑不堪了。

由于此次北上远行,使高适对唐代社会有了更为深刻的认识,对社会阴暗面有了更为真切的看法。同时,又因为他刚从安禄山统治的蓟北归来,亲眼看到了安禄山在玄宗的宠信下为所欲为,因而深表不满。高适归封丘途经辟阳故城,即今河北省枣强县,便借古喻今写下了一首大胆讽刺唐玄宗的诗歌《辟阳城》。辟阳城是当年审食其受封之地,所以高适至此便想到审食其,想到了审食其与吕后的荒淫丑事,又由此暗讽唐玄宗、安禄山与杨贵妃之间的丑闻。只要对比一下历史事实,说可以明了其中明、暗的关系。

先看《史记·陈丞相世家》:

> 陵之免丞相,吕太后乃徙平为右丞相,以辟阳侯审食其为左丞相。左丞相不治,常给事于中。食其亦沛人,汉王之败彭城西,楚取太上皇、吕后为质,食其以舍人侍吕后,其后从破项籍为侯,幸于吕太后。及为相,居中,百官皆因决事。

再看《资治通鉴》卷二一六:

> 天宝十载春……召禄山入禁中,贵妃以锦绣为襁褓,裹禄山,使官人以彩舆舁之。上闻后宫欢笑,问其故,左右以贵妃三日洗禄儿对。……自是禄山出入宫掖不禁,或与贵妃对食,或通霄不出,颇有丑闻于外,上亦不疑也。

两相比较,统治者的荒淫无耻是多么相似!高适绝不是途经辟阳故城而单纯怀古,他是确有所讽的。这一点刘师培看得很清楚,在《左盫外集》卷十三《读全唐诗发微》里刘师培指出此诗是"讥杨妃之宠,兼刺玄宗之色荒",确是一言中的。了解了这些,也就容易理解这首诗了,诗是这样写的:

荒城在高岸,凌眺俯清淇。

传道汉天子,而封审食其。

奸淫且不戮,茅土孰云宜?

何得英雄主,返令儿女欺!

母仪良已失,臣节岂如斯?

太息一朝事,乃令人所嗤!

    站在这位于高岸上的古城旧址,可以俯眺清河之水,传说这里即是汉高祖给审食其的封地,这是发端,然后深一层说:像审食其这样和吕后奸淫的人物竟不能铲除,反而裂土以封侯,这难道是合适的吗?刘邦可以称得上是一代英雄了,怎么也被这儿女之情所欺呢?!"茅土",《尚书纬》曰:"天子社东方青,南方赤,西方白,北方黑,上冒以黄土,将封诸侯,各取方土,苴以白茅以为社。"这里指裂土封侯。最后四句小结道:吕后丧失母仪,审食其失其臣节,至今想想当年的情事,仍令人笑话!这里无一字涉及贵妃与禄山、玄宗之间的丑事,但细细品味,又无一字不是指斥他们的无耻行为。正与李白《古风·五十一》一样都是用历史题材讽刺现实。我们不妨读一读李白这首诗:"殷后乱天纪,楚怀亦已昏。夷羊满中野,菉葹盈高门。比干谏而死,屈平窜湘源。虎口何婉娈?女娲空婵娟。彭咸久沦没,此意与谁论?"可见当时诗人借古喻今是常用的方法之一。从《辟阳城》我们可以看到高适思想的深刻性,这是十分可贵的。

    不久,高适回到了封丘。

五　毅然辞职和四游长安

    高适自受任封丘,心里就不满意,经过北使青夷则更思去职,他曾屡次表达了这个想法,如:"州县徒劳那可度?"、"何意构广厦,翻然顾雕虫。吾知阮步兵,惆怅此途穷"、"自堪成白首,何事一青袍!"、"浮沉各异宜,老大贵全真。莫作云霄计,楼遑随搢绅。"北上归来,这种思想有增无减,在睢阳曾作《奉酬睢阳路太守见赠作》,诗里写道:

风尘吏道迫,行迈旅心悲。

拙疾徒为尔,穷愁欲问谁?

秋庭一片叶,朝镜数茎丝。

州县甘无取,丘园悔莫追。

前四句说自己迫于为吏,不得不远行送兵,尝尽风尘仆仆之苦;而且自己才能有限,只能如此,穷困愁闷又欲问谁呢?后四句明言:见秋而伤白发满头,为州县之职而甘于无取,想归丘园而恐不能。从中可以看出,此时他正在去与留之间徘徊。在不久后所作的《同颜少府旅宦秋中》更说道:

迹留黄绶人多叹,心在青云世莫知。

不是鬼神无正直,从来州县有瑕疵。

正因为高适有了县尉生活的切身体验,才能写出这样大胆,这样深刻的诗句。

高适虽然对封丘县尉之任越来越不满,但却没有很快辞职,其中恐怕不无经济上的考虑,或许还抱有"不久招京师"的不切实际的幻想。故而直到天宝十一年的上半年,高适仍然在封丘县尉的职位上,这是有确切的材料可以证明的——《全唐文》收有高适《陈留郡上源新驿记》一文,文末云:"末吏不敏,纪于贞石",知他作此记时仍为末吏,即县尉。而这篇文章前有"壬辰岁,太守元公连率河南之三载也"的叙述。壬辰岁,天宝十一载也,这正是此《记》所作之年。

高适是在天宝十一年秋天辞去县尉之职的,在他毅然辞职以前写下了历来为人们传诵的名篇《封丘县》。这首诗可以说明他此时的思想状态,也透露了他辞去现职的动机,是了解和研究高适思想和生平的重要资料,诗是这样写的:

我本渔樵孟渚野,一生自是悠悠者。

乍可狂歌草泽中,宁堪作吏风尘下?

只言小邑无所为,公门百事皆有期。

拜迎官长心欲碎,鞭挞黎庶令人悲。

归来向家问妻子,举家尽笑今如此。

生事应须南亩田,世情付与东流水。

梦想旧山安在哉,为衔君命日迟回。

乃知梅福徒为尔,转忆陶潜归去来。

诗里说,我本性爱好自然,是孟渚的渔樵之夫,本来应该狂歌于草泽之中,但由于生活所迫,却成为风尘小吏。原来想一个小小的县邑不会有太多的公事,谁知"麻雀虽小,五脏俱全",公事不少,还要限期完成。这还不算,使人心碎的是要拜迎长官,使人心悲的是要鞭打百姓!回到家里,谈起官场之事务,全家都陪着苦笑不已;生活的出路当靠自己耕种南亩之田,把世情看成东流之水才好。梦中都想着归隐山林,只是因为身负君王的使命因而迟疑不定。做个县尉像梅福一样正是徒劳无益,转而思念陶潜赋《归去来》辞而归隐,那多快意!诗中的激愤之情正与"不是鬼神无正直,从来州县有瑕疵"一样强烈。从此诗看,当时高适仍然处在思想矛盾的最后关头,"欲解职归田,又以衔君命之故而迟疑也"(刘开扬先生笺语)。但这个矛盾期并不很长,不久高适便解职不干了。

对于高适的辞职,历来多有赞扬之语,但也有人说得并不中听,或者说颇为刻薄,如葛立方在其《韵语阳秋》卷十一里说:

> 意在退处者,虽饥寒而不辞;意在进为者,虽沓贪而不顾:皆一曲之士也。高适尝云:"吾谋适可用,天路岂寥廓。不然买山田,一身与耕凿。"可仕则仕,可止则止,何常之有哉?适有《赠别李少府》云:"余亦悢所从,渔樵十二年。种瓜漆园里,凿井庐门边。"《赠韦参军》云:"布衣不得干明主,东过梁宋非吾土。兔苑为农岁不登,雁池垂钓心常苦。"其生理可谓窄矣。及宋州刺史张九皋奇其人,举有道科中第,调封丘尉,则曰:"此时也得辞渔樵,青袍裹身荷圣朝。牛犁钓竿不复见,县人邑吏来相邀。"则是不堪渔樵之艰窘,而喜末官之微禄也。一不得志则舍之而去何耶?《封丘尉》云:"我本渔樵孟渚野,一生自是悠悠者。本可狂歌草泽中,宁堪作吏风尘下?"其末句云:"乃知梅福徒为尔,转忆陶潜归去来",则不堪作吏之卑辱,而复思孟渚之

渔樵也。韩退之曰:"居闲食不足,从仕力难任",其此之谓乎!

葛氏的这一长篇话自有其合理之处,把高适的一些诗句拈出,也很能说明他思想发展的轨迹,颇有启发性。但把高适辞职归于"从仕力难任",似乎并不公允。高适后来甚至作了书记和节度使,不能说区区县吏其能力尚不足。葛立方忽略了高适诗中"拜迎官长心欲碎,鞭挞黎庶令人悲"的思想意义。作为一个县尉,拜迎官长是必行之礼。当年陶渊明即为此去职;同时,做县吏还要亲手鞭挞百姓,自己也难免受上级的杖责,故杜甫说高适去任是:"脱身薄尉中,始与捶楚辞"(《送高适三十五书记十五韵》)。在唐代辞去县尉不干的人不是仅有高适,杜甫也曾辞去河西尉而去做一个管武器的小官——率府兵曹。杜甫有《官定后戏赠》,诗曰:"不作河西尉,凄凉为折腰;老夫怕趋走,率府且逍遥。耽酒须微禄,狂歌托圣朝。故山归兴尽,回首向风飙。"所谓"老夫怕趋走"、"凄凉为折腰",正与高适感叹相同。作为封建社会的知识分子,他们的做法该是很不容易的。当然也不能排除高适功名思想在辞职时起的作用,他想建功立业,可年过半百仍为一尉,想来也使人心酸,因而他虽然"转忆陶潜",辞职后却并没有归入山林,他的归隐之思只是在甚不得意时才会产生,其实并不想真的实行,否则,他就不会在辞去封丘尉以后一年左右又第三次出塞,做了哥舒翰幕府里的骨干分子。

高适离开封丘后便来到了长安。

高适以前曾三次入京城,至少有两次是为了考试,这一次情况略有不同,此时他的诗名越来越大,也做过县尉这样唐代一般知识分子都要做的低级官吏,何况还是他自己辞去的这个职务,自然会受到长安一些旧友的尊敬。"无官一身轻",高适这次来长安和旧友新朋相会,着实轻松了一段时间。在长安,高适经常出入于一般官僚的庄园府邸,参与宴会,联唱赋诗,似乎忘记了在封丘任上的痛苦,似乎真的要以此生活下去了。其实,这种心情的恬淡和平静并非他的真实思想和追求。可是在这特定的时期,高适的仕进之心当有所抑制,而归隐之思当有所增强,成为他这段时间思想中的主要方面。

刚到长安不久,正赶上司录参军崔某罢官,在他的宅院里宴请大理寺卿李某和其他一些官僚,高适也参加了这次宴会,并写了《崔司录宅燕大

理寺李卿》,诗云:

> 多雨殊未已,秋云更沉沉。
> 洛阳故人初解印,山东小吏来相寻。
> 上卿才大名不朽,早朝至尊暮求友。
> 豁达常推海内贤,殷勤但酌樽中酒。
> 饮酒欲言归剡溪,门前驷马光照衣。
> 路傍观者徒唧唧,我公不以为是非。

前两句点明其时正是夏日雨季过后,初秋时节;三四句先写崔某解印归家,并知与高适在洛阳相识建交。由"山东小吏来相寻"知是时高适乃刚辞封丘县职,而且仍以此职参加这个宴会。自"上卿才大名不朽"以下皆是歌颂大理卿李某的,无非是说他官大名盛云云,谀美有余而达情不足。能比较突出地表现高适此时恬淡心情的似乎是《宴韦司户山庭院》,诗写得自然流畅:

> 人幽想灵山,意惬怜远水。
> 习静务为适,所居还复尔。
> 汲流涨华池,开酌宴君子。
> 苔径试窥践,石屏可攀倚。
> 入门见中峰,携手如万里。
> 横琴了无事,垂钓应有以。
> 高馆何沉沉,飒然凉风起。

诗境与心情是多么恬淡而平静。

高适还和崔颢、綦母潜相交往,他们一道饮酒欢宴,赋诗唱和,相当快意。崔颢,汴州人,"累官司勋员外郎,天宝十三年卒"(《旧唐书·崔颢传》)。他是盛唐的著名诗人,早年好作浮艳诗,还受到过李邕的训斥。后来亲到边塞,风格为之一变,写下了许多优秀的边塞诗歌,诸如《古游侠呈军中诸将》等,但他最有名的是七律《黄鹤楼》,传说当年曾使李白喟然赞叹,诗曰:"昔人已乘黄鹤去,此地空余黄鹤楼。黄鹤一去不复返,白云千载空悠悠。晴川历历汉阳树,芳草萋萋鹦鹉州,日暮乡关何处是,烟波江上使人愁。"綦母潜,字孝通,荆南人,开元十四年进士及第,授宜寿尉,迁右拾遗,入集贤院待制,复授校书,终著作郎。他也是当时著名诗人,可惜存诗不多,但在当时却颇有文名。《河岳英灵集》云:"潜诗屹崒峭蒨,足佳句,善写方外之情,至如'松覆山殿冷'不可多得。又'塔影挂清汉,钟声和白云'历代未有。"甚至说:"荆南分野,数百年来,独秀斯人!"这一年九月九日重阳节,高适与崔颢、綦母潜在友人李某家举行节日宴会,饮酒赋诗,过了一个愉快的节日。席间,高适有《同崔员外綦母拾遗九日宴京兆府李士曹》诗,诗中说:

今日好相见,群贤仍废曹。

晚晴催翰墨,秋兴引风骚。

绛叶拥虚砌,黄花随浊醪。

闭门无不可,何事更登高?

"废曹",犹休假;"浊醪",即酒。因重阳节有登高饮酒的旧俗,故高适诗有"闭门"二句,即是说,我们闭门饮酒赋诗岂不愉快,何必再去登高呢!顺便说一句,这位"李士曹"即高适旧友李九少府,名叫李鬒,后来作了高适手下的幕僚。正是在李鬒家里,高适雅兴大发,认真地观赏了壁画。高适为画工的技巧所折服,赋诗道:

始知帝乡中,能画苍梧云。

秋天万里一片色,只疑飞尽犹氛氲。

——《同李九士曹观壁画云作》

"帝乡",指京师;"苍梧",传说中云之出处;"氛氲",云气浓重之状。钟惺评曰:"始知二字起,用笔便奇,看他比七言绝又少四字,已是一首歌行"(《唐诗归》卷十二)。此诗言简味足,颇有朦胧之美。著名诗人岑参也有《题李九士曹厅壁画度雨云歌》,诗云:

似出栋梁里,如和风雨飞。

掾曹有时不敢归,谓言雨过湿人衣。

看高适、岑参二人之作很相似,不仅描写相近,而且字数句式完全一样,莫非是同时所作,那就是说他们二人在李士曹家同观壁画、同时赋诗?或者是一人先作,另一人看了辟画后又模仿着写了一首?可惜都没有材料加以说明。在唐代歌咏绘画的诗歌很多,名作不少,于此可见诗画之天然联系。比高、岑咏画诗更为著名的当推李白的《当涂赵炎少府粉图山水歌》和杜甫的《奉先刘少府新画山水障歌》,因为都比较长,这里略而不引了。

特别值得加以叙述的,是高适与朋友们在长安的两次聚游。一次是与岑参、储光羲、薛据、杜甫同登西安大雁塔,共同唱和;一次是与薛据诸人东游曲江而眺望终南山。

先介绍一下岑参和储光羲。岑参(公元716—770),祖籍南阳,后徙荆州江陵(今湖北省江陵县),他出生于仙州(今河南叶县)。他的父辈有多人作过宰相、刺史一类的高官,因此他也颇为自信,"尝自谓曰:云霄坐致,青紫俯拾。"天宝三年才登第,不久就做了右内率府兵曹参军、右武卫录事参军,被派往今新疆库车的安西节度使幕中去当掌书记,中间回过长安一次,又被任命为大理评事,摄监察御史,去到北庭(今新疆吉木萨尔)充安西、北庭节度判官。天宝八年和十三年两次出塞共在边陲度过了六年左右的时间,对他的思想和创作影响都很大,使他写下了许多著名的边塞诗,如《轮台歌》、《白雪歌》、《热海行》、《火山云》等都是优秀之作。他的《白雪歌》很有特色:"北风卷地白草折,胡天八月即飞雪。忽如一夜春风来,千树万树梨花开。散入珠帘湿罗幕,狐裘不暖锦衾薄;将军角弓不得控,都护铁衣冷难着。瀚海阑干百丈冰,愁云惨淡万里凝。中军置酒饮归客,胡琴琵琶与羌笛。纷纷暮雨下辕门,风掣红旗冻不翻。轮台东门送君去,去时雪满天山路。山回路转不见君,雪上空留马行处。"安史乱后岑参由杜甫等人推荐做了右补阙,不久,即被改任起居舍人,更被外调为虢州(今河南灵宝南)长史,后又被任为嘉州(治所在今四川乐山县)刺史。岑参在当时既有诗名,杜确《岑嘉州集序》说:"(岑参)每一篇绝笔,则人人传写,虽闾里士庶,戎夷蛮貊,莫不讽诵吟习焉。时议拟公于吴均、何逊。"储光羲(公元707—759),润州延陵(今江苏丹阳南)人,开元二十四年进士及第,做过安宜(今江苏宝应西南)尉,曾为监察御史,"值安禄山陷长安,辄受伪官,贼平来归,贬死岭南。"殷璠说他的诗"格高调逸,趣远情深,削尽常言"(《河岳英灵集》)。储光羲的生活与王维相似,长期半官半隐,住在终南山地主庄园里,故较多山水田园之作,如《同王十三维偶然作十首》、《田家杂兴八首》、《田家即事》及《牧童词》、《渔父词》等,后人往往以之比为王维、孟浩然,其实诗歌成就差王、孟远甚。他不仅作诗,而且还写了《正论》十五卷和《九经分义疏》二十卷,这些书殷璠曾经读过,并称赞说这些著述"言博理当"(《河岳英灵集》)。

检阅《全唐诗》,高适有《同诸公登慈恩寺塔》,岑参有《与高适薛据登慈恩寺浮图》,杜甫与储光羲也都有《同诸公登慈恩寺塔》,杜诗原注云:"时高适、薛据先有此作。"薛据所作已不存。由此可知高、薛、岑、杜、储五人同登慈恩寺塔,他们登高赋诗,而首唱者又是高适。闻一多先生《岑嘉州系年考证》把此次同游定为天宝十一载秋是完全可信的。《长安志》云:"慈恩寺,在县东南八里,高宗在春宫为文德皇后立,故名慈恩。……浮图七极,崇三百尺,永徽三年沙门玄奘所立。"慈恩寺塔即大雁塔,现仍存,在西安市。秋高气爽,相携登塔,极目远眺,和而赋诗,这是多么使人向往的盛事呀!难怪王士禛要说:"每思高、岑、杜辈同登慈恩塔,李、杜辈同登吹台,一时大敌旗鼓相当,恨不侧身其间,为执鞭弭之役"(《唐贤三昧集笺注》引)。这种语气常使人想起齐白石竟要做徐青藤"门下走狗"之语来,可见其羡慕之至。四首存诗里,后人一般公认杜甫之作最为突出,其他人的作品也各有优长。仇兆鳌说得较为公允:"岑、储两作,风秀熨贴,不愧名家;高达夫出之简净,品格亦自清坚;少陵则格法严整,气象峥嵘,音节悲壮,而俯仰高深之景,盱衡今古之识,感慨身世之怀,莫不曲尽篇中,真是压倒群贤,雄视千古矣。三家结语,未免拘束,致鲜后劲,杜于末幅另开眼界,独辟思议,力量百倍于人"(《杜少陵集详注》卷二)。我们先来读杜甫的《同诸公登慈恩寺塔》诗:"高标跨苍穹,烈风无时休。自非旷士怀,登兹翻百忧。……七星在北户,河汉声西流。羲和鞭白日,少昊行清秋。秦山忽破碎,泾渭不可求。俯视但一气,焉能辨皇州?回首叫虞舜,苍梧云正愁。惜哉瑶池饮,日晏昆仑丘。黄鹄去不息,哀鸣何所投?君看随阳雁,各有稻粱谋!""秦山"以下四句写在塔上俯视。秦山指终南诸山,凭高一望,大小错杂,有如破碎。泾渭二句不是单纯写景,以景物的模糊,象征时局的昏暗。渭水清,泾水浊,泾渭不可求,是清浊不分,善恶不分。下二句也深有寓意。"回首"以下八句写登塔所感。杜甫立志"致君尧舜上",而玄宗却越来越昏庸,故因远望不禁想起虞舜(传说,舜葬于苍梧之野)。"惜哉"句,《列子》:"周穆王升昆仑之丘,遂宾于西王母,觞于瑶池之上。"玄宗与贵妃游宴骊山,荒淫无度,事有相类,故借以为刺。时当日落,故曰日宴,亦含天下将乱意。"黄鹤"以下四句:黄鹤,比喻好人,也有自比之意。去不息,都被排斥,高飞远引。雁是一种候鸟,秋由北而南,春由南而北,这里比喻趋炎附势、自私自利的小人。(参看萧涤非《杜甫诗选》)可见杜甫此诗立意很高,忧虑极深,难怪后人极口称赞。高适的诗在思想的深刻上则差杜远矣。高诗先用大量篇幅写塔之孤高:

> ……
> 登高骇孤高,披拂忻大壮。
> ……
> 宫阙皆户前,山河尽檐向。
> 秋风昨夜至,秦塞多清旷。
> 千里何苍苍,五陵郁相望。

应该说高适的描写是细致和形象的。接着诗人联系到自己的不遇,发为感叹道:

> 盛时惭阮步,末宦知周防。
> 输效独无因,斯焉可游放。

"阮步",阮籍之窘步也;"周防",后汉人,"年十六,任郡小吏,世祖巡狩汝南,召掾吏试经,防尤能诵读,拜为守丞。"这四句是说:正逢盛时而不能得志,像阮籍一样总是垂泪于穷途,甚感惭愧;我年纪老大去职县尉,岂如周防年少而幸逢明君?虽然想报国为君却没有可行之途径,那就只有游放自适了!高诗写景较为生动形象,末段抒发了自己无由为国出力的感叹,也很感人。但比之杜诗,则缺乏对政局的正确认识和忧时忧民之情,且其中多有教乘中语,破坏了全诗的整体性。

　　大约在五人同游慈恩寺塔后不久,高适又与薛据等人前往曲江游玩,有《同薛司直诸公秋霁曲江俯见南山作》,表现了高适此时闲放的情绪。薛司直即老友薛据;曲江池为汉武帝所造,因其水曲折,有似广陵之江,故名曲江。康骈《剧谈录》云:"曲江池,本秦时隑州。开元中,疏凿为胜境,南有紫云楼、芙蓉苑,西有杏园、慈恩寺,花卉环周,烟火明媚,都人游玩,盛于中和上巳之节,赐宴臣僚会于山亭"。杜甫《丽人行》云:"三月三日天气新,长安水边多丽人",就是写的这里。同游之人不知是否就是共登慈恩寺塔之诸友? 高适此诗"亦自有一种景象"(日人近藤元粹《笺注唐贤诗集》卷下),比上首登塔之作更为自然、清新:

　　　　南山郁初霁,曲江湛不流。
　　　　若临瑶池间,想望昆仑丘。
　　　　回首见黛色,眇然波上秋。
　　　　深沉俯峥嵘,清浅延阻修。
　　　　连潭万木影,插岸千岩幽。
　　　　杳霭信难测,渊沦无暗投。
　　　　片云对渔父,独鸟随虚舟。
　　　　我心寄青霞,世事惭白鸥。
　　　　得意在乘兴,忘怀非外求。
　　　　良辰自多暇,忻与数子游。

　　唐汝询对此诗解释的较为细致,大略可从。他说:"此赋初霁之景而以江山交互成篇,盖山初霁则郁然生色,江添雨则满而不流,若临瑶池而望昆丘,其青翠之色浮于波上也。既又状山水林岩之奇秀,渔父虚舟之闲逸,因言我心无着,寄彼云霞,世事未忘,愧兹鸥鸟。然得意亦即在此,乘兴忘怀,岂暇外求,今值良辰,而得与诸君同游,其愿毕矣"(《唐诗解》)。由"我心寄青霞,世事惭白鸥",知高适此时虽有归隐之心,仍存仕进之望。"白鸥",《列子·黄帝》云:"海上之人有好沤鸟者,每旦之海上,从沤鸟游,沤鸟之至者百,往而不止,其父曰:'吾闻沤鸟皆从汝游,汝取来吾玩之'。明日之海上,沤鸟舞而不下也。"高适用这个典故是说自己仍未忘世事,故如好沤鸟者愧对无心而游之白鸥。

在长安终日游宴,心情固然可以得到舒解,但毕竟不是长久之计,像高适这样胸有大志的人物,可能在挫折面前消沉一个时期,唱一唱归隐的心曲,其实他内心里那不可遏止的积极入世的冲动会打破这种心境的平衡。一些朋友面向边陲,投笔从戎,这自然会激起高适要仿效他们的愿望。每当和赴边的朋友道别,高适总要赋诗相送,加以鼓励,也时而表达自己希望边塞立功的愿望。先看《送骞秀才赴临洮》,诗云:

> 怅望日千里,如何今二毛。
> 犹思阳谷去,莫厌陇山高。
> 倚马见雄笔,随身唯宝刀。
> 料君终自致,勋业在临洮。

"二毛",黑白相间的头发;"阳谷",地名,即今甘肃淳化县北。这位骞秀才虽已头发花白,却仍然要出塞从军,不仅有"请日试万言,依马可待"(借用李白语)之文才,且有冲锋陷阵之宝刀,这种生活自然很使高适羡慕,"料君"两句更表现了高适对朋友的期望,其中自有高适本人的向往。再看《送侍御赴安西》:

> 行子对飞蓬,金鞭指铁骢。
> 功名万里外,心事一杯中。
> 虏障燕支北,秦城太白东。
> 离魂莫惆怅,看取宝刀雄。

"铁骢",青黑毛相杂之马;"虏障",敌之堡垒;"燕支",地名,在塞外;"秦城",即长安;"太白",山名,在陕西郿县南。唐汝询解道:"此以立功期侍御也。君既为行子矣,所对者飞蓬,所恃者鞭马,万里之志形于一杯。虏障秦城,特咫尺耳,岂以离别为恨哉?请视宝刀以壮行色"(《唐诗解》卷三十七)。其中"功名万里外,心事一杯中",典型地写出了高适对友人的羡慕和自己无奈借酒浇愁之情状。胡震亨认为这两句与李白"人分千里外,兴在一杯中"相比"较厚",是颇有见地的,它"厚"就厚在含义深沉,耐人寻味,把高适此时心境表现得含蓄而又明白。

高适希望立功边塞的想法越来越强烈,由于他阶级的历史的局限,特别是他对功名的过于热衷,使他不能认识一些对外战争的真实性质。一般地说,国内人民比较明显的痛苦和灾难,高适能认识到并深表同情,但涉及到封建王朝与少数民族政权之间的矛盾,他有时就有大汉族主义,甚至有时鼓吹侵略战争,值得提出的是他天宝十一载写的一首十分恶劣的诗,即《李云南征蛮诗》,诗前自序云:

> 天宝十一载,有诏伐西南夷,右相杨公兼节制之寄,乃奏前云南太守李宓涉海自交趾击之。道路险艰,往复数万里,盖百王所未通也。十二载四月,至于长安,君子是以知庙堂使能,而李公效节。适忝斯人之旧,因赋是诗。

天宝年间发动的对南诏的战争,是玄宗听信杨国忠谎报军情,为了满足开边的虚荣心而发动的不义之战,对汉族与云南少数民族的团结与经济发展都是不利的,这种行为受到当时许多有识之士的指斥。杜甫《兵车行》即直刺其事,其中说:"边庭流血成海水,武皇开边意未已",对玄宗开边甚为不满。李白《古风·三十四》也为此而作,有句云:"千去不一回,投躯岂全生!"对这不义之战带给士兵的灾难进行控诉。刘湾之《云南曲》更说:"白门太和城,来往一万里。去者无全生,十人九人死,……苍天满愁云,白骨积空垒。哀哀云南行,十万同已矣"。语句是多么深沉、痛苦! 这次战争确实给唐朝人民带来极大灾难:"自仲通、李泌再举讨蛮之军,其征发皆中国利兵……凡举二十万众,弃之死地,只轮不还,人衔冤毒,无敢言者"(《旧唐书·杨国忠传》)。但可惜的是高适并没有分清这次战争正义与不义的性质,便盲目地加以赞扬,他先腴美这场不义战争的罪魁玄宗与杨国忠道:"圣人赫斯怒,诏伐西南戎。肃穆庙堂上,深沉节制雄。"又完全不顾历史事实,错误地渲染唐军气势和胜利:"遂令感激士,得建非常功。料死不料敌,顾恩宁顾终? 鼓行天海外,转战蛮夷中。"后来李宓不仅未建"非常功",反而因"粮尽军旋,马足陷桥,为阁罗凤所擒,全军皆没"(《旧唐书·玄宗纪》下),这对高适无疑是一个讽刺! 当然,此诗表现了高适严重的思想局限是不容忽视的,但似乎也应注意,高适写诗场合不同于李、杜、刘湾诸人,他毕竟与李宓是老相识而且此诗又是在送李宓出征的特定环境里所作,难免多有谀美之词,这也应酬情考虑。何况,高适此时急于寻找新的出路,因而对杨国忠等多有歌颂,虽然庸俗,却也是可以理解的。

第八章

"上将拓边西,薄才忝从戎"

一 入塞前的准备

高适辞去封丘县尉之职,四游长安,这段生活一方面平息了他由做"风尘小吏"带来的痛苦,心情渐渐地归于平静;另一方面,在人来人往的京城,许多朋友赴边从军,投奔知己,难免又打破了高适此时心境的平衡,使他再一次把目光投向边塞。当时边塞战争(正义的与非正义的)较为频繁,在京城里能更多更快地获得前方的消息(胜利的失败的,战死的立功的),并能经常看到浩浩荡荡地开向边陲的军队,这必然使高适的赴边之思更加坚定。我们看高适的一生,确实是胸有大志的,功名之念颇为强烈,只是封丘小尉不能实现他的理想和抱负,这才产生了"莫作云霄计,楼遑随搢绅"的想法,并且在长安度过了一段闲放的生活。其实骨子里,他是真真不愿归隐,不愿在诗酒中了此一生,他与王维是完全不同类型的人物。虽然有时他也有消极的思想和表现,但他的人生观主要是进取的、积极入世的。或许高适真想过归隐山林,但正所谓"江山易改,本性难移,"他终于按捺不住心中的进取欲望。由他当时的思想状况及环境决定,进取的最好途径便是从军入幕,立功边塞。我想,高适天宝十二载四月作那首《李云南征蛮诗》的动机,就有这个因素。

但是,高适要奔向哪里呢?

由于唐玄宗晚年好大喜功,屡起边衅,对边将施以重宠,所谓"君王无所惜,驾驭英雄材"(杜甫《昔游》)。因此边将的权力不断恶性膨胀,在天宝年间便形成了东北与西北两个重要的军事区域和军阀系统。东北由范阳节度兼平卢节度使安禄山管辖;西北为陇右、河西节度使哥舒翰统制。高适前两次出塞都是去的蓟北一带,在那里他看到了"诸将已承恩"的现实,也认识到长策不能用的必然结果。当时安禄山正在聚集力量,准备叛乱,这是许多人都心照不宣的。天宝十一载,李白来到东北边疆,看到安禄山飞扬跋扈,预感到禄山居心叵测,但却因自己是遭逐之人,无法进言,他后来回忆道:"十月到幽州,戈铤若罗星。君王弃北海,扫地借长鲸。呼吸走百川,燕然可摧倾。心知不得语,却欲栖蓬瀛!"高适两上蓟门,特别是送兵青夷正是安禄山得意之时,他献诗献策,却只能"归来独闭门",自己的不遇以及仔细地观察,他对安禄山不会没有任何认识,也不会再次北上蓟门去碰壁,这就使他把眼光转向了西北边塞,那里不仅是立功的好场所,而且也是唐朝最富庶的地区之一,"是时中国盛强,自安远门西尽唐境万二千里,闾闾相望,桑麻翳野,天下称富庶无如陇右"(《资治通鉴》唐纪三十二)。

高适决定前往西北去投奔哥舒翰。

哥舒翰,胡人,唐朝名将。他作战十分勇敢,在一次与吐蕃的战斗中,坐骑惊恐陷在河里,三个蕃将挺矛来刺他,"翰大呼,皆拥矛不敢动,救兵至,追杀之"(《新唐书·哥舒翰传》)。还有一次,吐蕃兵分三路由山上冲下,哥舒翰"持半段枪当其锋击之,三行皆败,无不摧靡"(《旧唐书·哥舒翰传》)。他也由勇敢善战而知名,职务升迁很快。作为一个边将,哥舒翰不仅勇敢而且颇有计谋,《旧唐书·哥舒翰传》举了一个例子:"先是,吐蕃每至麦熟时,即率部众至积石军获取之,共呼为'吐蕃麦庄',前后无敢拒之者。至是,翰使王难得、杨景晖等潜引兵至积石军,设伏以待之。吐蕃以五千骑至,翰于城中率骁勇驰击,杀之略尽,馀或挺走,伏兵邀击,匹马不还。"可见哥舒翰确实英勇善断,难怪当时"西鄙人"(西部边地之无名氏)作《哥舒歌》赞之曰:"北斗七星高,哥舒夜带刀。至今窥牧马,不敢过临洮。"天宝年间,唐军与吐蕃常在今青海省东部一带发生战争,边将哥舒翰屡次获胜,累至陇右节度使兼河西节度使,《哥舒歌》就是歌颂他武功的作品。由于玄宗对边将甚宠,故边将多生"望三台"之念,企图累积边功而获重位,哥舒翰自然也不例外。作为封建社会里的大军阀,哥舒翰常常急求边功,不顾士兵的死活,如天宝八载,玄宗有令攻下吐蕃所占的石堡城,军事家王忠嗣力言不可强攻,只能"待衅取之",否则会"费士数万"。哥舒翰为了求宠而引兵攻城,虽然攻克了石堡城,士兵却"死亡略尽",损失极大,因此李白指责道:"君不能学哥舒,横行青海夜带刀,西屠石堡取紫袍!"(《答王十二寒夜独酌有怀》)至于哥舒翰后来守潼关失利,为了活命而跪拜安禄山,则更是一生中的污点。可见哥舒翰是一个复杂的历史人物。高适之所以决心投奔哥舒翰,固然由于哥舒边功显赫、名声大振,跟随他当能施展才华,建功立业;另外还因为哥舒虽然是一介武夫,但却"好读《左氏春秋传》及《汉书》,疏财重气",故而"士多归之"。关于他的"重气",史书里记载的一件事颇能加以说明:王忠嗣得罪了玄宗,玄宗要杀他,哥舒翰"极言救忠嗣,上(玄宗)起入禁中,翰叩头随之而前,言词慷慨,声泪俱下,帝感而宽之,贬忠嗣为汉阳太守,朝廷义而壮之"。这种行为自然是高适所敬慕的。总之,由于地位、功名、性格等多种原因,高适决定投奔哥舒翰,希望能在西北边塞实现自己的理想。

像哥舒翰这样握有重兵的大军阀,如果中间无人推荐,高适是无由与其相见的,有人据史书所载哥舒天宝十一载曾入朝,便推测此时高适即谒见了哥舒翰,这是缺乏说服力的。一般认为推荐高适于哥舒的是田梁丘,这个说法的依据是杜甫的《赠田九判官梁丘》诗,其中有句云:"陈留阮瑀谁争长,京兆田郎早见招。麾下赖君才并美,独能无意向渔樵?"阮瑀字元瑜,"建安七子"之一,曾为曹操的军谋祭酒,与陈琳共同掌管记室。仇兆鳌《杜诗详注》解道:"阮瑀指高适。适本封丘尉,与陈留相近(按:实是封丘县属陈留郡治下,故杜诗以郡名称之)。他章云:'好在阮元瑜'可证。高之入幕,必由田君所荐,故云早见招而幕下赖之。"虽然也有人提出一些疑问,但一般的研究者皆认为仇氏之解良是,可从。高适在官场上混过一个时期,自然知道去西北幕府,仅仅依靠一位朋友的引荐是不行的,自己也应该有所表现,因而在天宝十二载春天,他便积极与哥舒翰幕下人员联系。不久,哥舒翰收九曲故地的消息传入长安,此时哥舒的一个幕僚李某正在京城,听见喜讯便写了一首诗祝捷,高适正与李某周旋,也赋《同李员外贺哥舒大夫破九曲之作》诗,诗里说:"遥传副丞相,昨日破西蕃。作气群山动,扬军大旆翻。奇兵邀转战,连弩绝归奔。泉喷诸戎血,风驱死虏魂。头飞攒万戟,面缚聚辕门。鬼哭黄埃暮,天愁白日昏。石城与岩险,铁骑皆云屯。长策一言决,高踪百代存。威稜慑沙漠,忠义感乾坤。老将黯无色,儒生安敢论? 解围凭庙算,止杀报君恩。唯有关河渺,苍茫空树墩。"《资治通鉴·唐纪》天宝十二载曰:"夏五月,陇右节度使哥舒翰击吐蕃,拔洪济、大漠门等城,悉收九曲部落。""九曲",指今青海贵德县东河曲一带,本唐地,属廓州,后为吐蕃所得,以为进攻唐朝的前沿地带。《旧唐书·吐蕃传》记云:"睿宗即位,……时张玄表为安西都护,又与吐蕃比境,互相攻掠,吐蕃内虽怨怒,外敦和好。时杨矩为鄯州(后来陇石节度使驻节地)都督,吐蕃遣使厚遗之,因清河西九曲之地以为金城公主汤沐之所,矩遂奏之。吐蕃既得九曲,其地肥良,堪顿兵畜牧,又与唐境接近,自是复叛,始率兵入寇。开元二年秋,吐蕃大将坌达焉、乞力徐率众十余万寇临洮军,又进寇兰、渭等州,掠监牧羊马而去。杨矩悔惧,饮药而死。"由此可见,哥舒翰此次收复九曲故地完全是正义的行为。高适的贺诗大约作于九曲之战后不久,其中"遥传副丞相,昨日破西蕃",明言自己不在前线。"昨",不是"昨天"之意,古诗中"昨"常作"昔"讲,应解作"不久前"。副丞相指哥舒翰,因为天宝八载攻破石堡城,他被拜特进鸿胪员外卿、加慑御史大夫,相当于副丞相。诗写得并不出色,对于战斗的描写比较空泛,当是高适并未亲临前线的缘故。此时的高适,正是"醉翁之意不在酒",他是想通过赋诗加强与哥舒翰的联系,或许李某把高适贺诗同己作一道寄往西北边塞,那对高适来说就更为有利了。

总之,经过友人的引荐和自己积极的联络,哥舒翰终于召高适前去西北,并内部授他掌书记的要职。高适此时的心情是兴奋和激越的,虽然是酷暑天气仍然昂扬前行应召,大有风云初遂之慨。高适即将离开长安时有许多朋友为他送行,此时杜甫也在帝京,自然要为高适此行表示祝贺和欢送,写下了《送高三十五书记十五韵》。在诗里,杜甫借送别高适表达了对边塞的关心,对高适提出了朋友的忠告和希望,还写到了老友恋恋不舍的离别之情。首四句是借送高适而言边事:

> 崆峒小麦熟,且愿休王师。
> 请公问主将:焉用穷荒为?

"崆峒",山名,在临洮,隶属河西;"公",指高适;"主将",即哥舒翰;"穷荒",指贫瘠的边远之地。这是针对天宝八载攻取吐蕃城、士卒死伤

198

数万而言,恐怕也包括对九曲之战的看法。表现了杜甫既希望边塞平静,唐朝不受侵凌,又反对穷兵黩武的思想,恐怕也有希望作为掌书记的高适能够提醒主将不要热衷于战争的意思。接着杜甫描写高适的为人并表示了自己的希望与忠告,诗曰:

> 饥鹰未饱肉,侧翅随人飞。
> 高生跨鞍马,有似幽并儿。
> 脱身薄尉中,始与捶楚辞。
> 借问今何官,触热向武威?
> 答云一书记,所愧国士知。
> 人实不易知,更须慎其仪。
> 十年出幕府,自可持军麾。
> 此行既特达,足以慰所思。
> 男儿功名遂,亦在老大时。

"饥鹰",指高适,"饥鹰"二句写出高适不得意之情状;"高生"两句写出高适豪迈性格,"脱身",两句说高适辞去封丘之职。"借问"以下四句设为问答,知高适在炎热之时奔向武威(郡名,即凉州,河西节度使驻节处),而且已预知将担任书记之职。"人实"两句是对高适的关照:人们实际上很难互相了解,不能轻易信任;需要谨慎仪表,不可太狂放,这正是针对高适性格的至友之言,关系泛泛是不会这样说的。"十年"两句是对高适的热情鼓励。"此行"以下四句表示了杜甫对高适的宽慰,此时高适已经五十二岁了,故有"男儿功名遂,亦在老大时"之句,仇注曰:"此冀其将来有建树。"最后又表示了离别的恋恋不舍:

> 常恨结欢浅,各在天一涯;
> 又如参与商,惨惨肠中悲。
> 惊风吹鸿鹄,不得相追随。
> 黄尘翳沙漠,念子何当归。
> 边城有馀力,早寄从军诗。

高适与杜甫天宝三年订交同游,后在李元芳官所重逢,此次又同登长安慈恩寺塔,总是刚相会不久,很快又分别,所以说是"结欢浅",像参商二星各在东西,很难见面。"惊风"二句表现了杜甫不能与高适同往边塞的惆怅,杜甫也有边塞立功的念头,但却不能实现,故对高适此行颇为羡慕。"黄尘"二句体现了杜甫对高适兄弟一般的关心,殷殷此情,感人至深。最后两句是对于作为诗人的高适的希望,高适是当时著名诗人,两次出塞都写下了优秀之作,在诗坛上影响很大,故杜甫有"早寄从军诗"的期望。杨伦说:"观诗,直有家人骨肉之爱,公于同时诸诗人,无不惓惓如此。"这话说得不错,但高、杜友谊又不同一般,这在以后还要提到。

告别了长安的朋友们,告别了京城里的声歌笑舞,高适踏上了入塞西北的道路,是时为天宝十二载(753 年)六月。

二 赴边的一路吟唱

高适带着希望与热情由长安出发,"触热向武威"。

高适由长安出发向西,不久来到了陇头,陇头又称陇首,在今陕西省陇县。《三秦记》云:"小陇山,其坂九回,上者七日乃越,上有清水四注。俗歌曰:'陇头流水,鸣声幽咽,遥想秦川,肝肠欲断'。"(《太平御览》卷五十引)由于这里地荒路遥,人们来到这里一般是心情忧郁的,但是高适却大不相同,刚刚登上陇山,他就轻吟道:

> 垅头远行客,垅上分流水。
> 流水无尽期,行人未云已。
> 浅才登一命,孤剑通万里。
> 岂不思故乡,从来感知己。
>
> ——《登垅》

高适登上陇山,虽然看到陇头上有水分流,有人远行,但他并不哀伤,他的诗里也没有"使人肠断"的感慨。他虽然也思念自己的家乡,但为了感知己之恩,也顾不得那么多了,正与李白"人生贵相知,何必金与钱"立意相近。"从来感知己"的"知己"当首先指田梁丘,同时也指哥舒翰,因为前者是将他介绍给哥舒的主要人物，而终取决于后者。"浅才登一命"，说自己虽然才疏学浅，但由于知己的信任，终于在边塞有一个报效朝廷的机会(指任掌书记之职)。虽然此时朝廷尚未正式任命，哥舒幕府已经内定了。"孤剑通万里"，表现了高适希望在边塞建功立业的雄心壮志。还是在陇头这个地方，高适遇到向临洮送兵的白少府，看到浩浩荡荡的新兵队伍，不禁问道："谁断单于臂，今年太白高"(《送白少府送兵之陇右》)。"太白"，所谓将星也。这里自然表现和流露了高适此时的豪壮心情，而他的"为问关山事，何如州县劳"之问，又表现了心中隐隐的得意，因为他也曾送兵边塞，自然知道此中甘苦。那时"不是为封侯"，此次却要"孤剑通万里"，这是多么大的变化呀！

高适越过陇山，继续前行，经过艰难跋涉到达了金城，《新唐书·地理志》云："兰州金城郡治金城"，即今甘肃省兰州市。金城的每一个大门都有一座城楼，北面的城楼最为古老，高适来到金城便登上了北楼。眼望秀丽的景色，他心中感慨自然而生，于是赋《金城北楼》诗，诗云：

> 北楼西望满晴空，积水连山胜画中。
> 湍上急流声若箭，城头残月势如弓。
> 垂竿已谢磻溪老，体道犹思塞上翁。
> 为问边庭更何事？至今羌笛怨无穷。

前四句写所见之景：登楼西望，晴空无垠，山水如画。石上的流水速度很快，如箭一般；城头残月很美，像弯弓一样。后四句写生之感："磻溪老"，指姜太公，传说他曾在磻溪垂钓，李白有句云："君不见朝歌屠叟辞棘津，八十西来钓渭滨"(《梁甫吟》)，说的就是太公垂钓于磻溪。"塞上翁"，《淮南子·人间训》云："近塞上之人，有善术焉者，马无故而亡入胡，人皆吊之，其父曰：'此何遽不能为福乎？'居数月，其马将胡骏马而归，人皆贺之，其父曰：'此何遽不能为祸乎'？家富良马，其子好骑，堕而折其髀，人皆吊之，其父曰：'此何遽不能为福乎？'居一年，胡人大入塞，丁壮者引弦而战，近塞之人死者十九，此独以跛之故，父子相保。故福之为祸，祸之为福，化不可极，深不可测也。""垂钓"句是说自己终于辞别了太公那样垂钓磻溪的闲散生活，将到边塞担任重要工作。"体道"句是说诗人常常细细体会道家之"祸兮福所依,福兮祸所伏"的思想而想起塞翁失马的故事,言外之意是说:谁知此次西行是福是祸? 自己要求立功边塞的愿望能够实现吗? 从这里可以看出,一个人的感情是十分复杂的,他可以是激昂慷慨同时又是犹疑徘徊的,所要注意的是这两种情绪,在特定的时期何者是主要的。高适此次初入西北,难免有犹疑的一面,但他要求建功立业的雄心却是早已有之的、坚定的,故他此时思想的主导方面是积极的、乐观的。最后两句更能看出高适情绪的细微之处,他并不是不知道西北边塞的艰苦,在长安时,王之涣即同他谈起边陲的荒凉,并给高适看了《凉州词》,其中"羌笛何须怨杨柳,春风不度玉门关",必然给高适留下深刻印象,因此高适才化为"至今羌笛怨无穷"之句。虽然高适知道西北边疆的荒凉、艰苦,还有"福兮、祸兮"之犹疑,但是"浅才登一命,孤剑通万里"的魅力是巨大的;"岂不思故乡,从来感知己"的决心也是坚定的,故而他能克服和压抑住思想里与边塞立功相矛盾的念头。

高适先奔向河西节度使驻节地武威,但是不巧,哥舒翰并不在那里,高适以为哥舒可能在临洮,便又奔向临洮,可哥舒翰又不在临洮,高适有《自武威赴临洮谒大夫不及因书即事寄河西陇右幕下诸公》记当时的经历和感触。这首长诗是高适的一篇重要作品,但历来失传,我们现在所读到的是由敦煌唐诗选残卷里整理出来的。此诗正体现了高适诗作直抒胸臆、苍劲雄浑的特色,同时,对于了解高适当时的思想和他赴河西陇右的行事都是十分宝贵的材料,在一定程度上正弥补了新、旧《唐书》关于高适第三次出塞记载甚略的缺憾。因此,我们不妨对这首诗作一个较为详细的介绍,由于此诗较长,故我们分段来读。先看第一段:

> 浩荡去乡县,飘飘瞻节旄。
> 扬鞭发武威,落日至临洮。
> 主人未相识,客子心忉忉。

"主人",指哥舒翰,"客子",自指;"忉忉",忧劳也。这几句是全诗的发端:诗人风尘仆仆离乡远行,瞻望节旄而奔赴边塞,扬鞭由武威出发,落日时分到临洮,不巧得很,仍不见主将其人。由"去乡县"可知高适入塞前可能回了梁宋一趟,大约对他的家人做了些安排,然后就由那里起程。

一到临洮仍不见主将,诗人的心里是多么忧愁呀!第二段是这样的:

> 顾见征见归,始知士马豪。
>
> 戈铤耀崖谷,声气如风涛。
>
> 隐轸戎旅间,功业竟相襄。
>
> 献状陈首级,饷军烹太牢。
>
> 俘囚驱面缚,长幼随巅毛。
>
> 氈裘何蒙茸,血食本羶臊。
>
> 汉将乃儿戏,秦人空自劳。
>
> 立马眺洪河,惊风吹白蒿。
>
> 云屯寒色苦,雪合群山高。
>
> 远戍际天末,边烽连贼壕。

这一段写的是日暮时分高适在临洮所看见的战斗胜利的场面,因此写得细致、真切。"戈铤",兵器;"隐轸",指军威卓著;"首级",人头,"秦法,斩首一赐爵一级,故因谓斩首为级"(《后汉书·光武帝纪》)。"太牢",一种大庆之礼,《公羊传·桓公八年》注曰:"礼,天子诸侯卿大夫牛羊家凡三牲曰太牢,天子元士诸侯之卿大夫羊豕凡二牲曰少牢"。"面缚",即反背而缚;"巅毛",头顶之发;"蒙茸",杂乱蓬松的样子;"血食",指某些少数民族当时保持的生吃牛羊肉的习俗。"汉将乃儿戏",用的是汉文帝与周亚夫的一个典故:一次文帝巡视各军塞,唯有周亚夫军营戒备森然,纪律严明,于是文帝叹曰:"嗟乎,此(谓亚夫)真将军矣!曩昔霸上、棘门军,若儿戏耳,其将固可袭而虏也;至于亚夫,可得而犯耶!"(《史记·绛侯世家》)李白《司马将军歌》有:"细柳开营揖天子,始知灞上为婴孩"之句,即是咏此。高适借此歌颂哥舒翰英武善战非其他汉将可比,也含有其他唐将难与之比美的意思。"洪河",即大河;"边烽",边防线上发现敌人入侵,便燃火报警,即烽火。读着高适对胜利场面的描写,使人很自然地想他的《睢阳酬别畅大判官》,但此诗则更细致、更真切,想来大约是因为这场面是他亲眼所见吧?诗人描写道:正当"客子"忧劳之时,回头一看,征战的队伍浩浩荡荡地开了回来,唐朝将士是多么英豪!战士的武器照耀在崖谷之间,大军的气势有如风涛一般豪壮。战果辉煌,成绩甚佳,胜利者献上捷报并且陈列出敌人的首级,为了犒劳将士而大摆牛羊之宴。俘虏们一个个反背而缚,按头发的颜色分成长幼而各自成队,他们的衣裳多么杂乱,甚是狼狈;而平时生食牛羊,真是膻腥。哥舒翰的功业岂是汉将所可相比的? 秦人也不过空守边防,劳而无功。高适策马而行,远眺大河,眼见塞风吹动白蒿,云屯雪合,四境是秋冬之色,山高而气候寒冷,但是唐军并没有松懈,看吧:戍边的士兵接于天末,报警的烽火直近贼壕呀! 第三段一转,曰:

> 我本江海游,逝将心利逃。
> 一朝感推荐,万里从英髦。
> 飞鸣盖殊伦,府仰忝诸曹。
> 燕颔知有待,龙泉惟所操。
> 相士惭入幕,怀贤愿同袍。
> 清论挥尘尾,乘酣持蟹螯。
> 此行岂易酬,深意方郁陶。
> 微效傥不遂,终然辞佩刀。

因为是"寄河西陇右幕下诸公",故有此节自叙志向的诗句。"心利逃",放弃名利的追求;"英髦",英俊之士,此处指哥舒幕下诸人;"飞鸣",喻得志。"燕颔知有待",言诸公立功封赏定有其时,《后汉书·班超传》:"生燕颔虎颈,飞而食肉,此万里侯相也。""九泉",剑;"相士",自指;"同袍",即共同效力,用《诗经·秦风·无衣》诗意;"尘尾",即拂尘一类物件;"乘酣"一句暗用《世说新语》里毕茂世的话:"一手持蟹螯,一手持酒杯,拍浮酒池中,便足了一生。""清论"两句是诗人对幕府生活的设想。最后四句表现了高适思想的复杂性,他本来是"从来感知己"的,是"一朝感推荐,万里从英髦"的,但心里仍有塞上翁之虑:如果此行非福,没有实现我的愿望,我最终还是要辞去佩刀之赠而退入渔樵之列!

从此诗我们不仅了解了高适这时的思想状态,而且对他的行止也有更深切的了解:由武威至临洮仍然没有见到哥舒,高适便写诗寄给哥舒幕下诸人,叙述自己的所见所闻以及所思所感。高适大约又到了陇右节度驻地鄯州西平郡,在那里才与哥舒翰相见。这正是《旧唐书·高适传》

所记："……客游河右,河西节度使哥舒翰见而异之……"高适此诗不仅可以使史传记载更为详细而且使之更为精确。

关于高适入哥舒翰幕府的时间历来众说纷纭。我认为高适是在天宝十二载夏由长安出发,当年秋冬才见到哥舒翰,被引为幕僚的。现在所存资料,说明高适正式入哥舒幕府时间,都在天宝十二载以后,如独孤及天宝十二载送陈兼应辟写了《送陈兼应辟兼寄高适贾至》诗(《毗陵集》卷二),诗中提到高适:"高侯秉戎翰,策马观西夷。方从幕中事,参谋王者师。"可见天宝十二载十月陈兼赴长安时,高适正在哥舒军幕。有人认为高适天宝十一载辞去封丘职后即赴陇右,然后又随哥舒翰入朝,故有与朋友登慈恩寺塔之游,此说不仅时间上不合情理,因为可证高适上半年仍在封丘任上,而且高适登塔所赋诗篇,其中"盛时惭阮步"、"输效独无因",皆不似已入幕口气。刘开扬先生《高适年谱》也认为高适天宝十一载"必秋暮已赴河西任",并认为《奉寄平原颜太守》诗不会作于天宝十四载,因其中称十四载四月去世的张九皋为"今南海张公",且其中有"一为天涯客,三见南飞鸿"之句,故而认为高适当是天宝十一载秋入幕,"三见",即天宝十三载。我以为这个论据不够有力:我们知道边塞秋早,大约七、八月即已入秋(岑参曰:"胡天八月即飞雪"),张九皋卒于四月三十日,高适又在河右边远之地,故而在天宝十四载"南飞鸿"时仍不知九皋已卒十分可能,上推三年即天宝十二载,高适入幕当在是年。另外,天宝十二载九曲之战以后,哥舒翰已兼陇右、河西二节度使之职,故高适诗题是《……寄河西陇右幕下诸公》,这也可证高适入哥舒之幕是在天宝十二载。

高适未至哥舒幕前,在长安即已内定为掌书记,天宝十二载秋见到哥舒后就担任了这个职务,但是朝廷正式批复却在近一年以后。《旧唐书》说哥舒翰一见高适,便"表为左骁兵曹,充翰府掌书记。"其实正式由朝廷任命却在天宝十三载。唐制,节度使幕僚不由朝廷直接任命,而由节度使自己辟召,然后奏闻批准。《资治通鉴》天宝十三载三月:"哥舒翰亦为其部将论功,敕以陇右十将、特进、火拔州都督、燕山郡王火拔归仁为骠骑大将军,河源军使王思礼加特进,临洮太守成如谬、讨击副使范阳鲁炅、皋兰府都督浑惟明并加云麾将军……翰又奏严挺之子武为节度判官,河东吕湮为支度判官,前封丘尉高适为掌书记,安邑曲环为别将。"掌书记是一个颇为重要的职位,"掌朝觐、聘问、慰荐、祭祀、祈祝之文与号令升绌之事"

205

（《新唐书·百官志四下》），唐代的节度使一般都使用才华与名望突出者担任。任此职之人，往往有机会登上高位，故杜甫期高适曰："十年出幕府，自可持军麾。"由此可见，高适很受哥舒翰的重视，入塞以后即成了哥舒幕府里的骨干人物。

三 幕中生活与诗作

高适毕竟是位诗人，也"以诗知名"，因而他在哥舒翰幕府里写作了一些边塞诗作，通过这些边塞诗我们可以大体了解他此时的思想和生活。又因为高适只是在"边城有馀力"的情况下才作诗，因而入塞两年多所赋诗篇并不很多。

高适这次出塞与前两次去蓟北完全不同，那时他是"倚剑欲谁语？关河空郁纡"，或者"岂无安边书，诸将已承恩，惆怅孙吴事，归来独闭门"，是多么凄凉不得志！这次却是高歌道："浅才登一命，孤剑通万里"、"一朝感推荐，万里从英髦"，这又是多么扬眉吐气！这种生活境遇的改变必然要影响高适的思想，而且会反映在他的作品之中。由于高适本身的阶级和思想的局限，把哥舒翰认作知己，考虑到今后还要依靠哥舒的提携等原因，使他就不能对哥舒翰有一个正确的评价，歌颂赞扬得多，批判揭露的少，甚至没有。难道西北边塞就没有东北边塞所存在的种种阴暗丑恶的现象？当然不是，只是在高适的眼里和笔下已经没有了它们的位置。虽然高适这一阶段仍有诗歌颂战斗的胜利、士兵的勇敢，但已很少触笔于战士生活的痛苦和思归的心情。他前两次入塞时的那种反映现实、鞭挞黑暗的精神明显地减弱了。如果一定要给高适的思想发展划一个分期的话，那么可以说：入哥舒翰幕府标志着高适思想进入了后期，他开始步入上层统治者的行列，越来越脱离人民生活的现实。当然这并不是说他后期就没有反映现实的作品，只是说这类作品大大地减少了。

现在可以确认是高适此期所作的诗文约有十余篇，这些作品，按其内容，我觉得可以分为三大类，这三类诗歌也反映了高适此时生活的三个方面。

一、对哥舒翰的赞颂。作为幕府里的能诗之士，想来哥舒是希望高适能以诗的形式对其歌功颂德的，就是高适也禁不住或是真心，或为应酬，要写一些歌颂主将的诗作,这是容易理解的。

在长安,当前方传来哥舒大军收复九曲的消息,高适就曾写诗表达对哥舒翰的赞颂。待他来到河西以后,哥舒由于收九曲而封为西平郡王。同时,高适看到因为九曲的收复,边塞处于一定的和平气氛中,便写下了《九曲词三首》。宋人郭茂倩《乐府诗集》卷九十一说:"《新唐书》曰:天宝中,哥舒翰攻破吐蕃洪济、大漠等城,收黄河九曲,以其地置洮阳郡。适由是作《九曲词》。"

其一云:"许国从来彻庙堂,连年不为在坛场。将军天上封侯印,御史台中异姓王。""庙堂",指朝廷;"坛场","筑土而高曰坛,除地曰场"(《汉书·高帝纪》注),是古代拜大将的地方。诗里竭力赞扬了哥舒翰对朝廷的忠诚,说他以身许国、不为封侯,朝廷是深知的;又渲染了他成为异姓王的荣耀。

其二云:"万骑争歌杨柳春,千场对舞绣骐驎。到处尽逢欢洽事,相看总是太平人。""杨柳春",似指歌曲名称;"绣骐驎",当类似今天喜庆时所舞龙狮之类。此诗从侧面歌颂了哥舒翰的功绩,说他给边塞带来了和平,使人民生活安定、欢乐。虽然这种赞美之词似有过分,但客观地分析,九曲之战以后,边地战事确实减少,人民生活在一定范围内和一定程度上得到了保障。

最后一首诗云:"铁骑横行铁岭头,西看逻逤取封侯。青海只今将饮马,黄河不用更防秋。""铁岭头",边塞的山岭;"逻逤",唐时吐蕃都城,即今西藏自治区之拉萨;"防秋",因为秋季草盛马肥,故吐蕃常常以此时大举进兵。《旧唐书·陆贽传》曰:"河陇陷蕃已来,西北边常以重兵守备,谓之防秋。"《通鉴》载开元十五年十二月:"制以吐蕃为边患,令陇右道及诸军团兵五万六千人,河西道及诸军团兵四万人,又征关中兵万人集临洮,朔方兵万人集会州防秋……"可见,唐朝每年劳师动众进行防秋,凡近三十年,因此收九曲罢防秋是个重大胜利。

《九曲词三首》虽难免谀美之词,但基本上还是恰当的,并非无根据的吹捧,只是内容显得比较肤浅,并没有触笔于战士的"死节从来岂顾勋"的精神,也没有触笔于"战士军前、美人帐下"的矛盾,更没有写出战争带给人民的灾难与不幸,何况不应把功劳全部算在哥舒翰一个人的账上,这些自然是高适思想的局限,指出来还是必要的。

在边塞,高适更真切地看到了哥舒翰一类武人由边功而封王的荣耀,自然增强了羡慕之心和功名之望。因而他有时也在歌颂边将武功之后,表达了自己的志向。他对哥舒翰的羡慕固然由"将军天上封侯印,御史台中异姓王"里流露出来,也从其他诗里得到表现,比较突出的是《塞下曲》。当时的西北前线,由于九曲故地的收复,相对来说比较太平了,但是阶级与民族矛盾并没有消除,加之仍有部分将领企望挑起边战而邀功请赏,因而边塞之战时有发生。对战斗的耳闻目睹,更激发了高适要求建功立业的热望,《塞下曲》即是有代表性的一篇作品。彭兰先生认为这首诗是收九曲时作。因其时诗人尚不在河西,故彭说微误。我以为,诗人来到边塞,看到了九曲之战后一些较小的战斗,加以概括和提高,才写出了这首诗。诗写得很雄壮,常为人们所称道,诗曰:

> 结束浮云骏,翩翩出从戎。
> 且凭天子怒,复倚将军雄。
> 万鼓雷殷地,千旗火生风。
> 日轮驻霜戈,月魄悬雕弓。
> 青海阵云匝,黑山兵气冲。
> 战酣太白高,战罢旄头空。
> 万里不惜死,一朝得成功。
> 画图麒麟阁,入朝明光宫。
> 大笑向文士,一经何足穷。
> 古人昧此道,往往成老翁。

"结束",指人马装束;"浮云",骏马名;"日轮"句,《淮南子·览冥训》云:"鲁阳公与韩构难,战酣,日暮,援戈而挥之,日为之反三舍。"高适用此表现战斗的激烈,持续的时间很长。"黑山",地名,在今内蒙古自治区;"太白",将星,象征战争的发生;"旄头",星名。"画图"句:《汉书·苏武传》载宣帝为了表彰功臣,图画十一人于麒麟阁,"法其形貌,署其官爵姓名。""明光宫",汉武帝所建宫殿名。这首诗可以分为两个层次来读,前十二句主要是写轻兵快马,大军出行,战鼓如雷,声音振地;大旗在风中抖动,恰似千万只火炬齐燃;战斗艰苦,由晨至暮;战云绕青海,杀声冲黑山;战斗激烈,太白也来助威;战斗结束,旄头方才隐去。诗人在这里借助自然景物、神话传说,结合亲眼所见,把这种战斗场面描写得多么生动、壮烈!后八句主要是表达诗人在这种战斗气氛里所激发起来的雄心,表现了对功名的强烈追求,并对白首穷经的文士表示了蔑视。王维有诗云:"忘身辞凤阙,报国取龙庭。岂学书生辈,窗间老一经"(《送赵都督赴代州》),与高适此诗结句立意正同。高适的功名之心历来较为强烈,希望边塞立功的志愿也由来已久,但是像《塞下曲》这样坦率的表达、豪迈的气概,也只有在他入哥舒翰幕府、受到重用以后才能化成这样雄快的诗句。当然,在希望为国建功的雄心背后,也暴露了高适思想中存在的庸俗的功名富贵观念,这是不应该忽略的。

二、表现高适在幕府中的生活情况和往来应酬。高适在哥舒翰幕府里的生活还是比较闲适的,有时与同僚往还周旋,有时也同群僚一道去访问附近的隐居之士。他有一首《武威同诸公过杨七山人》诗,很能看出他当时生活的闲逸,诗云:

> 幕府日多暇,田家岁复登。
> 相知恨不早,乘兴乃无恒。
> 穷巷有乔木,深斋垂石藤。
> 边城唯有醉,此外更何能?

当然,说"幕府日多暇"、"边城唯有醉",可能是夸张之词,但必然有一定的现实根据,幕中生活比较闲暇却是肯定的。空暇时,高适不仅要去穷巷深斋拜会山人,而且还常常与同僚饮酒赋诗。在哥舒翰幕府里高适与吕湮的友谊尤深。吕湮,也是哥舒翰的得力慕僚,与高适同时被拜为支度判官。《旧唐书·吕湮传》云:"湮性谨守,勤于吏职,虽同僚追赏,而塊然视事,不离察簿,翰益亲之,累兼虞部员外郎、侍御史。"高适有两首与他的唱和之作,其一是《同吕判官从哥舒大夫破洪济城回登积石军多福七级浮图》,诗中描绘了塔的高峻,赞扬了唐军的声威和胜利,最后写到了自己与吕湮的友谊并对吕氏的诗才表示了赞赏:"君怀生羽翼,本欲厚骐骥。款段苦不前,青冥信难致。一歌阳春后,三叹终自愧。"另一首是《同吕员外酬田著作幕门军西宿盘山秋夜作》,这时吕湮已升任虞部员外郎,故称他为"吕员外"。田著作(疑为田梁丘)先有《幕门军西宿盘山秋夜作》,吕氏和之,高又和吕,其中也表现了高适与田、吕的友谊:"忆君霜露时,使我空引领",可见他们之间的感情是很深的。

天宝十三载七月有一位姓窦的侍御史到武威军府经办经济事务,高适一直奉陪着他,这一半儿是旧友的情分,一半儿大约是哥舒翰的委托。窦某到河西的时间不长,两个月左右,高适却写了三首诗和一篇序文,这些作品对于了解高适此时的生活状况是有帮助的。由《窦侍御灵云南亭宴诗·序》中"员外李公曰:七者何夕?牛女之夕也"的话,知第一次在灵云南亭设宴是这年七月七日。在这首诗里,高适写道:"人幽宜眺听,目极喜亭台",自然风景优美,使人登亭而悦。诗中对边地秋色的描写颇为动人:"新秋归远树,残雨拥轻雷。檐外长天尽,尊前鸟独来。"接着又叙述了自己的幕中生活与希望:"常吟塞下曲,多谢幕中才。河汉徒相望,嘉期安在哉?"最后两句是说:在这七夕的良辰美景,自然想到牛郎织女的相会,什么时候我才能立功边塞、衣锦还乡呢?结合他在序文里说的:"胡天一望,云物苍然,雨萧萧而牧马声断,风袅袅而边歌几处,又足悲矣。"便更容易理解他此时的心境。《陪窦侍御泛灵云池》同上篇是一日之作,写得比较好:

> 白露时先降,清川思不穷。
> 江湖仍塞上,舟楫在军中。
> 舞换临津树,歌饶向晚风。
> 夕阳连积水,边色满秋空。
> 乘兴宜投辖,邀欢莫避骢。
> 谁怜持弱羽,犹欲伴鹓鸿。

前四句写在早秋之时,泛舟于灵云池,以前虽然也多次泛舟,但那是在内地,现在呢,却在塞上的军中,自然秋思无穷、浮想联翩了。中四句重点写泛舟的乐趣:池边之树随风起舞,远处歌声随风飘荡。池水广阔,似连夕阳;放眼边塞,处处秋色。最后四句写欢宴之乐和希望别人进一步举荐之意。"投辖",用了一个典故,《汉书·陈遵传》云:"每大饮,宾客满堂,辄关门,取客车辖投井中,虽有急,终不得去。"高适用此来形容主客的欢聚。"避骢",也是用典,《后汉书·桓典传》曰:"拜侍御史,是时宦官专权,典执政无所回避,常乘骢马,京师畏惮,为之语曰:'行行且止,避骢马御史'。"这里用此来衬托欢宴的气氛。最后两句有自谦,也有望人引荐,尽快立功的感叹。

《和窦侍御登凉州七级浮图之作》纯是应酬,意义不大。窦某离开河西时,高适写了《送窦侍御知河西和籴还京序》,其中说:"八月既望,公于是领钱谷之要,归奏朝廷",写明了时间。序文接着描写了军幕里的游宴场面:

> 副节制郎中裴公,军司马员外李公,追台阁之旧游,惜轩车之远别,席楼船于池上,泛云物于城下,胡笳羌笛,缭绕隈隩,僛儛祛装,映带洲渚,醉后欢甚,东林日高……

高适的描写比较细致,由此可见,唐代边将及幕下人员的生活是十分骄奢淫逸的。周勋初先生在谈到这种幕府生活时,引用了元稹《西凉伎》诗,并说:元诗"虽出传闻,且有文学上之夸张,然仍可作为了解高适幕府生涯之参考资料",这是不错的。元稹的诗是这样的:"吾闻昔日西凉州,人烟扑地桑柘稠。葡萄酒熟恣行乐,红艳青旗朱粉楼。楼下当垆称卓女,楼头伴客名莫愁。乡人不识离别苦,更卒多为沉滞游。哥舒开府设高宴,八珍九醖当前头。前头百戏竞撩乱,刀剑跳掷霜雪浮。狮子摇光毛彩竖,胡姬醉舞筋骨柔。"对照高适其他诗文仍能互相印证,如《陪窦侍御灵云南亭宴诗·序》云:"军中无事,君子饮食宴乐,宜哉。……丝桐徐奏,林木更爽,觞蒲萄以递欢,指兰芷而可掇。"由此我们可以想到:生活在这样环境里的高适,其思想怎么会不发生变化呢? 或者说他思想里早已存在的庸俗的、消极的因素,怎么会不发展起来呢? 因此,我们读不到像他前两次入塞所写的那样深刻、尖锐的诗文,就不是什么奇怪的事了。

在上面的一些诗文里,高适描绘了边地的景色,在另外一些诗里,如《部落曲》,由于他生活在边塞,故而能较为细致地描绘出少数民族的风俗与习惯,诗曰:

> 蕃军傍塞游,代马喷风秋。

老将垂金甲,阏氏着锦裘。

瑂戈蒙豹尾,红旗插狼头。

日暮天山下,鸣笳汉使愁。

　　高适是一位诗人,他有极敏锐的观察力,对一些奇异的事物也有"好奇"的一面,故而去东北即有《营州歌》,来西北即有《部落曲》,两诗正有异曲同工之妙。"阏氏",少数族单于嫡妻之号,相当于汉族之皇后;"瑂戈",有刻镂花纹的戈。读诗我们知道:虽然边塞暂时获得了安定,但吐蕃军队仍然在附近巡游,胡马在秋风中鸣叫;蕃军老将带着金甲,单于皇后穿着锦裘。豹尾蒙在瑂戈之上,战旗上图画着狼头之状;天山日暮,胡笳长鸣,想来这种气氛给当年入蕃的汉使也带来过愁绪吧?

　　幕府生活虽然"日多暇",但他毕竟担任着掌书记的职务,军务是迟延不得的。有时他要在幕中草书朝觐、聘问之文,有时又需要奔驰在边塞的山道上,《入昌松东界山行》就是写他在外奔波劳顿生活的:

鸟道几登顿,马蹄无暂闲。

崎岖出长坂,合沓犹前山。

石激水流处,天寒松色间。

王程应未尽,且莫顾刀环。

　　《旧唐书·地理志》记昌松县(汉称苍松县)在凉州武威郡,故城在现在甘肃古浪县西一带。"鸟道",极力形容山之险峻,山山相连,高峻入天,只有飞鸟能落其低缺处。"登顿",谓上下也;"合沓",高的样子;"顾刀环",刀"环"之"环"与归还之"还"谐音,故往往用以代指。这诗写高适为了完成公事,不顾鸟道难行而日夜兼程,其中"石激水流处,天寒松色间",形象地写出了山行时的景色与气氛;而"王程应未尽,且莫顾刀环",又写出了他小心谨慎,不畏劳苦履行书记之职的情状。

　　三、边地送别与遥寄友人。这其实也属于高适的幕中生活,但为了介绍的清楚一点儿,不妨专门谈一下。高适的河西送别诗留下来的并不多,只有两首。其一是《河西送李十七》,诗云:

212

边城多送别，此去莫徒然。
问礼知才子，登科及少年。
出门看落日，驱马向秋天。
高价人争重，行当早着鞭。

诗里充满了诗人对将赴京应试的李某的希望与鼓励，而"早着鞭"之"早"似乎又有一点儿叹老的意思。更值得重视的是另一首《送浑将军出塞》。浑将军即浑惟明，高适被正式任命为掌书记之时，他为皋兰府都督并加云麾大将军。高诗先写浑将军之家族史：

将军族贵兵且强，汉家已是浑耶王。
子孙相承在朝野，至今部曲燕支下。
控弦尽用阴山儿，登阵常骑大宛马。

《新唐书·宰相世系表五下》曰："浑氏出自匈奴浑耶王，随拓拔氏徙河南，因以为氏。"诗与史实正合。高适又赞扬浑将军随哥舒翰征战边塞，屡立军功：

银鞍玉勒绣蝥弧，每逐嫖姚破骨都。
李广从来先将士，卫青不肯学孙吴。

"蝥弧"，"诸侯之旗也"（《左传·隐公十一年》疏）；"骨部"，少数民族之大将；"嫖姚"，代指哥舒翰。这几句先说浑将军身骑骏马，随哥舒翰，屡破来敌；再说他像李广一样身先士卒，又像汉将卫青一样以方略为贵，不肯学习古代孙吴的兵法。然后，诗人又写到羽书忽至、敌人来犯，浑将军带兵出征，诗云：

传有沙场千万骑，昨夜边庭羽书至。
城头画角三四声，匣里宝刀昼夜鸣。
意气能甘万里去，辛勤动作一年行。
黄云白草无前后，朝建旌旗夕刁斗。

塞上应多侠少年,关西不见春杨柳。

"画角",如胡笳一类的乐器;"无前后",谓到处皆是黄云白草也;"关西",阳关以西。诗里不仅描写了战事的忽然和出征的艰苦,而且还描绘了边地的荒凉景象,常使人想起"黄河远上白云间,一片孤城万仞山"之类的诗句。全诗最后表示了对浑将军的赞扬与希望:

从军借问所从谁,击剑酣歌当此时。
远别无轻绕朝策,平戎早寄仲宣诗。

"绕朝",战国时秦大夫,此处自指;"仲宣",王粲的字,曾作《从军诗》,流传颇广。"远别"句凝集着同僚的深情;"平戎"句说出了诗友的愿望,可见浑氏是一位能文能武的将军。《送浑将军出塞》写得气势磅礴,内容丰富,格调高昂,后人的评价颇高,清人赵熙批此诗道:"浑将军得此一诗,胜于史篇一传。"

在边塞,高适也常常思念内地的老友。早年与高适即有交往的颜真卿正在平原郡当太守,《颜鲁公行状》曰:"天宝十二载,(杨)国忠以前事衔之,谬称清择,乃出为平原太守。"一直到安史之乱,颜真卿一直在平原太守任上。高适怀友心切,在天宝十四载夏、秋之际有诗《奉寄平原颜太守》,诗的序文里提到颜、高早年订交,并叙述了张九皋对高适的赏识,这些前面已经介绍,此不赘述。要补充的是高适寄此诗时张九皋已经去世,但远在边塞的高适并不知道,故仍以"今南海太守"相称。我们还是读诗吧:前面十八句先写颜真卿出为平原太守,力行德政,至使"豪富已低首,逋逃还力农。"接着深情地回忆了颜任监察御史时以诗序嘉美而自感惭愧:"始余梁宋间,甘予麋鹿同。散发对浮云,浩歌追钓翁。如何顾疵贱,遂肯偕穷通。耿介出宪司,慨然见群公。赋诗感知己,独立争愚蒙。"字里行间流露出怎样的感激之情呀!虽然已是二十年以前的往事了,但对高适来说,那是多么珍贵的记忆!在这首诗里,诗人叙述了在幕府里的生活,因为比较详细,所以是了解高适的重要材料,诗里写道:

金石谁不仰,波澜殊未穷。

微躯枉多价,朽木惭良工。
上将拓边西,薄才忝从戎。
岂论济代心,愿效匹夫雄。
骅骝满长皁,弱翮依彤笼。
行军动若飞,旋旆信严终。
屡陪投醪醉,窃贺铭山功。
虽无汗马劳,且喜沙塞空。
去去勿复道,所思积深衷。
一为天涯客,三见南飞鸿。
应念萧关外,飘飘随转蓬。

诗人在诗里自谦道:谁不希望将功绩铭于金石呢? 我微躯枉被人所看重,其实是朽木不可由良工雕饰呀! 我随哥舒大夫从戎成边,岂敢说有济世之心,只是愿效一介匹夫之力罢了。这里有许多高才之士,我呢,只是忝陪其中而已。军行如飞,旌回则严肃整军以终其事,我身为掌书记,不过屡陪将士们欢饮而醉,手草铭文于山上以记功;虽然没有冲杀之力,但看到边塞安定,也不胜欣慰。我入塞已经两年多了,你也许怀念萧关之外,尚如转蓬一样飘飘的旧友吧? 二人之间的友谊是相当深厚的。

高适与杜甫虽然相隔千里,但二人仍不断互相寄诗问候,可惜高适的寄诗已经读不到了,杜甫诗集里却还保存着寄给边塞高适的两首诗。天宝十三载,杜甫有《寄高三十五书记适》,诗云:

叹息高生老,新诗日又多。
美名人不及,佳句法如何。
主将收才子,崆峒足凯歌。
闻君已朱绂,且得慰蹉跎。

高适其年已五十四岁,故称"老";且在边塞多有"从军诗"寄往内地朋友,诗名颇盛,故杜甫前四句"称适诗才",说高适年老诗多,创作颇为丰富,诗名更加令人钦佩。"主将",指哥舒翰,说高适受主将重视且为唐军大作凯歌。最后,杜甫不无羡慕的说:你得遇知己,已得朱绂,可以聊以安慰过去的蹉跎之年了！天宝十四载二月哥舒翰入朝拜见皇帝,但"道得风疾,遂留京师家居不出"(《资治通鉴》卷二一七),因令部尉蔡希鲁先归陇右,杜甫赠蔡诗送别,并请蔡某向高适代致问候,诗为《送蔡希鲁都尉还陇右因寄高三十五书记》,诗中说:"汉使黄河远,凉州白麦枯。因君问消息,好在阮元瑜?"怀念关心之情是很感人的。

高适由天宝十二载夏、秋之际入西北边塞到安史之乱爆发离开河西地区,前后不到三年的时间,我们只能依靠不多的一些材料,对他这一阶段的生活和思想做一个大体的勾勒,不细致也不全面,但还是可以得到一个总的印象的。

第九章

安史之乱以后的高适

一　渔阳鼙鼓与潼关失守

开元末期以后,以唐玄宗为首的封建统治集团更加肆意地挥霍广大劳动人民创造的社会财富,日趋奢侈荒淫。随之而来的是土地兼并更为剧烈,阶级矛盾越发尖锐,以至发展到"朱门酒肉臭,路有冻死骨"的程度。自从开元二十五年李林甫排挤了张九龄以后,政治就越来越腐败不堪。玄宗执政几十年,日益昏庸,认为"天下无事",而要"高居无为",因而将政事委于李林甫,边事委于众边将,内事委于高力士,自己过着"春宵苦短日高起,从此君王不早朝"(《长恨歌》)的淫逸生活。"上或时不视朝,百司悉集林甫第门,台省为空"(《通鉴》)。李林甫虽然是个不学无术的人,但搞阴谋诡计却是个行家。他专权后,凡是与自己意见相左或有可能取而代之的人物,都要想尽办法加以排挤和打击,如张九龄、李适之、李邕、裴敦复等许多人皆不能幸免。李林甫死后,杨国忠独览朝政,他"居朝廷,攘袂扼腕,公卿以下,颐指气使,莫不震慑",真个是"炙手可热势绝伦"(《丽人行》)。国忠是由杨贵妃的裙带关系得以侥幸的小人,无能更甚于李林甫。朝政在他手里被搞得更加混乱不堪,如选官的轻率和轻启南诏边事等等,更加剧了阶级的和民族的矛盾。李林甫和杨国忠的相继为奸,预示着盛唐社会的必然崩溃。

李林甫专权之时,为了巩固自己的相位,"志欲杜出将入相之源,尝奏曰:文士为将,怯当矢石,不如用寒族蕃人,蕃人善战有勇,寒族即无党援。

帝以为然,乃用思顺代林甫领使。自是,高仙芝、哥舒翰皆专任大将,林甫利其不识文字,无入相由。然而禄山竟为乱阶,由专得大将之任故也。"(《旧唐书·李林甫传》)。胡将独当一面,自然可以悄悄发展自己的势力,这就为叛乱埋下了祸根。因此,安禄山的叛乱绝不是偶然的,李林甫正是此次叛乱的罪魁之一。

安禄山的父亲是西域胡人,本姓康,母亲是突厥人,后其母再嫁胡将安延偃,故冒称安氏。开元二十七年以前,禄山仅是幽州节度使张守珪部下的一名偏将,因其骁勇多谋,被守珪收为养子。后来禄山又因贿赂河北采访使张利贞而为平卢军节度使,天宝年间又巴结上杨贵妃,作了她的干儿子,进而获得了玄宗的宠信,仅仅十年左右的时间,安禄山就控制了东北三大重镇——平卢(治营州,今辽宁朝阳)、范阳(治蓟州,今北京大兴)、河东(治太原,今山西太原),成为一个兵权极大的边将。安禄山曾多次到长安朝见玄宗,见朝纲紊乱,叛逆之心早已有之,每当经过朝堂龙尾道时,他总要左右端详,停留好大一会儿才舍得离去。安禄山十分狡猾奸诈,一方面在玄宗面前竭力装忠卖乖,骗取信任;另一方面又利用玄宗的昏庸和对他的盲目信任,在范阳城北储备粮草,修筑战垒,赶制军械,还收同罗和投降了的奚、契丹曳落河近万人作义子,积极教练军队,收罗人才,提拔大将,伺机发动叛乱。禄山将要作乱,早已有人洞悉,天宝六载王忠嗣即"数上言禄山必反"(《资治通鉴》卷二一五·天宝六载)。随着时间的推移,禄山之心已路人皆知,许多人向玄宗发出警告,但玄宗却姑息养奸,妄想以恩宠加以笼络,甚至"自是有言禄山反者,上皆缚送"。杜甫在《后出塞》里描写了禄山的得意情状:"主将位益崇,气骄凌上都。边人不敢议,议者死路衢",并用"群冰从西下,极目高崒兀。疑是崆峒来,恐触天柱折"(《自京赴奉先县咏怀五百字》)的形象比喻表达了对天下将乱的预感。杜甫所表达的正是当时许多有识之士共同的忧虑。

安禄山虽然早有反叛之心,但惮于李林甫的狡诈不敢轻举妄动。杨国忠作了宰相以后,安禄山并不把他放在眼里,两人矛盾十分尖锐,愈演愈烈。杨国忠看出禄山必反,但苦于玄宗不信,便想方设法刺激禄山,想让他快点儿反,以证明自己的推断是正确的,从而取信于玄宗。安禄山想到不早动手将为国忠所图,何况也感觉到玄宗似乎对他也有了觉察,便决定起兵叛乱。正好在天宝十四载十一月的一天有奏事官由京师回来,安禄山便诈称得密旨,要他率兵入朝讨伐杨国忠。几天以后,安禄山就领兵十五万号称二十万从范阳誓师反唐了。

"渔阳鼙鼓动地来,惊破霓裳羽衣曲"(《长恨歌》)。东北的叛乱,打破了太平盛世的迷梦,使整个唐朝震惊了。由于唐朝长期以来政治腐败,军备废弛,故安史叛军大有不可抵挡之势,破潼关,入长安,给人民带来了巨大灾难。安禄山在攻陷长安之前,即称帝于洛阳,国号大燕,正是李白神游莲花山所见之景:"俯视洛阳川,茫茫走胡兵。流血涂野草,豺狼尽冠缨"(《古风》第十九)。公元七五七年,禄山为其子庆绪所杀,唐朝军队乘机反攻,于当年九月和十月分别收复长安和洛阳,安禄山的大将史思明也暂时投降了唐朝。史思明是营州人,为西域胡人与突厥的混血儿,与禄山同乡后又友善,曾与禄山一道在张守珪部下为将,安禄山起事,他又为重要将领。史思明暂降唐朝的时间不长,一年后唐朝消灭史思明的预谋泄露,史思明杀唐朝将领再叛。唐将郭子仪等九节度使率兵围安庆绪于魏州,史思明援助,败九节度兵,又杀安庆绪而自立为大燕皇帝。不久,史思明为其子史朝义所杀,叛军力量大减,唐朝再借回纥之兵,于宝应元年(762)收复洛阳。次年初,史朝义死于部将手里,前后历时八年(公元755—763)的"安史之乱"至此始告结束。"安史之乱"发生的原因很多,但罪魁却是以玄宗为首的统治集团,李商隐有两句诗颇有道理,他说:"当日不来高处舞,可能天下有胡尘?!"(《华清宫》)"安史之乱"是唐代社会由盛而衰的转折点,此乱之后,唐王朝日益衰微,最后终于在黄巢农民起义的风浪中垮掉了。

如前所说,唐朝承平日久,对安禄山的叛乱没有准备,故当叛军打来之时,"州县发官铠杖,皆穿朽钝折不可用,持挺斗弗能抗。吏皆弃城匿,或自杀,不则就禽"(《新唐书·安禄山传》)。中央禁军与地方武备,同样驰废,兵不能战。唐朝在匆忙中急速募兵,令当时著名大将高仙芝、封常清东讨,但均遭失败。十二月,叛军陷东京,前锋西至陕郡。这时唐玄宗慌了神儿,忙命哥舒翰"为副元帅,领河、陇诸蕃部落奴剌、颉跌、朱邪、契苾、浑、蹛林、奚结、沙陀、蓬子、处密、吐谷浑、思结等十三部落,督蕃、汉兵二十一万八千人,镇于潼关"(《通鉴考异》引《安禄山事迹》)。当时哥舒翰虽然病居家中,但天下大乱,玄宗有令,他不能不听,便率兵前来守卫潼关,高适此时也由河西投奔哥舒翰,朝廷拜高适为左拾遗,转监察御史,佐助哥舒翰防守潼关。当时,潼关是重要的军事防线,得之则挫叛军气势,使唐朝重修甲兵,布置战略;失之则大河决堤,势难阻挡,长安不保。

　　哥舒翰虽然勉强受命,"然病瘖不能事,以军政委良丘,使王思礼主骑,李承光主步。三人争长,政令无所统,众携驰,无斗意"。开始守关,还时有小胜,安庆绪几次叩关皆狼狈而回。但这种内部的不协调,对唐军来说是很不利的。哥舒翰虽然是一个颇有武功的将领,但他毕竟是封建统治阶级的上层人物。在国家危亡的关键时刻,统治阶级内部的矛盾与斗争并没有结束,反而更加激化。哥舒翰素与安思顺不和,便借守潼关之机以报私怨,《旧唐书·哥舒翰传》说:"翰之守潼关也,主天下兵权,肆志报怨,诬奏户部尚书安思顺与禄山潜通,伪令人为禄山遗思顺书,于关门擒之以献。其年三月,思顺及弟太仆卿元贞并坐诛,徙其家属于岭外,天下冤之。"可见哥舒翰不顾大局之甚!更为甚者,是在这紧要关头,哥舒翰与杨国忠互相猜疑,明争暗斗,终于造成了潼关失守的严重后果。哥舒与国忠本不和,此次禄山叛乱又以诛杨为名,哥舒部将王思礼曾秘密劝说哥舒上表请诛杨国忠,哥舒决心难下,王思礼又请求带三十骑将杨国忠劫到潼关,哥舒仍然没敢点头,其实他心里却在打着诛杀国忠的主意。杨国忠也很担心此时"主天下兵权"的哥舒翰搞掉自己,有人劝他:"今朝廷重兵尽在翰手,翰若援旗西指,于公岂不危哉!"国忠便上奏玄宗说:"潼关大军虽盛,而后无继,万一失利,京师可扰,请选监牧小儿三千于苑中训练。"又收万人屯于灞上,派亲信率领,名为防安禄山,实为备哥舒翰。这些举动自然又引起了哥舒的戒心,便上书玄宗,请求把灞上万人划归自己指挥并借故杀了杨国忠的亲信。这样,哥舒与国忠之间的矛盾就更加激化。天宝十五载六月间,前方报告安禄山部将崔乾祐率四千老弱之兵入于陕(今河南陕县)一带,玄宗命令哥舒翰进兵收复陕、洛。哥舒毕竟老于征战,因而上奏说:"禄山久习用兵,今始为逆,岂肯无备?是必羸师以诱我,若往,正堕其计中。且贼远来,利在速战,官军据险以扼之,利在坚守。况贼残虐失众,兵势日蹙,将有内变,因而乘之,可不战擒也。要在成功,何必务速!今诸道征兵尚未交集,请旦待之。"这个分析和对策是完全正确的,但杨国忠怕哥舒算计自己,便反复上奏玄宗,让玄宗催促哥舒出兵。玄宗久处太平,不知军事,偏信了国忠之言,不断地派使者指责哥舒,令他出战。哥舒明知主动出兵凶多吉少,但皇帝之令不得违抗,便只得拍胸痛哭,引兵出关。在灵宝(今河南省灵宝县)西原与崔乾祐军相遇,叛军先以小股兵力引诱,唐军失去警惕,遂中叛军埋伏,大败。哥舒带八千士卒回到潼关,却又被崔乾祐攻克,他只得退处关西驿,招兵买马,企图夺回潼关。这时哥舒部将火拔归仁劝他降安禄山,哥舒不肯,火拔归仁便把他绑在马上,投降了安禄山。哥舒翰为了活命,跪拜禄山称臣,并写书信招降其他将领,皆被拒绝,后来他也被安禄山杀掉了。

潼关失陷,天下大乱,从皇室到百姓一片恐惶,纷纷准备出逃。高适由潼关奔入长安,献计献策,表示要坚决抗击安禄山。《册府元龟》云:"唐高适为左拾遗。天宝末,天下兵起,潼关失守。适上策曰:竭库藏召募以御贼,犹未失计。事虽不行,闻者壮之。"《新唐书·高适传》记载略同:"翰败,帝问群策安出,适请竭禁藏募死士抗贼,未为晚,不省。"不知为何高适的建议没有被朝廷接受,但由此亦可看出高适在危难时比较沉着镇定,颇受时人赞扬。玄宗没有采取什么措施以夺回潼关,而是在潼关失守三天后即悄悄西逃。颜真卿在《正义大夫行国子司业上柱国金乡县开国男颜府君神道碑铭》里说:"(天宝)十五年,长安陷,舆驾幸蜀。朝官多出骆谷(今陕西盩厔西南),至兴道,房琯、李煜、高适等数十人尽在。"高适等人走间道,在河池郡赶上了玄宗的西逃队伍。周勋初先生《高适年谱》说:"盖玄宗乃沿太白山比较平易之故道西逃,高适等人则横越秦岭,由直捷而艰险之骆谷路西南行也。"河池郡属山南道,即今陕西凤县东一带。追上玄宗以后,高适谒见了玄宗,分析了潼关失败时的形势,并报告了朝廷军政腐败的情况。《旧唐书·高适传》曰:

及翰兵败,适自骆谷西驰,奔赴行在,及河池郡,谒见玄宗,因陈潼关败亡之势曰:"仆射哥舒翰,忠义感激,臣颇知之。然疾病沉顿,智力将竭,监军李大宜与将士约为香火,使娼妇弹箜篌琵琶以相娱乐,樗蒲饮酒,不恤军务,蕃浑及秦陇武士盛夏五六月于赤日之中食仓米饭,且犹不足,欲其勇战,安可得乎? 故有望敌散亡,临阵翻动,万全之地,一朝而失。南阳之军,鲁炅、何履光、赵国珍各皆持节,监军等数人更相用事,宁有是战而能必胜哉? 臣与杨国忠争,终不见纳,陛下因此履巴山剑阁之险,西幸蜀中,避其薰毒,未足为耻也。"

因为哥舒翰大军虽败,但投降之事尚未传来,故高适有为哥舒翰辩护之辞,高适曾以哥舒为知己,因而也难免有为其开脱的意思,这本身自有可议之处。但有的批评则似不当,如宋德洪在《跋杜子美祭房太尉文稿》里说:"哥舒翰之臣禄山,天子西奔,天下怨之,而高适乃表雪其事,称舒翰忠义有素,而以病夺其明,将军三十万而低首事贼,非叛乎?从而文其罪,非欺乎?"(《石门题跋》卷二)。这话说得很尖刻,但却没有考虑具体情况。可以想象,如果玄宗和高适都知道哥舒翰已"低首事贼",那么高适还敢为哥舒翰辩护说他"忠义有素"或"忠义感激"吗?而玄宗听了高适的话还能"颔之"或"嘉之"吗?

玄宗面见高适且听了他关于潼关形势的分析,颇觉有理,知高适有一定的才能,故而先迁他为侍御史,高适随驾到了成都,又被任命为谏议大夫。《旧唐书·高适传》云:"至成都,八月,制曰:'侍御史高适,立节真峻,植躬高朗,感激怀经济之略,纷纶赡文雅之才。长策远图,可云大体;谠言义色,实谓忠臣。宜迥纠逖之任,俾超讽谕之职。可谏议大夫,赐绯鱼袋。"制文虽然是官样文章,但有些话说得也颇为中肯,这是因为这篇制诰的作者是高适的老友贾至,当时贾至任中书起居舍人,知制诰。谏议大夫,是专管进谏设议的官儿。高适本来性格就慷慨激昂,做左拾遗的微官时便敢与宰相杨国忠相争,现在受命于危难之时,因而就更加竭力尽忠,史书说他:"负气敢言,权幸惮之",当是可信的,如他切谏不可实行诸王分镇即是一例。当时的宰相房琯向玄宗建议,以太子李亨(肃宗)为天下兵马元帅,领朔方、河东、河北、平卢各道,收复京城;又命永王璘为江陵府都督,领山南东路、黔中、岭南、江南西路各道;盛王李琦为广陵郡大都督,领江南东路、淮南、河南各道;丰王李珙为武威郡都督,领河西、陇右、安西、北庭各道。这就是要玄宗把天下分割给各个儿子。当时的形势是南北有对峙的可能,永王李璘占据江淮富裕的地区,对李亨自然是个严重的威胁,李亨处于尊长之位,不容李璘与之相争,所以分镇之议一行,必致内争,安史之乱怎么平定?房琯是个典型的能说不能做的人物,对唐代历史与现实缺乏深入地了解,一味地搬用古法,正如他在陈涛斜之役"用春秋车战之法"一样,力主分建也是效法西周初期封建诸侯藩屏周室的故伎。高适能认真研究当时的政治形势,能在肃宗与永王的矛盾之中预见到政局发展的方向,因而"帝以诸王分镇,适盛言不可"(《新唐书·高适传》),

可见他确是有政治家头脑的。想来他"盛言"之时,必然得罪了力主分建的宰相房琯,正体现了他的"负气敢言"。胡震亨《唐音癸签》有一段话颇有意思,他似乎想探求李白、杜甫、高适三人穷达的原因,他说:

> 高适,诗人之达者也。其人故不同:甫善房琯,适议独与琯左;白误受永王璘辟,适独察璘反萌,豫为备。二子穷而适达,又何疑也。

虽然这种比较难免有"以偏概全"的意思,却也能引人思索。

二 持节淮南与征讨李璘

《资治通鉴》至德元载十二月曰:"永王璘,幼失母,为上所鞠养,常抱之以眠;从上皇入蜀。上皇命诸子分总天下节制,谏议大夫高适谏,以为不可,上皇不听。璘领四道节度都使,镇江陵。时江、淮租赋如山积于江陵,璘召募勇士数万人,日费巨万。璘生长深宫,不更人事,子襄城王瑒,有勇力,好兵,有薛镠等为之谋主,以为今天下大乱,惟南方完富,璘握四道兵,封疆数千里,宜据金陵,保有江表,如东晋故事。上闻之,敕璘归觐于蜀,璘不从。"可见,玄宗不用高适之议,而仍采用了房琯分封的建议,导致了李璘起兵叛乱。李璘在其子与谋臣薛镠怂恿之下,不顾当时正是安史之乱的紧要关头,置整个朝廷危亡于不顾,依据江南繁富的经济基础,打着平定安史之乱的旗号,实质是试图与肃宗李亨争个高低。这固然属于封建统治阶级内部的矛盾与斗争,但在安史作乱的时候,这无疑会分散中央朝廷的兵力与注意力,给安史叛军以可乘之机,这无疑是叛乱的行为。

永王璘为了建立江东政权,企图依东晋故事,以长江为界把中国一分为二。因而,他不仅"尽募勇士数万人",而且广召当时的有名之士,以做他的参谋幕僚;还召一些能武之将,做他的骨干人物。《新唐书·永王璘传》说他"见富且强,遂有窥江左意。以薛镠、李台卿、韦子春、刘巨鳞、蔡骒为谋士,……以浑惟明、季广琛、高仙琦为将"。至德元年十二月,永王引兵自江陵东下金陵,引起朝野振动。永王军经过浔阳时,知道李白在庐山隐居,便派谋士韦子春前后三次上山请李白入幕。李白其实并不想入永王幕，他的从璘带有被迫的意思，如他曾说："半夜水军来，寻阳满旌旃。空名适自误，迫胁上楼船"（《经乱离后，天恩流夜郎，忆旧游书怀赠江夏韦太守良宰》）。在李白初入幕时所写的《与贾少公书》里也有犹豫的意思，他说："王命崇重，大总元戎，辟书三至，人轻礼重，严期迫切，难以固辞，扶力一行，前观进退。"可见李白也隐隐地感觉到永王虽打着抗击安禄山的旗号，很可能有分裂唐朝之心，故李白有些犹豫不决；但毕竟永王用心尚不明显，何况以王子之尊，三次聘请，使李白难以推却；更因李白有积极要求建功立业的雄心壮志，希望能为平定安史之乱贡献自己的一份力量，因而还是参加了永王幕府并写诗颂扬永王军的声威，希望永王能真正为平乱尽力，著名的《永王东巡歌》十一首即作于此时。永王并不像李白所期望的那样，他领军东下，表面是平叛，实际上是企图占据江东半壁江山，因而引起了肃宗的极大不安。李亨命令永王到蜀中拜见玄宗，想以此把永王调离江陵，使永王军群龙无首，自然叛乱不起。但永王心怀鬼胎，不敢也不愿去蜀中，反而不请示肃宗便擅自引兵东下江陵，反意已十分明显。有的人为了肯定从璘的李白而肯定李璘私下江陵的行为，这纯属偏见。事实是，李白对永王企图认识不清并非有意从璘叛乱，李白是真心希望永王"南风一扫胡尘静，西入长安到日边"（《永王东巡歌》十一）的，不幸的是李白因参加李璘幕府而获罪，在永王败死以后，他受到了流放夜郎的处分，这实在是冤枉的。

且说肃宗对李璘东下江陵的行动甚为不安，让永王觐见玄宗的命令又不见效，便召集亲信商议对策，准备采取武力行动。在永王与肃宗之间，高适是坚决站在肃宗一边的，肃宗早知高适曾切谏不可实行分制，认为他"论谏有素"，便"召而谋之，适因陈江东利害，永王必败"，因而很受肃宗的重视。"十二月，置淮南节度使，领广陵等十二郡，以适为之；置淮南西道节度使，领汝南等五郡，以来瑱为之；使与江东节度使韦陟共图璘"（《资治通鉴》至德元载十二月）。淮南节度使，领扬州广陵郡、楚州山阳郡、滁州全椒郡、和州历阳郡、寿州淮南郡、庐州合肥郡、舒州同安郡、光州弋阳郡、蕲州蕲春郡、安州安陆郡、黄州齐安郡、申州义阳郡、沔州汉阳郡，凡十三（胡三省注），治所在扬州广陵郡（江都，即今江苏省扬州市）。高适此时的正式官职是"广陵长史、淮南节度兼采访使"，是从三品的高官了。得到肃宗这个任命以后，至德二载二月高适曾有《谢上淮南节度使表》，表中云："岂意圣私超等，荣宠荐臻，拔自周行，寄重方面。"淮南地处长江、运河之交，"四会五达"，地理位置十分重要，且这里财产富裕，古有"扬一益二"之称，可见肃宗对高适的重视。

至德二载（757）二月，永王东下军抵当涂，吴郡太守兼江南东路采访使李希言质问永王东下之意，李璘大怒，令其将浑惟明袭李希言于吴郡，季广琛袭广陵长史、淮南采访使李成式于江陵。高适与来瑱、韦陟会于安陆（今湖北安陆县），结盟誓师准备讨伐永王。关于高、韦、来三人誓师的情况《旧唐书·韦陟传》有比较详细的记载：三人会于安陆，韦陟对高适、来瑱说："今中原未复，江淮动摇，人心安危，实在兹日。若不齐盟质信，以示四方，令知三帅协心，万里同力，则难以集事矣。"韦陟推来瑱为地主，乃为誓书，登坛誓众曰："淮西节度使、兼御史大夫瑱，江东节度使、御史大夫陟，淮南节度使、御史大夫适等，衔国威命，各镇方隅，纠合三垂，翦除凶慝，好恶同之，无有异志。有渝此照，坠命亡族。皇天后土，祖宗神明，实鉴斯言。"三人辞旨慷慨，血泪俱下，以至于"三军感激，莫不陨泣。其后江表树碑以记忠烈。"高适在渡淮之前，做了一些策反工作，他"移檄将校，绝永王，俾各自白，君子以为义而知变"（《新唐书·高适传》）。当时永王部将多不同意与肃宗争权开战，待永王首先进占丹阳以后，部将们逐渐明白了永王的意图，便纷纷脱离永王，想来高适的策反工作也许起了作用。永王军队迅速崩溃，还没有等到高适等渡淮，永王就在至德二载二月兵败被杀。永王败死以后，高适韦陟一起招安季广琛，使他归顺肃宗。季广琛是高适在河西幕府时的同僚，他先随永王东下，后知李璘叛意而甚为不满，曾对诸将说："与公等从王，岂欲反耶？上皇播迁，道路不通，而诸子无贤于王者。如总江淮锐兵，长驱雍洛，大功可成。今乃不然，使吾等名缀叛逆，如后世何？"（《新唐书·永王璘传》），由此可窥知永王兵败为何如此之速也。

永王兵败前一个月，安禄山在洛阳为其子庆绪所杀。禄山自从作乱以来，目力渐差，几至失明，又因有病在身，故而性情十分暴躁，甚至他的亲信如严庄、李猪儿之流也难免常常挨打。庆绪见禄山已不久人世，怕王位由人夺去，便与严庄、李猪儿合谋将安禄山杀死，作了皇帝。消息传来，人心大快，虽然不能说是什么胜利捷报，但一则安禄山毕竟是此次叛乱的首恶人物，对部下有一定的号召力，他的死，必然引起叛军力量的削弱，也可能导致内哄；再则安禄山毕竟领兵多年，是个有经验的武夫，安庆绪则是个性情昏懦的人，安史之乱有平定之望了。因而高适听到这个消息，便上了《贺安禄山死表》，大约当时关于安禄山之死的细节传闻很多，高适所得之"逆贼安禄山苦痛而死，手足俱落，眼鼻残坏"的消息与史书记载就很不同。值得一提的是，此表最后说："谨遣摄判官李齺奉表陈贺以闻。"这位李齺即早就与高适交往的李九少府、李九士曹，可见，高适得势以后则多荐用过去的友人。

高适此时官位渐高，已是个很有权柄的人物了，正所谓"十年出幕府，自可持军麾"（杜甫），像李白那样"心雄万夫"的诗人也来向他求救。李白当时因为从璘获罪，正关押在浔阳狱中，恰好他的朋友张孟熊要到高适的部队里从军，李白便写了《送张秀才谒高中丞》。诗序云："余时系浔阳狱中，正读《留侯传》。秀才张孟熊，蕴灭胡之策，将之广陵谒高中丞。余喜子房之风，感激于斯人，因作是诗以送之。"诗里先描写了张良的行事与功绩，然后一转，力赞高适在安史乱中为朝廷所重，诗曰："胡月入紫微，三光乱天文。高公镇淮海，谈笑却妖氛。采尔幕中画，戡难光殊勋。"最后表示了自己郁闷的心情并希望高适能援手以助："我无燕霜威，玉石俱烧焚。但洒一行泪，临歧竟何云！""我无"句用了一个典故，《太平御览》云："邹衍事燕惠王尽忠，左右谮之，王系之，仰天而哭，夏五月，天为之降霜。"这句与下句相连，说自己实在是忠于朝廷的，可却遭谮系狱，看来要玉石同焚了！最后两句写自己悲愤无告，暗含请求高适帮助之意，情调是很沉痛的。我们知道，李白与高适天宝三载就相识了，那时他们曾同游梁宋，一年后又一起成为北海太守李邕的座上客。按情义高适对李白确实应有所帮助，但根据各种记载高适的态度似乎是置之不理，这是为什么呢？我想大约有两个原因：其一，李白与高适虽然有许多相似之处，但二人之间的差别也是挺大的：李白有傲岸不羁、向往自由的性格，竟然"戏万乘若僚友"，他常常对富贵权势表现出高度的蔑视；高适则是一个比较热衷功名富贵的人，他的思想，特别是在入哥舒翰幕府以后，与上层统治阶级的思想更为合拍。我总有一个感觉，高适、杜甫的共同点要比高适、李白的共同点多，李白与高适并不能像杜甫与高适那样友谊深厚。当然，既然曾经交往，而且还一起快游梁宋，说明他们还是有一定的友情的，现在李白又写诗恳求援手，高适是应该有所表示的。但是还有其二，安史之乱以后，李白与高适走了两条不同的道路,高适是讨伐永王的主将之一,而李白又恰恰是永王的幕府之士。当时对李白附璘被惩有两种不同的看法,肃宗集团的人认为李白归附叛军,罪大当死,这种议论想来在当时颇占上风,故杜甫《不见》诗云:"世人皆欲杀,吾意独怜才。"另有一些人则认为李白是误上楼船,因而对他寄予关切和同情,如后来解救他出狱的宋若思就是这样的人。高适自然属于肃宗集团,即使他不认为李白罪当该杀,也不会冒着风险去帮助狱中的李白,由此也可看出高适的思想变化。

高适在持节淮南时,由于军务政事繁忙,作诗不多,加之正逢战乱,即使写了一些作品,也多亡佚,故而能确定为此时所写的诗文不多。其中值得一提的是《酬河南节度使贺兰大夫见赠之作》,四库全书本诗题下原注:"时在扬州",可知是高适节度淮南时作。贺兰大夫即贺兰进明,他在至德元载年末被肃宗诏为河南节度兼御史大夫。诗中有这样的诗句:

> 河华屯妖气,伊瀍有战声。
> 愧无戡难策,多谢出师名。
> 秉钺知恩重,临戎觉命轻。
> 股肱瞻列岳,唇齿赖长城。

"河华"句说关中之地已为叛军所占。"河",黄河;"华",华山。"伊瀍"句说中原战斗正炽。"伊",伊水;"瀍",瀍水。"股肱"指群臣牧伯。读这一节诗,看高适忧国之心多么沉重!高适又把贺兰大夫比为鲁连、陆逊,希望他能相机建功立业,贺兰进明却无鲁连之义、长城之实,甚至眼见睢阳张巡、许远与城同亡,不相救援。

禄山乱起,叛军来势凶狠,张巡本先守雍丘城,但邑小粮缺,便夜投睢阳城,见到许远等人,共谋防守之事。当时许远为睢阳守,四周之灵昌、颍川皆陷敌手,故睢阳城孤无援。这时贺兰进明以重兵守临淮,张巡遣帐下之士南霁云夜缒出城,求援于进明,但贺兰进明与邻军将领许叔冀不和,不敢分兵驰援,怕许袭其不备,反而"日与诸将张乐高会,无出师意"(《旧唐书·忠义下》)。高适出于大局的考虑,在贺兰进明与许叔冀之间进行调解,"其与贺兰进明书,令疾救梁宋,以亲诸军;与许叔冀书,调缪继好,使释他憾,同援梁宋"(这两封书信皆佚)。从这件事一方面可以看出那些封建政权的高官们,不顾大局,只重私怨;另一方面也可看出高适是一个有政治眼光的人物。可惜的是,这些劝告无济于事,贺兰和叔冀仍然按兵不救。敌军围城甚急,城中粮尽,竟易子而食,折骸而爨,有人提出弃城东奔,张巡、许远认为睢阳是江淮保障,弃之则叛军乘胜南下,江淮必亡,而且军士饥甚,不能远行,故决意坚守。虽经奋勇抗击,城池终为叛军所破,张巡、许远皆被擒,他们宁死不屈,惨遭叛军杀害。在那保卫国家统一的战争中,他们真可以称得上是英雄人物了。待到张镐代进明节度河南,率浙东李希言、浙西司空袭礼、淮南高适、青州邓景山四节度犄角救睢阳,睢阳已破三日矣!

在张镐集中兵力救睢阳时,有一件事值得一提,即张镐杀闾丘晓。约在至德元、二载间,王昌龄"以世乱还乡里,为刺史闾丘晓所杀"(《新唐书·王昌龄传》)。《旧唐书·王昌龄传》记载甚详:"张镐按军河南,兵大集,(谯郡太守闾丘)晓最后期,将戮之,辞曰:'有亲,乞贷馀命'。镐曰:'王昌龄之亲欲与谁养?'晓默然。"可见张镐要杀闾丘晓,确有为王昌龄报仇的因素。由于高适正在张镐属下,且与王昌龄早有交往,因此有人认为"高适侍御与王江宁昌龄伸冤"(范摅《云溪友议》),这虽然查无实据,却事出有因,高适怂恿张镐杀掉闾丘晓于情于理是完全可能的。何况昌龄素有"诗家天子"之称,名声极大,他的惨死必然使许多人感到愤慨不平,因而有杀闾的基础。惜无其他材料详细加以说明。

高适至德三载春天仍然在淮南节度使任上,这时他写的《登广陵棲灵寺塔》云:"远思驻江帆,暮情结春蔼。"《广陵别郑处士》云:"落日知分手,春风莫断肠。"可以为证。不久,高适就遇到了仕途上一个大的坎坷,开始了一段不甚得意的生活。

三 东京索居

仕途中突起波澜。

高适自从担任淮南节度使以后更加"负气敢言",得罪了当朝的一些重要人物,李辅国即是其中之一。当时李辅国依附淑妃张良娣,大权在握,势倾朝野,高适具体因何事得罪了李辅国已不可知。总之,高适敢言的性格必不为辅国所喜。《旧唐书》本传云:"李辅国恶适敢言,短于上前,乃左援太子少詹事。"《新唐书》本传云:"李辅国恶其才,数短毁之,下除太子少詹事。"看《新唐书》所记,似乎也因为高适渐被任用,危及辅国之势,恐怕两者兼而有之。高适对李辅国是十分不满的,在后来所作《酬裴员外以诗代书》里他写道:

> 拥旄出淮甸,入幕征楚材。
> 誓当剪鲸鲵,永以竭驽骀。
> 小人胡不仁,谗我成死灰。

前四句言持节淮南与平璘之乱,以及平定安史之乱的决心和信心,后二句写辅国"短于上前",谗毁高适,高适把辅国直呼为"小人",并责骂他"不仁",是相当大胆的。受到谗毁之时,高适自然是怒火中烧的,但李辅国是当朝宰相,掌握着重权,因而不能过于直露地泄愤,高适便借诗歌比兴之体,表达自己对李辅国的蔑视以及自己的志向,写下了《见人臂苍鹰》,诗曰:

> 寒楚十二月,苍鹰八九毛。
> 寄言燕雀莫相忌,自有云霄万里高。

此诗短小有力,把李辅国比为往来于蓬蒿之间的燕雀,而自喻为能直上青云的苍鹰,虽然燕雀相忌,但苍鹰腾天有时,正体现了高适沉郁、豪放的性格。看第一句,知此诗作于高适离开广陵前一年的冬天。

《新唐书·百官志》云:"东宫官:詹事府太子詹事一人,少詹事一人,掌统三寺十率府之政,少詹事为之贰。"太子少詹事在东京洛阳任职,宫址在今洛阳城西北。高适既然"下除太子少詹事",便于乾元元年(758)四月左右离开扬州,经过宋州、汴州而至东京洛阳。由淮南至京都,睢阳是必经之地,想到半年前在这里张巡、许远死于国难,心情自然不能平静,便写下了《还京次睢阳祭张巡、许远文》。祭文先说明了时间与自己当时的身份:"维乾元元年五月日,太子詹事御史中丞高适谨以清酌之奠,敬祭于故御史中丞张、许二公之灵。"接着力赞二人云:"惆怅雄笔,辛勤宝刀,时平位下,世乱节高。贼臣通逆,国步惊搔,两河震恐,千里嗷嗷。投袂洒泣,据鞍郁陶,全谯入宋,收梓捍曹。"字里行间充满了高适对张、许二位的崇敬与怀念。文中还忆及援救张巡、许远的往事,并对当时左邻右舍相望不救再表愤慨:"予亦忝窃,统兹介胄。俄奉短书,至夔狂寇。裹粮训卒,达曙通昼,军乃促程,书亦封奏。遂发趫勇,俾驱鸟兽,将无还心,兵亦死斗。贼觉频蹙,我师旋漏,十城相望,百里不救。"真是字字滴血,字字沉痛!文中还写到了自己此行所看到的战乱景象:"我辞淮楚,将赴伊洛,途出兹邦,悲缠旧郭。邑里灰烬,城池墟落。"虽然张巡、许远殉难在去年十月间,至今已过半年,但高适触景生情,记忆犹新,情深意长。

"前年持节将楚兵,去年留司在东京。"这是高适第二年写的一首诗里的两句。前一句说他持节淮南之事;后一句说他下贬太子少詹事留守东都之事,唐人称分司东京为"留司"。高适留司东都,生活十分闲散,责任也并不重大,"留司洛阳宫,詹府唯蒿莱"(《酬裴员外以诗代书》)。可见他所看守的只是一座长满野草的废宫罢了。由于比较闲散,高适能常与友人出游赋诗,有一次他们同宿洛阳的开善寺,高适写了一首诗赠给朋友陈章甫,即《同郡公宿开善寺赠陈十六所居》。陈十六即陈章甫,《元和姓纂》卷三曰:"太常博士陈章甫,江陵人。"他曾长期隐居,在《与吏部孙员外书》中,他自述道:"仆一卧嵩丘,二十馀载。"其为人豪放而不拘小节,与高适性格、生活经历皆有相似之处。陈章甫是李颀的好友,李颀有《送陈章甫》诗。开善寺,是后魏时人韦英旧宅,后韦英舍宅为寺,此寺在唐时尚存,位于洛阳西郊。高适此诗是一般的游寺之作,并没有什么特别突出的地方,不过由此却可窥见高适此时悠闲的心情,诗曰:

> 驾车出人境,避暑投僧家。
> 徘徊龙象侧,始见香林花。
> 读书不及经,饮酒不胜茶。
> 知君悟此道,所未披袈裟。
> 谈空忘外物,持戒破诸邪。
> 则是无心地,相看唯月华。

由"驾车"两句知高适此时已非昔比,行动排场,必是居少詹事时所作。后面写他在寺里徘徊以及悟佛之道,没有什么意义。不久,高适又与

"群公"一起看了陈章甫作的《史兴碑》，写了《同观陈十六史兴碑》，序文曰："楚人陈章甫继毛诗而作《史兴碑》，远自周末，迄乎隋季，善恶不隐，盖国风流。未藏名山，刊在乐石，仆美其事而赋是诗焉。"由序文可知，高适是主张文学应有美刺作用的，这和他诗歌创作，特别是前期诗歌创作是一致的。诗中先赞扬了陈氏作碑之为，然后借古喻今，对衰乱的社会表示了感慨：

> 我来观雅制，慷慨变毛发。
> 季主尽荒淫，前王徒贻厥。
> 东周既削弱，两汉更沦没。
> 西晋何披猖，五胡相唐突。

忧国忧民之心，多么沉重！

高适闲居洛阳，经常与朋友们饮酒欢宴，接风送别。有几首送别诗即是此时的作品，如《送李少府贬峡中王少府贬长沙》，周勋初先生认为："高适此诗，优游不迫，落句作'颂圣'语，足征是时已蹑高位；如于未仕前写如是题材，则必借他人之酒杯，浇胸中之垒块，玩前后期之作品自能识之。按高适上年秋尚在扬州，下年秋已在彭州，而诗中透露之送客地点又不似上述二州，是知此诗亦当作于闲居东京时。"言之有理，且从之。高诗确是优游不迫，很有特色：

> 嗟君此别意如何，驻马衔杯问谪居。
> 巫峡啼猿数行泪，衡阳归燕几封书。
> 青枫江上秋天远，白帝城边古木疏。
> 圣代即今多雨露，暂时分手莫踟蹰。

"巫峡"句，《巴东三峡歌》云"巴东三峡巫峡长，猿啼三声泪沾裳"，这是李少府赴贬所必经之地；"衡阳"句，据说衡阳有回雁峰，阳鸟不过衡山，至此而回。"青枫江"，在长沙；"白帝城"，在四川奉节。两地分指李、王被贬的去所。后人对此诗多有好评，如盛傅敏《碛砂唐诗纂释》卷二云："中联以二人谪地分说，恰好切潭峡事极工确，且就中便含别思，末复收拾以应首句,然首句便已含蓄。"《唐贤三体诗》卷三何焯评曰:"几封书反对暂字,五六则言瞻望伫立之情也。中二联于工整中仍错综变幻。"高适此诗虽用了几个地名,但由于寓意丰富,对仗工稳,因而并不使人有繁赘之感,与李白《峨眉山月歌》有同妙之处。三、四两句景中有情,情中有景,正所谓一切景语皆情语也。五、六两句景象阔大,情意深长,只是最后两句有谀美当朝的意味,但主旨仍在勉励朋友勇敢进取,当然也应看到高适此时已是高官,故作"颂圣"语并不奇怪。再看《送崔录事赴宣城》,似乎也是此时洛阳所作,诗曰:

> 大国非不理,小官皆用才。
> 欲行宣城郡,住饮洛阳杯。
> 晚景为人别,长天无鸟回。
> 举帆风波渺,倚棹江山东。
> 羡尔兼乘兴,芜湖千里开。

首二句赞扬崔某并非没有治理大国之才,可是作个录事小官也是需要才能的,《唐诗归》卷十二:"谭云:'此二句非大家名家不能。'钟云:'好胸襟,好念头,满肚经济'。"接着写崔某将赴宣城而小饮于洛阳,想来高适是东道主了。然后又写离别的景色:日落西山,鸟已归巢。而"举帆风波渺,倚棹江山来",又写尽了山行的情趣,最后两句写出了高适此时闲居烦闷因而产生了对崔录事泛水游山的羡慕之情。在洛阳时,高适还有一些送别诗,因为写得一般,此处从略。

高适留司东京的当年冬天,收到了老友杜甫的《寄高三十五詹事(适)》诗,诗中深情的说:"安隐高詹事,兵戈久索居。时来知宦达,岁晚莫情疏。"高适下除太子少詹事,实际上比以前降了一级,而且太子李豫此时已随侍西京,高适在洛阳只是看守一座"满蒿莱"的空衙门而已。他当然感到甚不得意,心中自然郁郁,何况四月赴任至此已半年有余,仍然没有什么新的希望,心情更加不快。这一切却使远离高适的杜甫牵肠挂肚,便寄诗"婉词以慰之"(《钱注杜诗》),表现了高适、杜甫友谊的深厚、真挚。

乾元二年(758),史思明复叛唐而去,占据魏州(今河北大名县),与此时败退邺城(今河南安阳市)的安庆绪遥为声援,唐将九节度(朔方郭子仪,淮西鲁炅,兴平李奂,滑濮许叔冀,镇西、北庭李嗣业,郑蔡季广琛,河南崔光远,河东李光弼,关内、泽路王思礼)之师围邺,与安庆绪战于相州城下,庆绪求救于史思明,思明带兵由魏州来救。"李光弼、许叔冀、鲁炅遇贼先战,死伤将半,鲁炅中矢。子仪军承后阵,未及整,忽有大风,扬沙拔木,军中昼晦,咫尺不相辨,师人惊溃,官军大奔,弃甲杖器械,委积道路"(《册府元龟》卷四百四十三〔将帅部〕)。天气骤变,官军大乱,以至失败这只是一个现象,其实此次九节度兵败相州的更深刻的原因还是肃宗的昏庸。作战自然需要统一的指挥,何况是九位节度,如果各自为政,则必难取胜。九节度中郭子仪与李光弼皆是唐朝元勋,难相统属,而朝廷却不置元帅,将令由谁而出?不仅如此,肃宗还派根本没有作战经验的宦官鱼朝恩为观军容宣慰处置使以牵率从军,更种下失败之祸根,至使众节度的一些好的建议都不能落实,导致了九节度的大败。

相州九节度失败,"东京士民惊骇,散奔山谷"(《资治通鉴》)高适与留守崔园、河南尹苏震、汝州刺史贾至等百馀人南奔襄、邓。"襄",今湖北襄阳;"邓",今湖北邓县,唐时皆属山南东道襄州襄阳郡。高适仓皇南奔的情状,在他后来所作《酬裴员外以诗代书》里有较为详细的回忆:

> 背河列长围,师老将已乖。
> 归军剧风火,散卒争椎埋。
> 一夕潏洛空,生灵悲曝腮。
> 衣冠投草莽,予欲驰江淮。
> 登顿宛叶下,棲遑襄邓隈。
> 城池何萧条,邑室更崩摧。
> 纵横荆棘丛,但见瓦砾堆。
> 行人无血色,战骨多青苔。

诗里叙述了相州之败给人民带来的灾难,诗人自己也奔波在宛叶路上,逃到襄、邓之地。到处所见无非城池毁坏,住房摧塌;行人仓皇,战骨满野,正是一派战乱景象。

高适奔向襄、邓不久,又被朝廷想了起来,任职于蜀中,高适又开始了蜀中的生活。

四　蜀中生活

乾元二年(759)五月,高适被朝廷任命为彭州刺史。《新唐书·高适传》云:"未几,蜀乱,出为蜀、彭二州刺史。"高适是先刺彭后刺蜀的,史书所叙顺序有误。柳芳之《唐历》曰:"适乾元初刺彭,上元初牧蜀。"房琯《蜀州先主庙碑》载"州将高适建",末言"公倾自彭迁蜀"。在接到彭州任职命令后,高适先取道长安拜见肃宗。他在《酬裴员外以诗代书》里说:"遂除彭门守,因得朝玉阶。激昂仰鹓鹭,献替欣盐梅。"在长安盘桓了几日,高适就踏上了入蜀之路。一路山行,甚是辛苦,高适有《赴彭州山行之作》记叙较详,诗云:

> 峭壁连嵚岭,攒峰叠翠微。
> 鸟声堪驻马,林色可忘机。
> 怪石时侵径,轻萝乍拂衣。
> 路长愁作客,年老更思归。
> 且悦岩峦胜,宁嗟意绪违?
> 山行应未尽,谁与玩芳菲。

从这首诗里,我们听到了高适的年老之叹,可见随着渐入晚年以及在仕途宦海中的沉浮,高适那种慷慨激昂之气也有些消退。此次出任彭州,虽然表示朝廷还没有忘记他,但又逢"蜀乱",功业是否能成?高适心里当然没有把握。唐代作官重内轻外,现在离家千里,自然有遭贬的意思。虽然年已老矣,尚要攀山越峰,尽管有动听的鸟啭,优美的林色,也不能驻马而飘然世外。道路遥远,几时得归?思归之心,愈老弥盛。

高适在本年六月初抵达彭州任所,有《谢上彭州刺史表》,上表里概述了他自己一生的经历,是颇为重要的资料。文中说:

> 臣本野人,匪求名达,始自一尉,曾未十年,北使河湟,南出江汉。奉上皇非常之遇,蒙陛下特达之恩。累登谏司,频历宪府。比逆乱侵

轶,淮楚震惊,遂兼节制之权,空忝腹心之寄。……而智不周物,才难适时,俄尘圣德,果速官谤,实谓斧钺可待,流窜在兹,陛下宏覆载之恩,明日月之鉴,始拜宫尹,今列藩条。……臣以今月七日到所部上讫。

据此表逆推,高适正是天宝八载解褐为封丘尉的,至此时十年尚缺数月,故曰:"始自一尉,尚未十年。""北使河湟",指他在河西作掌书记;"南出江汉",指他持节淮南。他曾历任左拾遗、监察御史、侍御史、谏议大夫、御史中丞,此正所谓:"累登谏司,频历宪府"。后又遭李辅国的"官谤",为太子少詹事,故云"始拜宫尹"也。高适的这篇上表与他的《酬裴员外以诗代书》一样,比较详细地叙述了他一生的大体经历,史料价值弥足珍贵。但表与诗又有不同:表为官样文章,因而缺乏真实思想的流露;而诗则是言志抒情之作,故从中可以窥见高适当时的真实思想感情,价值更高。

这年十月,唐军将领李光弼破史思明军获得大捷,《资治通鉴》记载甚详:"史思明引兵攻河阳,……光弼诸将齐进致死,呼声动天地,贼众大溃,斩首千馀级,捕虏五百人,溺死者千馀人,周挚以数骑遁去,擒其大将徐璜玉、李秦授,其河南节度使安太清走保怀州。思明不知挚败,尚攻南城,光弼驱俘囚临河示之,乃遁"(卷二二一)。消息传来,朝野欢腾。当时高适正与前河南少尹李岘宴于毕员外宅院,听到了李光弼的胜利捷报,情绪激昂,即席赋《同河南李少尹毕员外宅夜饮时洛阳告捷遂作春酒歌》。李岘当时在河南少尹任上得罪了肃宗,被贬为蜀州刺史,出于礼貌,高适仍以他贬前官名称之,李岘后来做了宰相。高适此诗因是即席而赋,故十分自然朴素,恰如随口呼出。诗先写道:"故人美酒胜浊醪,故人清词合风骚。长歌满酌惟吾曹,高谈正可挥尘毛,半醉忽然持蟹螯。"这主要描写他们在毕宅夜饮时的快意情态:饮酒高歌,高谈阔论,好不痛快!诗又写道:"洛阳告捷倾前后,武侯腰间印如斗。郎官无事好饮酒,杯中绿蚁吹转来,甑上飞花拂还有。"这里虽然仍然写饮酒作乐,但引入了洛阳告捷的喜讯,给整个宴会增添了更浓郁的欢乐气氛。"倾前后",指空前绝后;"武侯",指李;"郎官",指毕。"绿蚁",《古隽考略》云:"绿蚁,酒之美者,泛泛有浮花,其色绿"(《历代诗话》卷六一);"飞花",即酒花。这里描写了听到洛阳告捷后三位老友更加尽兴的饮酒,二、三句分写李、毕;四、五两句总写饮酒中快意而兴奋的情状:杯中"绿蚁"随着吹拂而旋转,酒花溢在甏上拂之不尽,这是多么形象生动。高诗最后说:

> 前年持节将楚兵,去年留司在东京。
> 今年复拜二千石,盛夏五月西南行。
> 彭门剑门蜀山野,昨逢军人劫夺我。
> 到家但见妻与子。
> 赖得饮君春酒数十杯,不然令人愁欲死。

　　前四句简略地叙述了最近三年自己的行事,愁苦失意之叹自在字里行间。中三句写出了当时蜀中的混乱,一些流勇散兵无法无天,严重地扰乱着社会治安。后两句则有借酒浇愁的意思,感情十分沉痛。高适的这首诗,层次清楚,转韵自由,全诗富于变化韵律美,气势旺,不死板,不拘泥。
　　在蜀中,高适常常怀念那些老朋友们,其中他特别想念正在京城作尚书省郎官的裴霸,便写了《酬裴员外以诗代书》,这是一首自传性长诗,也可以说是高适晚年最重要的诗歌作品之一。高适首次北上蓟门即与裴霸订交,二人"题诗碣石馆,纵酒燕王台",皆有志于边塞,但又同样不能实现。后来他们各奔东西,友谊却是一直保持着的。高适的这首诗,我们在前边已引用过了一些句子,所以这里只重点介绍一下。高诗先写了与裴霸订交蓟北,然后便描绘了安史之乱:"乙未将星变,贼臣侯天灾。胡骑犯龙山,乘舆经马嵬。千官无倚着,万姓徒悲哀。诛吕鬼神动,安刘天地开。奔波走风尘,倏忽值云雷。""乙未",即天宝十四载;"龙山",即长安附近之龙首山;"马嵬",故城在(兴平)县西北二十里。"诛吕"以下四句写马嵬兵变,歌颂了陈玄礼功劳有如汉周勃等人诛吕安刘一般重大。诗人还对安史之乱带给人民的灾难进行了较为细致的描绘,如"一夕潏洛空,生灵悲曝腮"、"城池何萧条,邑室更崩摧"、"行人无血色,战骨多青苔",可见在战乱之时,由于他也"栖遑"于流亡队伍,还是注意了现实的。诗人还写了自己出任彭州的经历和苦恼:

驱传及远蕃,忧思郁难排。
罢人纷争讼,赋税如山崖。

　　"传",驿马;"罢民,谓恶人不从化,为百姓所患苦,而未入五刑者也"(郑注《周礼·秋官·司圜》)。恶人争讼于庭,租税积欠如山,怎能不使高适郁郁而忧呢?! 最后诗人表达了对裴霸的怀念,又描写了自己此时的心境:

所思在畿甸,曾是鲁宓侪。
自从拜郎官,列宿焕天街。
那能访遐僻,还复寄琼瑰。
金玉本高价,埙篪终易谐。
朗咏临清秋,凉风下庭槐。
何意寇盗间,独称名义偕。
辛酸陈侯诔,叹息季鹰杯。
白日屡分手,青春不再来。
卧看中散论,愁忆太常斋。
酬赠徒为尔,长歌还自咍。

　　"所思",指裴霸;"畿甸",指京师;"鲁宓",即宓子贱,因裴曾为县令,故有此说;"高价",言德才兼备;"埙篪",乐器名称。前十二句是说:我所思念的裴霸在京师得拜郎官(前曾作县令,政清有如鲁之宓子贱),由于职务在身哪能到我这僻远之地来呢? 因而以诗书相寄于我,兄弟情谊深厚,如埙篪之乐常常共鸣。清秋庭槐之下,想到你,更有感于在世乱之时,你仍能保持感人的节气! 再看后八句:"陈侯",指陈兼,是高适与裴霸的好友,他的诔文即裴霸所作(《全唐诗》于此句下有小注云"陈二补阙诔即裴所为。");"季鹰",即晋人张翰,他十分放达,曾说:"使我有身后名,不如即时一盃酒"。"中散论",晋嵇康拜中散大夫,曾著《养生论》;"太常斋",《后汉书·周泽传》说"数月复为太常,清洁循行,尽敬宗庙。常卧病斋宫,其妻哀泽老病,阘问所苦。泽大怒,以妻干犯斋禁,遂收送诏狱谢罪。当世疑其诡激。时人为之语曰:生世不谐,作太常妻。一岁三百六十日，三百五十九日斋。""哈"，笑也。由于想到陈兼诔文即是裴霸所作，又引起了高适的感叹，想到人生短暂，当尽情享乐，可是又不能像张翰那样放达自适，时间一天天地过去，青春之时已不可再来，岂不悲哉！现在也只能闲时卧读《养生论》，不愿意像周泽那样谨守斋禁。最后说自己勉强写了这篇诗文，仅能博得一笑而已！"自哈"，当不仅指写作此诗而言，也有高适无可奈何于自己此时的处境，效季鹰弃官任酒而不能，空叹时光之流逝……

高适晚年虽然步入上层统治阶级的行列，但他并不是根本不关心人民疾苦的官僚，只是比之前期逊色罢了。史书说他："累为藩牧，政存宽简，吏民便之，"还是可信的。在彭州任上高适从唐朝廷与百姓的立场出发，上了论"西山三城罢戍"之疏。《旧唐书·高适传》曰："剑南自玄宗还京后，于梓、益二州各置一节度，百姓劳敝，适因出西山三城罢戍论之曰……"高适的建议简而言之，就是合东、西川为一道，罢西山三城之戍，他认为，西川数州地接吐蕃，兵役赋税甚重，"今可税赋者，成都、彭、蜀、汉州，又以西川残敝，当地十州之重役，其于终久，不亦至艰！又言利者穿凿万端，皆取之百姓；应差科者，自朝至暮，案牍千金。官吏相承，懼于罪谴，或责之于邻保，或威之以杖罚。督促不已，逋逃益滋，欲无流之，理不可得。……且田土疆界，盖亦有涯，赋税差科，乃无涯矣。"又说："今所界吐蕃城堡，而疲于蜀人，不过平戎已西数城矣。邈在穷山之巅，垂于险绝之末，运粮于束马之路，坐甲于无人之乡，以戎狄言之，不足以利戎狄，以国家言之，不足以广土宇，奈何以险阻弹丸之地，而困于全蜀太平之民哉？"因而高适建议道："臣愚望罢东川节度，以一剑南；西山不急之城，稍以减削。"这篇上疏对西川数州百姓之困苦，论述明了详细，表示了高适对人民疾苦的关心和同情，这是应该充分予以肯定的。但不应忘记他的出发点是为了巩固唐王朝的统治，他仍然是站在上层统治阶级的地位提出问题的。高适的建议在军事上并不高明，西山三城是唐与吐蕃作战的前线要塞，如果这道藩屏一撤，吐蕃将会长驱直入，威胁全蜀，因而"疏奏不纳"，朝廷并没有接受。不过广德二年东西川合为一道，高适的疏请可能发生过一定的作用。

上元元年(760)九月，高适又被任命为蜀州刺史，蜀州即今四川崇庆县。高适赴新任以后，有三件事值得一提，其一，高适迁蜀的第二年四月，蜀中梓州刺史段子璋反,自称梁王,《资治通鉴》有详细记载:"(上元二年四月壬午)梓州刺史段子璋反。子璋骁勇,从上皇在蜀有功,东川节度使李奂奏替之,子璋举兵,袭奂于绵州。道过遂州,刺史虢王巨苍黄修郡礼迎之,子璋杀之。李奂战败,奔成都,子璋自称梁王,既元黄龙,以绵州为龙安府,置百官,又陷剑州。"西川节度使崔光远整兵讨伐,高适率兵跟随崔光远进攻段子璋,不久,攻破绵州,平定了叛乱。其二,宝应元年(762),玄宗与肃宗相继卒,李辅国杀皇后张良娣,引太子即位,是为代宗。七月,代宗召严武归京,以为二帝山陵桥道使。剑南兵马使徐知道乘严武离职之机,联合羌人占西川,以兵拒剑阁,严武不能出蜀。八月,知道与羌将互争雄长,各不相下,于是月二十三日为高适击败,徐知道为其部将所杀,剑南悉平。高适有《贺斩逆贼徐知道表》,其中云:"臣与邛南邻境,左右协心,积聚军粮,应接师旅,以今月二十三日,大破贼众。同恶翻然,共杀知道。"其三,不久,高适由蜀州至成都,就任剑南西川节度使,摄东川节度使。高适接任这一重要职务之时,边防正趋于紧急,吐蕃时刻准备入侵。高适加紧练兵和添置兵器。"临吐蕃南境以牵制之"。但是"师出无功,而松、维等州寻为蕃兵所陷"(《旧唐书·高适传》)。《资治通鉴》云:"吐蕃陷松、维、保三州及云山新筑二城,西川节度使高适不能救,于是剑南西川诸州亦入於吐蕃矣。"这是高适一生中最重大的失败,大失众望,杜甫后作《东西两川说》曰:"倾三城失守,罪在职司,非兵之过也,粮不足故也。"高适身为西川节度使,准备不周,迎敌不利,责任难免。

蜀中几年使高适对世事的热情越来越淡漠,老年的高适已经没有了年轻时的那种豪壮之气,在《谢上剑南节度使表》里他便说:"陛下慎择任人,朝廷多士,伏愿更征英彦,俾付西南,许臣暮年,归侍丹阙。"同时,由于三城失守,故"为大臣所轻",代宗便用严武将其代还,"用为刑部侍郎,转散骑常用侍,加银青光禄大夫,进封渤海县侯,食邑七百户。"这种待遇是极高的。

高适回到长安的第二年正月便死去了,这是永泰元年(765),终年六十四岁,"赠礼部尚书,谥曰忠"。

五 "交情老更亲"

李白与杜甫的友谊是中国文坛上千载流传的佳话,这是人所共知的。

高适与杜甫的友谊却也是愈老弥亲,很值得书上一笔。这两位诗人早年订交,后各奔前程,虽然一穷一达,一显一晦,但却"交情老更亲"。简言之,这是因为他们二人有许多共同之处,他们都有强烈的要求建功立业的雄心;对君王都很忠诚;对平民百姓的疾苦都较关怀;诗歌创作都重视现实主义方法;二人在诗坛上同享盛名。这一切就使二人之间建立了情同兄弟的友谊。前面几章,我们间或叙及了高、杜的友情和交往,这一节,我们特意回叙一下他们晚年,即入蜀以后的交往和友谊。

乾元二年(759),杜甫解职来到秦州(甘肃天水),虽然生活十分不安定,但他是一位非常看重友情的人,他没有忘记自己的朋友们,不仅写了《忆李白二首》,表示了对李白怀念,同时也思念"彭门剑阁外,虢略鼎湖旁"的高适和岑参。高适上任彭州当年的秋天,杜甫便写了《寄彭州高三十五使君适虢州岑二十七长史参三十韵》,诗中不仅对"云端各异方"的高、岑表示了怀念之情,而且在中国文学史上第一次将高岑并称加以赞扬,诗云:

> 高岑殊缓步,沈鲍得同行。
> 意惬关飞动,篇终接混茫。
> 举天悲富骆,近代惜卢王。
> 似尔官仍贵,前贤命可伤。
> 诸侯非弃掷,半刺已翱翔。
> 诗好几时见,书成不信往。

杜甫极赞高岑二人之诗直追沈约、鲍照等往古诗人,且境遇亦佳,犹胜近世之富嘉谟、骆宾王、卢照邻、王勃等人。这四人有才无命,或早逝,或病亡,都很不幸。"今尔官既达,益叹前贤可伤矣"(仇注)。最后两句惜远别,深情溢满字里行间。其中"意惬关飞动,篇终接混茫"是对高岑风格的高度概括和评价,仇注:"用意惬当,则机神飞动,此诗思之妙;篇势将终,而元气混茫,此诗力之厚。"非知己不能道出。接着杜甫在诗里又表示了自己的希望:

> 济世宜公等,安贫亦士常。

蚩尤终戮辱,胡羯漫猖狂。

会待妖氛静,论文暂裹粮。

希望友人为国立功,盼望诗友再相重逢,这种感情是多么深挚动人。

不久,杜甫举家由秦州到了同谷,又由同谷来到了成都,寓居城西七里沙门复空所居的草堂寺(即西郊外浣花溪寺)。高适也是惦记着老朋友的,听说杜甫来到了成都,便写诗问候,即《赠杜二拾遗》,诗曰:

传道招提客,诗书自讨论。

佛香时入院,僧饭屡过门。

听法还应难,寻径剩欲翻。

草玄今已毕,此外更何言?

因杜甫住在寺里,故高适戏称他为"招提客";中四句写寺中之情状。汉代扬雄以为经莫大于《易》,故作《太玄》。高适用此代指杜甫的著述,并问杜甫:除此之外,还有什么著作呢? 表现了老友的关心。"钟磬在簴,叩之则应",杜甫收高适寄诗后即作《酬高使君相赠》,诗曰:

古寺僧牢落,空房客寓居。

故人供禄米,邻舍与园疏。

双树容听法,三车肯载书。

草玄吾岂敢,赋或似相如。

供禄米的故人当是指裴冕,当时他正任成都尹兼剑南西川节度使,在物质上对杜甫多有援助。"故人"二句介绍了自己此时生活情况和环境,实际暗含不必老友挂念之意。"赋或似相如",见出杜甫对自己诗才的自信,这也是只有对老友方能言的。

杜甫初到成都有"故人"的帮助,先住在浣花溪寺,然后在附近找了一块荒地,建筑起一座不十分坚固的茅屋——草堂,这是依靠亲友们的帮助才建成的。但是作为一个远离故园而又无职的诗人,杜甫在草堂的生活也并非像一般地主那样快意。《茅屋为秋风所破歌》里说道:"床头屋漏无干处,雨脚如麻未断绝。自经丧乱少睡眠,长夜沾湿何由彻?"这种生活多么痛苦和恼人。在茅屋为秋风所破后不久,有一位姓崔的侍御要由成都到九十余里以外的彭州去,杜甫便托他捎了一首诗给高适,向高适求援。诗写得很恳切:

> 百年已过半,秋至转饥寒。
> 为问彭州牧,何时救急难?

此时杜甫已四十有九,故有"已过半"之说;秋收时节尚不能温饱,故向彭州刺史高适求援。诗里充满了兄弟之间的深情,读之十分感人。想来高适是一定会给以资助的。

自长安一别,两位诗人便"云端各一方",他们是多么希望能再次聚首呀!终于,杜甫与高适在蜀州相遇,老友相见,多么欢欣。这时高适由彭州刺史转任蜀州刺史,由彭州来赴新任;杜甫也由青城新津来到蜀州,故二人能在蜀州相见。两位诗人终于欢聚,该是怎样地欢饮赋诗呀。杜甫留下了《奉简高三十五使君》,诗中先高度赞扬了高适的才能,又表达了二人的深厚友谊:

> 当代论才子,如公复几人?
> 骅骝开道路,鹰隼出风尘。
> 行色秋将晚,交情老更亲。
> 天涯喜相见,披豁对吾真。

杜甫把高适比为骏马(骅骝)、雄鹰(鹰隼),并认为他的才能当代少有,这是由衷的赞扬。两位诗人岁暮年老之时,喜在天涯相见,开心见诚,无话不谈,又是多么快意、兴奋。"交情老更亲"一句写尽了高适、杜甫晚年的友谊。

第二年正月七日,高适又思念起居住在草堂里的杜甫,写下了感人的《人日寄杜二拾遗》,诗云:

> 人日题诗寄草堂,遥怜故人思故乡。

柳条弄色不忍见,梅花满枝堪断肠。

身在南蕃无所预,心怀百忧复千虑。

今见人日空相忆,明年此日知何处。

一卧东山三十春,岂知书剑老风尘。

龙钟还忝二千石,愧尔东西南北人。

仇兆鳌注道:"首二总提,次四思故乡,下六怜故人。梅柳,人日之景;南蕃,蜀在西南;忧虑,长安经乱;卧东山,以谢安比杜;二千石,高时为刺史也。"并说:"七八意转而韵不转,九十韵转而意不转,杜集多用此法,高诗亦然。"高适对杜甫是很尊敬的,前此曾把杜甫著述比为草《玄》,这里又把杜甫比为长卧东山的谢安,这都是相当高的评价。诗里的至友之情,读之不能不被其打动。十几年以后杜甫"开文书帙中,检所遗忘",又见到这首诗,不由地"泪洒行间,读终篇末",写下了《追酬故高蜀州人日见寄》。诗里先写了开帙检得旧作的情状:"自蒙蜀州人日作,不意清诗久零落。今晨散帙眼忽开,迸泪幽吟事如昨。"接着对高适生前的节气、行为表示了由衷的赞扬:

呜呼壮士多慷慨,合杳高名动寥廓。

叹我悽悽求友篇,感君郁郁匡时略。

仇注曰:"多慷慨,素负节气;动寥廓,名震天壤;求友篇,公向以诗寄高;匡时略,适尝策永王无成,及上疏论三城戍,皆是。"可见这种赞扬是有内容、真心的。因高适赠诗有"愧尔东西南北人",杜甫衍为四句,感慨身世不遇,社会动乱。最后表达了自己的哀思:

长笛邻家乱愁思,昭州词翰与招魂。

表达了自己思高适正如向秀之思嵇康、吕安,欲得昭州敬某之诗招高适,如宋玉之招屈原也。此中情谊,深且长矣!洪容斋《随笔》有言曰:"古人酬和诗,非若今人为次韵所局也。高诗云:'愧尔东西南北人',杜则云:'东西南北更堪论'。适前诗又云:'草玄今已毕,此外更何言',杜则云:'草玄吾岂敢,赋或似相如。'钟磬在簴,叩之则应,往来反复有馀味。"这话自然有其道理,但我以为"钟磬在簴,叩之则应"不仅指具体诗句,更重要的当指两颗心能够互相理解,从而产生共鸣。

　　杜甫住在草堂的时候,有时也颇觉寂寞,很希望有好友来访。有一次他的一位好友王抡答应带酒访问草堂,杜甫便给这位朋友寄了一首诗,即《王十七侍御许携酒至草堂奉寄此诗便请邀高三十五使君同到》,希望不仅他自己来草堂,最好还劝说高适一起来,诗中说:

　　　　戏假霜威促山简,须成一醉习池回。

　　因王某是侍御,故说他有"霜威";"山简",晋人,曾镇守襄阳,喜饮乐游,知名当世,因高适同山简一样其官职相当于太守,故代指高适;"习池",当年山简游玩之地,这里用以指草堂。高适和王抡接受了杜甫的邀请,一道来到草堂作客。杜甫有《王竟携酒高亦同过》诗记之曰:

　　　　卧病荒郊远,通行小径难。
　　　　故人能领客,携酒重相看。
　　　　自愧无鲜菜,空烦卸马鞍。
　　　　移樽劝山简,头白恐风寒。

　　此时杜甫正卧病于草堂,友人的到来使他十分喜悦,自愧没有佳肴以待客,只能不断地以酒相劝。因为高适常常对杜甫开玩笑说:"汝年岁小,且不必小于我",杜甫虽然比高适年轻,但衰老得早,刚五十岁就显得老态龙钟了,所以高适以此与杜甫相笑。杜甫便在诗里戏高适曰:"头白恐风寒",你头发也白了,年纪也老了,快喝点儿酒吧,可别着凉! 浦起龙《读杜心解》曰:"结联高以老戏公,公亦以老答戏也。"可见二人之间是十分自然、随便的。这种快乐的气氛对于那曾被风所破的草堂,该是多么难忘呵。杜甫也到蜀州去会过高适,有一次杜甫先由成都到蜀州,高适随后也将由成都回蜀州,恰逢李司马所建桥成,杜甫便在蜀州新桥旁等待高适,有《李司马桥成承高使君自成都回》诗,有句云:"已传童子骑青竹,总拟桥东待使君",用了后汉郭伋新任,几百童儿骑竹马迎之的典故,以赞扬高适为人们爱戴和尊重。

宝应二年（763），高适就任剑南西川节度使，摄东川节度，由蜀州至成都，节制全蜀。杜甫闻讯自然为朋友高兴，当时他正在梓州，便写了《寄高适》诗，诗曰：

> 楚隔乾坤远，难招病客魂。
> 诗名惟我共，世事与谁论。
> 北阙更新主，南星落故园。
> 定知相见日，烂漫倒芳樽。

至友之情，见于字里行间。"北阙"句说代宗新立；"南星"句说高适又回成都，统制全蜀。最后两句表现了希望再与高适相见的愿望，情意真挚，感人至深。由于自己的要求，和"松、维等州寻为蕃兵所陷"的失败，高适被召回京，任刑部侍郎，转散骑常侍。高适离蜀还京时，杜甫不在成都，没有赶上送行，待高适入朝以后，杜甫寄了一首诗叙说别情，即《奉寄高常侍》，诗云：

> 汶上相逢年颇多，飞腾无那故人何。
> 总戎楚蜀应全未，方驾曹刘不啻过。
> 今日朝廷须汲黯，中原将帅忆廉颇。
> 天涯春色催迟暮，别泪遥添锦水波。

"汶上"，指齐南鲁北一带，杜高曾同游于此。由汶上相逢至今日入京为官，高适正如"飞腾"一般，仕途亨通，这里自然流露了杜甫对高适的羡慕。三四句是杜甫对高适的总评：高适虽然节制淮南、西川，但他毕竟不是一个杰出的军事家，特别是松、维数州之失，更失众望，故杜甫说他"应全未"，即"未尽其长"之意；但高适在当时诗名大振，他的作品为人们纷纷传抄，所以杜甫认为曹子建、刘公幹也不能与高适比肩，"不啻过"，即"远过古人"之意。正所谓"总戎句，不讳其短；方驾句，独称其长"（王嗣奭语）。这也是只有至友方能道出，方敢道出的。五六两句又用汉代好直谏的汲黯和战国时赵之老将廉颇比高适，表示了对高适"负气敢言"性格的赞赏以及对西川失利的惋惜。最后两句由春天想到人已老矣,不能亲自送别,只能"别泪遥添锦水波"了。其中年老伤别之情,临风洒泪之谊,实在感人!

一年左右以后,杜甫得到了一个哀痛的消息:高适于永泰元年正月病逝!悲痛之余,杜甫写下了《闻高常侍亡》,这首诗真可以说是杜甫对老友高适的盖棺定论,诗是这样写的:

> 归朝不得见,蜀使忽传亡。
> 虚历金华省,何殊地下郎。
> 致君丹槛折,哭友白云长。
> 独步诗名在,只令故旧伤。

仇注曰:"此诗将生前死后,逐句配说。其归期、历省,乃为常侍时事;若折槛、诗名,则概论生平才节也。""致君"句用朱云上书事,以赞高适负气敢言,权幸侧目。"独步"句再一次肯定高适诗歌创作的成就和影响,与"方驾曹刘不啻过"同一立意。"哭友白云长"、"只令故旧伤",则表示了杜甫对高适去世的深深哀痛。"白云"句用了陶潜《停云》思友意,更显得情深意长。

杜甫对高适的感情是深沉和真挚的,在他晚年常常怀念高适,除我们提到的《追酬故高蜀州人日见寄》以外,杜甫还在《昔游》、《遣怀》等诗里深情地回忆了当年与李白、高适的梁宋之游,对两位好友表示了深深的怀念,特别是《遣怀》后面一段犹为感人,其诗云:

> 乱离朋友尽,合沓岁月徂。
> 吾衰将焉托,存殁再呜呼。
> 萧条益堪愧,独在天一隅。
> 乘黄已去矣,凡马徒区区。
> 不复见颜鲍,系舟卧荆巫。
> 临餐吐更食,常恐违抚孤。

诗人将李白、高适比为乘黄骏马,自比凡马,以不能再见为恨,尤其是最后两句更见情深无限,感人至深,萧涤非先生注曰:"自顾不暇,仍恐速死,不能照顾遗孤,努力加餐,吐而复食,杜甫的友谊是这样深厚。浦注:'末段,遣怀本旨。客怀友谊,一往情深,此老生平肝膈,于斯见焉'。"在《赠高式颜》里,杜甫又怀着对高适深深的思念说:"自失论文友,空知卖酒垆",其情谊是很真挚的。

综观高适、杜甫晚年友谊,确可称得上是"交情老更亲",这也是值得纪念的文坛佳话。

第十章

高适——唐代的杰出诗人

一 小引

《旧唐书·高适传》说:"有唐以来,诗人之达者,唯适而已。"这话是符合实际的。在唐代诗人中,高适确是相当显达的,他由文词而为宋州刺史张九皋所重,举有道科授封丘尉,仅仅十年时间,就做了淮南节度使这样的大员,晚年又作了彭州刺史、蜀州刺史,进而做了剑南西川节度使,摄东川节度,节制全蜀。归京后更被"用为刑部侍郎,转散骑常侍,加银青光禄大夫,进封渤海县侯,食邑七百户"(《旧唐书》本传)。高适在仕途上确实是显达的,但我们不应也不会忘记:高适首先是一位诗人。他由作诗而步入仕途,也因其作品而流芳百代。一提高适这个名字,我们首先想到的是一位诗人,而不会是一位达官。结合高适的生平和诗作,我们完全可以说:高适是唐代的一位杰出的诗人。

盛唐时代的诗坛是怎样的景象呢? 还是李白说得简洁而准确,他在《古风五十九首》其一里写道:

> 群才属休明,乘运共跃鳞。
> 文质相炳焕,众星罗秋旻。

高适由其优秀的作品,自然可以成为那"群才"中之一才、"众星"中之一星。在那使人眼花缭乱的盛唐诗空里,不仅有李白、杜甫这样光辉灿烂的巨星,也有高适、岑参、王维、孟浩然那样的亮星。群星相映,辉煌灿烂,这就是我们称为黄金时代的盛唐诗坛。

高适的诗歌在当代就受到了人们的注意,产生了一定的影响。《旧唐书》本传云:"天宝中,海内事干进者注意文词,适年过五十,始留意诗什,数年之间,体格渐变,以气质自高,每吟一篇已,为好事者称诵。"《新唐书》本传亦云:"(高适)年五十始为诗即工,以气质自高,每一篇已,好事者辄传布。"可见高适的诗歌在当代就享有盛名。盛唐进士殷璠在他选编的《河岳英灵集》里说:"适性落拓不拘小节,耻预常科,隐迹博徒,才名自远。然适诗多胸臆语,兼有气骨。"高适的许多好友都盛赞过他的诗才,如杜甫一则说:"叹息高生老,新诗日又多。美名人不及,佳句法如何。"(《寄高三十五书记》)再则说:"当代论才子,如公复几人?"(《奉简高三十五使君》)还说:"方驾曹刘不啻过"(《奉寄高常侍》)、"独步诗名在"(《闻高常侍亡》)。这都是同时人对高适诗歌才能的评价和赞扬。我以为,高适在中国诗歌史上最主要的贡献,是他与岑参、王昌龄、李颀、王之涣诸人共同继承和开拓了诗歌的边塞题材的领域,创作出了许多优秀的边塞诗作。虽然他们没有共同的组织、共同的旗帜,甚至没有统一的、明确的创作主张和理论,但是他们有比较接近的思想倾向,也有比较相似的创作风格。这样,在当时特定的历史条件下便形成了一个重要的诗歌流派——边塞诗派,而高适又是这个流派的主要代表之一。

因为引用了新、旧《唐书》的几段文字,故需对高适"五十始为诗"之说加以一辨。关于高适五十岁才开始或者留意作诗的说法,在《唐诗纪事》《唐才子传》里均有记载,似乎是人们一致的看法。但是,回顾前面几章我们对高适生平和诗作的介绍和分析,我们便可看出此种说法之不确,高适的许多名作,如《燕歌行》、《蓟门五首》、《邯郸少年行》、《别韦参军》等都是他二三十岁所作,这是无庸置疑的。那么,为什么各书皆有高适"五十始为诗"的记载呢?我想恐怕是因为《新唐书》本传、《唐诗纪事》、《唐才子传》的作者并未认真研究高适的生平,故只能沿用《旧唐书》本传的成说,只是略加改动而已。这样,就给读者造成了一种"众口一辞"的效果,其实却仅是《旧唐书》一家之见,后人不过沿袭前说罢了。《旧唐书》何以要如此说呢?我们看一下高适的生平即可明白:五十岁左右是他一生中的重要转折时期,前此落魄蹭蹬,虽有诗名却还不甚突出;

后此由于步入仕途,更多地接触了官吏和文人,故诗名也自然更大了,甚至他以前写的一些诗也借着步入仕途和升迁迅速而广为流传,故给人留下了一种"五十始为诗"的印象。还应该提一下:天宝六载到八载之间,张九皋奏高适"所制诗集于明主。而颜公又作四言诗数百字并序,序张公吹嘘之美,兼述小人狂简之盛,遍呈当代群英。"这必然使高适诗作为众人所知,其时高适正四十七、八岁,这也许有助于"五十始诗"说的传播吧?观高适一生,诗和人是交相辉映的,他靠诗得名,为九皋所荐,后又由此而为哥舒所重;而他的地位日渐上升,他的诗也就更为人所知晓和传诵。当然,这并不是说高适的诗仅仅靠他的地位而流传,而是说他的地位有利于他的诗作流传罢了。他的诗之所以使朝野通赏,当然是因为他的诗感情真挚、兼有气骨,他仕途的显达也使他的诗为更多的人所了解。这恐怕就是高适"五十为诗"之说的由来吧?

想来高适一生应该写了不少诗歌作品,但是流传至今的仅有大约二百四十余首了,这是十分可惜的。好在通过这些诗歌和其他一些资料,我们尚能大致描绘出高适一生活动的主要脉络,并能看出他的诗歌和思想的发展过程,从而可以对他的诗文做一个总的评价。在这一章,笔者试图把高适的诗歌看作一个艺术整体,再进行一番综合考察,集中地探讨一下高诗的思想内容和艺术特点,力求对高适和他的诗有较为清楚和公允的评价和认识。

二 高诗的思想内容

高适是一位思想复杂的诗人,他的诗歌在内容上也是复杂的。为了叙述的简明,我们把他的诗歌分为边塞诗、怀古诗、政治诗和赠友送别诗四个部分。因为在前面九章里,我们对高适的一些诗歌作了较为详细的解说,所以这一节将以引证为主。

(一)边塞诗

高适历来与岑参并称,被后来的文学史家称为"边塞诗派"的代表诗人,这是因为他十分关心唐朝的边防,并曾三次出塞,写下了许多关于边塞的诗篇。可以说,在高适诗歌里,边塞诗的成就是最突出的。

高适的边塞诗为我们描绘了边塞的自然风光以及一些少数民族人物

的形象,如"碣石辽西地,渔阳蓟北天。关山唯一道,雨雪尽三边"(《别冯判官》)、"策马自沙漠,长驱登塞垣。边城何萧条,白日黄云昏"(《蓟中作》)、"匹马行将久,征途去转难。不知边地别,只讶客衣单,溪冷泉声若,山空木叶干。莫言关塞极,云雪尚漫漫"(《使青夷军入居庸三首》之一)、"白露时先降,清川思不穷,……夕阳连积水,边色满秋空"(《陪窦侍御泛灵云池》)、"胡天一望,云物苍然,雨萧萧而牧马声断,风袅袅而边歌几处……"(《陪窦侍御灵云南亭宴诗序》)。这些诗句虽然不如岑参所描绘的热海、火山那样丰富多彩,引人入胜,但由于作者亲身的体验和观察,我们仍然可以了解到边塞独特的自然风光,使人有一种亲切之感。特别值得再次提起的,是高适描写少数民族人物的两首诗歌,即《营州歌》和《部落曲》,这两首诗所描写的形象是那么生动、活泼,这在岑参的诗作里是找不到的。

开元天宝年间边塞战争是经常发生的,高适曾三次出塞,他的笔一定要描绘边塞战争。有一种意见认为:天宝年间的对外战争全是侵略性质的,歌颂这种战争无疑是错误的。我却以为,历史是复杂的,唐代战争的性质也是复杂的,不能一概而论。例如同样发生在天宝年间的收取九曲之战和征伐南诏之战就是性质完全不同的两类战争,应该具体情况具体分析。同时,还应该把诗人的作品同具体的历史记载区分开来,诗歌是艺术品,它比历史记载有更大的概括性,如果用历史眼光来要求诗歌也是不恰当的。从高适的诗歌里,我们看到了边塞战争的激烈和紧张,如在他的名作《燕歌行》里,我们读到了这样的诗句:

> 山川萧条极边土,胡骑凭陵杂风雨。
> 战士军前半死生,美人帐下犹歌舞!
> 大漠穷秋塞草腓,孤城落日斗兵稀。
> 身当恩遇常轻敌,力尽关山未解围。

《塞下曲》描绘得也十分形象、生动:

> 万鼓雷殷地,千旗火生风。
> 日轮驻霜戈,月魄悬琱弓。

青海阵云匝,黑山兵气冲。
战酣太白高,战罢旄头空。

高适还用热情的笔触赞颂了唐军的胜利,如《自武威赴临洮谒大夫不及因书即事寄河西陇右幕下诸公》和《睢阳酬别畅大判官》里都有较为细致的描写,前一首里有句云:

顾见征战归,始知士马豪。
戈鋋耀崖谷,声气如风涛。
隐轸戎旅间,功业竞相褒。
献状陈首级,飨军烹太牢。
俘囚驱面缚,长幼随颠毛。
氎裘何蒙茸,血食本膻臊。
汉将乃儿戏,秦人空自劳。
……

后一首也写到:

大夫拔东蕃,声冠霍嫖姚。
兜鍪冲矢石,铁甲生风飙。
诸将出井陉,连营济石桥。
酋豪尽俘馘,子弟输征徭。
降胡满蓟门,一一能射雕。
军中多燕乐,马上何轻趫。

高适来到边塞,是希望能为国家做出些贡献,也希望在边塞实现建功立业的理想,这在《塞下曲》里表现得最为明白和突出。诗中说:

万里不惜死,一朝得成功。
画图麒麟阁,入朝明光宫。
大笑向文士,一经何足穷。

古人昧此道,往往成老翁。

当然,高适也有自己的安边思想,综合之,他是反对和议的,如他认为:

戎狄本无厌,羁縻非一朝。
饥附诚足用,饱飞安可招?

——《睢阳酬别畅大判官》

边尘满北溟,虏骑正南驱。
转斗岂长策? 和亲非远图。

——《塞上》

我们在前面的一些章节已经指出:高适希望通过战斗达到和平的愿望有其积极的一面,但是因为唐朝屡次与少数民族首领"和亲"并没有维持住彼此的友谊,就断然否认和议在一定条件下能够形成各族人民的友好相处,却表现了他思想的局限,至于把战争的根源仅仅说成是因为"戎狄本无厌",则表现了他的大汉族主义的思想。因为高适前两次出塞时人微故而言轻,即使献上了完全符合唐朝统治者利益的安边书,也不会有人理睬,因此他不无愤慨地说:

一到征战处,每愁胡虏翻。
岂无安边书,诸将已承恩。
惆怅孙吴事,归来独闭门。

——《蓟中作》

倚剑欲谁语? 关河空郁纡。

——《塞上》

谁怜不得意,长剑独归来。

——《自蓟北归》

当然,高适并不是一个战争狂人,他所希望的是边塞的和平安定,他认为"和亲非远图",固然表现了一定的思想局限,却也是因为在封建社

253

会里和亲不能带来长久的和平。一旦边塞处于和平安乐的气氛之中，高适是很高兴的，有他的《九曲词》为证，其二曰：

> 万骑争歌杨柳春，千场对舞绣骐驎。
> 到处尽逢欢洽事，相看总是太平人。

其三曰：

> 铁骑横行铁岭头，西看逻逤取封侯。
> 青海只今将饮马，黄河不用更防秋。

《睢阳酬别畅大判官》也写道：

> 边庭绝刁斗，战地成渔樵。
> 榆关夜不扃，塞口长萧萧。

这种和平景象是多么吸引人呀！

作为一个杰出的现实主义诗人，高适的诗笔还伸向了边塞生活的各个角落，这是唐代许多诗人所不及的。

在高适的笔下，有对唐朝政府一昧开边以及边将招降政策的不满：

> 汉家能用武，开拓穷异域。
> 戍卒厌糟糠，降胡饱衣食。
>
> ——《蓟门五首》之二

有征夫思妇相思而不得见的痛苦：

> 羌胡无尽日，征战几时归？
>
> ——《蓟门五首》之五
>
> 铁衣远戍辛勤久，玉箸应啼别离后。

254

少妇城南欲断肠,征人蓟北空回首。

——《燕歌行》

有对将军和士兵在边塞的不同遭遇而作的描绘和感慨,其中自有愤怒和不平:

战士军前半死生,美人帐下犹歌舞!

——《燕歌行》

战士是——

胡骑虽凭陵,汉兵不顾身。

——《蓟门五首》之四

相看白刃血纷纷,死节从来岂顾勋。

——《燕歌行》

某些将军呢,却是——

遥飞绝漠书,已筑长安第。

——《赠别王十七管记》

关塞鸿勋著,京华甲第全。

——《信安王幕府诗》

高适还描绘了"勋庸今已矣,不识霍将军"的老兵形象,以表达对边塞奖罚不明现象的不满。(《蓟门五首》之一)

总之,高适的边塞诗作在内容上是丰富多彩的,在思想上也基本是积极健康的,总的讲,对他的边塞诗是可以肯定的。但是,高适毕竟是一个封建时代的士大夫,他的某些边塞诗难免受他的阶级和时代的影响,即使在我们上面作为正面材料所引用的一些诗歌里,也流露出了特定的局限性。特别是可以作为边塞诗看的《送李云南征南诏诗》更是一个典型的代表,说明高适有时还不能正确地区分战争的正义与非正义的性质。在

255

他的心目中,只要是唐朝与少数民族之间发生战争,就无疑地应该站在唐朝的立场上,虽然也可能有时进行一些规讽,但从根本上说他是站在唐朝统治者一边的。另外,高适第三次出塞与前两次明显不同,这时他已担任掌书记的要职,地位的变化和实际的考虑使他较少像前两次出塞时那样注意士兵的疾苦、士兵的思归,边塞生活的阴暗面在他的笔下没有了地位,而较多地则是对主将的颂扬和对边塞幕府闲暇生活的描绘,这种思想的变化以及前后期边塞诗的变化是应该特别注意的。

(二)怀古诗

高适像那个时代的许多诗人一样,往往在古代英雄人物身上寄寓自己的愿望和理想,并且通过对古代仁君良吏的赞扬,表达自己的政治主张。高适浪迹四方,凭吊了许多古迹旧址,心有所感,发而为诗,便形成了高诗的另一个主题——借古感今的怀古诗。

唐代,特别是高适生活前期的盛唐时代,社会安定,经济发展,无论史家如新、旧《唐书》,还是诗家如杜甫《忆昔》都有较为详细、形象生动的描绘。高适生活在这样一个时代,自然感到荣幸。在《古歌行》里,诗人借用汉代故事歌颂了唐代时事,表达了心中的喜悦:

> 君不见汉家三叶从代至,高皇旧臣多富贵。
> 天下垂衣方宴如,庙堂拱手无余议。
> 苍生偃卧休征战,露台百金以为费。
> 田舍老翁不出门,洛阳少年莫议事。

最后虽然流露了一丝贤才不得尽用的悲哀,但其基调却是对盛唐社会的赞扬。高适来到滑台,登台眺望,由于这里在五胡之乱后,曾是东晋偏安江左的边界,诗人想到现在天下太平,不禁写道:

> 晋宋何萧条,羌胡散驰骛。
> 当时无战略,此地即边戍。
> ——《自淇涉黄河途中作十三首》之十一

诗人来到当年楚汉相争的广武旧城附近,遥望两雄争霸的旧战场,一

种和平安定的幸福之感,油然而生:

> 缅怀多杀戮,顾此增悽怆。
> 圣代休甲兵,吾其得闲放。
> ——《自淇涉黄河途中作十三首》之十二

高适对古代的仁君是竭力赞扬的,其中也流露了他对当代君主的希望。《宋中十首》之三,歌颂了三请妖星,爱护人民的宋景公;《自淇涉黄河途中作十三首》之九,诗人由见到河水昏浊,而想到大禹治水,更想到汉元光时,河决大堤,武帝率从官负薪治之:

> 坎德昔滂沱,冯夷胡不仁?
> 渤澥陵堤防,东郡多悲辛。
> 天子忽惊悼,从官皆负薪。
> 畚筑岂无谋,祈祷如有神。
> 宣房今安在? 高岸空嶙峋。

对古代的清官能吏,高适更是大加赞扬,例如对身不下堂而治单父的宓子贱,高适便不厌其烦地一而再、再而三地歌诵,如《同郡公秋登琴台》、《登子贱琴堂赋诗三首》,特别是《宋中十首》之九不妨再读一次:

> 常爱宓子贱,鸣琴能自亲。
> 邑中静无事,岂不由其身?
> 何意千年后,寂寥无此人。

对古人的赞扬,目的还是希望自己或者朋友能效法古人,这是十分明显的。

在一些怀古诗里,我们能够看出高适是一位有大志的诗人,在古代英雄身上寄托了他自己的希望。他羡慕那能为周室而捐躯的尉迟将军,因而有《题尉迟将军新庙》曰:

257

周室既版荡,贼臣立婴儿。

将军独激昂,誓欲酬恩私。

孤城日无援,高节终可悲。

家国共沦亡,精魂空在斯。

沉沉和冤气,寂寂无人知。

古代的侠客奇士更符合他的性格,因而诗人不无感慨地写道:

暮天摇落伤怀抱,抚剑悲歌对秋草。

侠客犹传朱亥名,行人尚识夷门道。

——《古大梁行》

更有《宋中十首》之八曰:

五霸递征战,宋人无战功。

解围幸奇说,易子伤吾衷。

唯见卢门道,萧条多转蓬。

夜入楚军的华元能出奇制胜,立见奇功,这是使高适十分羡慕的。

但是,高适并不能真的像古人那样去建奇勋,他的前半生类如转蓬,四处奔波,希望一遇知己,能被荐用。可惜在天宝八载以前他一直是布衣在身,大志难展。这就使他自然产生了希望有人汲引的想法,这在他的怀古诗里也有反映。诗人特别怀念当年能广招贤才的梁孝王,因为孝王"招延四方豪杰,自山以东,游说之士莫不毕至"(《史记·梁孝王世家》),高适写道:

梁王昔全盛,宾客复多才。

悠悠一千年,陈迹唯高台。

寂寞向秋草,悲风千里来。

——《宋中十首》之一

258

又曰：

> 登高临旧国，怀古对穷秋。
> 落日鸿雁度，寒城砧杵愁。
> 昔贤不复有，行矣莫淹留。

——《宋中十首》之五

因为高适长期浪游在汉梁孝王被封之旧地，故而常常想起这位广招贤才的古人。高适北上蓟门，路过魏州，写下了《三君咏》，其中对狄仁杰能进贤才的行为表示了特别的赞赏，不无羡慕地说："至今青云人，犹是门下客"（《狄梁公》）。不言而喻，诗人是多么希望遇到梁孝王、狄仁杰那样的伯乐呀！这种心情，同样集中地表现在《邯郸少年行》里，他留下了这样的名句：

> 未知肝胆向谁是，令人却忆平原君。

之所以怀念古赵国"喜宾客，宾客盖至数千人"的平原君赵胜，正是因为现在没有识我肝胆之人！这种感情是很深沉的。因为高适前半生多次出游而不遇，大志不能实现，不免悽然，多次用游说、干谒不利的苏秦、蔡泽自比，表现了心中的悲哀，如："苏秦憔悴人多厌，蔡泽栖迟世看丑"（《九月九日酬颜少府》）、"归来洛阳无负郭，东过梁宋非吾土"（《别韦参军》）。

高适早年落魄，晚年始贵，当时有一些人心中轻视他，他便写了一首《咏史》，"借古人以咏之"（唐汝询《唐诗解》）。诗是这样写的：

> 尚有绨袍赠，应怜范叔寒。
> 不知天下士，犹作布衣看。

《史记·范睢列传》说范睢随魏中大夫须贾使于齐，齐襄王听说范睢能言善辩，便使人赐睢金十斤及牛酒，须贾知之，大怒，以为睢将魏国事务偷偷告诉了齐王，故得此馈。归国后便报告了魏相，魏相派人"笞击睢，折胁折齿。睢佯死，即卷以箦。"范睢活了过来，改名张禄，事秦，封为应侯。魏闻秦将伐韩、魏，魏派须贾出使秦国，范睢听说便穿着破衣烂衫去见须贾，魏人以为范睢早已死了，所以须贾见了范睢很吃惊，见睢如此贫穷便赠他一件绨袍，等他明白了范睢的真实身份就更加惊讶了。后来范睢对须贾说：你的罪过有三，但我所以不处死你，"以绨袍恋恋有故人之意"。知道了这个历史故事，我们就可以理解《咏史》诗的含义了，也可以了解高适此时的心境和感慨。

另外，高适还有一些其他的怀古之作，如《自淇涉黄河途中作十三首》之三，缅怀了隋末起义人物李密；《宋中十首》之二，缅怀了秦末的刘邦，都倾注着他的希望和热情。还应该提一下《辟阳城》，这是借汉代吕后与审食其之间淫乱关系影射唐玄宗、杨贵妃与安禄山之间暧昧关系的大胆作品，是一篇借古讽今的杰作，因为前面已详细作了介绍，这里从略。

（三）政治诗

高适的文学主张已没有更多的材料加以说明，但是在《同观陈十六史兴碑》的序文里，透露了他的一点儿文学思想，他夸赞陈章甫说：

> 继毛诗而作《史兴碑》，远自周末迫乎隋季，善恶不隐，盖国风之流。

可见他是主张文学不要无病呻吟，而要符合《诗经》"国风"所确立的"美刺"原则的，也就是要"明乎得失之迹，伤人伦之废，哀刑政之苛，吟咏情性，以风其上"（《诗大序》）。从他的诗歌作品，我们是可以看出他是主张古典现实主义精神的。所谓"政治诗"主要是指高适反映现实、抒发怀才不遇感情的一部分诗歌作品。之所以用"政治"这个词，只是为了便于区分和介绍，其实并不准确，因为无论是边塞诗、怀古诗、赠友送别诗都涉及了政治问题，在一定意义上都可以说是政治诗。所以用"政治诗"这个词统称一些诗，确实只是十分相对的。

高适是一位关心现实的诗人，从根本上说，他是一位政治诗人。

首先，高适的诗歌表现和抨击了即使在盛唐时代，仍然有大批人才不得尽用的现象。高适"明时好画策，动欲干王公"，是十分热衷于政治的，他自视甚高，希望"屈指取公卿"，但那个时代却是"白璧皆言赐近臣，布衣不得干明主"《行路难二首》。不仅仅是写诗人自己的不遇,而是形象地描绘出了盛唐时代读书人共同的不幸,发出了"有才不肯学干谒,何用年年空读书"的愤慨之辞。《效古赠崔二》是一首有代表性的作品:

> 缅怀当途者,济济居声位。
> 邈然在云霄,宁肯更沦踬?
> 周旋多燕乐,门馆列车骑。
> 美人芙蓉姿,狭室兰麝气。
> 金炉陈兽炭,谈笑正得意。
> 岂论草泽中,有此枯槁士?

诗中固然揭露了统治者花天酒地的奢侈生活,但更重要的却在说明,这些"济济居声位"的"当途者"并不能为国荐才举士,那些有才能的人们只得枯槁老死于草泽之中,这是多么深刻的抨击!高适所结交和来往的朋友有许多是怀才不遇的人物,像高适所感叹的那样:"长策竟不用,高才徒见称。"难怪他要:"睹君济时略,使我气填膺"(《饯宋八充彭中丞判官之岭外》)了。在《过崔二有别》里,诗人对崔二怀才不遇的遭遇表示了极大的同情,诗中说:

> 大国多任士,明时遗此人。
> 颐颔尚丰盛,毛骨未合迍。
> 逸足望千里,商歌悲四邻。
> 谁谓多才富,却令家道贫。
> 秋风吹送马,携手更伤神。

这种诗读来怎不使人"伤神"?

其次,我们知道,高适出身于一个不大的官僚家庭,他早年曾经躬耕于兔苑,垂钓于雁池,有时甚至"以求丐取给",这就培养了他关心下层人民的思想感情。同时,为了求仕的需要,他在天宝八载以前曾多次周游各地,上蓟北,下南楚,还在梁宋一带长期漫游,在这过程中,他有机会更深入地接近下层人民,特别是农民,正所谓"今日无成事,依依亲老农"。高适对劳动人民以劳动为生、不存功名之念的生活十分赞赏,如《自淇涉黄河途中作十三首》之五里,诗人对"手持青竹竿,日暮淇水上"的"野人"赞扬道:"虽老美容色,虽贫亦闲放。钓鱼三十年,中心无所向。"再如之十三,诗人对"一生虽贫贱,九十年未死"的老叟所过的"结庐黄河曲,垂钓长河里"的劳动生活也表示了由衷的羡慕。更为可贵的是,高适能较深地体会到农民的痛苦,有时能为他们代言,如《自淇涉黄河途中作十三首》之九说自己"试共野人言,深觉农夫苦",然后描写了农夫的"苦":

> 去秋虽薄熟,今夏犹未雨。
> 耕耘日勤苦,租税兼舄卤。
> 园蔬空寥落,产业不足数。

干旱是农民的灾难,大水也给农民带来深深的痛苦,高适曾目睹了大水给农民带来的灾难,他不仅用写实的笔触描绘了水灾时的场面,而且时时想着以耕种为生的农民,"农夫无倚着,野老生殷忧"。更难得的是他由此出发提出了改善民生的理想和愿望,向封建统治者献计献策,希望能减轻农民的痛苦:

> 圣主当深仁,庙堂运良筹。
> 仓廪终尔给,田租应罢收。

他虽然关心农民的生活,想上书却"无因见明主",虽有安民良策然而却不能见纳,在《苦雨寄房四昆季》里,诗人沉痛地写道:

> 惆怅悯田农,徘徊伤里闾。
> 曾是力井税,曷为无斗储?
> 万事切中怀,十年思上书。
> 君门嗟缅邈,身计念居诸。

字里行间充满了对农民的深切同情以及自己上书不被采纳的惆怅和愤慨,感情是很深沉的。

262

高适对某些能够有些善政的地方官吏竭力赞扬,这和诗人对宓子贱的怀念是一致的,也同他对下层人民的关心和同情是一致的,如他赞扬睢阳太守李少康说:

> 先移白额横,更息赭衣偷。
> 梁国歌来晚,徐方怨不留。
> 岂伊齐政术,将以变浇浮。
> 讼简知能吏,刑宽察要囚。
> 坐堂风偃草,行县雨随轺。
>
> ——《奉酬睢阳李太守》

"白额",即虎,在此指苛政;"赭衣",因犯所服。首二句说李太守上任以来去掉了苛捐杂税,从而使得人心归农,偷风大减。"梁国"四句写李太守名望极高,能力极强。最后四句说李太守能废掉严刑,以教化为主,颇得百姓之心。高适对那些能重视农业生产的官吏特别赞赏,在《遇卢明府有赠》里,诗人夸赞卢某的善政说:

> 时平俯鹊巢,岁熟多人烟。
> 奸猾唯闭户,逃亡归种田。
> 回轩自郭南,老幼满马前。
> 皆贺蚕农至,而无徭役牵。

正是因为卢某有如此的善政,故诗人称其为"良吏",评价道:"良吏不易得,古人今可传。"这个评价是相当高的。不仅如此,高适还对那些不能给百姓带来任何利益的"肉食者"表示了嘲笑,他说:

> 耕地桑柘间,地肥菜常熟。
> 为问葵藿资,何如庙堂肉?
>
> ——《同群公题张处士菜园》

这语气是十分尖锐的,难怪有人以为近乎讪了。

高适有我们上面介绍的思想倾向是难能可贵的,这种思想有时竟能抑制住他强烈的仕进之心,如他抛弃"鞭挞黎庶"的县尉之职,虽然可能有许多因素,但不愿做一个欺压百姓的小吏则是其中一个很重要的原因。

入哥舒幕府以后,高适渐登高位,他与一般百姓的关系也疏远了。此时,他不仅不需要躬耕、垂钓,而且出则有随从车骑,居则有高房燕乐。这必然带来了他思想的重要变化,但他早期形成的对人民关心的倾向并没有完全消失,上《罢西川三城戍》之疏即是一个明显的例子,史书记载他"累为藩牧,政存宽简,吏民便之",想来是可信的。高适晚年写得最重要的长诗《酬裴员外以诗代书》里对安史之乱给人民带来的灾难进行了较为详细的描绘,表现了诗人的同情之心:

> 城池何萧条,邑室更崩摧。
> 纵横荆棘丛,但见瓦砾堆。
> 行人无血色,战骨多青苔。

他到了彭州做太守,又为这里恶人当道、租税繁重而忧愁:

> 驱传及远蕃,忧思郁难排。
> 罢人纷争讼,赋税如山崖。

可见诗人至老仍有关心民生疾苦之心,只是不如入仕前那样强烈罢了。

(四)赠友送别诗

高适诗集里现存有赠友送别之作略计六十余首,约占全部诗作的四分之一左右,是十分值得注意的一个部分。在这一类诗里,像《赠韦参军》、《过崔二有别》等表现了怀才不遇的主题;《睢阳酬别畅大判官》、《送裴别将之安西》等表现了关心边塞的主题。这说明,高适此类诗歌是与他的政治思想紧密相连的,大部分并非无聊的应酬之作。

高适是一位积极入世的诗人,无论说他是"胸有大志",抑或说他"功名心强",总之,通过他的诗歌我们看到的不是王维式的佛教徒,也不是孟浩然式的隐士。这种入世的思想倾向决定了他诗歌的主要倾向,也决定了他赠友送别诗的主要倾向。作为这一类题材的作品,高适也免不了有"赠君从此去,何日大刀头"的感叹,但更多的则是勉励友人及时立功、且莫迟回的壮语。带有鼓动性的临别赠言,真是不胜枚举,姑引几例:

逢时当自取,有尔欲着鞭。

——《别韦兵曹》

谁断单于臂,今年太白高。

——《送白少府送兵之陇右》

离魂莫惆怅,看取宝刀雄。

——《送李侍御赴安西》

长策须当用,男儿莫顾身。

——《送董判官》

良时正可用,行矣莫徒然。

——《送韩九》

当他的朋友因事遭到贬谪以后,高适不喜欢用凄凄切切的笔调表达自己的同情,而常常是用热情的诗句鼓起朋友的勇气,希望他们能战胜磨难,挺身向前,请读《送田少府贬苍梧》。田某是高适的一位老友,因事被贬到今广西僮族自治区苍梧县,高适在与他相别时写了这首诗作:

沉吟对迁客,惆怅西南天。
昔为一官未得意,今向万里令人怜。
念兹斗酒成暌间,停舟劝君日将晏。
远树应连北地春,行人却羡南飞雁。
丈夫穷达未可知,看君不合长数奇。
江山到处堪乘兴,杨柳青青那足悲!

刘开扬先生称赞此诗"慰贬甚佳",是不错的。好友的离别确实是一件痛苦的事,但在生活中离别又是难免的,在这种时候赠给朋友一些怎样的别语将直接影响朋友的情绪,也体现了作者本人的思想倾向。高适往往以自己心中的豪壮之气去感染就要远行的朋友,总是用对美好前途的

憧憬来冲淡离别时的哀愁。说到此,我们会很自然地想到高适《别董大二首》之二,这是一首十分著名的诗作:

> 十里黄云白日曛,北风吹雁雪纷纷。
> 莫愁前路无知己,天下谁人不识君?

　　在那大雪纷飞的日子,朋友离别而去,该是多么凄楚? 发而为诗,又该是多么悲切? 但高适却不作一句凄切语,而是充满了希望,充满了祝福,这对朋友该是多么大的鼓励! 如果我们比较一下王维"劝君更饮一杯酒,西出阳关无故人"的诗句,就会更明显地感到高诗的特色,为高适豪迈旷达的性格所感动。当然,作为封建时代的知识分子,高适思想里也有较浓厚的功名之念和地主阶级的富贵思想,这在他鼓励朋友时也难免流露出来,诸如"皆言黄绶屈,早向青云飞"(《别崔少府》)、"男儿争富贵,劝尔莫迟回"(《宋中遇刘书记有别》)、"离别未足悲,辛苦当自任。吾知十年后,季子多黄金"(《别王徹》)。这个方面是我们要全面了解高适的作品和思想所不应忘记的。

　　高适是一位极重感情的人,他自己说:"平生重离别"(《赠别沈四逸人》),我们只要提一下他与杜甫越老越笃的友情就够了。高适在《赠别晋三处士》里写道:"知己从来不易知,慕君为人与君好。"可见在那个时代要寻找到真正的知己是并不容易的。高适把韦参军看作是一个知己,因为他很理解自己:

> 世人向我同众人,唯君于我最相亲。
> 且喜百年有交态,未尝一日辞家贫。

因而才:

> 欢悦未尽分散去,使我惆怅惊心神。
>
> ——《别韦参军》

杨士弘批道:"莫逆之语动人",这是有道理的。高适对朋友感情之

深,常常到了"爱"的程度,他的这种深情最集中地体现在希望友人能及早建功立业上,正是:

> 爱君且欲君先达,今上求贤早上书。
> ——《赠别晋三处士》

他对朋友的"爱"既然体现在希望朋友能积极入世上,因而当他的朋友找到了施展才华的机会时,诗人像自己遇到喜事一样高兴,这种高兴是由衷的,如《别冯判官》:

> 才子方为客,将军正渴贤。
> 遥知幕府下,书记日翩翩。

《睢阳酬别畅大判官》开头几句也十分感人:

> 吾友遇知己,策名逢圣朝。
> 高才擅白雪,逸翰怀青霄。
> 承诏选嘉兵,慨然即驰轺。

兴奋和喜悦之情真是溢于言表。

友情是人类所共有的一种正常的感情,古往今来表现这种感情的作品可以说是汗牛充栋。高适对友情的歌唱之所以动人,就在于他的感情深厚而真挚,《哭单父梁九少府》就因此而广为流传,特别是开篇四句,更是使人感动不已:

> 开箧泪沾臆,见君前日书。
> 夜台今寂寞,犹是子云居。

诗里流露的感情是多么深沉而真挚!

当然,古代,特别是唐代,由于诗歌的普及,人们往往用诗来作为一种应酬的工具,高适也不能例外,他的少数赠友送别诗纯属应酬之作,其中并没有真情实感,后人读来自然感到浮泛,这当然不能算是好的作品。

三 高诗的风格与艺术特色

（一）以豪放悲壮为主的多样化风格

大凡一个有成就的诗人,他的诗都会有自己独特的风格基调,如李白作品艺术风格的特征是"清雄奔放"而杜甫则是"沉郁顿挫"。高适呢,也自然有其风格特征,若是也要用四个字来概括,我以为莫如"豪放悲壮"最为恰当。风格是诗人的思想感情、审美认识和理想、艺术素养以及性格等多种因素在作品里的反映。风格就是人,人有不同,风格自然各异。

高适是一位不同寻常的诗人,他"喜言王霸大略,务功名,尚节义,逢时多难,以安危为己任"。杜甫描写他是"饥鹰未饱肉,侧翅随人飞。高生跨鞍马,有似幽并儿。"高适也自比为苍鹰:"寄言燕雀莫相忌,自有云霄万里高。"对理想和功名的追求,对社会和国家的关心,胸有大志而长期不得入仕的遭遇,加之他素有的豪放不羁的性格,这一切凝聚在作品里,就形成了他诗歌风格的主要特色——豪放悲壮。后人往往较注意高诗的悲壮,如严羽曰:"高、岑之诗悲壮,读之使人感慨。"其实,离开了豪放就不能谈高诗的艺术风格,他有许多诗是充溢着豪放之气的。这是因为高适性格旷达、心胸开阔,反映在诗里,自然就给人一种豪放的感觉,诸如:

> 丈夫穷达未可知,看君不合长数奇。
> 江山到处堪乘兴,杨柳青青那足悲?
>
> ——《送田少府贬苍梧》
>
> 丈夫不作儿女别,临岐涕泪沾衣巾。
>
> ——《别韦参军》
>
> 大笑向文士,一经何足穷。
> 古人昧此道,往往成老翁。
>
> ——《塞下曲》

当然,高适诗歌里的豪放不同于李白的清雄的豪放,也不同于苏轼的清逸的豪放,而是浸透着悲壮的豪放,在高诗里,豪放与悲壮是浑然一体的。高适与前人,最明显的是接受了建安文学的影响,故而杜甫夸他"方驾曹刘不啻过",殷璠说他"以气质自高",都是看到了这种继承关系的。我们读高适的诗往往如读建安之作,时有悲壮之气,所不同的是高诗比建安诗歌更为豪放,这大约要从高适与建安诗人生活在不同时代去寻找原因吧?我们读过的《古大梁行》、《燕歌行》、《邯郸少年行》、《效古赠崔二》、《少年行二首》都是高诗豪放悲壮风格的代表作品。我们不妨再读两首小诗,先看《田家春望》:

> 出门何所见,春色满平芜。
> 可叹无知己,高阳一酒徒。

再看《闲居》:

> 柳色惊心事,春风厌索居。
> 方知一杯酒,犹胜百家书。

这两首诗所抒发的都是自己怀才不遇的苦闷,悲愤当中自有豪气在,故而十分感人。

我们说高适诗歌的基调是"豪放悲壮",并不是说这是高诗的唯一风格。作为一个诗人,高适的思想是复杂的,他的生活和感情也是丰富多彩的,因而反映这种生活、思想和感情的诗歌也不会是一个调子。高适诗歌里有《燕歌行》那样豪放悲壮的作品,也有一些清淡闲远的山水之作,如《淇上别业》,简直可以放入王维集中而乱真了。我们再读一首《同李司仓早春宴睢阳东亭》,诗曰:

> 春皋宜晚景,芳树杂流霞。
> 莺燕知二月,池台称百花。
> 竹根初带笋,槐色正开芽。
> 且莫催行骑,归时有月华。

《寄宿田家》也是同类的作品:

田家老翁住东陂,说道平生隐在兹。

鬓白未曾记日月,山青每到识春时。

门前种柳深成巷,野谷流泉添入池。

牛壮日耕十亩地,人闲常扫一茆茨。

客来满酌清樽酒,感兴平吟才子诗。

岩际窟中藏鼹鼠,潭边竹里隐鸬鹚。

村墟日落行人少,醉后无心怯路岐。

今夜只应还寄宿,明朝拂曙与君辞。

心境是多么恬淡,笔触又是多么闲远。这正是高适诗歌风格特点的另一个侧面,这是不应该忽略的。

(二)朴素自然的语言

殷璠评高诗曰:"适诗多胸臆语。"就是说高适的诗多是发自内心的,流露了诗人的真情实感,具有朴素自然的特色。高适力求在诗歌的立意谋篇上下功夫,而文辞却并不工巧华丽,往往给人一处粗犷的感觉,这正有助于形成他豪放悲壮的风格。

凡是读过高诗的人,大都会承认他诗歌的语言确是朴素自然的。这恐怕是由于诗人长期浪迹四方,接触了下层百姓的生活,百姓的语言对他当有一定影响;同时,高适是个胸有大志的人物,他并是一心要做个诗人,故而他的诗往往重在达意言志,并不在于以文辞华丽取胜。"多胸臆语",必然就会形成朴素自然的语言特点。

高诗语言的朴素自然,是有许多例子可以加以说明的,如《赠任华》,纯为朋友结交致慨,却如口语一般,意深而语浅,诗云:

丈夫结交须结贫,贫者结交交始亲。

世人不解结交者,唯重黄金不重人。

黄金虽多有尽时,结交一成无竭期。

君不见管仲与鲍叔,至今留名名不移。

高诗虽然用语朴素自然,但决非浅薄,也不使人有一挥而就的感觉,

270

故而一些看似寻常的诗句,有时表达的情感和思想则更为深沉,这也是非一般诗人所能达到的境界。读他的《送别》,就有这种印象:

> 昨夜离心正郁陶,三更白露西风高。
> 萤飞木落何淅沥,此时梦见西归客。
> 曙钟寥亮三四声,东邻嘶马使人惊。
> 揽衣出户一相送,唯见归云纵复横。

这首诗由昨夜话别,一夜难眠,梦中相见,一直写到曙钟长鸣,出门相送,语言是多么朴素,多么自然,似乎没有一点儿修饰,但仔细读来,其中的感情却十分深沉。正是从这里,我们可以看出诗人驾驭语言的高超能力。

高诗语言朴素自然,但并不是说他就没有华丽秀气的句子,如——

> 柳接漳沱暗,莺连渤海春。
>
> ——《答侯少府》
>
> 寥寥寒烟净,莽莽夕云吐。
>
> ——《送萧十八》

这些诗句都是极工丽的,不过这不是他诗歌语言的主要特色罢了。

最后还应当指出:诗歌语言朴素自然固然是好的,但是高适有时不太注意语言的锤炼,难免使一些诗句显得粗率,这就影响了他诗歌的艺术成就。

高适诗歌还有一个明显的特点,那就是他喜欢使用对比的方法,艺术中的对比方法是现实中不平等现象的反映。高适巧妙地运用对比的方法,使思想表达得更为深刻,感情表现得更为强烈,限于篇幅,这一点就不展开讨论了。

岑参传

第一章

草堂松风

唐朝有两个都城,一个是长安,称为西都,一个是洛阳,称作东都。东都洛阳附近有一座名山,叫作嵩山。唐代的嵩山,同现在一样,树木茂盛,风景优美。嵩山山南称为嵩阳,在武则天时改名登封。嵩山在唐朝人眼里是一个重要所在,因为这里离东都洛阳很近,便于人们去东都洛阳结交权贵、谋取功名、经营商业,而居住在洛阳的达官贵人也常到嵩阳一带打猎、避暑,所以他们的别墅也喜欢建造在这一带,因为这里清静,隐居山林的人士也喜欢选择这里居住,所以附近也建有不少和尚和道士的寺观。这样一种自然景观和地理优势,自然是唐代的人们,包括诗人们所喜欢的暂居之处了。盛唐著名诗人中,几乎没有人未到过嵩山,杜甫的老家在巩县,巩县在嵩山北麓,王维、王昌龄、李白都登过嵩山,留下了许多优美的诗篇,而还有一位唐代著名诗人在这里生活了多年,留下不少佳作,这位诗人就是本书的主角——岑参。

岑参是怎么来到嵩阳的呢?

这还要从头说起——

岑参的祖籍是南阳棘阳,即今河南新野县,梁时迁往荆州江陵,即今湖北荆州市。岑参的父亲一直出外作官,在他当仙州刺史的时候,岑参出生了。岑参的父亲叫岑植,他当仙州刺史的品级为正四品下,每月享受的待遇相当不错,正常将入有每月俸给十一千,禄米二百四十石,职田七顷,公廨田八顷,庶仆十二人。岑植官位中等,待遇颇丰,维系全家过一种较富裕的生活没有问题。到岑参五六岁的时候,岑植由仙州刺史改任晋州刺史。晋州即今山西临汾,晋州刺史在品级上从三品,因为晋州较仙州富庶,地位更为重要,所以从唐朝的品级看,仙州为小州,晋州为上等州,同样官任刺史,但地位和官品都有不同。岑参在晋州开始读书,也对汾水周围的景色留下美好的回忆,他后来又来到汾水桥边,写下了充满感情的诗篇《题平阳郡汾桥边柳树》。此诗题下有自注:"参曾居此郡八、九年。"其诗云:

> 此地曾居住,今来宛似归。
> 可怜汾上柳,相见也依依!

这首小诗赋予柳树以生命和感情,写出作者重返旧地高兴而又复杂的心情。如果岑参在这样的环境下继续成长,也许其人生会是另外的一种景象,可是命运多变,只过了五年,岑植就因病去世了。岑参的母亲是继室,丈夫前妻育有二子,岑渭、岑况早已成人,离家独自谋生,而她自己生养的三个孩子岑参、岑乘、岑垂只能和她一起在晋州过着并不富裕的生活。在岑参十三四岁的时候,岑参随母亲迁往河南府王屋县,王屋县北十里左右就是著名的王屋山。王屋山的主峰叫天坛山,在今河南省济源市西王屋镇北,天坛山南青萝河畔有岑参祖上留下的别业,岑家称之为"青萝旧斋"。《大清一统志》里说:"青萝斋,在(河南)济源县西王屋山下,唐岑参别业也。"岑参这时已经在王屋县城和青蔓旧斋往返居住了。后来他在外作官,想起自己早年居住在王屋山下,常常去青蔓河游玩,有时钓鱼,有时闲逛,好不惬意!他后来常常回忆这一段美好的生活,如在虢州作官时写下了《南池夜宿思王屋青萝旧斋》,诗里表达了对王屋旧斋及当年悠闲生活的怀念,诗里这样写道:

> 早年家王屋,五别青萝春。
> 安得还旧山,东溪垂钓纶?

一年以后,岑参一家又告别王屋,向南渡过黄河,经过东都洛阳,来到嵩山南边的丘陵地带,这里也有岑家祖上留下的旧草堂,岑参一家便在这里住了下来。住在这里还有一个原因,那就是离他大哥岑渭当官的地方不太远。来到嵩山以后,岑参常常怀念王屋的隐居生活,也怀念那里交

往的隐居之士,他有一天在王屋山东边的溪流畔留宿,情有所感,写下了《宿东溪怀王屋李隐者》:

> 山店不凿井,百家同一泉。
> 晚来南村黑,雨色和人烟。
> 霜畦吐寒菜,沙雁噪河田。
> 隐者不可见,天坛飞鸟边。

这首诗写得十分平易,表现出善于写实的特点。首联写出山居人家的景色,山店有泉,不用凿井,而百家同饮一泉;中间两联犹如一幅水墨画,确是"诗中有画"。沙雁,指河边沙洲上的雁。尾联感叹不能与隐者相见,令人遐想,余味悠然。天坛,王屋山之绝顶,为隐者所居之处。这首诗的特点是前六句写宿东溪所见,绘出山中幽绝景观,而最后二句写出诗人之感慨,读之使人感到"高人宛然在目矣。"

自从来到嵩阳,一晃五年过去了,在这五年里,岑参家庭发生很大变故,母亲去世了,兄弟几个也各奔前程,只有岑参依然没有离开嵩阳。当然,他也不是只住在这里,从有关材料看,他还到过缑山,在那里住过一段时间,有《缑山西峰草堂作》:

> 结庐对中岳,青翠常在门。
> 遂耽水木兴,尽作渔樵言。
> 顷来阙章句,但欲闲心魂。
> 日色隐空谷,蝉声喧暮村。
> 囊闻道士语,偶见清净源。
> 隐几阅吹叶,乘秋眺归根。
> 独游念求仲,开径招王孙。
> 片雨下南涧,孤峰出东原。
> 栖迟虑益澹,脱略道弥敦。
> 野霭晴拂枕,客帆遥入轩。
> 尚平今何在,此意谁与论。
> 伫立云去尽,苍苍月开园。

缑山，即缑氏山，在嵩山之西，今河南省偃师市南缑氏镇东南。传说这里是周灵王太子晋得仙之处。此诗描写了闲居草堂时的所见所闻。前八句景中有情，说自己对着五岳之一的嵩山建造了房舍，推门即见一片绿色，在这里只是终日沉溺于退隐林泉的乐趣之中，谈论的只是打鱼砍柴之类的内容。近来已久与书籍疏远，只是为了使心里清静而已，但见空谷落日，但闻暮村蝉声。"囊闻"两句引起遐思：曾听过道士宣讲清静无为的道理，曾靠着小几静看风吹落叶，想着叶落归根的深意。此时特别感到独游之寂寞，希望有人与自己一道隐居。这里用了一个蒋诩的典故：蒋诩辞官归隐，在房前竹下开三径，同故人求仲、羊伴往来。最后八句仍写隐居闲适心情。尚平，指尚长，字子平，东汉隐士，这里以之指友人。此意，指隐居生活的闲适。最后两句言浅意深，颇有韵味：独自伫立，遥望白云远去，苍苍月色，已把园林照亮……

岑参还去过登封北的巩县，在那里他寻访了当地一位有道德、学问而隐居不仕的李先生，留下了有《寻巩县南李处士别居》：

先生近南郭，茅屋临东川。
桑叶隐村户，芦花映钓船。
有时著书暇，尽日窗中眠。
且喜闾井近，灌田同一泉。

巩县，唐县名，在今河南巩义市。南郭，外城。《周礼》里说，古代五家为比，五比为闾。又说八家为一井，故"闾井"即乡里，指所居之地。巩县南郊邻近嵩山，故有"闾井近"之说。

又有《巩北秋兴寄崔明允》：

白露披梧桐，玄蝉昼夜号。
秋风万里动，日暮黄云高。
君子佐休明，小人事蓬蒿。
所适在鱼鸟，乌能徇锥刀。

孤舟向广武,一鸟归成皋。

胜概日相与,思君心郁陶。

前四句写秋景,十分生动。中四句感叹友人在朝为官,辅佐休美昌明之世,而自己却隐居蓬蒿之中;可自己心思在鱼鸟身上,岂能出仕从政呢?徇,曲从。锥刀,指微细之利,即"锥刀之末"。此处喻指出仕为官。最后四句说崔明允乘船沿黄汉向广武(山名,在今河南荥阳市东北)方向而去,而自己要前往巩县东北的成皋,眼中的美景只能增强自己思念友人的郁闷和忧愁。崔明允,曾官左拾遗内供奉和礼部员外郎。

此期岑参又去过陆浑别业,也住过相当一段时间。可见,他是以嵩阳为中心,在周边一带周游、访学,开始了自己人生最初的交游。

光阴推移,时间来到了唐朝开元二十二年(公元 734)……

这天一大早,在嵩山南面的一条小路上,急匆匆地走来一个仆人装束的壮汉,他来到山间的一间茅屋前,停了下来,擦擦头上的汗,叫道:

"岑先生!岑先生!"

随着喊声,一个二十岁左右书生模样的人走了出来。他便是唐代著名诗人岑参。岑参一见这个壮汉,便笑道:"阿六,你怎么这么早就来了?"

阿六一边往屋里走,一边喘了口气说:"你哥哥岑大人叫我再给你送些米面,对了,还有这些书。"说着,他把背上的大包放在地上。岑参感叹道:"真让兄长费心了!"

"岑大人说叫你好好读书,不要浪费时间。"

岑参点点头,说:"你回去告诉我哥哥,我这里一切都好,请他放心!"

阿六点点头,过了一会儿说:"没什么事,我就回去了。"

岑参赏了他几文钱,叫他走了。

待阿六走后,岑参捧着哥哥送来的书,长长地叹了一口气。他理解哥哥送书的一片深意。是呀,而今自己已经二十岁了,一定要抓紧时间苦读,才能尽早获取功名!

他信步走出草屋,眼前一片葱绿,风吹松树发出一片涛声,他的思绪就像那山间的小鸟,一刻也不能安静……

说起来,岑参有值得自豪的家史,他的祖辈和父辈出了不少高官,特别是出了三个宰相,这可是一般家庭里少见的。第一个是岑参的曾祖父岑文本,他文章写得好,在唐太宗的时候当了中书令。第二个是伯祖父岑长倩,他是岑文本的侄子,在唐高宗永淳年间,作了宰相。岑长倩虽然当了高官,但还是有些原则的,在武则天当政的时候,他反对立武承嗣为皇太子,使武姓众人很不高兴,后来有酷吏为了讨好武氏,就给他罗织了不少罪名,他自己不仅被杀了,更惨的是他的五个儿子也一起被赐死。第三个是岑参的伯父岑羲,他在中宗、睿宗的时候当了宰相,后来却参与太平公主的阴谋活动,在玄宗上台执政的时候被杀了,家里的财产也被没收了。岑参的祖父岑景倩也是当官的,他在武后时为大中大夫,行麟台著作郎兼宏文馆学士,他有四个儿子,长子就是岑参的父亲岑植。

想到自己可以夸耀于人的家史,岑参总是百感交集,他总觉得自己有重振家业的责任,这也是推动他刻苦读书的动力。可是,自己已经二十岁了,却仍然要依靠哥哥的帮助来生活,更别说获取功名和重振家业了!想到这,他不由地长长叹了一口气。

正在这时,忽听有人叫道:"岑兄,岑兄,又在那里构思佳作吧?"

岑参从沉思中惊醒过来,一回头,见是经常来往的几位诗友——张杉、王文吾和周陆,忙迎上去,笑道:"小弟我能有什么佳作?大概是三位兄长有什么不朽之作,特来向小弟我炫耀的吧?"

张杉行过礼,笑道:"岑兄,我昨日读你那首《宿东溪怀王屋李隐者》,很是兴奋,你在王屋山住了多长时间?"

"也不过一年多吧。"

"噢,这首诗颇有隐者之风呀,我已经背下来了!你们听——山店不凿井,百家同一泉。晚来南村黑,雨色和人烟。霜畦吐寒菜,沙雁噪河田。隐者不可见,天坛飞鸟边。"

王文吾叹道:"好一个'晚来南村黑,雨色和人烟'!"

岑参还礼道:"见笑!见笑!"

张杉又说:"那首《春寻河阳闻处士别业》也不错,我……"

王文吾打断他说:"这首诗我知道,你们听——风暖日暾暾,黄鹂飞近村。花明潘子县,柳暗陶公门。药碗摇山影,鱼竿带水痕。南桥车马客,何事苦喧喧?"

张杉说:"'花明'两句对仗工整,可谓诗眼。当年潘安仁为河阳令,提倡种植桃李花,人号河阳一县花。此典用在这里太精巧了!"

王文吾说:"'柳暗'句用陶渊明宅边有五柳树的典故,也很恰切!"

岑参只是叹了一口气,并未说什么。

还是周陆观察的细致,他说:"我看是岑兄又想起家业未振,功名未就,心中又不痛快了吧?"

"嘿!"还不待岑参回答,张杉快人快语道;"岑兄,何必想那么多呢?我们终日悠闲于山间林下,世事皆不关心,岂不快意,为什么一定要自寻烦恼呢!"

王文吾说:"张兄难道还不知道吗? 岑兄家族中人才辈出,曾三出宰相,岑兄当然要以重振家风为己任了。哪像我们这些平民百姓的后代,自然不去做出将入相的美梦了!"

岑参摇摇头说:"王兄所言差矣。如今我大唐朝野一片升平,自太宗皇帝奠定基业以来,已经一百四十余年了,正是我们这些人报效国家的好时候,怎能终日山间林下,虚度一生呢! 不知各位是否知道有一位写诗的圣手叫李白,他有一首诗写得好,前不久我兄长让人带给我,我读了很有感慨呀!"

众人说:"不妨读来听听!"

岑参略一沉吟,轻声朗诵道:

> 桃李得开日,荣华照当年。
> 东风动百物,草木尽欲言。
> 枯枝无丑叶,涸水吐清泉。
> 大力运天地,羲和无停鞭。
> 功名不早著,竹帛将何宣!

张杉赞到:"'功名不早著,竹帛将何宣',有气魄! 我知道此人诗名很大,他还有一首《古风》,开头两句也是大气魄,你们听——'一百四十年,国容何赫然!'"

"是啊,现在虽说是太平盛世,但其实也不是一片光明。据我所知,这位李白的仕途也很不顺呢!"王文吾说道。

岑参问道:"莫非王兄与这位李白有交往吗?"

王文吾笑道："我只是从一位朋友那里听说过这个人。他是蜀人,据说出生在西域,后随父回蜀。七八年前由蜀中来到内地,自言'仗剑去国,辞亲远游',游历许多地方后定居安陆,后又在那里与故相许圉师孙女结婚。"

张杉问："噢,这位李白先生的经历还真有些传奇色彩呢!"

"是呀,"王文吾接着说："在安陆他呆得烦了,就到长安去求发展,据说通过关系结识了当今圣上的女婿张垍,可惜张垍只把他安排在终南山玉真公主别馆暂住,并没有为他奔走,李白只得失望而归,看来'桃李得开日,'也不过是一句空话!"

周陆似乎想起什么,问道："莫非那首《襄阳歌》和《江上吟》就是这位李白先生离开长安后写的? 王兄这么一说,倒使我想起不久前长安王昌龄老兄寄来的诗了,诗的作者就叫李白,两首诗都是好诗!"

岑参忙说："不知周兄能否背诵下来?"

周陆笑道："小弟不妨试上一试,若有记忆不清的地方跳过去便罢!"

"好!"大家知道这是周陆谦虚,他的记忆力历来极佳,何况又是好诗,肯定不会有任何遗漏。周陆略一沉吟,先朗诵了李白的《襄阳歌》:

> 落日欲没岘山西,倒著接䍦花下迷。
> 襄阳小儿齐拍手,拦街争唱《白铜鞮》。
> 旁人借问笑何事,笑杀山公醉似泥。
> 鸬鹚杓,鹦鹉杯。
> 百年三万六千日,一日须倾三百杯。
> 遥看汉水鸭头绿,恰似葡萄初酦醅。
> 此江若变作春酒,垒曲便筑糟丘台。
> 千金骏马换小妾,醉坐雕鞍歌《落梅》。
> 车旁侧挂一壶酒,凤笙龙管行相催。
> 咸阳市中叹黄犬,何如月下倾金罍?
> 君不见晋朝羊公一片石,龟头剥落生莓苔。
> 泪亦不能为之堕,心亦不能为之哀。
> 清风朗月不用一钱买,玉山自倒非人推。
> 舒州杓,力士铛,李白与尔同死生。

襄王云雨今安在？江水东流猿夜声。

"真是好诗！"众人听罢都点头，王文吾说："李白内心之苦闷和悲哀，令人对仕途望而却步！"

岑参说："诗是好诗，只是色彩太灰了一些……"周陆笑笑，又轻声朗诵起《江上吟》：

木兰之枻沙棠舟，玉箫金管坐两头。
美酒尊中置千斛，载妓随波任去留。
仙人有待乘黄鹤，海客无心随白鸥。
屈平词赋悬日月，楚王台榭空山丘。
兴酣落笔摇五岳，诗成笑傲凌沧洲。
功名富贵若长在，汉水亦应西北流。

吟罢，周陆看看大家，笑道："各位兄长，不知道听了此诗有何感想？"

王文吾笑道："这位李白先生真是大手笔呀！我们真是自愧不如！"

岑参接着说："以小弟之见，这位李白先生为人旷达，诗情勃发，只是色彩还是太灰了一点儿，功名虽然不能长在，但大丈夫岂能视而不见，不去追求？"

张杉摇摇头，说："人各有志，我倒是更欣赏李白先生的志向，功名富贵，白云流水而已！"

岑参颇不以为然，说："张兄所言，小弟不敢苟同，大丈夫来世上走一遭，岂能不有所建树？功名富贵固然不值得过分追求，但光宗耀祖、有功于朝廷却是我们这些读书人应该念念不忘的！"

张杉和王文吾历来追求一种清静闲适的生活，对社会世事不感兴趣，也从来不去想获取功名的事，所以听了岑参的话，不约而同地摇了摇头。

周陆看气氛有些不够协调，趁张杉和王文吾还未说话，忙说："依我之见，今天我们还是不争这些。我看今日相聚，我们只谈一个字，那就是'诗'，如何？"

岑参、张杉、王文吾都点了点头。

周陆把手里的东西放在石桌上，说："我带了些酒肉，大家还是边喝边谈吧,怎么样?"

"还是周兄想得周到!"

待大家分别在草屋外的石桌旁坐下以后,张杉问道:"我们今日以诗会友,是各作新诗呢,还是品评旧作?"说着,他把杯中的酒一饮而尽,又自顾自地斟上一杯。

周陆说:"以小弟之见,我们近来作诗不少,今天还是品评一番,看哪几首最为优秀,如何?"

岑参点了点头,放下酒杯:"行,我看就这样吧!"他转头问王文吾:"王兄以为如何?"

王文吾点了点头,表示同意。

稍停了一会儿,周陆说:"依我之见,近期诸位所作,还以岑兄那首《自潘陵尖还少室居止秋夕凭眺》最为出众,尤其是其中'草堂近少室,夜静闻松风。月出潘溪尖,照见十六峰'几句最为精彩,把草堂月夜写得美极了!"

"是呀,这首确实相当不错,其他几句也很好,我来读一读如何?"

"好呀",周陆点头。

王文吾接着朗诵道:

> 九月山叶赤,溪云淡秋容。
> 火点伊阳村,烟深嵩角钟。
> 尚子不可见,蒋生难再逢。
> 胜惬只自知,佳趣为谁浓。
> 昨诣山僧期,上到天坛东。
> 向下望雷雨,云间见回龙。
> 久与人群疏,转爱丘壑中……

"好诗! 好诗!"张杉拍手笑道。

张杉认真地说:"此诗总的讲也的确不错,周兄点的几句固然精彩,不仅写出草堂月色,更把自潘陵尖还草堂一笔带过,下面写少室秋夕眺望所见、村火、暮烟,用'点'、'深'二字,颇为精当。'尚子'、'蒋生'借古人写自己,自有深意。最后又表明了决心归隐的想法,甚佳!"

王文吾说:"还没结束呢,你接着听,"他又不紧不慢地轻声读道:

> 心淡水木会,兴幽鱼鸟通。
> 稀微了自释,出处乃不同。
> 况本无宦情,誓将依道风。

王文吾接着说,"岑兄近期佳作不少,依我之见,还是那首寄给我的诗最好,特别是'卷迹'以下两联真是神来之句,妙极了!"说着,他摇头晃脑地朗诵起来:

> 田中开白室,林下闭玄关。
> 卷迹人方处,无心云自闲。
> 竹深喧暮鸟,花缺露春山。
> 胜事那能说,王孙去未还。

周陆赞扬道:"岑兄此诗不仅写出春景悦人,更写出我等潜心隐居,专心释道的心思,结句更有招隐之意,耐人品味!"

听了这话,岑参忙说:"二位兄长过奖了,小弟诗才平平,怎当得起这样的赞扬? 近期三位仁兄所作,都有佳品,还是……"

张杉笑着打断岑参的话:"我们这是评诗,好就是好,不好当然就说不好,岑兄不必过谦。不过依我之见,还是岑兄写我们悠闲生活的那首《南溪别业》最有诗味。"说着他站起身,朗诵道:

> 结宇依青嶂,开轩对翠畴。
> 树交花两色,溪合水重流。
> 竹径春来扫,兰樽夜不收。
> 逍遥自得意,鼓腹醉中游。

"这首真是佳作!"王文吾点头赞叹,"前四句写出南溪别业景色,屋宇对着少室山,窗户外即是一片田野,树开两色花,溪水相汇流,真是'诗中有画'呀! 后四句写出我们的隐居生活,竹径通幽,芳樽长把,真与庄子一样,尽享逍遥之游啊!"

张杉坐下饮了一口酒说:"怎么样,岑兄真把我们远离尘世的生活写活了。前不久,我把这首诗抄寄给长安的一位朋友,他来信对此诗大加赞赏,说此诗作者定是当今诗坛的一个奇才!"

听了这话,岑参不仅没有露出喜悦之色,反而长长地叹了一口气。

几个人都很吃惊,忙问:"岑兄,怎么了,难道身体不舒服吗?"

"不,不。"

"快进屋休息一下吧!"

"没什么,"岑参有些不好意思,连忙解释道:"真的没什么。"

张杉问:"是不是家里出了什么事? 岑兄,你尽管说,我们都是朋友,若是我们能帮上忙,绝不会推脱!"

岑参勉强一笑,说:"小弟确实没有什么事,只是刚才各位选的我的几首拙作均是半年前的旧作,这半年来我的思想发生很大变化,想到我为世宦之家子弟,岂能真的老死林下,所以入世之心又起,日渐强烈,想想自己年已二十,却在这山间林下虚度光阴,心中十分难过。刚才张兄说长安有人赞我为诗坛奇才,小弟实不敢当。可是大丈夫生在世间,不能为国家出力尽心,只会写写诗,又有何用?"

岑参的声音不大,但语气十分有力。一时,谁也没有说话。

停了好一会儿,岑参又说:"小弟的想法与几位兄长各不相同,可是人各有志,不能强求,还请诸位理解。"

"岑兄!"三个人一下子都站了起来,他们虽然不热心于入世为官,但却被岑参的一番话打动了。他们站在那里,等着岑参继续说下去。岑参却什么也没有再说,只是给每个酒杯里又倒上了酒。

周陆一把握住岑参的手,急切地问道:"岑兄有何打算? 快快告诉我们,如果能帮上忙,我们一定助你一臂之力!"

"是呀!"张杉和王文吾也随声应道。

"不瞒诸位兄长,我计划近期便前往洛阳……"

"洛阳? 去洛阳干什么?"张杉的急性子什么时候也改不了。

岑参继续说道:"据传当今皇上正在洛阳,我想先去那里试一试。"

周陆点点头说:"据我所知,要想出仕任职一般有三条路可走:一是应考,二是求达官贵人推荐,三是直接向皇帝献上赋文。"

"噢,那岑兄是想走第三条入仕之路了?"张杉问道。

"是的。我早就想过,应考现在不是时候;求达官贵人推荐,我觉得并不光明磊落,因此,我想去洛阳,直接向当今皇上献上诗赋。"

"对,凭岑兄的文才,献诗赋是一个好主意!"张杉点点头。

王文吾说:"是呵,若是被圣上看中,岂不是入仕的一条捷径吗!"

"当然是一条捷径,有许多人就是走这条路踏上仕途的,"张杉喝了一口酒,接着问道:"岑兄,你难道对朝廷的事一点都不知道吗?"

"什么事?"岑参问道。

"我等自然知道,自开元以来,圣上任用姚崇、宋璟等能干的大臣,进贤而退不肖,特别实行姚崇所奏十事,如行法必自亲近之人开始,废除苛捐杂税……"张杉说道。

"还有不幸边功,宦竖不与政,停道、佛营造……"周陆插话道。

"对",张杉继续说道:"这些措施实行以后,我大唐确实出现了开元盛世,不然我等又怎能在此吟诗作赋、闲逛度日呢!"

"是呀,"岑参点点头,"我看'开元之治'不比'贞观之治'差多少,不知各位仁兄如何看?"

大家点点头,停了会儿,张杉说:"我听长安的一个老朋友说,情况近来还是有些变化,当今皇上年事已高,对朝政不太感兴趣,他老人家洞晓音律,丝管皆造其妙,据说击鼓的技术圣上也是一流的,所以圣上每天都在梨园调教音乐子弟,不仅亲自指挥、培养宫中女乐,还让她们演奏自己的作品,有时还亲自参加演出……"

周陆说:"岂止这些!据我所知,开元初圣上锐意进取,社会一片生平,至开元中圣上似有懈怠,比如开元十三年,圣上东封泰山,就带着三百头由'神鸡童'贾昌饲养的斗鸡随驾;十八年春,又命令侍臣和百官每个假日找一处风景优美的地方举行游宴,还广为赐钱,住宿饮食皆由公家出资提供,从此以后,这种游宴一年要搞好几次呢!而朝政都交给了宰相李林甫,据说……"

"李林甫?"王文吾插话道:"这个人我听说过,有人说他很有才华,也有人说他权力欲望特盛,喜欢用手段排挤别人,听朋友说,最初圣上问身边的高力士,说自己已经十年不出长安了,天下无事,想把政事托付给李林甫如何? 高力士劝圣上不要把大权交给别人,圣上很不高兴,高力士也就不敢说话了。后来听说皇上对李相是绝对信任的。"

"是呀,圣上对他是绝对信任,听说他也做了许多好事,比如这几年在丰年用平价收购粮食储存起来,到灾年就拿出来用,改变了每到灾年朝廷就迁往洛阳找食物的惯例,圣上很高兴,对他也就更信任了。"

"他虽然有当臣子的本事,但是听说绝对妒贤嫉能,下属胆敢反对他,肯定没有好下场,"张杉说:"这样的人占在那么重要的位置上,政治能清明吗? 这时候出去入仕,能有好结果吗?"

王文吾说:"听说去年圣上叫李林甫举行制举考试,希望选拔在野的人才,但李林甫怕这些士子不懂朝廷规矩,胡言乱语,指斥朝政,所以就通知州郡长官注意训练教导这些士子,让他们按一定的答案来准备,结果来到朝廷,他们个个木讷愚钝,竟无一人入选,岂不可恶! 可是,你们知道李林甫给圣上上表怎么说?"

张杉问:"他如何解释?"

王文吾笑笑说:"李林甫竟然上表祝贺,说是'野无遗贤',你们说可笑不可笑!"

"可笑,又可恨!"众人应道。

岑参若有所思地说:"朝廷什么时候都有忠臣奸臣,难道因此就不出去为国效劳吗?"

听了岑参的话,大家知道他决心已下,一时没有人再说什么,突然显得十分安静。

"那你需要……,"周陆的话还没说完,张杉便打断道:"那还用问,依我看,岑兄远游一定需要银子,我那里还有一些,去时一并带走吧!"

"对,我也有一些,过两天一定送来!"

"我明天就给你送来!"

听着朋友们的话,岑参的眼睛湿润了。

四个人一时都没有说话,耳边响着松风之声……

第二章

出入二郡

为了实现自己入仕的愿望,岑参暂时告别了嵩山,带着朋友们和哥哥送的一些银子,踏上了去洛阳的道路。正是初夏时节,一路青枝绿叶相送,岑参沿着山间小道急急忙忙走下山来,一颗年轻而充满活力的心在胸中跳荡不已。他真不知道,这次离去,前途如何,但是他毕竟还年轻,对未来自然充满了信心。

"嵩山,再见了!"当岑参走到嵩山脚下,他在心里这样向嵩山告别。回望嵩山,峰峦叠嶂,山溪叮咚,岑参有几分不舍,他略一停留,觉得胸中有一口气需长长地吁出,他长叹一口气,又摸摸身上的书包,那里有他这些日子苦心写出的几篇文赋,他真希望这些作品能受到皇上的赏识,给他带来好运气。

就这样,岑参带着对未来的希望,离开了他生活了很长一段时间的嵩山。

走上大道,一路向西而去……

可是,人生的道路总是很坎坷的,对于刚刚二十岁的岑参来说,他对坎坷的人生还没有充分的准备,他总觉得,凭着自己的才华,自己的理想是很容易就能达到的。但是,命运似乎并不特别关照他,反而却像是在捉弄他。当岑参匆匆赶到洛阳,按着官府的惯例,把自己的文赋送到朝廷专门的机关里以后,便在城里找了个旅馆住了下来,一心等着使人喜悦的消息。

时间一天天过去了,岑参的心里越来越不安定,身上的银子也越来越少了。渐渐地,岑参越来越担心自己的前途。每当夜深人静,他躺在床上常常久久不能入睡,这时他便反复自问:"难道是我的文章不好,皇上没有看中吗? 即使这样,官府也应该有个回讯呀! 怎么会如石沉大海,一点消息都没有呢?"

在焦急的等待中,又过了十几天。

这天,岑参实在忍不住了,一大早便前往洛阳专管文士献赋的机构去打探消息。他等了很长时间,才从里面走出一个年老体弱的老吏,岑参忙上前施礼道:

"请问老先生,我二十多天前献上了几篇文赋,不知为何一直到今天还没有一点消息呢?"

"噢,"老吏有气无力地问道,"你叫什么名字?"

"小人叫岑参,是从嵩山来的,献上文赋以后,我一直在城西旅馆里等着消息,可……"

老吏把手中的名册随便翻了翻,打着官腔说:"你的文赋没有被皇上看中,你走吧!"

"啊! 老先生,我……"

也许是岑参着急的样子打动了老吏,他流露出几分同情,小声说:"这位先生,你不要着急。其实,你们这一批献上的文赋,皇上根本就没看!"

"没看? 那……"

老吏看着岑参,小声说:"你还不知道吧? 皇上近来新得了一个美人。哪有工夫看你们这些文人的文赋呢!"

"美人? 是谁呢?"

"就是杨玉环呀,现在皇上已封她为贵妃了,近来皇上特别宠爱她,对朝政都不怎么关心了。"

"那……"岑参急得说不出话来。

老吏同情地叹了一口气,说:"你们这些读书人哪!"他见岑参露出灰心丧气的神色,又安慰道:"你也别太着急,皇上在东都洛阳没心思看你们献的赋,到了西京长安总是会看的,你不如再去长安碰碰运气,皇上明天就起驾回长安了。"

岑参点点头说:"谢谢老先生指点!"说着掏出几两银子塞在老吏手里。

回到旅馆,岑参即刻打点行装,结了账,当天就离开洛阳前往长安。

但是，事情并不顺利，岑参的愿望在长安仍然没有机会实现，他献给朝廷的文赋，并没有引起皇帝的重视。时间一天天在等待中慢慢过去了，岑参开始感到生活渐渐拮据起来，幸亏他哥哥岑渭又托人带来些银子，他才能在长安继续住下去。

这一天，旅店的老板告诉岑参，皇上又到洛阳去了。见岑参有些不信，老板说："这是宫中当差的朋友告诉我的，他们呀，就盼着皇上去洛阳，那样他们就可以偷闲些日子了。"岑参取了些银子给老板，叫他打些酒来。一会儿，老板便叫人送来了酒和一些下酒的菜，岑参自斟自饮起来，一时感到心中非常郁闷。是呵，此时此刻，他又该怎么办呢？最后，他还是决心再到洛阳去一趟，也许还能够找到一个入仕的机会。

第二天，岑参离开长安又踏上了去洛阳的道路。快到中午的时候，他来到了潼关。潼关是一座古关，在今陕西省潼关县，地当陕西、河南、山西三省交界处。关城依山临水，历来以形势险要著称。守关的士兵验明了他的身分，放他过了关。回头望着曾经几次经过的潼关，岑参忽然想到了后汉时一个叫郭丹的人。据史书记载，郭丹是南阳人，有一次他入函谷关寻求仕路，曾经立下誓言说："我此生苦不能在关内为官，便绝不再出此关返乡！"果然，几年后，郭丹被任命为谏议大夫，作为使者被皇上派往南阳，遂了他衣锦还乡的愿望。岑参虽然不追求什么"衣锦还乡"，但是在他生活的时代，要想在政治上有所作为，唯一的出路便是出仕为官。难怪他会想到后汉时的郭丹了。想想郭丹，比比自己，岑参心中不由地感慨万千，他不禁随口吟道：

来亦一布衣，去亦一布衣，
羞见关城吏，还从旧道归！

是呵，这一年以来，岑参两次经过潼关，却仍然是一个布衣百姓，并没有得到一官半职，难怪他自卑得连守卫潼关的小吏都羞于相见呢！

"出入二郡"期间，他因为常在外奔波，难免有思念亲人的感情不时产生，值得特别注意地是他的一首怀念妻子的诗，因为这一类诗往往有靡丽和缠绵的风格，所以特别标明了"效齐梁体"几个字，其诗如下：

盈盈一水隔,寂寂二更初。

波上思罗袜,鱼边忆素书。

月如眉已画,云似鬓新梳。

春物知人意,桃花笑索居。

　　这首诗是一个夜晚,岑参路过磐豆城(即今河南灵宝市西磐豆镇,在黄汉南岸)时隔河望永乐县,心有所感而写的,言浅情深,耐人品味。岑参还在磐豆这个地方探访过野寺里的高僧,作有《晚过磐豆寺礼郑和尚》诗,其中"岸花藏水碓,溪竹映风炉。顶上巢新鹊,衣中带旧珠"四句写野寺周围景色和高僧坐禅时入神情态,颇为后人赞赏。岑参还曾从磐豆横渡黄河到达黄河北岸的永乐县访问朋友,一次,他在友人郑少府办公室的墙壁上留下一首诗:

大河南郭外,终日气昏昏。

白鸟下公府,青山当县门。

故人是邑尉,过客驻征轩。

不惮烟波阔,思君一笑言。

　　前二句说黄河在县城南流过,终日河上水气迷漫,次二句说白鹭在县署里飞过,县城之门正对着青山。三四二句说友人在此任县尉,客人只得停下远行的车马。最后两句写自己渡河相访,见出彼此友情之深。
　　说到此时关东关西的奔波,岑参是很希望能有人关照 提携,帮助自己走通仕途之路的,特别是那些已经在朝廷任职的人,他更是寄予了期望,其《函谷关歌送刘评事使关西》值得一读:

君不见函谷关,崩城毁壁至今在。

树根草蔓遮古道,空谷千年长不改。

寂寞无人空旧山,圣朝无事不须关。

白马公孙何处去,青牛老子更不还。

苍苔白骨空满地,月与古时长相似。

野花不省见行人,山鸟何曾识关吏?

故人方乘使者车,吾知郭丹却不如。

请君时忆关外客,行到关西多致书。

函谷关是长安东出的门户,故址在今河南灵宝县。此诗在咏古中表达送别之意,自有一种苍凉高古之感。前四句感叹赫赫有名的函谷关,今天却城崩壁毁,到处是草蔓树根,只有空谷旧山默默无语;中间八句写昔日过关的公孙龙、老子早已不知魂归何处,眼前只见苍苔白骨;皓月长存,野花山鸟又岂多情?过关之人和守关之人早已不为今人所知了。白马公孙,指战国时人公孙龙,他是名家学派代表人物,有"白马非马论"的论点。据说他有一次骑白马过关,关吏阻拦说:"此关不许过马。"他回答道:"白马不是马。"青牛老子,老子,春秋楚人,史书记他乘青牛过函谷关,为关令尹喜著《道德经》五千言而去。后不知所终。最后四名点到刘许事的使者身份,说郭丹与他相比都有所不如,表现出对他的羡慕,同时希望得到他的关照,想想此时的岑参,这种心情是可以理解的。

岑参这些年往来于长安和洛阳之间,他自言此乃"出入二郡"时期,他常常在求仕不成失望之时又回到嵩阳闲居,这里的山水令他向往,给他安慰。有一次他沿洛水东归,有感而发,在洛水舟中写下了《还东山洛水上作》其诗如下:

春流急不浅,归枻去何迟。

愁客叶舟里,夕阳花水时。

云晴开螮蝀,棹发起鸬鹚。

莫道东山远,衡门在梦思。

诗中描写出了洛水上的明丽景色,春水已深而归枻已迟,孤舟客愁与夕阳相伴,初晴见虹而棹起惊鸟,表现出他急于归来的心情,莫言故山尚远,梦中已先归了!还有一次,他从长安东行归嵩阳少室山,经过潼关时天色已晚,他干脆住在潼关,夜不能寐,起身写下《东归晚次潼关怀古》:

暮春别乡树,晚景低津楼。

伯夷在首阳,欲往无轻舟。

遂登关城望，下见洪河流。
自从巨灵开，流血千万秋。
行行潘生赋，赫赫曹公谋。
川上多往事，凄凉满空洲。

怀古中有无限感慨。留宿于古关，自然会生出思古之幽情。此诗首联写自己晓行夜宿，在夕阳西下时来到了黄河北岸的风陵渡，潼关与之隔河相望。三、四二句说自己很想访问不食周粟的伯夷的隐居地首阳（此指雷首山，在今山西省永济市南，地近潼关），可惜没有"轻舟"之便。中间四句是望中所见所感，感叹自从山劈河通，潼关即为兵家必争之地，自古以来征战不已。最后四句又想到潘岳描写潼关的《西征赋》和曹操在潼关的一次成功的军事行动，感叹今日满目凄凉，英雄不在。潘生赋，指潘岳的《西征赋》，据说他在西晋元康二年（292）为长安令，由当时的京都洛阳西行赴任，一路上览胜怀古，作《西征赋》，其中涉及潼关的名句有"眺华岳之阳崖，见高掌之遗踪。""愠韩马之大憝，阻关谷以称乱，魏武（曹操）赫以霆震，奉义辞以伐叛，彼虽众其焉用？故制胜于庙算（战前计划）。"曹公，即指曹操，据史书载，建安十六年（211），马超、韩遂等叛，屯兵潼关，曹操亲自领兵西征，用谋略打败了马超和韩遂，获得大胜。

虽然说"羞见关城吏"，但他还是在命运的摆布下又一次经过潼关，与关吏相见，因为岑参在嵩山少室山待了几个月以后，自知还会同上次一样一无所获，只得又从原路再一次返回长安。他想，长安是大唐的首都，是政治经济文化的中心，这里仕进的机会毕竟多一些。因此，他这次决定在长安多住些日子，好好找一找出仕报国的机会。

这一天，岑参在旅馆里呆得无聊，便信步来到长安西市。西市在群贤坊、怀远坊、光德坊和醴泉坊之间，距皇城不远，西边是长安的金光门。这里是长安的主要商业区，店铺一间挨着一间，饭馆酒楼随处可见。他走了一阵儿，觉得有点乏累，便走进一家酒楼，要了些酒菜，独自喝起了闷酒。

在岑参的邻桌，围坐着几个读书人，他们的谈话吸引了岑参的注意，他不由地转过头仔细听了起来。在谈了一阵国家大事和朋友琐事以后，一个长着络腮胡子的人举着酒杯站了起来，他笑着对一位白皙脸、年纪约在四十岁左右的人说："王兄，你的诗堪称天下第一，今日何不借着酒兴，当场为我们大家吟诵两首?"

"是呵,是呵,"旁边的几个人笑着附和。

那个被称作"王兄"的人也端起酒杯,笑着说;"李兄,你不必将我一军,谁不知道你的诗才是当朝的佳品,何必取笑我呢?"

听了他的话,众人都笑了起来。

这时一个小个子的壮年人站起来说:"王兄、李兄,你们不必谦虚,你们的诗各有特色,天下传唱,我还是喜欢王兄几年前在江南镇江芙蓉楼送别我时写的那首《芙蓉楼送辛渐》。"说着,他抑扬顿挫地朗诵道:

> 寒雨连江夜入吴,平明送客楚山孤。
> 洛阳亲友如相问,一片冰心在玉壶。

众人拍手称好。有人站起身,由衷地夸赞道:"此诗借送友以写胸臆,其词自然潇洒可爱。送别诗而不言别着重剖白自己的高洁,'一片冰心在玉壶',实在难得!"

"是呵",辛渐笑道:"此诗首句写送别前夜的自然景色,次句写平明相送。结句最妙,含意十分丰富,找想一定会成为千古传诵之诗句!"

另一人也站起来说:"在我看来,那首《从军行》也是绝唱呀",接着朗诵道:

> 青海长云暗雪山,孤城遥望玉门关。
> 黄沙百战穿金甲,不破楼兰终不还。

话音刚落,众人齐赞:"好气魄!"有人及复吟咏"黄沙"二句,赞不绝口。那位被称作"王兄"的人谦虚地说:"见笑了! 见笑了! 其实李兄的大作才值得称道呢,你们听——"他略一停顿,朗诵道:

> 白日登山望烽火,黄昏饮马傍交河。
> 行人刁斗风沙暗,公主琵琶幽怨多。
> 野云万里无城郭,雨雪纷纷连大漠。
> 胡雁哀鸣夜夜飞,胡儿眼泪双双落。

闻道玉门犹被遮,应将性命逐轻车。

年年战骨埋荒外,空见蒲桃入汉家。

众人也纷纷点头:"好诗!好诗!"那个被称作"李兄"的人笑道:"不知各位听说过'旗亭画壁'的故事没有?好不有趣!"

"什么旗亭画壁?"众人不解地问。

"是这么回事",那位"李兄"笑着说:"去年刚入冬的时候,昌龄兄、高适兄和之涣兄一起在酒楼饮酒,忽见有十几个歌女前来献唱,这几位仁兄暗中较劲,看歌女唱谁的诗最多。"

"有趣!结果如何?"有人问道。

那位被称作"王兄"的人笑道:"我们当时约定,平时大家各有诗名,互不相让,现在正好可以悄悄观察歌女所唱,唱谁的诗,谁就在墙上画一笔,谁的诗入歌多谁就算胜。"

"哈哈,有意思!"

"王兄"又说:"第一首唱得就是我的《芙蓉楼送辛渐》,第二句唱得是高适兄的一首五绝……"

"哪一首?"

"李兄"接口道:"我知道,是《哭单父梁九少府》的前四句:'开箧泪沾臆,见君前日书。夜台今寂寞,犹是子云居。'"

"确是好诗!"

又有人问:"那之涣兄岂不失落?"

"王兄"笑道:"谁知之涣兄神色坦然,说'这几个歌女都不出色,唱得自然是下里巴人',他指着歌女中最漂亮的一个说'如果这个女子开口,唱得不是我的诗,我一辈子也不敢和你们比试了,若是我的诗,你们应当场跪下,拜我为师!'"

众人听得更有趣味了。

"李兄"接着说:"结果这个歌女一开口,就是之涣兄的《凉州词》'黄河远上',结果……"

"哈哈……"众人大笑。

这时有人轻声朗诵起《凉州词》:

黄河远上白云间,一片孤城万仞山。

羌笛何须怨杨柳,春风不度玉门关。

众人又是一片叫好声。

停了一会儿,那个被称为"王兄"的人,颇有感慨地说:"我大唐朝一百余年以来,天下太平,读书人可以安心读书,且朝廷又有按诗取士之制,所以诗风是历朝历代以来最为兴盛的。现在有一些年轻士子,他们的诗写得相当好,比如我有一位朋友常年住在嵩山,很早以前,他给我寄来一些诗,是一个叫岑参的年轻人写的,相当不错,所以我们可不敢在这里说什么'天下第一'之类的话呀!"

"王兄所言极是!"

停了一下,"王兄"又说:"这个岑参的诗我读了一些,其中颇有佳作,你们听这一首如何——"他清清嗓子朗诵道:

扁舟沧浪叟,心与沧浪清。

不自道乡里,无人知姓名。

朝从滩上饭,暮向芦中宿。

歌竟还复歌,手持一竿竹。

竿头钓丝长丈馀,鼓枻乘流无定居。

世人那得识深意,此翁取适非取鱼。

"好诗,好一个'此翁取适非取鱼'!境界果然不凡!看来这位岑参先生是一个向往适意的人,这倒和我等气味相投。"

听到有人提到自己的名字和诗,岑参先是一愣,继而想起在嵩山时,老友张杉曾说过他把自己的一些诗寄给了长安的一位朋友,当时也投有问他长安的朋友叫什么,大约就是这个被人称作"王兄"的人了。岑参放下酒杯,来到正在高谈阔论的众人面前,先施了一礼后问道:"敢问这位王先生大名?"

"你是……"

岑参轻轻一笑说:"刚才这位先生提到的岑参便是本人,所以特来问安。"

"你是嵩山张杉先生的朋友吗？"

"正是晚生。"

"太好了！"那人急忙站起身，对岑参说："我叫王昌龄，"他又指指那位大胡子，"这位是李颀。"接着他又把在座的人一一作了介绍，然后问道："不知岑兄是否肯与我等同席畅饮？"

岑参又行了一个礼，这才坐下。

虽然王昌龄和李颀比岑参要大二十岁，但岑参早就听说过王昌龄和李颀的大名，他们的诗他也是读熟了的，可以说"神交已久"，特别是王昌龄的绝句和李颀的歌行，岑参是认真学习过的，尤其是王昌龄的边塞之作，更给岑参留下深刻的印象，所以他们一见面，便一见如故，有说有笑，无话不谈，很快就成了朋友。

这次欢聚之后，岑参与王昌龄、李颀等常来常往，经常聚会赋诗，这为他那寂寞而孤独的生活平添了一份乐趣。

但是，好景不长。这一天，李颀来找岑参，告诉他："昌龄兄因为得罪了朝官，被贬往外地任职。"

"什么？"岑参因为身体不适，住在弟弟岑秉家里几天没有出门，因此根本不知道王昌龄碰上了这样的麻烦，所以一听到这个消息，不由一惊，急忙拉着李颀的手问："是真的吗？去哪？"

"去作江宁丞。"

一阵沉默后，岑参又问："什么时候动身呢？"

"也就是这一两天吧，朝廷催得很急。"

岑参对李颀说："我们快约一些朋友，明日为王兄饯行吧！"

李颀点点头："我今天找你就是这个意思，我们这就走吧！"

岑参急忙穿上外衣，跟着李颀走出门去。

第二天，岑参和弟弟岑秉与李颀、常建等人在西市酒楼为王昌龄饯行，大家心里都很不愉快。是呵，送友远行本来就是人生的一大难事。席间，王昌龄感伤地说："唉，当个小小的官，真不是一件容易的事呀！我生性粗放，难免要得罪一些人，还是朋友们理解我呀！"

李颀劝慰道："江宁虽远在润州（即今江苏南京市），但毕竟是鱼米之乡，王兄一去也许会另有发展！"王昌龄淡淡一笑，摇了摇头却什么也没有说。

岑参为王昌龄斟上一杯酒说:"王兄不必太感伤了,你毕竟还能有所作为,而我……"岑参没有说下去,只是扬头一口喝尽了一杯酒。

王昌龄诚恳地劝道:"岑兄,你虽有才华,却怀才不遇,时光岂不白白浪费了吗? 依愚兄之见,你不如参加每年朝廷举行的科举考试,一定会被朝廷选中,那时一定会比愚兄我更有作为。虽然要花些力气和时间,但这毕竟是我等读书人入仕的一条门路,总比在长安闲居要好得多!"

"王兄所言极是!"

李颀对入仕为官并不热心,他唯一关心的就是作诗,见王昌龄和岑参谈得热闹,便插话说:"王兄,饯行不能无诗,有酒无诗岂不太俗气了?"

"那你先带个头吧!"众人笑道。

李颀摸一摸络腮胡子说:"行,那我就献丑了!"说完,他站起身,略一思索,轻声吟道:

> 漕水东去远,送君多暮情。
> 淹留野寺出,向背孤山明。
> 夜来莲花界,梦里金陵城。
> 叹息此离别,悠悠江海行!

"好一个'叹息此离别,悠悠江海行'! 真是情深意切呵!"

"真是好诗!"

众人交口称赞,李颀谦虚地摇摇头,说:"我只是凑个趣,岑参兄诗名不凡,何不当场赋诗,让我们也欣赏欣赏?"

众人都看着岑参。

岑参笑道:"那我就不客气了。"说完沉思片刻,朗声吟道:

> 对酒寂不语,怅然悲送君。
> 明时未得用,白首徒攻文。
> 泽国从一官,沧波几千里;
> 群公满天阙,独去过淮水。

"好诗! 好诗!"只听这八句,便有人叫起好来。

常建评道:"此八句悲昌龄兄之远行,可谓句句是泪。对酒不语,怅然相送,而虽为'明时',却不被重用,只能徒攻诗文、白首读经;今赴官远行,江湖无边,数千里烟波令人心惊,而'群公'二句更是沉痛!"众人纷纷点头:"常兄所评精当……"

"还有呢!还有呢!"李颀示意大家安静,等着听岑参后面的诗句,岑参从容地继续吟道:

> 旧家富春渚,尝忆卧江楼,
> 自闻君欲行,频望南徐州。
> 穷巷独闭门,寒灯静深屋,
> 北风吹微雪,抱被肯同宿。
> 君行到京口,正是桃花时,
> 舟行饶孤兴,湖上多新诗!
> 潜虬且深蟠,黄鹤举未晚;
> 惜君青云器,努力加餐饭!

岑参话音刚落,李颀便站起身赞道:"确是送行佳作,岑兄果然诗才不凡,佩服!佩服!"

常建继续评论道:"前八句写岑兄自己,读此诗才知道岑兄曾在富春江一带居住过,想是童年之事吧?'穷巷'四句更见出岑兄与王兄深挚之友情,令人感叹;结尾八句表达了我们对昌龄兄共同的祝愿,那就是多写佳作,保重身体,现在小人当道,即使真龙也要隐伏而不可施用,但王兄自有大才,今后一定会如黄鹤冲天一样有机会施展才能……"

有人笑道:"常兄何时成了诗评家了?哈哈!"大家都笑了。

也不知是酒起了作用还是听了友人的赞扬不好意思,岑参的脸红了,他轻轻坐下,笑着说:"诗写得一般,让众位兄长见笑了,可是小弟对王兄的一片离情却是真挚的,此诗只不过表达了我心中之情的十分之一罢了!"

王昌龄紧紧握住岑参的手,一句话也没有说出来。过了好一会儿,王昌龄站起身说:"我深感众位友人之深意,也献上一首诗凑凑趣吧!如果诸位同意,我就把诗题为《留别岑参兄弟》,送给岑家二位老弟!"

众人笑道:"没问题,我们没有意见!"。

王昌龄用他那低沉而略带几分沙哑的声音吟道:

> 江城建业楼,山尽沧海头。
> 副职守兹县,东南棹孤舟。
> 长安故人宅,秣马经前秋。
> 便以风雪暮,还为纵饮留。
> 貂蝉七叶贵,鸿鹄万里游。
> 何必念钟鼎,所在烹肥牛。
> 为君啸一曲,且莫弹箜篌。
> 徒见枯者艳,谁言直如钩。
> 岑家双琼树,腾光难为俦。
> 谁言青门悲,俯期吴山幽。
> 日西石门峤,月吐金陵洲。
> 追随探灵怪,岂不骄王侯。

此诗起笔四句写自己因故被贬为县令辅佐之职(副职)而将前往六朝旧都建业(即江宁县),一路只有孤舟相伴,颇为凄凉;"长安"四句写自己一年前来到长安,与朋友们畅饮交往,令人感叹。以下数句皆围绕岑参兄弟着笔,说岑家历史显赫,尤如汉代的金日䃅一门七代皆为高官,而岑参兄弟万里出游,寻求入仕的机会。进而劝慰参氏兄弟不必感叹家族以往的辉煌,还是长歌一曲,在箜篌声中抒发自己的感情,虽然世间枯荣易换,但那些刚直之人又岂可变直为曲呢?! 最后四句说,岑家兄弟都极有才华,其光彩腾耀,友人难以比并,还是不要过多感叹家道中衰,最好能够前来吴地一游,那时我们一同登石门山,游金陵洲,这岂不比王侯更为惬意吗!

听了王昌龄的诗,众人一时沉默不语,是啊,那"徒见枯者艳,谁言直如钩"两句诗中有多少感慨和不平啊,这种感情深深地打动了岑参,他想:确如王昌龄诗中所说,世上本有枯而复荣的人,但这些人往往都是善于阿谀逢迎权贵的人,那些为人正直的人,不能变直为钩,当然也只能穷困凋枯、不被重用了。王昌龄为人耿介,正是这样的人呀! 想到这些,他不由地长长叹了一口气。

夜色在不知不觉中降临在长安城上,一弯明月在云层中静静地浮动……

岑参与王昌龄有很深的友情,送走王昌龄以后的第三年六月,在朝廷任拾遗之职的徐登去江宁看望父母,岑参为其送行时写了送别之作,诗中表达了对王昌龄的怀念之情:

> 王兄尚谪宦,屡见秋云生。
> 孤城带后湖,心与湖水清。
> 一县无诤辞,有时开道经。
> 黄鹤垂两翅,徘徊但悲鸣。
> 相思不可见,空望牛女星。

谪宦,写出其处境之凄苦;屡见,写出其外放时间之长;孤城,指江宁;后湖,指玄武湖。"一县"以下六句说王昌龄治理地方业绩突出,有时还研读道家经典。谪宦江宁,犹如黄鹤垂翅,只能隐伏待时,而自己的思念之情不可抑制,尤如牛女二星相望而不能相遇,令人惆怅。

送走王昌龄以后,李颀和其他几个朋友纷纷离开长安,有的回家乡省亲,有的去外地谋求出路,这天,一位姓唐的朋友又要离开长安,朋友们在浐水边为其送行,而这位朋友要去的地方正是岑参家室所在的嵩阳,所以他是一定参加送别的,席间,岑参写下了《浐水东店送唐子归嵩阳》:

> 野店临官路,重城压御堤。
> 山开灞水北,雨过杜陵西。
> 归梦秋能作,乡书醉懒题。
> 桥回忽不见,征马尚闻嘶。

前四句写送别时景色和环境。浐水,源出秦岭山中,西北从西安东郊流过,与灞水相合流入渭河。御堤,指长安御沟(龙首渠)的堤岸。灞水北,指骊山。杜陵,即长安乐游原,在今西安市东南,汉宣帝筑陵于此。后四句写由友人离去而思念家人和送别情景。此诗颇有特色,一位友人听罢即评道:"此诗前二联写野店之景,后二联叙送别之情。唐子乃岑兄之乡人,固其归而起故园之想。惟有梦归,书不能题者,醉后之情绪难堪耳。于是目送其行,至人马皆隐,而犹察其声。摸写惜别之怀,令听者宛然在目……"

朋友们纷纷离开,岑参重又回到寂寞孤独之中。他总感到心神不定,也不知道干些什么好。在这种境况下,他决定到外地周游一番,一则散散心,二则也许能碰到一个出仕的机会,因为手里的银子不多,岑参不能到太远的地方去游历。当时,社会比较安定和富裕,远行之人不必身带兵器,也不用带很多的钱,所以出游是一件并不困难的事情,对文人墨客来说,更是一门必修课。岑参一直想到黄河以北的河朔一带去转转,这次时间充裕,终于能够成行。岑参先到了古邺城,其故址在黄河北临漳县西,漳河流经这里,望着东去的漳河水,岑参不由吟道:

> 下马登邺城,城空复何见?
> 东风吹野火,暮入飞云殿。
> 城隅南对望陵台,漳水东流不复回。
> 武帝宫中人去尽,年年春色为谁来?

邺城本为魏国都邑,建安十八年(213 年)曹操为魏王,定都在这里,使邺城成为中原地区最繁盛的地区之一,但在北周大象二年(580 年),杨坚与相州总管尉迟迥在此大战一场,邺城在战斗中被焚毁。面对这样一座昔盛今衰的空城,诗人的无限感慨便会自然产生。飞云殿,邺城宫殿名。望陵台,即曹操建得铜雀台。据载,曹操(后被追尊为武帝)临终留下遗言说:"吾死之后,葬于邺之西岗上……妾与伎人皆著铜雀台……汝等时登台,望吾西陵墓田。"铜雀台"高一十丈,有屋一百二十间,周围弥覆。"结句一问,感叹人事俱非,春色依旧,写尽魏都之荒凉,抒发了吊古之幽思……

由古邺城西北行又到了邯郸,邯郸是战国时赵国都城,故地在今河北省邯郸市,至今有丛台军赵王城遗址,岑参在邯郸留下了诗作《邯郸客舍歌》:

客从长安来,驱马邯郸道。

伤心丛台下,一旦生蔓草。

客舍门临漳水边,垂杨下系钓鱼船。

邯郸女儿夜沽酒,对客挑灯夸数钱。

酩酊醉时月正午,一曲狂歌垆上眠。

前四句写游至邯郸,触景伤怀,但见丛台荒芜,令人感慨。丛台,战国赵都邯郸的台观之一,因由许多高台连缀而成,故名。以下四句犹如一幅市井风俗画,"客舍"二句写人物,颇为生动,"对客挑灯夸数钱"则如人物特写,"不但描画了邯郸儿女的形象、动作,就连其豪爽泼辣的性格也真切可感。"(薛天纬《高适岑参诗选译》)。最后两句更写出诗人醉酒后的文人形象。垆,是酒店里放置酒瓮的土台子。

离开邯郸,经贝丘,岑参又来到冀州(即今河北冀州市)。他在贝丘见到了一位新朋友,二人相携来到冀州。这位新朋友叫王绮,他的父亲叫王景,是兰州刺史,他自己是越州仓曹参军,此时刚接到诏书要去长安参加制举考试。所谓"制考",是皇帝在正常考试之外亲自下诏增加的一种特殊的考试,始兴于唐高宗时,唐玄宗即位后也以制举取士,有直言极谏科、文辞雅丽科、将帅科等等,这一年正月,玄宗又下诏说自己求才若渴,希望朝廷内外互相推荐,使那些"有才术异能,风标节行,通闲政理,据资历堪充刺史、县令者,各任以名荐。"这些人被推荐参加考试后即会得到任命,当然,如果被选中的人不能胜任或者出了问题,不仅本人要受到处罚,推荐之人也得承担责任。对读书人来说,这当然是个好机会。岑参很羡慕他的际遇,想到自己一事无成,心中颇为郁闷,中午的酒宴上借酒浇愁,几杯酒下去就快醉了。王绮见到这种情况,恳切地说:"岑兄,看你今天心情不好,还是少喝一些吧!"

"王兄,没事,我自会把握。"

旁边有人趁机说:"明天王兄就要赴京,何不请岑兄即席赋诗呢?"

众人拍手称是。

岑参略一沉吟,提起笔来,手腕快抖,疾书而成《冀州客舍酒酣贻王绮》,其诗曰:

夫子傲常调,诏书下征求。

知君欲谒帝,秣马趋西周。

逸足何骎骎,美声实风流。

富学赡清词,下笔不能休。

君家一何盛,赫奕难为俦。

伯父四五人,同时为诸侯。

忆昨始相值,值君客贝丘。

相看复乘兴,携手到冀州。

前日在南院,与君上北楼。

野旷不见山,白日落草头。

客舍梨花繁,深花隐鸣鸠。

南邻新酒熟,有女弹箜篌。

醉后或狂歌,酒醒满离忧。

主人不相识,此地难淹留。

吾庐终南下,堪与王孙游。

何当肯相寻,沣上一孤舟。

诗好字亦好,众人当然一片叫好之声。此诗前十二句说王绮才华横溢,将应制举考试,进而赞扬王氏家族之盛。傲常调,轻视一般的考试。西周,指唐都长安。逸足,脚步匆匆。骎骎,迅疾。赡,充足。赫奕,光显。俦,相比。中间八句述二人贝丘相遇,一起来到冀州,同登北楼。相值,相遇,相交往。贝丘,在今山东高唐县西南清平镇附近。最后十二句描绘冀州客舍情景,并相约以后在终南山再见。沣,即沣水,源出陕西宁陕县东北秦岭,北流至西安市西北入渭水。结尾四句是说希望王绮将来有机会乘舟沿沣水南下到终南山来游玩,那里是自己的隐居之处。

从冀州南返,岑参又到达井陉,在这里他结识了一位道士,道士的家在双溪边上,岑参前去拜访,道士取出"五粒松(松的一种)"花酿得酒让他鉴赏,岑参略一品尝,确实感到味道独特,不由地多饮了几杯。席间,岑参写下了《题井陉双溪李道士所居》:

五粒松花酒,双溪道士家。

唯求宿却地,乡路莫教赊。

因为是道士请客,又恰逢诗人生思归之念,所以诗中自然用了费长房的典故:据晋葛洪《神仙传》记载,费长房有神术,能缩地脉,"千里存在目前宛然,故之复舒如旧"。赊,远。离开井陉,岑参一路在山间行走,经过整整一天的跋涉,在夕阳下来到一个四通八达的渡口,此时马已十分疲劳,卧倒在山坡上不肯前行,岑参无奈也停了下来,望着秋日的天空和伸向远方的石路,不由感慨万千,心生悲秋之念,由鵙鸠(即伯劳鸟)四处鸣叫和蕙草已近衰败想到自己蹉跎失时,求仕无成,更加深了行走在外的寂寞之感,《暮秋山行》便很好地表现出他此时的情绪:

疲马卧长坂,夕阳下通津。
山风吹空林,飒飒如有人。
苍旻霁凉雨,石路无飞尘。
千念集暮节,万籁悲萧辰。
鵙鸠昨夜鸣,蕙草色已陈。
况在远行客,自然多苦辛。

通津,四通八达的渡口。飒飒,风声。苍旻,苍天。霁,雨刚停止。暮节,指九九重阳节。万籁,大自然的一切声响。萧辰,秋风萧瑟的时节。"鵙鸠"二句化用《离骚》:"恐鵙鸠之先鸣兮,使夫百草为之不芳"的辞意,感叹自己之怀才不遇。对这首诗,后人评价很高,特别是前四句,范晞文《对床夜语》评曰:"远途悽惨之意毕见于此。"刘永济《唐人绝句精华》评曰:"诗写旅途荒野凄寂之状,如在目前。"

北游南还到达了黎阳。黎阳,卫州属县,其地即今河南浚县,南滨黄河古道。在这里也与一位姓狄的县令相遇,这是一位老朋友,已经三年未见面了,此次相逢,当然十分高兴,岑参提笔写了《临河客舍呈狄明府兄留题县南楼》:

黎阳城南雪正飞,黎阳渡头人未归。
河边酒家堪寄宿,主人小女能缝衣。

故人高卧黎阳县，一别三年不相见。

邑中雨雪偏着时，隔河东郡人遥羡。

邺都唯见古时丘，漳水还如旧日流。

城上望乡应不见，朝来好是懒登楼！

这首诗如诗题所说是题写在城楼的墙壁上的，内容比较随意，写的是眼前景，是心里想说的话，也表现出作者的思古之幽情和思乡的归情，语言十分自然流畅，凡是走到县南这座城楼前读到此诗的人很容易读懂此诗，这也有助于这首诗的流传。偏着时，独下时。故人，指狄明府。明府，县令的别称。好是，很是。狄县令把此诗反复吟诵了几遍，感慨地说："岑兄，你这诗中的最后两句化用王粲《登楼赋》以抒怀，令人遥想当年王粲客居荆州、登楼望乡之情呵！我来此地已经三年，思乡而不得归，这两句正写出了我的心情啊！"

岑参只是望着不远处的漳河流水，没有说话。

从黎阳出发，又经过新乡，县尉王釜热情接待了岑参，在酒宴之后，岑参又以会客厅的墙壁为纸，写下了《题新乡王釜厅壁》：

怜君守一尉，家计复清贫。

禄米尝不足，俸钱供与人。

城头苏门树，陌上黎阳尘。

不是旧相识，声同心自亲。

新乡是唐县名，属河北道卫州，在今河南新乡市。苏门，新乡附近山名，又叫苏岭、百门山，在今河南辉县西北。诗中感叹友人只任县尉小官，家计清贫，但却乐于助人，为人豪爽，所以虽是新结交的朋友，却意气相投。最后两句言简意深，历来为人们传诵。声同，《易·乾》："同声相应，同气相求。"作为一个县尉，能得到岑参的赠诗，而且评价又如此高，王釜自然十分高兴，他不仅令人再加酒增菜，更叫人备好文案，请岑参把赠诗书写在纸上，他要好好保存，传之后人。

岑参趁着酒兴，一挥而就，二人品评一番，又开怀畅饮起来……

出去了一段时间，难免有些劳累，岑参决定结束此次周游，尽快回长安去。在西归长安途中的一个晚上,在华阴(唐县名,在今陕西省华阴市)城东的客舍里,忽然想起老友阎防,不知友人可好? 遂写下《宿华阴东郭客舍忆阎防》诗:

> 次舍山郭近,解鞍鸣钟时。
> 主人炊新粒,行子充夜饥。
> 关月生首阳,照见华阴祠。
> 苍茫秋山晦,萧瑟寒松悲。
> 久从园庐别,遂与朋知辞。
> 旧墅兰杜晚,归轩今已迟。

次舍,即住宿。山郭,山城。鸣钟时,指寺暮钟正响着。新粒,新熟的粟米。关月,潼关上的明月。首阳,山名,在今山西永济市,地近潼关。华阴祠,即西岳庙,在华阴市华山北麓,是祭祀华山神的地方。旧墅,指终南山隐居之处。兰杜,兰草,杜若,均为香草。此诗前四句写夜宿客舍,中四句写华阴景色,最后四句表达对友人的怀念之情,感情很深。阎防是汉中(今山西永济)人,开元、天宝年间颇有文名,曾进士及第,在今湘南当过州郡的司户,后官至大理评事。岑参与这位阎防关系很好,后来与他一直交往,岑参后来还有一首诗专记自己带着琴酒去阎防所住的崇济寺僧院拜访他,即《携琴酒寻阎防崇济寺所居僧院》:"相访但寻钟,门寒古殿松。弹琴醒暮酒,卷幔引诸峰。事惬林中语,人幽物外踪。吾庐幸相近,兹地兴偏浓。"

这一次河朔之行,用了几个月的时间,岑参结交了一些新朋友,也见到了不少老朋友,对社会人生加深了了解,也写下不少诗作,他自己感到收获很大,也充分体会到出游的乐趣和益处,所以回到长安以后不久,他又决定再一次出去游历。这一次他从长安向东,一路前行,当天便赶到了潼关,其时已经是傍晚时分,他只得投宿于潼关西的客舍。他刚刚住下,便听到院子里有人说话,一听便是两个相熟的人在此偶遇,自然十分兴奋,再一细听,岑参心里一动,原来还是有人去参加朝廷的制举考试。岑参默然地躺在床上,望着窗外的一轮明月,忽然想到了存嵩山隐居时的老友严世林、许冲之,他们要是也能前来参加制举考试该有多好! 想到这

些,岑参起身写下了《宿关西客舍寄东山严许二山人时天宝初七月初三日在内学见有高道举征》:

> 云送关西雨,风传渭北秋。
> 孤灯然客梦,寒杵捣乡愁。
> 滩上思严子,山中忆许由。
> 苍生今有望,飞诏下林丘。

从诗题看,此诗写作的时间是天宝元年,即公元 742 年 7 月 3 日,正是岑参"出入二郡"之时。所谓内学,指道家的学说。此诗首联写潼关内外的景色,三、四二句写自己行旅的孤单。客,作者自指。寒杵,指秋天的捣衣声。五、六二句借东汉初严光和尧时隐者许由之名,表达对隐居不出的友人的思念。严子,东汉初隐士严光,少与刘秀同游学,秀即帝位后,光改名隐居,垂钓于富春江畔,钓处有"严陵濑"之称。许由,传为尧时隐者,传说为避帝位,他逃到箕山下,躬耕而食。最后二句希望友人应试出仕,建立功业。

过潼关,岑参东行至匡城(唐县名,属渭县,在今河南长垣县西南),在这里,岑参见到了老朋友周少府(县尉),少不了又是饮酒,又是赋诗,岑参在周少府办公地方的墙壁上留下一首诗:

> 妇姑城南风雨秋,妇姑城中人独愁。
> 愁云遮却望乡处,数日不上西南楼。
> 故人薄暮公事闲,玉壶美酒琥珀殷。
> 颍阳秋草今黄尽,醉卧君家犹未还。

妇姑城即指匡城,因旧有妇姑庙而得名。其时正值秋风秋雨,愁云遮住望乡之路,所以诗人数日不登西南城楼,五、六二句写友人公事之余与自己饮酒畅谈。琥珀殷,形容酒的颜色如琥珀呈深红色。最后两句表现出作者对早年隐居之地的怀念,感叹自己客居他乡而不得还。颍阳,唐县名,即今汉南登封市西南颍阳镇,这里代指岑参早年隐居之地"少室居止"。全诗语言浅显,便于诵读。

离开匡城,岑参来到大梁,这里是战国时魏国的国都,故城在今开封西北。作为历史名城,一草一木无不引发诗人的幽思。走在古城的街上,陪伴他的朋友一边介绍着大梁的历史古迹,一边介绍近来的一些名人故事。这位朋友姓刘叫刘文重,在县衙作一个书记官。刘文重问道:"岑先生,你认识高适先生吗?"

"高适?噢,听说过他的大名,是一位豪爽之士,也是一位当今的大诗人,对吧?"

"没错。"

"我读过他的《燕歌行》,真是千古绝唱!"说着岑参竟旁若无人地朗诵起来,他的声音时而激昂,时而低沉,充满了感情。岑参朗读最后一句时,右手伸开,由心胸处缓缓伸向前面,似乎在历史中回望,充满了对李将军的怀念之情……

"太好了,真是佳作!"刘文重也感慨到:"岑兄朗诵得也好,颇为传神!"

岑参又说:"高适先生的另一首《别董大》,想必刘兄熟悉吧?"

"那更是千古绝唱了!"刘文重随口背诵道:

　　　　千里黄云白日曛,北风吹雁雪纷纷。
　　　　莫愁前路无知己,天下谁人不识君!

岑参点点头,问道:"刘兄为何提起高诗人呢?"

"他最近到大梁来游历,我陪了他两天,他也非常兴奋,走了不少地方,特别是写了一首长诗《古大梁行》,一时广为流传……"

"真的?你手边有这首诗吗?"

"当然有了,不过,我已能背诵这首诗,岑先生想听吗?"

"当然,那就……"

刘文重放慢脚步,缓缓背诵道:

　　　　古城莽苍饶荆榛,驱马荒城愁杀人。
　　　　魏王宫观尽禾黍,信陵宾客随灰尘。
　　　　忆昨雄都旧朝市,轩车照耀歌钟起。

军容带甲三十万,国步连营一千里。

全盛须臾那可论,高台曲池无复存。

遗墟但见狐狸迹,古地空馀草木根。

暮天摇落伤怀抱,抚剑悲歌对秋草。

侠客犹传朱亥名,行人尚识夷门道。

白璧黄金万户侯,宝刀骏马填山丘。

年代凄凉不可问,往来唯有水东流!

"真是好诗!"岑参由衷感叹:"麻烦刘兄回去后给我抄录下了,我要好好品读一番。"

"没问题!"

岑参又说:"从题材和内容来看,吊古之作并不少见,何况来到大梁,更是难免要发思古之幽情,可这首诗却不同凡响……"

"愿听其详!"

"你看,此诗一上来就把抒情推向高潮,接下来层层发展,真有一唱三叹之妙!"

"岑兄所言极是!"

岑参又说:"这首诗起笔二句伉爽,'魏王'二句衍,'忆昨'四句推开,'全盛'句折入,'暮天'句入己,以下重复感叹,自有深浅,而气益厚,韵益长,反复吟咏,久之自见……"

刘文重轻轻点头,认真领会……

当天晚上,岑参把刘文重抄录的《古大梁行》又读了两遍,忽有所感,想到匡城接待自己的周县尉,提笔写下了《至大梁却寄匡城主人》:

一从弃鱼钓,十载干明王。

无由谒天阶,却欲归沧浪。

仲秋至东郡,遂见天雨霜。

昨日梦故山,蕙草色已黄。

平明辞铁丘,薄暮游大梁。

仲秋萧条景,拔剌飞鹅鸧。

四郊阴气闭,万里无晶光。

长风吹白茅,野火烧枯桑。

故人南燕吏,籍籍名更香。

聊以玉壶赠,置之君子堂。

前四句说自己自从结束隐居生活,十年来寻求入仕之路,但却没有机会谒见皇帝,只得仍然归隐林泉。干明王,即求仕。天阶,朝廷。中间十二句写自己的行程和途中所见到的景色。东郡,即唐代的滑州,即今河南滑县东。此次岑参的行程是沿黄河先到了滑州,又到匡城、铁丘,由铁丘到的大梁。铁丘,在唐滑州卫南县东南十里,今河南濮阳县西南。拔刺,象声词,鸟翼飞动的声音。鹅鸽,大雁。"长风"二句写秋日原野景色,颇为生动。最后四句写友人的感情深厚、真诚,点出此诗写作的本意。南燕,唐初所置县名,地近匡城,此借指匡城。籍籍,指声名远扬。玉壶,指自己的一片素心。写罢长诗,放下毛笔,岑参自我欣赏这首诗和这幅字,再读到"长风吹白茅,野火烧枯桑"二句时,颇有几分得意,不觉又吟诵了几遍。这两句诗不仅岑参自己比较满意,同时的人也大加赞赏,比如同时代的诗评家殷璠编了一部《河岳英灵集》,其中说:"参诗语奇体峻,意亦造奇,至如'长风吹白茅,野火烧枯桑,'可谓逸才。"

月亮西斜,夜已深了,岑参却没有一点睡意……他想着自己,虽胸怀大志,但却没有施展的机会,不由又展纸挥毫,写下《秋思》一首:

那知芳岁晚,坐见寒叶堕。

吾不如腐草,翻飞作萤火!

这首小诗明白如话,感情纯净。首句感叹光阴迅速流失,第二句表现出诗人的无奈和茫然。坐,因。三、四句发出感慨和自伤,令人心动。古人认为萤火虫是从腐草中化出的,所以岑参在此感叹自己连能化出萤火虫的腐草也不如。是呵,这些日子岑参虽然四处游历,好像很轻闲自在,其实他的心里一刻也没有忘记自己入仕报国的理想。读罢此诗,读者眼前会有一位希望有所作为的青年文士的形象在晃动。

带着一种失意情绪,岑参在初冬时节回到了长安。这一路岑参结识了许多好朋友,有些来往很密切,比如在大梁结识了一位名叫郭乂的朋友,后来岑参与郭乂多有交往,在长安也有交游。在由大梁回长安途中,岑参还结识了一位朋友叫韩樽,二人一起到偃师东去拜访了景云寺的和尚,写下了《偃师东与韩樽同诣景云晖上人即事》:

> 山阴老僧解楞伽,颍阳归客远相过。
> 烟深草湿昨夜雨,雨后秋风渡漕河。
> 空山终日尘事少,平郊远见行人小。
> 尚书碛上黄昏钟,别驾渡头一归鸟。

诗写眼前所见,颇为生动传神。偃师,在今河南偃师市。景云,佛寺名。上人,和尚的别称。山阴,山北。楞枷,佛经名。漕河,以水道转运粮食的河,此指洛河。尚书碛、别驾渡,洛水上的地名。回到长安以后,免不了又要与友人相聚和送别,一次,郭乂从长安前往河朔,岑参在送别时写作了《送郭乂杂言》赠给这位朋友:

> 地上青草出,经冬方始归。
> 博陵无近信,犹未换春衣。
> 怜汝不忍别,送汝上酒楼。
> 初行莫早发,且宿灞桥头。
> 功名须及早,岁月莫虚掷。
> 早年已工诗,近日兼注《易》。
> 何时过东洛,早晚渡盟津。
> 朝歌城边柳拂地,邯郸道上花扑人。
> 去年四月初,我正在河朔。
> 曾上君家县北楼,楼上分明见恒岳。
> 中山明府待君来,须计行程及早回。
> 到家速觅长安使,待汝书封我自开。

前四句写郭乂的生活,说他虽然离家乡不远,但因没有信使往来,故春天仍未送来春衣,不得不着冬装。博陵是他的家乡。博陵,隋郡名,唐改为定州,后又改为博陵郡,即今河北定州市。"怜汝"四句写送别及想

313

象郭乂此行将经过的地方和景物,表达了深长的离别之情,可谓情真动人。陆游曾特别欣赏"早发"二句,"尝称此句至工."。"功名"四句说郭乂学有所成,当及早建功立业,也表现出岑参的一种人生追求。"何时"四句写郭乂之归程,应正当朝歌、邯郸花柳正盛之时。东洛,指东都洛阳。盟津,即孟津,在今河南孟州西南,古黄河津渡口。朝歌,在今河南淇县,商代帝乙、帝辛的别都。弊,垂下。"去年"四句写自己去年前往河朔之地游历。河朔,指唐代河北道,大体相当于今河北省。恒岳,恒山,在今山西东北部。最后四句分别表达了郭乂家人盼他速归而自己盼着他快快来信的心情,浅白的语言表达了深挚的友情。中山明府,即中山县令,应是指郭乂的父亲,代指其家人。觅,寻找。长安使,到长安的使者。这首诗既是勉励友人又是自勉自励,其中有两句深深地打动了郭乂的心:"功名须及早,岁月莫虚掷!"这两句诗形象而又典型地表达了岑参此时的心情。是啊,时光犹如河水一样悄悄地流去,一去而永不复返。可是自己呢?却只能终日与朋友一道饮酒赋诗,空抒壮志,这样下去,什么时候是个头呢?自从回到长安之后,又过去了三个多月,可是,路在哪里呢?

这一天,岑参觉得十分无聊,早早地便躺在了床上。他从窗户往外望去,只见一轮明月像往常一样悠然浮动,把一片洁白洒向人间。此时此刻,岑参一丝睡意也没有,他的思绪像插上了翅膀在夜空里飞翔,他想了许多许多,想到了嵩山的朋友,想到了远去了的王昌龄、李颀,更多的想到了自己已经年近三十,到了而立之年,可是却如一片白云,飘来飘去,没有定所;他还想到自己值得炫耀的前辈,更为自己功名不就而心如火焚,感念旧事,百感交集。突然,他翻身下床,披一件长衣,来到书桌前,取过纸笔写下了三个大字《感旧赋》,继而文不加点地写了起来。他先了"序"文:

> 参,相门子。五岁读书,九岁属文,十五隐于嵩阳,二十献书阙下。尝自谓曰:云霄坐致,青紫俯拾。金尽裘敝,塞而无成,岂命之过欤?国家六叶,吾门三相矣!江陵公为中书令辅太宗,邓国公为文昌右相辅高宗,汝南公为侍中辅睿宗,相丞宠光,继出辅弼。《易》曰:"物不可以终泰,故受之以否。"逮乎武后临朝,邓国公由是得罪,先天中,汝南公又得罪,朱轮华毂如梦中矣!今王道休明,噫世业沦替;

犹钦若前德,将施于后人。参年三十,未及一命,昔一何荣矣,今一何悴矣!直念昔者为赋云。

序文说明自己写作此文的缘由。属文,为文。献书,进献文章。阙下,指天子所居之地,即朝廷。云霄,高位。坐致,指轻易即可获得。当时年轻读书人都有"功名立取"的气魄,如高适《别韦参军》诗曰:"二十解书剑,西游长安城。举头望君门,屈指取公卿。"可参看。青紫,卿大夫之服。金尽裘敝,用苏秦的故事,指潦倒失意。塞,处境困难。六叶,六代,指唐高祖、太宗、高宗、中宗、睿宗及玄宗六代。江陵公,指岑参曾祖父文本,曾封江陵县开国伯,贞观十八年拜中书令。邓国公,岑参伯祖父长倩,曾拜文昌右相,封邓国公。汝南公,岑参的堂伯父岑羲,曾任侍中,封南阳郡公。宠光,天子恩泽。辅弼,指宰相。泰,通。否,塞。泰、否为卦名,前后相承。朱轮华毂,显贵者所乘之车,代指富贵。休明,清明。噫,叹息。世业,祖先传下来的事业。沦替,沉沦。钦若,敬顺。前德,前人之德行。一命,指最低的宫职。悴,衰败。

序文写完,他略一思索,文不加点,第一大段一挥而就:

> 吾门之先世,克其昌赫矣!烈祖辅于周王,启封受楚,佐命克商,二千余载,六十余代,继厥美而有光。其后辟土宇于荆门,树桑梓于棘阳;吞楚山之神秀,与汉水之灵长。猗盛德之不陨,谅嘉声而允臧。庆延自远,祐洽无疆。自天命我唐,始灭暴隋,挺生江陵,杰出辅时。为国之翰,斯文在兹,一入麟阁,三迁凤池。调元气以无忒,理苍生而不亏;典丝言而作则,阐绵蕝以成规。革亡国之前政,赞圣代之新轨;捧尧日以云从,扇舜风而草靡,洋洋乎令问不已!

克,能。昌赫,昌盛显赫。烈祖,有功业的祖先。周王,指周文王、周武王。启,开始。佐命,辅助建立功业。厥,其,指上文之"烈祖"。土宇,土地房屋。荆门,此借荆州。桑梓,古代为了养蚕而种桑树,为了制棺木而种梓,后以桑梓代指家乡。棘阳,在今河南新野县东北。吞,借助。与,相同。灵长,绵长广远。这两句说祖先居楚,得江山之神秀之气,族运如同汉水,绵长广远。猗,叹词。陨,落。谅,的确。允臧,善美。庆,福。

祐,福。洽,滋润。江陵,指江陵公。时,当朝。翰,柱子,此指国之栋梁。麟阁,指秘书省。凤池,指中书省。忒,差错。典,主其事。丝言,指天子的谕旨。则,准则。绵蕝,指朝廷礼仪。亡国,指隋。捧尧日,谓尊奉圣君。云从,说随从的人很多。舜风,圣德之风。洋洋,美盛的样子。令问,好名声。

　　继生邓公,世实须才。尽忠致君,极武登台。朱门复启,相府重开;川换新檝,羹传旧梅。何纠缠以相轧,恶高门之祸来?当其武后临朝,奸臣窃命,百川沸腾,四国无政。昊天降其荐瘥,靡风发于时令。藉小人之荣宠,墬贤良于槛穽。苟恔恢以相蒙,胡丑厉以职竞?既破我室,又坏我门。上帝懵懵,莫知我冤;众人恄恄,不为我言。泣贾谊于长沙,痛屈平于湘沅。

致君,使君主成为圣明天子。极武,极尽武功。岑长倩曾任兵部侍郎,故云。登台,任宰相。启,开。川换新檝,指新任宰相。《尚书·说命上》载,殷高宗任傅说为相,说"若济巨川,用汝作舟楫。"羹传旧梅,指岑长倩继承叔父文本的相职。《尚书·说命下》载,殷高宗对傅说说:"尔惟训于朕志……若作和羹,尔惟盐梅。"羹须盐梅以和之。轧,争斗。恶,为何。四国,四方。荐瘥,重病。靡风,淫靡之风。槛穽,囚车与陷阱。苟,诚。恔恢,喜欢喧闹争讼的人。相蒙,相犯。丑厉,恶人。职竞,专事争抢之人。"既破"二句,《新唐书·岑文本传》附长倩传:"来俊臣协诬长倩与(格)辅元、欧阳通数十族谋反,斩于市,五子同赐死,发暴先墓。"懵懵,无知的样子。恄恄,可憎。贾谊、屈平,以之代指族中被贬之人。

　　夫物极则变,感而遂通,于是日光回照于覆盆之下,阳气复暖于寒谷之中。上天悔祸,赞我伯父,为邦之杰,为国之辅。又治阴阳,更作霖雨;伊廊庙之故事,皆祖父之旧矩。朱门不改,画戟重新;暮出黄阁,朝趋紫宸;绣縠照路,玉珂惊尘。列亲戚以高会,沸歌钟于上春。无小无大,皆为缙绅;颙颙卬卬,踰数十人。嗟乎!一心弼谐,多树纲纪,群小见丑,独醒积毁,铄于众口,病于十指,由是我汝南公复得罪于天子。当是时也,偪侧崩波,苍黄反复;去乡离土,隳宗破族;云雨流离,江山放逐。愁见苍梧之云,泣尽湘潭之竹;或投于黑齿之野,或窜于文身之俗。

遂通,感知岑家之冤屈。悔祸,纠错。赞,助。伯父,指岑羲。治阴阳,指任宰相,即治理天下。作霖雨,也是任宰相的意思。《尚书·说命上》载,殷高宗立傅说为相,说:"若岁大旱,用汝作霖雨。"伊,语首助词。廊庙,朝廷之上。故事,规矩。画戟,有画饰的门戟。黄阁,汉丞相官署涂以黄色,此指宰相官署。紫宸,唐朝宫殿名。绣毂,装饰华丽的车子。玉珂,马笼头上的玉制饰物。高会,盛会。歌钟,指音乐和歌声。上春,正月。"无小无大"四句,说岑羲兄弟均入仕为官。缙绅,官员。颙颙卬卬,有尊严的样子。踰,超过。"一心"六句说因一心理政,得罪于人,受到攻击。弼谐,辅佐谐和。树,整顿。铄,销毁。十指,十手所指,言谗毁的人很多。偪侧,相逼。崩波,纷乱。苍黄,指变化翻覆。隳宗破族,家破人亡。苍梧,山名,在今湖南宁远县东南,相传舜死后埋葬在这里。湘潭之竹,即斑竹。传说舜死后葬于苍梧之野,尧之二女娥皇、女英追之不及,相与恸哭,泪下沾竹,"竹上文为之斑斑然。"黑齿,传说南方种族名。文身,在身上刺刻图像或花纹。此二句说汝南公获罪以后,亲族中人大多被放逐到南方偏远荒蛮之地。

呜呼!天不可问,莫知其由,何先荣而后悴,曷曩乐而今忧?尽世业之陵替,念平昔之淹留。嗟予生之不造,常恐堕其嘉猷。志学集其荼蓼,弱冠干于王侯。荷仁兄之教导,方励己以增修。无负郭之数亩,有嵩阳之一丘。幸逢时主之好文,不学沧浪之垂钩。我从东山,献书西周,出入二郡,蹉跎十秋。多遭脱辐,累遇焚舟;雪冻穿屦,尘缁弊裘。嗟世路之其阻,恐岁月之不留。睠城阙以怀归,将欲返云林之旧游。

曩,以往。陵替,陵侮。平昔,以往。淹留,久留。不造,没有成就。堕,失去。嘉猷,好的谋划。荼蓼,生于陆地和水中的杂草,比喻辛苦。弱冠,《礼记·曲礼》:"二十曰弱,冠。"仁兄,岑参有兄岑渭、岑况。负郭,背靠城郭。嵩阳,嵩山之阳。沧浪之垂钓,指隐居。东山,指隐居之地嵩山少室。西周,指洛阳。二郡,指长安和洛阳。脱辐,车轮毁坏。穿屦,破鞋。缁,污,黑。"多遭"四句言世路不顺、贫困潦倒。睠,回头看。

> 遂抚剑而歌曰:
> 东海之水化为田,北溟之鱼飞上天,
> 城有时而复,陵有时而迁,
> 理固常矣,人亦其然。
> 观夫陌上豪贵,当年高位,歌钟沸天,鞍马照地;
> 积黄金以自满,矜青云之坐致;
> 高馆招其宾朋,重门叠其车骑。
> 及其高堂倾,曲池平,
> 雀罗空悲其处所,门客肯念其平生? 已矣夫!
> 世路崎岖,孰为后图?
> 岂无畴日之光荣,何今人之弃予!
> 彼乘轩而不恤尔后,曾不爱我之羁孤。
> 叹君门兮何深,顾盛时而向隅。
> 揽蕙草以惆怅,步衡门而踟蹰。
> 强学以待,知音不无;
> 思达人之惠顾,庶有望于亨衢。

复,通覆,倾覆。迁,迁徙。畴日,昔日。爱,怜惜。羁孤,漂泊在外,孤独无依。隅,角落。强学,勉力而学。达人,显达之人。亨衢,四通八达的道路。此处指仕途通达。在这"歌"里,表现出诗人对世事多变的感叹、世途不顺的苦恼,也表达出"强学以待"寄希望于未来的情绪……

这篇长文,内容虽然丰富,感情变化剧烈,但因为岑参早有思考,故提笔在手,如泉水奔涌,十分流畅,写的时候好像毫不费力,但当最后一个字刚刚写完,他便觉得浑身一点劲儿也没有了。他把笔往桌子上一丢,无力地坐在床上,长长地叹了一口气。

忽然,王昌龄离京前劝他应试的话又响在耳边,本来,他是准备应试的,可是总觉得这条路有些太俗气了,所以也不是很积极地准备。现在想来,这也许是自己入仕的唯一的一条出路了。"对!"岑参自言自语道:"明天我就开始准备参加下一次的科举考试!"

夜,已经深了……

第三章

初入仕途

　　科举考试有严格的要求,竞争非常激烈,即使像岑参这样自幼饱读诗书的学子也不敢大意,为了更好地准备功课,也为了更方便去长安应考,岑参很快便决定举家迁往终南山的高冠谷。《长安县志》卷十三:"终南山自鄠县东南圭峰入(长安)县西南界,东为高冠谷,高冠谷水出焉。谷口有铁锁桥,为长安、鄠县分界。"岑参在此隐居,难免有诗作留下,如《还高冠潭口留别舍弟》:

　　　　昨日山有信,只今耕种时。
　　　　遥传杜陵叟,怪我还山迟。
　　　　独向潭上酌,无人林下期。
　　　　东溪忆汝处,闲卧对鸬鹚。

　　舍弟,岑参有两个弟,即参秉、岑亚,此时都住在长安。岑参在长安暂住一段时间后要回高冠谷,留下了这首诗。杜陵叟,当是与岑参一起隐居在高冠谷的友人。在准备功课的那些日子里,岑参也常常以高冠谷为中心出外周游。当然,他也只是在隐居之处不太远的地方与友人交往、同游,也留下了一些诗篇,如《宿太白东溪李老舍寄弟侄》:

　　　　渭上秋雨过,北风正骚骚。
　　　　天晴诸山出,太白峰最高。
　　　　主人东溪老,两耳生长毫。

320

远近知百岁,子孙皆二毛。

中庭井栏上,一架猕猴桃。

石泉饭香粳,酒瓮开新糟。

爱兹田中趣,始悟世上劳。

我行有胜事,书此寄尔曹。

渭,渭水。骚骚,风吹动的样子。长毫,长毛。二毛,头发花白。猕猴桃,植物,果实甘美,因猕猴喜食,故名。新糟,新酿制的酒。尔曹,你们,指弟侄。诗中描写了所见之景色,秋雨过后,晴空万里,北风吹动,一峰突兀立于眼前,犹如一幅壮美的图画。继而又借东溪李老,写出乡间淳朴之风,最后借写对"田中趣"的艳羡,表达了自己在京洛间奔波的感慨,"始悟世上劳",言简意深,耐人品味。

他还到过今陕西周至县东的尹喜故宅,写作了《题楼观》:

荒楼荒井闭空山,关令乘云去不还。

羽盖霓旌何处在,空余药臼向人间。

尹喜,周人,为函谷关令,《史记·老庄申韩列传》裴骃《集解》引《列仙传》说,"尹喜是周朝大夫,曾为函谷关令,他信仙求道,喜食丹药,老子西游出函谷关,尹喜见紫气而知真人当过,仔细观察,果然见老子出关而来。"老子也知道尹喜不是凡人,为他著书,留下《老子》五千言。后尹喜追随老子前往流沙之西,服食仙药,不知所终。此诗即咏尹喜的故事。

乘云,指成仙。羽盖霓旌,指尹喜的车驾仪仗。药臼,捣制仙药的石臼,为尹喜宝中的物品。

岑参还到终南山云际峰大定寺访问"法澄上人",但上人不在,他回到高冠谷,从谷口瀑布处遥望终南山主峰,想到了友人,遂写下《终南云际精舍寻法澄上人不遇归高冠东潭石淙望秦岭微雨作贻友人》

昨夜云际宿,旦从西峰回。

不见林中僧,微雨潭上来。

诸峰皆青翠,秦岭独不开。

石鼓有时鸣,秦王安在哉。
东南云开处,突兀猕猴台。
崖口悬瀑流,半空白皑皑。
喷壁四时雨,傍村终日雷。
北瞻长安道,日夕生尘埃。
若访张仲蔚,衡门满蒿莱。

云际,终南山上的一个峰名。精舍,佛寺。秦岭,即终南山。石鼓,一种形状似鼓的大石。秦王,唐太宗即位前封为秦王,此由石鼓轰鸣,想到战争之事,进而想到善战的秦王。前十四句写回望雨中秦岭所见,对瀑布的描写最为生动。后四句以古代隐士自比,表现出自己的孤寂心境。张仲蔚,后汉人,与同郡魏景卿隐居不仕,住地野草没人,前人有"顾念张仲蔚,蓬蒿满中园"之句。

又有《题云际峰眼上人读经堂》:

结宇题三藏,焚香老一峰。
云间独坐卧,只是对杉松。

短短四句,生动地描绘出一位远离尘世的"上人"的形象与神态,见出作者内心的纯净与追求。诗下有注说:"眼公不下此堂十五年矣。"三藏,指佛经。佛教经典分为"经"、"律"、"论"三部分,合称"三藏"。

经过几个月的准备,岑参参加了朝廷每年都要举行的秋考,以第二名的成绩及第。这一年是唐天宝三载,即公元 744 年,岑参刚好三十岁。

及第以后,朝廷照例要授官,岑参被任命为右内率府兵曹参军。这是一个职位很低的官,像岑参那样有志向的人,自然不会以此为满足。但是这毕竟表示着自己已经步入仕途,何况自己没有家产,要养家糊口,就不能以官太小而推辞不干,所以岑参还是带着复杂的心情接受了这个任命。

当时,岑参的家小早已移居终南山,现在自己在长安做了官,当然要先将他们接来,所以授官不久,岑参便告假前往终南山。在路上,他想到自己年已三十,虽然才刚当上兵曹参军,几年前那种出仕做官的热情和兴趣却已经消磨净了。苦于自己没有祖传的产业,因此也顾不得官小禄微,只得接受任命。他把心中的这些想法，吟成了一首诗：

> 三十始一命，宦情都欲阑。
> 自怜无旧业，不敢耻微官。
> 涧水吞樵路，山花醉药栏。
> 只缘五斗米，辜负一渔竿。

此诗真实地表现了诗人初授官时的心情。一命，周代官秩的最低一级，这里代指初入仕途所任的低微之职。旧业，祖传的产业。五六二句描写高冠草堂景象，透露出他回到隐居之处愉快的情绪。樵路，樵夫所走的山间小路。药栏，此指花园。最后两句反用陶潜不为五斗米折腰的典故，表达了自己因世俗的羁绊而不能归隐的无奈和苦恼。

虽已入仕为官，但毕竟官卑位低，闲暇的时候很多，岑参便过起了亦官亦隐的生活。长安是他为官的地方，高冠草堂是岑参隐居之处。这个草堂在终南山之高冠古，位于长安西南，在今陕西户县境内。岑参移家长安，他常来高冠草堂，或游玩，或暂居，或休整，朝廷一放假，他往往会来到这里休息一段时间，有一首《因假归白阁西草堂》的诗，值得一读：

> 雷声傍太白，雨在八九峰。
> 东望白阁云，半入紫阁松。
> 胜概纷满目，衡门趣弥浓。
> 幸有数亩田，得延二仲踪。
> 早闻达士语，偶与心相通。
> 误徇一微官，还山愧尘容。
> 钓竿不复把，野碓无人舂。
> 惆怅飞鸟尽，南溪闻夜钟。

诗题中的白阁，是终南山的峰名；西草堂，就是高冠草堂。此诗前四句实写眼前之景，绘出一幅山峰雷雨图。太白、紫阁均为终南山的峰名。在诗人笔下，我们似乎听到从太白峰传来的阵阵雷鸣，看到八九个峰头都被雨幕笼罩，雨云正从白阁峰头向紫阁峰飘去，把那一望无际的松林都遮盖住了。"胜概"六句写自己十分喜欢这种隐居生活,愿意追随古代遗民求仲、羊仲,因为那些看透了人生的智者(达士)的话,正与自己的心思相通。胜概,指山中雨景。衡门,十分简陋的门,此指白阁西草堂门。二仲,后汉隐民求仲、羊仲,他们两个的事迹颇令后人景仰。最后六句感叹自己无奈担任一个小小的官职,放弃了隐居的自由生活,实在是无奈之举,最后两句是写景,而又有无限惆怅之情。徇,顺从。尘容,俗人的样子。黄培芳《唐贤三昧集笺注》评此诗"极有气魄",并评此诗起的"突兀",而"早闻"二句"转笔豪俊",可以参考。

岑参也常请朋友到高冠谷草堂来休息,他也有朋友隐居在草堂附近,一次,他去拜访住在谷口的朋友郑鄂,郑鄂有事外出,岑参写了《高冠谷口招郑鄂》诗:

> 谷口来相访,空斋不见君。
> 涧花然暮雨,潭树暖春云。
> 门径稀人迹,檐峰下鹿群。
> 衣裳与枕席,山霭碧氛氲。

此诗中间四句写景十分生动:高冠谷水旁的花在暮雨中绽放,潭边的树为春云笼罩透出一种暖意,门前的小路上没有行人,像房檐一样向外延伸的山峰下有群鹿在活动。后二句写山间云气弥漫,意味深长。氛氲,云气弥漫的样子。访人不遇,古人常能留下佳作,如李白《访戴天山道士不遇》:"犬吠水声中, 桃花带露浓。树深时见鹿, 溪午不闻钟。野竹分青霭, 飞泉挂碧峰。无人知所去, 愁倚两三松。"再如贾岛《访隐者不遇》:"松下问童子,言师采药去。只在此山中,云深不知处。"把这些诗对照阅读,别有一番情趣。

把家小接到长安以后,岑参在这里安了家,虽然仍常来高冠谷,但他毕竟开始了以长安为中心的城市生活。他的交往越来越广泛,朋友也越来越多了。在他的朋友中,有些是在同一个衙门办公的同事,也有些是慕名相交的诗友,还有一些是左邻右舍的文人和雅士。大家在一起,无非饮酒赋诗,谈古论今,好不畅意。岑参与老友韩樽常相往来,有一次韩樽到他家拜访,岑参留他畅饮,酒席中岑参写了一首很有特色的诗作:

三月霸陵春已老,故人相逢耐醉倒。

瓮头春酒黄花脂,禄米只充沽酒资。

长安城中足年少,独共韩侯开口笑。

桃花点地红斑斑,有酒留君且莫还。

与君兄弟日携手,世上虚名好是闲。

　　霸陵,在霸水之上,本名霸上,汉文帝筑陵葬此,故俗称霸陵,在陕西西安市东,此处代指长安。耐,宁愿,应该。瓮头春,即"瓮头",指初熟的酒。黄花脂,浮在酒面的泡沫。禄米,古代官吏的俸禄曾用米来计算,故称。足,多。好是,真是。闲,等闲,没意义。诗中写出了友人相聚,纵情饮酒的情景,反映诗人及时行乐的情绪,"禄米只充沽酒资"、"世上虚名好是闲",都是平易而耐人品味的句子。读至此,使人想到李白《将进酒》中的名句:"五花马,千金裘,呼儿将出换美酒,与尔同销万古愁!"

　　韩樽很喜欢这首诗,因为诗里表现出他的豪放性格,所以请岑参将此诗书写装裱挂在书房里。与岑参最要好的一位朋友是大书法家颜真卿,岑参非常喜欢他的字,认为他是大唐第一人,而颜真卿也特别欣赏岑参的诗才,所以两人一见如故,特别谈得来,后来便常在公务之余一起饮酒赋诗,写字作画,总是乘兴而聚,尽兴而散。

　　这一天,岑参刚从衙门回来,仆人便告诉他:"颜大人在书房里等您呢。"

　　岑参急忙走进书房,见时任监察御史的颜真卿正在书房里随手翻看他的藏书,便笑道:"颜兄,今天这是怎么了,你为何不先打个招呼,有什么要紧的事吗?"

　　颜真卿笑道:"岑兄,我今天是来辞行的,所以来得有些突然。"

　　"辞行?"。岑参一愣,"颜兄要去哪里?"

　　"你猜呢?"

　　岑参想想,猜道:"回家乡探望令尊大人?"

　　颜真卿摇摇头:"不,你再猜猜。"

　　岑参笑道:"这我可猜不着。颜兄定是在取笑小弟,前几日我们一起饮酒,尚未听说你要去什么地方,怎么今天就说要辞行呢?"

颜真卿笑了笑说:"我岂敢取笑岑兄。事情是这样的,下午宫中来人把我召进宫去,皇上亲自吩咐我前往西域河西陇右一带的军营中去传旨,并命我明天一早便启程,不得有误。你知道,河西节度使在凉州(今甘肃武威),陇右节度使驻在鄯州(今青海东部),这一趟要跑不短的路呢!"

"噢,"岑参点点头,"颜兄,你真有福气呀,西域一定是个神奇的地方,可惜我没有你这样的机会,如果能去看一看西域的风光,那一定是极有意思的。"

"岑兄不必着急,我想你将来一定会有机会去西域的。"

"但愿如此!"

"一定会有机会,你不知道前几天河陇一带又有战事,皇上又派了一些大将,我有一个朋友封常清也随军出发了!"

"封常清? 这个人我认识,他是蒲州猗氏人,一直生活在安西一带,前不久来到长安,在一次朋友的聚会上我见过他,其人其貌不扬,但气度有些不凡。"

"对,就是此人! 文士要在边地立功,现在正是大好机会呀! 我大唐军威远扬,皇上对边将颇为重视,随军远征的文士也就自然可以建功马上了!"

"马上建功当然令人向往,就是那边地风光也够吸引人的了! 如果有机会……"

"哈哈,岑兄,不要着急,我想你一定会有机会的。"停了一下,颜真卿又说:"每当我读到前人和时人的边塞之作,都会十分激动。王昌龄兄有不少这一类大作,你大约也知道吧?"

岑参点点头,朗声诵道:

> 秦时明月汉时关,万里长征人未还。
> 但使龙城飞将在,不教胡马度阴山。

"真是好诗呀,尤其第一句,把'明月'和'关'前分别加上了'秦'和'汉'这两个时间词,给人一种苍茫之感,真是耐人回味!"颜真卿由衷赞叹道,也随口吟诵道:

青海长云暗雪山,孤城遥望玉门关。

黄沙百战穿金甲,不破楼兰终不还。

岑参说:"这首诗也好,写出了我大唐将士的心声,也写出了战斗的艰苦,令人感叹!"

颜真卿略一停顿,说:"我大唐从军边塞的第一位诗人应该是骆宾王……"

"对"岑参点点头:"正是四杰之一的骆观光!"

"岑兄对骆前辈的情况也熟悉?"

"略知一二吧,"岑参说道:"在仪凤四年,骆宾王与裴行俭一道率军护送波斯王子回国册立为君,一路风尘,骆宾王还写了不少诗呢!"

颜真卿问道:"此次他们路线是怎样的呢?"

"唉,据我所知,大致是敦煌经伊吾,翻过天山,从西州到达了北庭,又从那里到达西突厥可汗庭,然后过热海,到达了碎叶……"

"哎呀,那真是经过了千辛万苦呀!"

"是呀,骆宾王此次在边塞滞留了三年之久,写了不少诗,想来颜兄也知道吧?"

"想来一定不如岑兄熟悉,不知岑兄可否背诵几首让小弟我欣赏一番?"

岑参拱拱手:"那就让颜兄见笑了!"说着,他略一沉思,舒缓地背诵道:

一得视边塞,万里何苦辛。

剑匣胡霜影,弓开汉月轮。

金刀动秋色,铁骑想风尘。

忽上天山路,依然想物华。

云疑上苑叶,雪似御沟花。

行叹戎麾远,坐怜衣带赊。

交河浮绝塞,弱水浸流沙。

旅思徒漂梗,归期未及瓜。

宁知心断绝,夜夜泣胡笳。

颜真卿评道："前几句写西域景色,犹如画卷;后半写豪情壮志和对京华的思念,令人感慨万千……"

岑参笑道："颜兄的点评很精当,你再看这一首,"他长舒一口气,又朗诵道:

> 二庭归望断,万里客心愁。
> 山路犹南属,河源自北流。
> 晚风连朔气,新月照边秋。
> 灶火通军壁,烽烟上戍楼。
> 龙庭但苦战,燕颔会封侯。
> 莫作兰山下,空令汉国羞!

"好气魄!"岑参话音刚落,颜真卿就击掌叫了起来,岑参也受到感染,又把最后四句大声朗诵了一遍:"龙庭但苦战,燕颔会封侯。莫作兰山下,空令汉国羞!"

说着话,岑参叫仆人去告诉夫人安排酒席,为颜真卿送行。酒过三巡,岑参站起身说道:"这杯酒祝颜兄一路顺风,速去速回!"

"借岑兄之吉言,小弟我敬饮此杯!"说着,颜真卿仰头喝了一杯。

几杯酒下肚,两人都有了几分醉意,岑参笑道:"为颜兄送行,不能没有诗文,小弟送上一首如何?"

"那太好了! 岑兄,请吧!"

"好,请颜兄指正。"说完,岑参略一沉吟,把刚才构思好的一首诗朗诵出来——

> 君不闻胡笳声最悲,紫髯绿眼胡人吹。
> 吹之一曲犹未了,愁煞楼兰征戍儿。
> 凉秋八月萧关道,北风吹断天山草。
> 昆仑山南月欲斜,胡人向月吹胡笳。
> 胡笳怨兮将送君,秦山遥望陇山云。
> 边城夜夜多愁梦,向月胡笳谁喜闻!

"好诗！好诗！"颜真卿兴奋地叫起来，"岑兄果然诗才不凡！你这首诗四用胡笳，但没有重复之感，反复吟咏，感情渐深，小弟我确有缠绵渺远之感，多谢！多谢！"

岑参谦虚道："让颜兄见笑了！"

"岑兄用汉西域的楼兰国代指西域，用萧关道泛指通向西北边地的道路；用天山指边塞；用秦山代长安、陇山代指河陇。使小弟我顿生历史沧桑、地域辽阔之感！"

岑参仍是笑道："颜兄过奖了！"

颜真卿叫仆人拿来纸墨，他认认真真地把岑参的这首《胡笳歌送颜真卿使赴河陇》诗抄在洁白的纸上，仔仔细细地收好。

两人边喝酒边聊天，一直到拂晓时分……

在唐朝的时候，边塞战争相当频繁，其中既有唐朝对周边少数民族的侵略，也有对少数民族统治者入侵的反击。因此边塞立功，出将入相，又为当时的读书人开辟了一条新的入仕之路。岑参的前辈诗人杨炯就写下了"宁为百夫长，胜作一书生"的诗句，张九龄亦有"封侯自有处，征马去啴啴"的豪言壮语。与岑参同时有一位以写边塞题材而著名的诗人叫高适，他写出了当时读书人奔赴边塞，参军入伍，希望马上立功的愿望："万里不惜死，一朝得成功。画图麒麟阁，入朝明光宫。"除了在边塞可以建功立业以外，边塞风光的壮丽，边塞生活的新奇，都吸引着当时的读书人，岑参便是其中的一个。现在身边的朋友有机会前往边塞，自然引起了岑参对边塞生活的无限向往，那话头儿一时哪里收得住呢！

自从送走颜真卿以后，岑参在长安过着平淡无聊的生活，除了常常参加朋友们的聚会以外，他也常常参加为友人送别的宴会，有时送人去省亲，如《送薛彦伟擢第东都觐省》：

时辈似君稀，青春战胜归。

名登郄诜第，身着老莱衣。

称意人皆羡，还家马若飞。

一枝谁不折？棣萼独相辉。

这位薛彦伟的家庭是一个有特色的家庭,他父亲去世后,其母林氏认真教育彦辅、彦国、彦伟三个儿子和侄子薛据、薛总,这五个孩子在林氏的训育下,都有文名,在开元、天宝二十年间,这几个人都中科举,受到时人的称赞。后来薛彦伟做过监察御史。此时刚刚中举,正是得意之时,所以岑参此诗开始两句轻松写来,说他才干超群,年纪很青即应试高中,正与薛彦伟此时心情切合。次联借郤诜的典故赞薛彦伟之中举;借"老莱衣"的典故赞其尽孝心。郤诜,晋人,一次晋武帝问他:"卿自以为何如?"答曰:"臣举贤良对策为天下第一,犹桂林之一枝,昆山之片玉。"后遂称登第为折桂。老莱,老莱子,春秋时代楚国人,性至孝,年七十,常穿"五彩斑斓"的衣服,仿效小孩动作,以让双亲高兴。第三联写出中举后的快乐与得意。结句说兄弟相亲相爱、相辅相助。《诗经》:"常棣之华,鄂不铧铧;凡今之人,莫如兄弟。"常棣,即棠棣,一种植物。萼,花瓣下部的一圈绿色小片。

有时又送别因故罢职的友人,如《送宇文南金放后归太原寓居因呈太原郝主簿》:

> 归去不得意,北京关路赊。
> 却投晋山老,愁见汾阳花。
> 翻作灞陵客,怜君丞相家。
> 夜眠旅舍雨,晓辞春城鸦。
> 送君系马青门口,胡姬垆头劝君酒。
> 为问太原贤主人,春来更有新诗否?

诗中的"北京",即指太原,曾名北京,又改名为"北都"。赊,远。晋山,泛指太原府的山。汾阳,汾水之南,即太原府附近地区。灞陵客,指被送别之人。灞陵,在灞水之上,有灞桥,为唐代长安送别之地。青门,指长安东门。胡姬,即指西北少数民族妇女。垆头,指酒店里放酒瓮的土台子。诗中写在长安青门送别,可谓言浅情深。

一天,有一位叫费行的朋友,从边地回来,却未建功业,他的遭遇令岑参十分同情,这一天他要离开长安前往武昌(县名,属鄂州,地即今湖北鄂城),朋友们为他举行送别酒宴,岑参看费行其人相貌奇特,眉宽口大,胡子是红色的,十分惊奇,也感到十分亲切。特别是听别人介绍,这位费行为人豪爽轻财,曾在赌博游戏"樗蒲"中一掷百金,更生几分敬意,故而在席间频频向他敬酒,令费行十分感动。费行举杯对岑参说:"听说岑兄很想去边塞?"

"是呀,我很向往那种火热的战场生活,可是一直没有机会,费兄你在边塞生活了多长时间?"

"十年!"

"十年?"

"对,整整十年!"

"那……"

"唉! 这十年来剑锋已经白白地磨平了,马蹄也早已踏穿了! 我最远到过祁连山,那些岁月真是令人难忘!"

"费兄也算没有虚度光阴! 比起我们只是在长安过平平静静的生活,实在精彩百倍!"

"边地的生活也是充满艰辛和不平呀……"

"可以理解,但毕竟是另一种让人羡慕的生活呀!"

费行叹了一口气:"此话大体不差,但也确实一言难尽!"

岑参想到边塞就热血沸腾,见费行情绪颇为低落,很想劝劝他,但一时又不知说什么好,便随口问道:"费兄此次去武昌,走哪一条路线呢?"

"我从长安出发南行至长江,再沿长江东下经巴陵(郡名,即岳州,地即今湖南岳阳)到武昌。"

"到武昌还要经过汉阳(县名,即今武汉,地近武昌县)吧?"

"对,到了汉阳也就快到武昌了。"

岑参笑笑:"那就可以称费兄为'汉阳归客'了!"说着便叫人取来纸笔:"费兄,你就要回武昌了,我无以为送,还是送你一首诗吧!"

"好呀!"费行大声应和,其他人也纷纷停下筷子,放下杯子,离席向岑参的书案围过来。岑参手握毛笔,稍一沉吟,挥笔写道:

> 汉阳归客悲秋草,旅舍叶飞愁不扫。
>
> 秋来倍忆武昌鱼,梦着只在巴陵道。
>
> 曾随上将过祁连,离家十年恒在边。

剑锋可惜虚用尽，马蹄无事今已穿。
知君开馆常爱客，樗蒲百金每一掷。
平生有钱将与人，江上故园空四壁。
吾观费子毛骨奇，广眉大口仍赤髭。
看君失路尚如此，人生贵贱那得知。
高秋八月归南楚，东门一壶聊出祖。
路指凤凰山北云，衣沾鹦鹉洲边雨。
勿叹蹉跎白发新，应须守道勿羞贫。
男儿何必恋妻子，莫向江村老却人。

"好一个'男儿何必恋妻子，莫向江村老却人！'"费行激动地说："岑兄的深意我明白，请岑兄放心！"

旁边有人说："'曾随上将'四句真实写出费兄从军十年的艰苦，但却去职无事，一切成为枉然，真令人感叹！"

也有人说："'知君'四句说费兄为人豪爽轻财，写得太传神了！"

也有人问："凤凰山、鹦鹉洲对得太工了。凤凰山在武昌的北边吧？"

费行答道："凤凰山在武昌北二里，据说以前这里有凤凰飞过，所以称作凤凰山；鹦鹉洲大家都知道，在汉阳西南的大江中。凤凰山和鹦鹉洲都是我此次去武昌的必经之地。"

众人一边议论一边也纷纷赋诗泼墨……

特别让岑参在意的，是他还送走了武辞仁和胡莫友等几位投笔从戎前往西域边将幕府去任职的朋友。岑参常常在心里一遍又一遍地问着自己："我什么时候才能有机会像他们那样前往边塞呢？如果能投到边将幕府里任职，那该多好！"

时间一天天过去了，一晃五个月了，颜真卿终于从边塞完成使命回到长安。他不愧是岑参的知心朋友，完全理解岑参的心情，所以刚从边塞归来，稍稍休息了一下，便来到岑参家。岑参一见颜真卿，笑道："颜兄，什么时候回来的？我还说到城门外去接你呢！"

"正巧碰上驿站发一班快马，我就提前一天回来了。"

岑参一边叫仆人快备酒菜，一边给颜真卿让座。待两人坐下以后，岑参看着颜真卿笑道："颜兄，边塞的风把你吹得更结实了，脸色也变得黑里透红,显得健康多了!"

"哈哈!"颜真卿不无得意地说,"岑兄,你可不知道,那边塞的风光,真是壮美极了!就是那风,也与内地的风完全不同,带着一股硬劲,就连碗大的石头都能吹得满山滚呢!"

"真的?太奇妙了!"岑参由衷地感叹道。

颜真卿又兴奋地说道:"且不说那神奇的火山、热海,单是那大漠落日就会令人永世难忘。"

岑参点点头说:"颜兄大约也知道王维先生的名句吧?"

"王维?"颜真卿呷了一口茶,"就是那个在朝廷里做官的王摩诘吧?"

"正是他。"

"他的诗写得好,名句也多,不知岑兄说得是哪一首?我最佩服他那首送别元二的名篇,"说着,颜真卿朗诵道:

> 渭城朝雨浥轻尘,客舍青青柳色新。
> 劝君更尽一杯酒,西出阳关无故人。

"这首诗的确不错,你看,前二句写友人送别之时间、地点,春雨纷纷,杨柳青青,几多伤感,尽在不言之中;后二句我看是借用了前人沈约《别范安成》中'莫言一杯酒,明日难重持'的名句,而境界更为高远!"

"岑兄所言极是!"

"这首好,那一首《使至塞上》我更喜欢……"

"《使至塞上》?"

"其中描绘大漠、黄河、落日的那两句,我想颜兄一定知道。"

"噢,那我知道。这是几年前河西节度大使崔希逸打败入侵敌军,王维奉命出使宣慰将士,他还在节度使幕中兼任判官呢。这首诗就是在赴边途中作的。"

岑参说:"没错,没错。"

颜真卿点点头说:"你说的是不是'大漠孤烟直,长河落日圆'两句?"

"不错,正是这两句。"

颜真卿面露得意之色:"岑兄,若是不亲眼看一看大漠上的孤烟、黄河上的落日,你就不会知道王摩诘诗里'直'、'圆'两个字的准确和传神。

欣赏这两句佳诗,我可比你有资格,这样说,你不会反对吧?"

"当然,当然! 王维此诗,不仅这两句好,全篇都不错",岑参随口朗诵起来:

> 单车欲问边,属国过居延。
> 征蓬出汉塞,归雁入胡天。
> 大漠孤烟直,长河落日圆。
> 萧关逢侯骑,都护在燕然。

颜真卿说:"这两句可称为诗眼,尤其是用一个'直'字状'孤烟'的劲拔和坚毅;用一个'圆'字状河上落日之苍茫粗犷,真是千古绝唱。当然,其他几句也陪衬得好,比如首联交待出使的目的和任务;接着写自己的心境和出塞的季节;最后二句说明前线战事仍未结束,令人担忧!"

岑参点点头:"颜兄对王摩诘的诗领会极深,佩服佩服!"说完,便不再说话,陷入了沉思。

颜真卿见岑参有些落寞的样子,笑着问道:"岑兄是不是真心想去边塞?"

"那还用说,难道颜兄还不了解小弟的心思吗?"

颜真卿笑笑说:"岑兄,你别着急,我当然知道你的心思和愿望,要不然我不会一有机会就替你说话了。"

"替我说话?"

"是呀!"

"替我向谁说话?"

"你猜呢?"

"哎呀,颜兄,你就别开玩笑了,我可真着急了!"

"好吧。"颜真卿喝了一口水,说道,"我这次去边塞,是向西域名将高仙芝宣读圣旨,这位高将军虽然是一名武将,但对文人颇为器重,他的幕府里有不少读书人。在西域期间,我常陪他饮酒,还为他写了不少字。我素来知道你有前往西域之志,便在一次宴会上把你推荐给他,听了你的情况和抱负,高将军非常高兴,叫我回长安后转告你,他很欢迎你去西域。"

"这个高仙芝,是不是就是安西四镇节度使高将军?"

"正是此人!"

"太好了!"岑参笑了起来,"颜兄,这次你真帮了我的大忙了,我该怎么谢你呢?"

"谢我?"颜真卿故意做出一副沉思的样子,"那就多寄给我一些边塞诗吧!"说完,哈哈笑了起来。

岑参还是有些不太放心,略一停顿,小声问道:"颜兄,你看这事具体如何办呢?"

"岑兄请放心,不几日高将军就会入朝报告边地情况,他已说好在上朝时上表给皇上,请求朝廷给他派一些官员,其中会有你的大名。"

"是吗?太好了!"岑参面露喜色:"不知会让我担任什么职务?"

"可能是任命你为右威卫录事参军,前往安西担任节度使幕府掌书记之职。"

"夫人,快摆酒,"岑参轻声对夫人说,"我要为颜兄洗尘,还要对他的帮助表示谢意。"夫人点点头走出了书房。

"岑兄,今天就免了吧,我……"

岑参笑道:"那可不行,今天我要给你开一缸家藏数年的好酒,叫你好好品尝品尝!"

第四章

走向远方

　　颜真卿带来的消息太让岑参兴奋了，这些天岑参情绪极好，虽然夫人并不赞成他匆匆忙忙前往边塞，但他决心已定，认为这是一个很难碰上的机会，所以不能错过。

　　果然如颜真卿所言，高仙芝不久后即来到长安。高仙芝的入朝颇为当时人们注意，其大将风度颇为人们所钦佩，杜甫有一首《高都护骢马行》便表达了人们对高仙芝的感情，诗是这样写的：

> 安西都护胡青骢，声价炊然来向东。
> 此马临阵久无敌，与人一心成大功。
> 功成惠养随所致，飘飘远自流沙至。
> 雄姿未受伏枥恩，猛气犹思战场利。
> 腕促蹄高如踏铁，交河几蹴曾冰裂。
> 五花散作云满身，万里方看汗流血。
> 长安壮儿不敢骑，走过掣电倾城知。
> 青丝络头为君老，何由却出横门道。

　　此诗在赞美高将军所骑战马的同时，写出了马的主人的英雄气概，所以此诗一出，立刻在长安读书人中流传起来。高仙芝上朝后提出了一个用人名单，岑参名列其中，朝廷很快就批准了这个名单。

　　这天，岑参正在书房看书，在朝里任职的朋友杜位急急忙忙来拜访，两人一见面，杜位就问道："岑兄，你真的要去西域边地？"

岑参一愣,忙问:"你怎么知道?"

杜位说:"我在朝廷上听别的朋友说的,不知是真是假?"

"是真的,杜兄以为如何?"

"我觉得边地生活太苦了,到那里寻求功名代价太大了,岑兄祖上声名显赫,又是读书之人,在长安谋取功名还不容易吗? 何必要去荒凉不毛之地呢?"

岑参此次要去的"西域"一带,就是从汉代以后中原诸王朝管辖的西部地区,即主要指今新疆广大地区,确实是比较荒凉的地方。

岑参知道朋友是一片好意,可是自己决心从军赴边,难道仅仅是为了个人的功名吗? 自己已经三十六岁,在朝廷里当一个小官,终日庸庸碌碌,生命又有什么意义呢? 何况边地的奇异风光也是自己十分向往的。想到这些,岑参笑道:"杜兄,谢谢你的关心,我的决心已下,只等朝廷的命令了。"

杜位看他态度坚决,没再说话。

很快,朝廷的任命就下来了。职务正如高仙芝所奏请的,是"右威卫录事参军",岑参将以这个职衔前往安西担任节度使幕府掌书记之职。

经过二十余天的准备,并参加了各种各样的饯行宴会,岑参告别妻子和孩子,告别了长安的朋友和同事,踏上了去西域的漫长的道路。他身上带的,除了日常换洗的衣服和一些银子,便只有他数年来的诗文作品和颜真卿的一封推荐信。至于西去所需的棉衣之类,他计划在路上看情况随时添置。

正是秋末冬初的季节,树上的叶子开始变黄,不断飘落下来,在旋风中打着转儿。天空灰蒙蒙的,像一个严肃刻板的人的面容。在这种季节,离开家人和朋友远行,本来是容易引发人们的感伤之情的,但是岑参的心情却与那灰色的天空形成鲜明的对比:他是那样兴奋、昂扬,因为他认为建功边塞的机会终于来了,自己要毫不犹豫地抓住它!

当然,人的感情是复杂的。当岑参回头看那自己刚刚走过的长安西门时,心中不免也油然生出几分惆怅。是啊,谁知道在漫长的边塞之路上会遇到什么困难? 谁又能知道自己在边塞到底会不会建立功业呢? 但是想到自己毕竟在向边塞进发,他的心里又觉得十分充实。

过了一个驿站又一个驿站,在天快黑的时候,岑参来到了陇山头。这个地方又叫陇头和陇坂,在今陕西陇县西北,是由长安前往河西、陇右的必经之地。古时候的人,从长安出发经过这里,往往十分感伤,因为一过陇山头,便是荒凉的地方了。古代有一本书,书名叫《三秦记》,里面有这样的话:"小陇山,其坂九回,上者七日乃越,上有清水四流。俗歌曰:'陇头流水,鸣声幽咽,遥想秦川,肝肠断绝。'"由此可见,这里确是一个令人感伤的地方,容易让行人触景生情,生出忧愁和哀怨之感。

站在陇水边上,看着那汩汩流水,东去的水流向长安方向,西去的水流向西域方向,诗人将随着西流之水向西一路远去,当然离西域越来越近而离长安越来越远了,岑参的心里自然生出乡思之愁,可谓百感交集,他不由地轻声吟道:

陇水何年有,潺潺逼路旁?
东西流不歇,曾断几人肠!

正在这时,有一个人骑马向驿站走来,因为奔跑的劳累,马的身上渗出了汗水,而汗水又被飞尘遮掩,此人的貂裘外套上凝结着早晨的露珠,给人一种餐风露宿的感觉。见了岑参,那人跳下马来,笑着问道:"请问这位仁兄,是第一次经过陇头吧?"

岑参抬起头,见这人脱下貂裘,里面一身文官装束,便笑道:"是呵,先生也是去西域吗?"

"不,"那人摇摇头:"我是从西域来的,要到长安去。"

"噢。"

"第一次经过陇头,难免感慨万千,想当年我第一次经过陇头,还洒过几滴眼泪呢,现在想起来,就像做梦一样!"

岑参问道:"请问仁兄在边塞生活了多长时间?"

那人淡淡一笑:"细算起来,也已经五年了。"

岑参又问:"不知近来边塞情况如何,是否常常发生战争?"

那人说:"大体上说来边塞近年以来还是安定的,当然,胡人也时常前来进犯,一般的战斗是难免的,只是没有特别大规模的战争。"

岑参点点头,又想起什么,问道:"前不久我听说唐军大破小勃律的消息,是怎么一回事呢?"

"噢,"那人回答:"原来小勃律和周围二十多个小国都是我大唐的州郡,大唐在勃律国还置有绥远军呢。开元二十四年,吐蕃向小勃律进军,后来又把公主叶玛勒嫁给小勃律王苏失利支,使得附近各国都归顺了吐蕃。"

"那可麻烦了!"

"是呀,安西几任节度使先后出兵,都没成功,后来高仙芝将军才打了个大胜仗,俘虏了小勃律王,朝廷大震,圣上非常高兴,不久前才封高将军为侯!"

"太好了!"

那人继续说道:"边塞的事情特别复杂,有时打得热闹,有时又和得突然,像我们这样的人真是搞不明白。圣上大约又有什么新的旨意,这不,我就是随高将军前往京城领旨的。"

"高将军? 哪个高将军?"

"就是高仙芝将军呀,他可是我大唐赫赫有名的边将呀! 你还不知道他吗?"

"知道呀,"岑参急切地说,"我就是投奔高将军的! 他不是前不久才离开京师吗? 怎么?"

"是呀,高将军刚到边地,又接到入京的诏书,只得又往回赶,君命不可违呀!"

"原来如此!"岑参明白了:高将军上次入朝请求朝廷派一批官员,也许还没得到朝廷的批准就回边塞了,到了边塞,还没有休整,又接到了入京的朝命。

"你……"

岑参这才想起来,说了半天话竟忘了作自我介绍,忙说:"小弟叫岑参,今年春天,颜真卿兄赴使西域,向高将军举荐了小弟,前不久朝廷刚下了任命,我这就是去西域拜见高将军,想在安西幕府里谋个差事。"

"啊,我想起来了,上次颜真卿兄来边塞传旨,在与高将军饮酒时提起过一个诗人正在朝廷任兵曹参军,想来就是仁兄你了。那天颜真卿兄还在酒宴上朗诵了你的大作呢!"

"是吗? 见笑见笑!"

"就是那首《胡笳歌送颜真卿使赴河陇》,其中'胡笳怨兮将送君,秦山遥望陇山云。边城夜夜多愁梦,向月胡笳谁喜闻'几句最为动人,当时就使几位初来边塞的朝官流下眼泪来了!"

"老兄过奖了!过奖了!"

"太好了,我们以后就是同事了。"

那人停了一下,又说:"我叫宇文明,是高将军幕府中的判官。这次高将军赴京领旨,令我先行一步。"

岑参忙问:"高将军现在在哪里呢?"

宇文明答道:"他还在西州呢,你恐怕只有等高将军从京城回来以后才能见到他了。"

"还在西州?"

"对,就是高昌县,从西域往长安走北路必经此地。"

"我真想尽快见到高将军,可是……"

"高将军来来回回肯定会耽误一些时间,只能再说了!"

听了这话,岑参心里有几分遗憾。他微微摇了摇头,又问道:"宇文兄,往西域的路好走吗?"

"难呀!"宇文明说:"都说'蜀道难,难于上青天',其实往西部边塞的道路之难行,绝不亚于蜀道。别的不说,就是那风,就让人受不了。我在沙漠里一连走了二十多天,天天都有大风,真是刮得昏天黑地。有时几十里根本没有土路,路上全是沙子和石头,马在碎石中走过,四只蹄子全磨出了血……"

没想到,岑参听了宇文明的话却笑了:"那景致一定很壮观吧!"

宇文明被岑参的乐观情绪所感染,也笑了:"反正这景致没去过西域的人见不到,那份苦,没去过西域的人也受不到。"

"哈哈哈……"两人大笑起来。

两个人越聊越觉得意气相投,都觉得又结交了一位新朋友,自然十分高兴,便相携着走回驿站,要了一些酒肉,二人分坐在桌子的两头,一边饮酒,一边继续长谈。这时,月亮在远处的山口慢慢地升起,月光洒在关塞的城楼上,一片洁白。

饮了一口酒,宇文明问道:"岑兄,你放着京官不做,却不远万里前来边塞,到底是为了什么呢?"

"宇文兄,那你……"

340

"我可不同于你,不瞒你说,我是几次应举皆未中第,这才一气之下来到边塞的,可你……"

岑参笑笑:"宇文兄,如果不见笑的话,我还是以诗明志吧,如何?"

"那当然好了,早听颜真卿兄说你是当今一位诗才,今日正好可以当面领教,请岑兄尽快赋诗吧!"

"那就献丑了。"岑参略一沉思,然后用平缓的声音吟诵道:

> 一驿过一驿,驿骑如星流。
> 平明发咸阳,暮及陇山头。
> 陇水不可听,呜咽令人愁。
> 沙尘扑马汗,雾露凝貂裘。
> 西来谁家子? 自道新封侯。
> 前月发安西,路上无停留。
> 都护犹未到,来时在西州。
> 十日过沙碛,终朝风不休。
> 马走碎石中,四蹄皆血流。
> 万里奉王事,一身无所求。
> 也知塞垣苦,岂为妻子谋。
> 山口月欲出,光照关城楼。
> 溪流与松风,静夜相飕飗。
> 别家赖归梦,山塞多离忧。
> 与子且携手,不愁前路修。

听罢岑参的诗,宇文明高兴地说:"岑兄此诗的确精彩!'十日'以下四句把我的话作了高度概括,太准确了!而'万里'以下四句,正表达了我们这些前来边塞从军的文人们的心声。可惜我们此次不能携手同行,但以后会在同一个幕府共事,真是'不愁前路修'了!"宇文明一把拉住了岑参的手。

岑参说道:"宇文兄说得太对了!"

停了好一会儿,宇文明请岑参把诗又朗诵了一遍,宇文明不由发自内心地赞扬道:"好诗,好诗,岑兄果然诗才出众,出语惊人,我等到边地来,当然有种种理由,难道只是为封妻荫子不成!"宇文明又大声吟道:"万里奉王事,一身无所求。也知塞垣苦,岂为妻子谋!"稍停,他为岑参斟上一杯酒,说:"岑兄,边塞生活虽然艰苦,却另有一番情趣,何况大丈夫志在千里,应该在边塞为国出力,才不枉度一生。我们虽然初次见面,但你公忠报国之心却令我感动,我愿与兄携手并进!"

岑参笑道:"我初来边塞,一切还有赖宇文兄指点呀!"

"这就太客气了,我还等着欣赏你的新作呢!"

两个人碰了碰酒杯,都一饮而尽。想一想明天一早二人要各奔东西,不免有些凄然,好在不久宇文明就会从长安返回边塞,因此两人约好,待宇文明回到边塞,两人要开怀畅饮,再续陇头之夜的长谈。唐代诗人前往西北边塞经过陇山时往往有感慨,有豪情,心情十分复杂,比如与岑参同时代的诗人高适几年后在天宝十三载西行途中经过陇山,有感而发,写下了《登陇》一诗,也值得一读,其诗如下:

> 登陇远行客,陇上分流水。
> 流水无尽期,行人未云已。
> 浅才登一命,孤剑通万里。
> 岂不思故乡? 从来感知己!

人的情绪常常是很矛盾的,高适一方面"思故乡",另一方面又"感知己",因此一方面有感于一路西行,"行人未云已";另一方面又感念边将的知遇之遇,将去万里之外的边地从军。岑参也是一样:一方面,他表示"万里奉王事"、"岂为妻子谋",不远万里奔赴边塞,自有一腔热血和豪情;另一方面,他也有妻子儿女,有一个温暖的家庭,因此他又难免时时有一种思念家人的柔情,而且越往西行,这种思念之情便越强烈。因此,一路上,岑参写下了不少思家怀亲的诗作。如到了渭州(今甘肃陇西县西南)时,他写了《西过渭州见渭水思秦川》诗,诗中写道:

> 渭水东流去,何时到雍州?
> 凭添两行泪,寄向故园流。

诗中的"雍州",指的是京城长安。古书里说"雍州"为"九州"之一，指关中地区，也称为"八百里秦川"，其治所在长安。"故园"，是故乡的意思。看到那将流向长安的渭水，岑参便自然想到了长安的家人，不由地洒下了两行热泪。明代唐汝询说："思家之切，唯有挥泪，庶此水或可寄耳。"(《唐诗解》)不久，岑参到达了燕支山(在今甘肃省山丹县东南)，他的思念之情油然而生。这时已进入河西走廊，眼中风物已显现出西域特色，风卷白草(一说即所谓芨芨草)令人称奇。在西行途中，他突然想起长安，想起长安的老朋友们，此时此刻他特别怀念曾劝他不要前往边塞的好友杜位，过去在长安饮酒赋诗、郊游出访的情景不时浮现在眼前，想到这一切，他情绪激动，随口吟出《过燕支寄杜位》一诗：

> 燕支山西酒泉道，北风吹沙卷白草。
> 长安遥在日光边，忆君不见令人老!

是呵，在燕支山边回望长安，该觉得相距是多么遥远呀! 想当年，朋友们在一起终日谈诗论学饮酒欢聚多快乐! 几年前，岑参在长安，有一次回颍阳，在路途中想到杜位，曾写过一首《郊行寄杜位》诗："崷崒空城烟，凄清寒山景。秋风引归梦，昨夜到汝颍。近寺闻钟声，映陂见树影。所思何由见，东北徒引领。"那时虽然彼此思念，但毕竟相隔不太远，所以只是"引领"(伸颈远望)而已，而现在相隔实在太遥远了，难怪"忆君不见令人老"了! 说起来，这位杜位也是个人物，他是杜甫的从弟，李林甫的女婿，后在朝廷里当官，同杜甫一起在严武幕府里任过职务。杜甫集中有《寄杜位》诗，知杜位在长安的居处离西曲江不远。继续西行，岑参来到了酒泉(治所在今甘肃省酒泉县)，抬眼望去，只见黄沙漫漫，好似一片大海，唯一能看见的，是那边塞特有的白草，"真是太荒凉了"，岑参心中叹道。站在县城外的小道上，岑参又想起自己在长安附近南郊的别业(那是岑参在长安为官时置办的)，随口吟道：

> 昨夜宿祁连，今朝过酒泉。
> 黄沙西际海，白草北连天。
> 愁里难消日，归期尚隔年。

阳关万里梦,知处杜陵田。

诗中的"祁连",是指祁连山,这座山在今甘肃省张掖县西,绵延于唐代酒泉、张掖二郡之间。际,接。"消日",即消遣时光。"阳关",古关名,在今甘肃敦煌县西南,和玉门关一样,是唐代通往西域的要道。处,居于。杜陵,又称乐游原。汉宣帝筑陵于此,在今西安市东南。"黄沙"二句写出瀚海大漠的辽阔和白草连天的壮观景色;"愁里"二句表现出远行之人的孤独和寂寞,耐人品味。

出阳关之前,要先经过敦煌(唐郡名,即沙洲,治所在今甘肃敦煌市西),岑参觉得一路奔波,马不停蹄,确实有些累了,便决定在这里停停脚,休息几天,何况敦煌是一个有名的地方,他也想在这里好好转一转,开开眼界。说是休息,其实岑参一天也没有闲着,好在唐代驿站设备齐全,他因为有公家的证明,驿站要免费为他提供每日的三顿饭,他不必为此分心,便在空闲时间到处游览,这个在前辈诗人的作品里屡屡看见的"敦煌",把岑参深深地迷住了。不知不觉,三天过去了,这天早上起床后,岑参决定哪儿也不去了,就在驿站里好好歇一天,明天继续出发。吃过早饭,他捧起一本书,认真地看了起来。过了一会儿,岑参听到屋外有人在问驿站的小吏:"王五,你们这里是不是有一位从长安来的客人?"

"张判官,是你呀。对,我们驿站是来了一位客人,他在这里已经住了三天了⋯⋯"

"他现在仍在驿站里吗?是不是出门了?"

"没有,"小吏答道,"他吃了早饭就回屋里去了,刚才我去送开水,看他正在读书呢。"

"好,你领我去见这位先生。"

说着话,二人向岑参住的屋里走去,岑参听出是来找自己的,忙站起身迎到门口,为他们打开房门。

小吏指一指岑参说:"张判官,这位就是从长安来的先生!"

张判官迎上前来,施了一礼道:"小弟是张朋,在敦煌太守府里做事。你就是岑参先生吧?"

"小人正是岑参。"

张朋笑笑说:"太守昨天才听说你到了这里,今日特派我前来,一则看

344

看先生还有什么事情需要我们做;二则想请你晚上去太守府参加酒宴,不知先生是不是肯赏光?"

岑参忙说:"因为我只是路过此地,怕给太守添麻烦,所以也没去太守府里打扰,现在也没有什么事情要麻烦张大人的;至于酒宴……我本来是准备明日一早就出发的。"

张朋笑着说:"那就推迟一天吧,太守是很想见见你的,怎么样?"

岑参想了想说:"恭敬不如从命,就这样吧!"

"好,晚上我叫人来接你,如何?"

"那太感谢了!"

两个人又说了一会儿话,张判官才告辞离开了驿站。

晚上,敦煌太守府里,灯火通明,鼓乐齐鸣,客人不少。当岑参被引进郡府后庭,即太守私宅的时候,太守示意大家安静,然后说道:"诸位都是熟客,常来常往,我就不一一介绍了,只有这位岑参先生,是第一次到敦煌来的客人,我略作介绍如何?"

岑参笑道:"小人岂敢有劳太守大人,还是让我作个自我介绍吧。"他向众人施了一礼,又说道,"本人名叫岑参,此次借道敦煌前往安西投奔高将军,承太守大人的美意,今晚在此与诸位大人相会,真是不胜荣幸!"

众人听说岑参放弃京官不做,不远万里,由长安前往安西投笔从戎,都露出赞赏的神情,人们纷纷走上前来向他敬酒,希望他能习惯边塞的生活,在边塞实现自己建功立业的愿望。岑参心里热乎乎的,对众人的祝愿表示了谢意,心里说:"边塞的人,性格就是豪爽,待人实在真诚,这也许是边塞的一个特点吧。"

一阵寒暄之后,太守请大家随意。客人们都很随便,有的几个人在一起玩"藏钩"(将钩藏在手中,让他人猜)的游戏,钩藏好以后,主猜者手持珊瑚鞭作为标志,猜中者可获得半串黄金钱作为奖品,乐趣不少。有的在太守家妓的侍候下饮酒赋诗,声音时高时低,有几分放纵;还有的竟在宽阔的大厅里跳起了胡旋舞,真是热闹非凡。太守的家伎浓妆重抹,头顶两侧高挽的发髻上插着一种嵌金花的首饰,美艳动人。岑参只是坐在那里与人闲聊,有时到太守跟前敬敬酒,太守详细问了岑参的情况,鼓励道:"岑先生,你有胆有识,在边地一定能建功立业,我们这里很欢迎你这样的有志之士!"

"是啊,岑先生你一定会有施展的机会!"旁边也有人附和。

"太守大人,您……"

"唉,我来这里已经五年了,本来应该转任他职了,可是……"太守的话还未说完,旁边有人小声告诉岑参:"按规矩应该五年一期,可是太守与当地人士相处很好,当地德高望重的人士强烈要求他留任,太守只得再留任五年了。"

岑参听别人说过,太守一到任就兴修水利,便问:"这里的水利工程是太守修的吗?"

"是呀,引来了山泉,百姓很高兴。"

岑参心中赞叹,不断点头。

一个官员又说:"敦煌及其以西地区降雨量很少,农业生产全靠灌溉,因此水利就成了农业的命脉了!"

岑参认真地听着,并没有插话。

等岑参回到驿站时,东方都渐渐地发白了。岑参兴奋得一点也没有睡意,他取出纸笔,一挥而就写下了《敦煌太守后庭歌》,记录下了这个难忘夜晚的情景和自己的感受:

> 敦煌太守才且贤,郡中无事高枕眠。
> 太守到来山出泉,黄砂碛里人种田。
> 敦煌耆旧鬓皓然,愿留太守更五年。
> 城头月出星满天,曲房置酒张锦筵。
> 美人红妆色正艳,侧垂高髻插金钿。
> 醉里藏钩红烛前,不知钩在若个边?
> 为君手把珊瑚鞭,射得半段黄金钱,
> 此中乐事亦已偏。

第二天,岑参把这首诗呈送给敦煌太守,太守身边的人读了都很兴奋,有一个书记官叫高齐,平时也喜欢写诗,读了岑参的诗作,不由赞叹:"真是好诗!不仅写出了昨晚宴会的环境、气氛,更写出了岑先生高兴的心情。"

张判官问:"最后一句的'偏',用的很精当,我想应该是'尽'、'极'

之意吧?"岑参轻轻点点头。

旁边有人说:"这首诗每一句都押韵,读起来很好听呀!"

高齐说:"对,因为句句押韵,所以读起来朗朗上口,有气势!另外,这首诗多用口语,明白易懂,也易于流传……"

"是呀,其中对太守大人的赞美也很得体,太守大人……"

太守点点头,高兴地说:"岑先生,谢谢你!我当了五年太守也许没人知道,但你的诗作一定会天下流传,那我就借此扬名了!"

"过奖了!过奖了!"岑参虽然嘴上谦虚,心里却颇有几分得意,不由地也笑了。

因为赴太守家宴,岑参多耽搁了一天,这天早上他决定继续西行。太守亲自赶来相送,官员们一一与岑参相互施礼告别,嘱咐他一路珍重……出了敦煌城,不远处便是阳关。带着一种难以言说的复杂情绪,岑参走出了阳关。在唐朝人看来,过了阳关,便是荒凉偏僻的世界,岑参同辈诗人王维在送别友人赴安西的诗中这样写道:"劝君更尽一杯酒,西出阳关无故人!"可见阳关在唐朝人的心中意味着什么。

岑参的目的地是安西,《新疆古今》说:"安西都护府和北庭都护府是唐朝统一天山南北后设立的专管西域各地军政事务的两大权力机构。安西都护府始置于唐贞观十四年(640)。初治于交河,主治长官是安西都护。显庆三年(658)西突厥及西域各地皆归属唐朝,遂晋级安西大都护府,府治移至龟兹(今库车)。"因此,过了阳关,还有不短的路程,岑参还须加紧赶路才行。生活在内地的人,何时见过这么一望无际的大沙漠,岑参只感到惊奇,也难免产生一点失落的情绪。一天,他经过长途奔波,终于走过敦煌与伊州(今新疆哈密)之间的一片戈壁大漠——贺言碛,又称作莫贺延碛,这是丝路北道必经之大碛,《大唐慈恩寺三藏法师传》记载了其地理与里程:"(玉门)关外又有五烽……五烽之外,即莫贺延碛,伊吾国境。""从此已去,即莫贺延碛,长八百余里,古曰沙河,上无飞鸟,下无走兽,复无水草。"但这里的天空却清澈蔚蓝,蓝天下一望无际的黄沙丘绵延起伏,呈现出不同层次的金黄颜色。他在日落时分来到一个驿站,在等待仆人上饭上菜的当口,岑参切实感受到了自己的孤独。他独自穿越在这片大漠上,大漠无垠,让他感受到一种悲壮,一种苍凉,一种无奈,他想流泪,他想长啸,他想……此时,他有感而发,随口吟道:

沙上见日出,沙上见日没。

悔向万里来,功名是何物!

前二句意思是说自己连日来在大漠中行走,所看到的景色除了沙漠什么也没有,实在太单调乏味了;后二句感叹面对无边的沙漠,深深感到个人的渺小,功名之类身外之物更不值一提了!此情此景,既使是一个充满豪情的人,产生这样的想法也是可以理解的。功名固然可以放弃,但是既然已经到了这里,就必须勇往直前,他的心里当然明白:此时此刻是没有退路的,必须向前!

出了阳关,经过蒲昌海(今罗布泊一带),又向北进发,到了西州(今吐鲁番)。这一路虽然漫长而难行,但是岑参却大开了眼界。在路途上,见到了火焰山,岑参感到十分惊奇,远远地望着火焰山,久久不愿离去。火焰山,又叫火山,为天山山脉之一。山由红砂岩构成,颜色赤红,远远望去,像是火在燃烧,而且周围空气干燥,气温极高,夏季地表温度可达70度左右,更给人一种满山火焰的感觉。这座火山,由新疆吐鲁番向东一直伸展向鄯善县(唐蒲昌县)以南地区,十分壮观,自古以来就是当地的一大景观,据说后来《西游记》所描写的火焰山即指此地。望着火山,岑参诗兴大发,顺口吟诵道:

火山今始见,突兀蒲昌东。

赤焰烧虏云,炎气蒸塞空。

不知阴阳炭,何独燃此中?

我来严冬时,山下多炎风。

人马尽汗流,孰知造化功!

“今始见”,说明早有耳闻,今日亲见,果然奇异之极,令人无法想像;“突兀”二字更写出火山出现于蒲昌县(即今新疆鄯善县)之东,山高色奇,引人关注。远远望去,火山高耸,像是赤焰燃烧;虽是严冬,却热风习习,人马尽汗,这种景象,对生长在内地的岑参来说,该是多么新奇,难怪他要诗兴大发,感叹大自然(造化)的神奇了。

由蒲昌（县名，在今新疆鄯善县，唐时属西州交河郡）向西南行，又走了约一百二十里，岑参到达了天山西南。休息了几天以后，岑参入山谷又走了二百余里，便来到了银山碛。虽然以马代步，但路途艰难，而且边塞风光奇特壮丽，引发了岑参的兴致，他不时驻足观赏，这样走走停停，所以不到四百里的路程，他走了近半个月。这一个夜晚，在银山碛西的驿馆"吕光馆"里，岑参久久没有入睡。夜已深了，银山谷口寒风呼呼地吹着，抬头望去，银山碛西南的铁门关上的月亮像一段洁白的熟绢悬在半空。此时此刻，岑参压抑住思亲的情绪，他想到汉代的班超：班超家境贫寒，曾经靠给人抄书来维持生活，有一次，他把毛笔丢到地上，感叹道："大丈夫没有其他本事，应该仿效古代出使西域建立功劳的傅介子和张骞，以取封侯，怎么能总生活在笔砚之间呢！"想到班超，他在心里一遍又一遍地对自己说："此次入塞，我一定要有所作为！"想着，他披衣下床，铺开白纸，写下了一首《银山碛西馆》诗，诗中说：

> 银山峡口风似箭，铁门关西月如练。
> 双双愁泪沾马毛，飒飒胡沙迸人面。
> 丈夫三十不富贵，安能终日守笔砚！

银山，在今新疆托克逊县治西南，地处自西州通往焉耆、安西的唯一要道上。史书上说，从西州交河郡向西南行，一百二十里可以到达天山，向西南入谷，经雷石碛，一百二十里到达银山碛。银山峡口即今库米什山口，此处至今仍然风沙狂暴，通过艰难。铁门关在焉耆向西五十里，即今新疆库尔勒市城北天山峡谷中，是唐代从焉耆去往都护府治所龟兹的必经关口，可见这里多么偏远、荒凉。岑参继续前行，到达铁门关时，在城楼的墙壁上题写了一首诗：

> 铁关天西涯，极目少行客。
> 关门一小吏，终日对石壁。
> 桥跨千刃危，路盘两崖窄。
> 试登西楼望，一望头欲白。

前四句写出铁门关所处环境的偏远、苍凉以及守关小吏生活之寂寞与孤独;后四句先说铁门关峡谷山崖对峙、山路之弯曲,继而写出自己遥望安西方向,深感前途未卜,不知道有多少艰辛和困苦在那里等着自己,"一望头欲白",真是言简意深,令人感慨。继续向西,岑参感到更加荒凉,对故乡的思念之情随时陪伴着他,他在夜深人静之时提笔写下了《宿铁关西馆》:

> 马汗踏成泥,朝驰几万蹄。
> 雪中行地角,火处宿天倪。
> 塞迥心常怯,乡遥梦亦迷。
> 那知故乡月,也到铁关西。

诗的前半叙事,写一天的行程,"地角"、"天倪",犹言"天涯海角";火处,有灯火的地方,即驿馆;五六两句极写旅人之孤独,故乡遥远,连梦中归去也会迷路。迥,远。最后二句说月也有情,伴随着自己。"月是故乡明",看来古今一种感受。月随人行,见出月亮的多情,而对明月,行人又岂无动于衷?李白《峨眉山月歌》说:"峨眉山月半轮秋,影入平羌江水流。夜发清溪向三峡,思君不见下渝州。"两诗对照着读,应该有新的感悟。李白《渡荆门送别》亦有"仍怜故乡水,万里送行舟"之句,可以参看。

第二天,岑参又踏上了征程。快到中午的时候,见迎面一人骑马走了过来,那人见了岑参先下了马,岑参也忙翻身下马,虽然互不相识,但在这荒凉不毛之地相遇,却使二人平添几分亲切。两人谈了一阵儿,岑参才知道此人是有公务回长安的幕府书记,不便耽误他的行程,只得匆匆告别。临行时,岑参口吟一诗送给这位书记:

> 故园东望路漫漫,双袖龙钟泪不干。
> 马上相逢无纸笔,凭君传语报平安。

岑参把自己长安的家庭住址告诉这位书记,请他把自己一切平安的消息告诉自己的妻子,幕府书记满口应承。他当然牵挂着家人,更能想象出家人对自己的思念,所以不写自己如何思家,只是写报平安这一件事,希望家人不要牵挂自己,岑参对家人感情的真挚和细腻全部表现出来了。诗中用"东望"这一细节表示对长安家园的思念;"路漫漫"是说渐行渐远,回首东望,映入眼帘的,只有漫漫无际的沙漠;龙钟,同泷涷,沾湿的意思。二人挥手告别,各奔东西。诗中说自己东望长安,泪水打湿了衣袖,大约是夸张的描写,但其感情却是真挚的。明代钟惺评论说:"人人有此事,从来不曾说出,后人蹈袭不得,所以可久。"(《唐诗归》)

在路途中,岑参忽然想到离开长安已经整整两个月了! 两个月,竟然还没有到达目的地,岑参不由感慨万千,他略一沉思,吟道:

> 走马西来欲到天,辞家见月两回圆。
> 今夜不知何处宿,平沙万里绝人烟!

这首诗意境苍莽雄浑,写出了塞外大沙漠的壮丽景象,又透出几分荒寒与苍凉。两个月以来,他一直向西、向西,真是"马汗踏成泥,朝驰几万蹄"。"西来欲到天",言西行已远;"见月两回圆",言离家已久,而"不知何处宿"又给人一种茫然之感,这与结句之"平沙万里"正相呼应,使人遐想,李元洛先生《唐诗三百首新编今读》说:"诗人从长安出发赴西部边陲,两个多月还没有到达目的地。征途之遥远,交通之不便,大漠之荒凉,行边之艰苦,报国之豪情,该如何来表现? 诗人只抒写了沙漠中的一个月夜,月夜的一个片刻,片刻中的一个疑问,在结构上首呼尾应,千头万绪千言万语尽在其中。"想想当年,人们在空旷的边塞,那一轮明月也许特别亲切、亲近吧? 明月高悬,令人想到家乡和亲人,想到历史的延绵……由岑参此诗,使人想到唐代边塞诗中常常写到明月,如李益《受降城闻笛》:"回乐峰前沙如雪,受降城外月如霜。"月色如霜,撩动人的愁思;王昌龄《从军行》:"撩乱边愁听不尽,高高秋月照长城。"边城的秋月,更让人产生遐想……

什么时候才能到达目的地呢? 他不免有几分着急。好在路途毕竟是有尽头的,经过一程又一程的奔波,安西(今新疆库车)终于在他的脚下了! 那一种兴奋和激动,是言语难以表达的。当岑参到达安西的时候,已经是日暮时分,而他要去的营帐却又在安西的西边,当有人告诉他还要再往西走一程的时候,岑参的心里生出无限感慨,不由吟道:

黄沙碛里客行迷,四望云天直下低。

为言地尽天还尽,行到安西更向西!

陪伴岑参的小官吏听了岑参的诗,也为之动容,对岑参生出了几分敬意,他殷勤地为岑参安排住宿和饮食,使岑参感到一丝温暖。聊了几句才得知此人叫杨兵,是本地人,虽读了一些书却没有机会参加科举考试,但对文士却十分敬重,凡是来往的文士他都愿意交结,待他安排岑参用过晚饭以后,有几分怯意地说:"岑大人,不知小人有个请求您是否可以答应?"

"什么请求,你讲!"

"就是刚才你吟诵的那首诗……"

岑参一时未明白杨兵的意思,杨兵又说:"我想请岑先生留下这首诗的墨宝,我觉得这首诗写的太好了!"

"噢,没问题!"

岑参提笔把刚才吟诵的诗写在纸上,并加上了一个诗题:《过碛》……

就这样,岑参在雪海沙浪中艰难地向西进发,一直走了两个多月,晚上便住在驿站里,或者思念长安的亲人,或者向往着、幻想着未来,或者与新结交的朋友海阔天空地聊天,或者独自构思诗篇……对他来说,这种生活是艰苦的,但又相伴着欢乐,是单调的,却又时常激发出他的诗情。

他终于来到了安西……

第五章

塞上风云

　　在这一年年末,岑参终于来到了安西,开始了他的幕府生活。等他刚刚热悉了一下环境,除夕便临近了。在这"欲到天"的边远地方过年,对岑参来说,在新奇中难免有几分惆怅,他很自然地怀念起长安的亲人和朋友。正巧有一位姓李的判官要回长安,岑参参加了为他送行的宴会,席间颇为感慨地写了一首《碛西头送李判官入京》诗,诗中说:

> 一身从远使,万里向安西。
> 汉月垂乡泪,胡沙费马蹄。
> 寻河愁地尽,过碛觉天低。
> 送子军中饮,家书醉里题。

　　诗题中的"碛西头",即指安西一带。诗的前两句说李判官和自己一样不远万里,前来边塞,任职于安西节度使幕府。从远使,追随远方的节度使。三、四两句写出了思乡的愁绪和旅途的艰辛。"汉月"、"胡沙"写出历史的沧桑之感和异域的悲凉之感。五、六两句说他来到了极西的荒凉之地。寻河,暗用汉使通西域时"穷河源"的故事:"汉使穷河源,其山多玉石,采来,天子案古图书,名河所出山曰昆仑云。"(《汉书·张骞传》)最后两句归到送别正题。正如诗中所说,带着醉意,岑参给家人写了一封长信,还给颜真卿等几位朋友写了信,他觉得意犹未尽,又提笔给老朋友、当朝宰相李林甫的女婿元拱写了一首诗,诗是这样写的:

西风传戍鼓，南望见前军。

沙碛人愁月，山城犬吠云。

别家逢逼岁，出塞独离群。

发到阳关白，书今还报君。

诗中记录了他初至边塞时的生活和感受。前两句说西风送来戍卒击打的鼓声，向南一望，遥见远处驻扎着唐朝的军队；三四两句写边地风物：沙漠中的月亮显得十分冷清，远游之人见了，难免生出愁苦之思；此城地势颇高，狗似乎在云层中吠叫似的。五六两句说自己离家正巧赶上过年，"每逢佳节倍思亲"，家人和老朋友们不在身边，自己感到颇为孤独。最后两句说自己一过阳关，头发便白尽了，虽然是夸张的写法，但诗人的愁苦之状却活生生地写了出来。

过了除夕，岑参就正式开始了自己在幕府里的使命。他任的是一个闲职，平时没什么事情，但有的紧急公务却又非他办不可。忙的时候，岑参走马东来西往，在安西四镇间穿行，犹如风中的飘蓬，而他的心情却颇为寂寞，难免在夜深人静之时思念长安的亲友，他的《安西馆中思长安》是这方面的代表作：

家在日出处，朝来喜东风。

风从帝乡来，不异家信通。

绝域地欲尽，孤城天遂穷。

弥年但走马，终日随飘蓬。

寂寞不得意，辛勤方在公。

胡尘净古塞，兵气屯边空。

乡路眇天外，归期如梦中。

遥凭长房术，为缩天山东。

首四句说家在东方极远之地的长安，风来自京城，像远方来的信使一样传递信息；"绝域"二句说安西位于绝远之地，安西都护驻地龟兹城在天的空尽之处。"弥年"四句说诗人整年走马奔波各地，犹如飞蓬；虽然寂寞而不得意，但却一心为公事奔走。"胡尘"二句说胡兵没有犯边，战

354

争气氛相对平静。最后四句抒思乡之情,诗人竟然想用仙人费长房的缩地术,把天山缩向东方,使归乡之路不要那么遥远,其思乡之切由此可见一斑!

在边塞,难免经常看到战斗的场面,听到战斗的消息。岑参虽然是个文职官员,但有时他要去前营传达主帅高仙芝的命令,还要监督前方主将执行这些命令;有时他又要去前线战斗部队了解敌我情况,提出作战方案,供高仙芝参考,所以他常常要出入于战火之中。

时光如飞,一晃一年过去了。

岑参一方面对边塞更加熟悉了,另一方面在边塞立功的愿望也有些淡薄了。在边塞的一年,使岑参感到自己以前的想法真是太简单了。是呵,在边塞确实有建功立业的机会,但这种机会并不是像以前想象得那么轻而易得,而且要想得到这种机会,就要善于迎合高仙芝。可是岑参恰恰做不到这一点。有时,他明明知道自己的某些意见与高仙芝的主张不同,但自认为有利于边塞的和平,便毫不犹豫地一次又一次地提出来,虽然高仙芝口头上夸奖他忠于职守的精神,心里却并不特别信任和器重他。这种情况,常常使岑参更加思念长安和长安的亲人、朋友,他写了不少抒发怀乡思亲情绪的诗篇,如《忆长安曲二章寄庞潍》:

> 东望望长安,正值日初出;
> 长安不可见,喜见长安日。
>
> 长安何处在? 只在马蹄下。
> 明日归长安,为君急走马。

忆长安,曲名。从诗题看,这首诗是寄给长安的友人庞潍的,表达了对长安亲友和长安的怀念之情。

岑参职责所在,不免四处奔波,前往安西之西,便感到离家乡更加遥远。而往东行,则又激发出强烈的思乡之念,夜晚常有思乡之梦,他的《早发焉耆怀终南别业》便写出了他对终南别业,即高冠草堂的怀念之情:

> 晓笛别乡泪,秋冰鸣马蹄。

一身虏云外，万里胡天西。

终日见征战，连年闻鼓鼙。

故山在何处，昨日梦清溪。

焉耆是唐代军镇名，为安西都护府所辖四镇之一，位于安西之东，大约是今新疆焉耆县一带地方。由这首诗也可看出岑参在安西四镇间奔波尽责，"虏云"、"胡天"指西部边地；"终日"二句写出岑参参与军事事务，而"连年"二字又可以看出写下此诗之时岑参到边塞已经有两个年头了。最后二句与一、二两句遥相呼应，写出对终南别业附近清溪的怀念。

这一天，岑参刚从安西四镇之一的龟兹回到安西大本营，感到有些疲乏，便直奔将军府里自己的住房，想先休息一下再去向高仙芝汇报情况。还没进门，他从窗户里看到自己屋里坐着一个人。那人见岑参回来了，忙迎到门口："岑参兄，你回来了！"

岑参定睛一看，不由地笑了："哎呀，是宇文兄！"

宇文明紧紧拉住岑参的手说："岑兄，陇头一别，已经快两年了，时间过得实在是太快了！"

"是呵！"岑参一边叫人倒茶，一边请宇文明坐下，"真是光阴似箭呀！"

"时间虽快，但岑兄的诗句我还记着呢！"宇文明随口吟诵道："十日过沙碛，终朝风不休。马走碎石中，四蹄皆血流。万里奉王事，一身无所求。也知塞垣苦，岂为子妻谋！"

岑参笑道："那时的感受还太肤浅，经过这两年的边塞生活，我……"

宇文明笑着打断岑参的话："岑参兄如今已经是个老边塞了，想来对幕府生活已经完全熟悉了吧？"

"熟悉是熟悉，只是……"岑参没有说下去，换了一个话题，"宇文兄随高将军入朝回来，一直没有回过我们安西幕府吧？"

宇文明点点头："是呀，我从长安回来时，正巧河西节度使安思顺将军借调一个判官，高将军便叫我先去河西府幕帮一下忙，谁知这一去就是一年多。"

岑参好像突然想起什么，问道："对了，上个月有一位朋友去河西幕府，我托他带了一首诗给你，不知……"

"收到了！收到了！"宇文明说着轻声吟诵道：

西行殊未已，东望何时还？
终日风与雪，连天沙复山。
二年领公事，两度过阳关。
相忆不可见，别来头已斑！

吟诵完，他连声说："岑兄，这真是一首好诗呀，不仅'终日'两句把边塞生活的环境及其艰苦程度写了出来，特别是最后两句点出了你我之友情，每当我吟诵起这两句诗，便忍不住想流泪呢！"

岑参笑笑："宇文兄过奖了，过奖了！"停了一下，岑参又说："西域实在太广阔了，别说安西都护府地域辽阔，你我难得一见，何况你又借调到河西节度使幕中去了，更是'相忆不可见'了！"

"是呵，岑兄，边塞风霜太烈，令人速老，真是'别来头已斑'呀！"

饮了一口茶，宇文明问道："岑兄，这一年多来，你一定大开眼界吧？"

岑参点头微笑："那是自然的了。"

宇文明又问道："不知岑兄到过哪些地方？依我之见，既然到了边塞，还是多跑几个地方为好，别的不说，单是为了开开眼界、长长见识也是值得的，不然的话，空有一个来过边塞的名，却哪都没有去过，那可就太遗憾了！"

"宇文兄所言极是。"一说到这个话题，岑参就兴奋起来："这两年以来，安西四镇差不多跑遍了，龟兹、焉耆去得多些，疏勒和于阗去得相对少一些，但也去了有三、四次了。安西的西边还去过好几趟呢。不过，最远的地方怕是胡芦河了。"

"胡芦河？"宇文明笑道："哎呀，那里我还没有机会去呢，只是听说从安西柘厥关出发，要走五百多里，才到小石城，从小石城还要再往西二十多里，才到胡芦河。"

"你说得不错，这一路说起来才六七百里，不算太远，可是几乎根本没有路，要在沙漠里走好几天，实在是太艰苦了！"

"胡芦河边有一座烽火台好像叫苜蓿烽？"

"对，就是在那里！"

"似乎在伊州境内?"

"对,归伊州节度使管理。"

"想来岑兄一定会在胡芦河边留下大作吧?"

岑参笑笑:"大作可谈不上,不过倒是写了一首《苜蓿烽寄家人》的诗。当时正逢立春,我站在胡芦河边,望着苜蓿烽,忽然想到了长安的家人,不怕你取笑,当时我的眼泪都流了下来。离家已经这么长时间,也不知家里情况如何。"

宇文明说:"此诗一定感人,不知岑兄是否可念给小弟听听?"

岑参点点头,用平缓沉稳的语调念道:

> 苜蓿烽边逢立春,胡芦河上泪沾巾。
> 闺中只是空相忆,不见沙场愁杀人!

听了岑参的诗,宇文明好一会儿沉默不语。过了一会儿,他才长叹一声说:"是呀,我们安西幕府本来离长安就够远的了,你又向西走了五六百里,那里肯定更加荒凉,难免要生思家之情了,何况又正逢立春时节呢!闺中人的思念,又怎么比得上离家远行的人强烈呢!唉,我有时也常常想起家人,特别是我的女儿,她现在已经五岁了,你就别说她有多聪明伶俐,招人爱怜了!有时我真想一跺脚离开边塞,回家去算了,可是……"

见宇文明也动了感情,岑参忙扯开话题,问道:"宇文兄,这次从河西幕府回来就不再去了吧?"

宇文明笑道:"不仅我还要回河西,岑兄你也得去呢!"

"我?"

"对,我们这一班人都得去!"

"怎么?"

宇文明解释道:"你这些日子一直在龟兹,后头的事还不知道。"

"什么事?"岑参急切地问道。

"皇帝最近下了诏书,任命高将军为河西节度使,代替安思顺将军。"

"噢,是这么回事。"岑参点点头,又问道,"我们幕府人员都要去河西节度使驻地凉州吗? 什么时候出发?"

"高将军去了河西,我们这些幕府人员当然也都要去。至于什么时候出发,现在还说不上。"

"为什么呢?"

"因为高将军还要办理一些移交手续,皇上派的新的安西节度使还没有到呢。不过,高将军吩咐我先与几位同事去凉州,提前做些准备工作,不知岑兄是否愿意先行?"

岑参不假思索便答道:"我正求之不得呢!什么时候走?"

"你刚从前边回来,怎么也得歇两天。"宇文明想了想,"我们就大后天一早出发如何?"

"行!"

"好,你先休息吧,我再去通知其他几个同事,就这么定了,大后天一早出发!"

就这样,岑参便与判官刘单、副使李莫等人一道先行前往凉州。凉州是唐郡名,天宝元年改为武威郡,治所在今甘肃省武威县。本来宇文明是计划同他们一起来的,可是他被一些紧急的事务拖住了,所以没有同来。在往凉州的途中,他们经过酒泉(今甘肃酒泉市),在这里住了几晚,稍事休整。这么多军中官员经过地方,地方官员自然会设宴款待。到达酒泉的当天晚上,太守韩经福便为他们摆酒洗尘,席间自然要欣赏胡族少年、少女的歌舞,彼此高谈阔论或作诗吟诵,岑参有感而发,当场朗诵了新作《赠酒泉韩太守》:

太守有能政,遥闻如古人。

俸钱尽供客,家计亦清贫。

酒泉西望玉关道,千山万碛皆白草。

辞君走马归长安,忆君倏忽令人老。

前四句说韩太守有好的施政名声,又有古人之风,为人豪爽好客,后四句说自己东归,离长安越来越近,想象离开酒泉后会怀念这一晚上的欢聚场面和韩太守。玉关,即玉门关,在今甘肃敦煌市西北,是汉时通往西域的要道,唐代关址东移至晋昌城(今甘肃安西县双塔堡附近)。

离开酒泉,来到凉州(唐州名,天宝元年改为武威郡,治所在今甘肃武威市)正是三月中旬,满眼梨花已经飘飞,小草的嫩芽也已长出,但西域寒冷,人们的冬衣还未脱掉。在凉州客舍,岑参想到此时长安一带早已是暮春时节,而自己却滞留在武威所在的黄河以西的河西地区,难免又生乡思,于是提笔写下《河西春暮忆秦中》:

> 渭北春已老,河西人未归。
> 边城细草出,客馆梨花飞。
> 别后乡梦数,昨来家信稀。
> 凉州三月半,犹未脱寒衣。

到达凉州不久,他游览了一处著名的古迹尹台寺,写下了《登凉州尹台寺》,其诗说:

> 胡地三月半,梨花今始开。
> 因从老僧饭,更上夫人台。
> 清唱云不去,弹弦风飒来。
> 应须一倒载,还似山公回。

五、六二句先借薛谭学讴于秦青的典故写席上歌声之美妙;再赞弦乐器演奏之高超。七、八二句说自己犹如当年的山简一样置酒辄醉,好不畅意。这首诗题下原有注说:"是沮渠蒙夫人台"。沮渠蒙应为"沮渠蒙逊",晋北凉君王,公元401年自立为张掖公,412年占姑臧(今甘肃武威)。尹夫人,晋西凉君主李暠妻尹氏,公元417年李暠死,其子立,尊为太后。其子将攻沮渠蒙逊,尹氏劝他不要如此,但其子不听劝阻,待沮渠蒙逊灭掉西凉以后,尹氏到姑臧晋见,沮渠蒙逊接见并安慰她,不仅没有杀掉她,还把她的女儿娶为自己的儿媳妇。后人在她的居处旧址上盖了一个寺庙。

过了不久,岑参听到宇文明西来已到晋昌(瓜州州治所在地,即今甘肃安西县)的消息,颇为高兴,想一想两年前初识宇文明之时,自己对边塞还完全不了解,只是空有一腔边塞立功的热情;随着时光流逝,白发生多了,衣服破旧了,而功业却未建立,想到这些,岑参不由感慨万千,遂提笔写下《武威春暮闻宇文判官西使还已到晋昌》:

片云过城头，黄鹂上戍楼。

塞花飘客泪，边柳挂乡愁。

白发悲明镜，青春换敝裘。

君从万里使，闻已到瓜州。

诗中的"戍楼"，指士兵驻守的城楼，有黄鹂飞来，称得上新鲜奇特了；"塞花"二句用"飘"、"挂"二字写出"客泪"、"乡愁"，见出遣词用字的精心；"白发"二句感叹青春易逝，岁月空老，颇为生动，诗中的"青春"，指春季。最后二句归结题旨，"万里"二字使人有苍茫之感。

本来岑参他们先到凉州，是想为高仙芝来接任做些准备工作，可是即将去职的安思顺和他的部下对岑参他们很冷淡，并不给他们提供方便。实在没有办法，岑参等人只得耐心等待。时间飞快，一晃一个月过去了，却仍然没有高仙芝要来凉州的消息，岑参他们简直是度日如年，一天天过得很无聊。好在离客舍"花门楼"不远处有一座酒楼，卖酒的是一位七十老翁，因为岑参他们常来此饮酒，不久他们就很熟悉了。有时无聊了，岑参他们便到酒楼来一醉方休。这天，岑参、刘单和李莫又来到酒楼，酒楼老翁忙迎上来，叫人给他们斟酒上菜，岑参他们谢过老翁，畅饮起来，边喝边谈，不知不觉中天色黑了下来，岑参掏出银子算账，老翁笑道："先生，老夫有一事相求，不知……"

"老人家，怎么这么客气，有什么话请尽管讲！"

老翁说道，"今日算我请客，不收银子。只是听说先生是当今一位诗才，老朽虽是酒家翁，但对诗文却也很喜欢，不知先生是否可以为老朽留下一诗？"

岑参带着几分醉意说："老人家，你这是以诗代钱，颇有几分雅兴呀！好，我不怕献丑，就凑个趣！"说完，他看着不知谁摘下放在桌子上的榆荚，笑道："这榆荚形状扁圆颇似铜钱，各位可知道汉初即铸有'荚钱'？"众人点头说："这倒听说过，可是……"岑参笑笑，知道众人不明白他为何这时有此一问，稍一思索，随口吟道：

老人七十仍沽酒，千壶百瓮花门口。

道傍榆荚仍似钱,摘来沽酒君肯否?

岑参吟完,众人听罢都笑了,纷纷夸道:"有趣! 有趣!"刘单也早把此诗记在一张白纸上,递给老翁,老人点头致谢,亲自送岑参他们走出酒楼。

在凉州滞留的时间不短,岑参想尽办法打发光阴,这天晚上岑参与刘单等人应邀来到武威田太守后庭参加宴会,除了一般的饮酒赋诗、藏钩猜谜之外,岑参这次大开眼界:田使君专门请他们来欣赏舞女表演北旋舞,这个节目令岑参震惊,称奇,当他看着穿着鲜艳舞衣旋舞而起的舞女犹如一朵莲花一样,他控制不住了,当舞曲刚刚结束,舞女们正放缓脚步准备归队的时候,他叫太守的下属取来笔墨纸砚,略一沉吟,挥笔写下《田使君美人如莲花舞北旋歌》:

> 美人舞如莲花旋,世人有眼应未见。
> 高堂满地红氍毹,试舞一曲天下无。
> 此曲胡人传入汉,诸客见之惊且叹。
> 慢脸娇娥纤复秾,轻罗金缕花葱茏。
> 回裾转袖若飞雪,左旋右旋生旋风。
> 琵琶横笛和未匝,花门山头黄云合。
> 忽作出塞入塞声,白草胡沙寒飒飒。
> 翻身入破如有神,前见后见回回新。
> 始知诸曲不可比,采莲落梅徒聒耳。
> 世人学舞只是舞,姿态岂能得如此。

诗中写到美人在红地毯上翩翩起舞,她们身材适中,罗衣上花团锦簇,不停旋转犹如胡旋舞,而来自胡地的音乐和乐器更是令人惊奇,听之使人产生奇妙的感受,这又岂是内地乐曲可以相比的? 那些纯技术性的歌舞表演,更不能表达出这种歌舞的精神和品格。《西域探险史》对此诗的解读颇为精当:"这首诗细致入微地描绘了整个舞蹈的全貌和精华之所在。从'慢脸娇娥'的面部表情,'回裾转袖'的手臂、手姿律动,到'左旋右旋'的腰部和腿足的全力协调,记录了全身律动的完美组合。这首诗介绍了北旋舞是在红地毡上表演的,因为是从西域传入汉地,所以内地的人们'应未见'。这奇特美妙的舞蹈'天下无',当然要令'诸客见之惊且叹'。接下来具体描述了舞蹈动作,开始静如莲花,继而动如飞雪。写美人的舞衣,是金线彩绣的纱裙,若云雾轻笼。写舞姿则如飞雪旋风,灵动快捷。同时还写出为舞蹈伴奏的音乐的艺术魅力,舞蹈随音乐的变化而急就回旋,千姿百态。"……在众人一片赞赏声中,有人对岑参耳语了几句,岑参点点头,又提起笔,在诗题下补注道:"此曲本出北同城。"有人笑道:"北同城即离此地不远的甘州,也许要因此诗而名传千古了!"众人都笑了。

在无聊中等待是最磨人的,岑参他们在凉州呆得越来越心焦,他们估计情况也许有了变化,最初的设想也许不能实现了。果然,他们的估计被验证了。这一天,岑参他们刚吃完午饭,便听到有人来找"安西节度幕府里的人",岑参忙叫店老板把他领进屋子,此人原来是安西幕府中送信的小卒阿五。阿五一见岑参他们,便焦急地说:"岑大人、刘大人、李大人,宇文先生叫我前来送信!"

"什么事,你别急,慢慢地说。"

"宇文先生说,情况有了变化,河西节度使安将军不愿意离开河西,便暗中叫人劝说当地胡族首领苦苦挽留他,然后他把这种情况派专人报告给朝廷,皇上知道以后,以为安将军在河西甚得民心,不宜调动,便决定仍由安将军为河西节度使。这样一来,高将军就来不了凉州了。"

"噢,是这么回事!"三个人听了点点头,这才明白安思顺和他手下的人为什么对他们那么冷淡。

岑参问道:"宇文先生说没说让我们怎么办?"

阿五说:"说了,他请你们几位在凉州再呆一段时间,谁也说不准,事情是不是还有变化。"

岑参点点头。经过两年的边塞生活,他对边将之间的明争暗斗已有所了解。河西一带物产丰富,而且比较安定,安思顺自然不愿轻易放弃,而高仙芝又怎能不希望把它夺到手呢? 他们之间难免还会有一番相争,还是再继续等一等,看看事情如何发展为好。

高仙芝虽然明里暗里还是与安思顺争了一阵儿,但无奈皇上圣旨已下,他只得仍留在安西四镇。这年五月,西域石国王子发动一些少数民族首领,一起发兵来攻安西四镇,高仙芝将唐朝士兵和少数民族士兵编在一起,共二万多人,前往迎击。安西发生战斗的消息传到凉州,岑参他们都很振奋,刘单说:"岑兄、李兄,你二人不妨再呆一段时间,我可是要先回安西了,说不定还能上前线打一仗呢!"

当天晚上,朋友们为刘单在军中摆了送别酒,桌上摆着一盘盘煮熟的牛肉和几十个耳杯,烛台上的红烛与窗外月光交相辉映,歌舞女子一个个漂亮美艳……岑参与朋友们喝了不少酒,有了几分醉意,恰在此时有人请岑参即席赋诗,岑参略一沉思,挥笔写下一首长诗《武威送刘单判官赴安西行营便呈高开府》呈送给刘单并请刘单转呈高仙芝。这首诗虚实结合,反映了岑参边塞生活的部分实际和所思所想:

> 热海亘铁门,火山赫金方。
>
> 白草磨天涯,湖沙莽茫茫。
>
> 夫子佐戎幕,其锋利如霜。
>
> 中岁学兵符,不能守文章。
>
> 功业须及早,立身有行藏。
>
> 男儿感忠义,万里忘越乡。
>
> 孟夏边侯迟,胡国草木长。
>
> 马疾过飞鸟,天穷超夕阳。
>
> 都护新出师,五月发军装。
>
> 甲兵二百万,错落黄金光。
>
> 扬旗拂昆仑,伐鼓震蒲昌。
>
> 太白引官军,天威临大荒。
>
> 西望云似蛇,戎夷知丧亡。
>
> 浑驱大宛马,系取楼兰王。
>
> 曾到交河城,风土断人肠。
>
> 塞驿远如点,边烽互相望。
>
> 赤亭多飘风,鼓怒不可当。
>
> 有时无人行,沙石乱飘扬。
>
> 夜静天萧条,鬼哭夹道旁。
>
> 地上多髑髅,皆是古战场。

置酒高馆夕,边城月苍苍。

军中宰肥牛,堂上罗羽觞。

红泪金烛盘,娇歌艳新妆。

望君仰青冥,短翮难可翔。

苍然西郊道,握手何慨慷。

　　开始四句描写西域边地的景色:热海连接着铁门,火山连绵于西方;百草茫茫,与天相连;大漠茫茫,远无边际。亘,连接。金方,西方,古人把五行配于方位之上,西方属金,故称。"夫子"八句写刘单的生平行事。戎幕,指军府;锋利如霜,以兵器比人,赞刘单才能出众;兵符,兵书;行藏,指出仕与隐退;越乡,远离乡土。"孟夏"四句写边地的季节和物候,到孟夏即阴历四月草木才长起来,再写刘单驱马西去的情景,犹如飞鸟般疾去,前往西方极远之地。"都护"以下十二句写此次军事行动。都护,指高仙芝,时为安西都护;伐鼓,击鼓;蒲昌,蒲昌海,即罗布泊;太白,即金星,古人以为兵象,太白星引领唐军前进,是一种好的征兆。天威,指唐朝皇帝的威仪;大荒,指西方极远的地方;云似蛇,一种天象,预示着"大战杀将";大宛、楼兰,均为汉代西域国名。"曾到"以下十二句写自己在西域的经历和感受。交河,唐代西州属县,在今新疆吐鲁番市西北郊;赤亭,西州军事要地,其地即今新疆鄯善县东北的七克台。"置酒"以下六句写军中宴会。羽觞,一种酒器,因两旁有耳似翼,故名。"望君"四句写送别之意,说有人会直上青云,而自己翅膀短小,能力微弱,不能建立功业。此时,在西郊饯别,握手一别,心中充满豪情。

　　刘单把这首诗抄在纸上,很仔细地收好,说了声:"我一定将它转给高将军!"第二天一早,在晨光中,岑参及其战友送别刘单判官。刘单与大家拱手告别,跃上马出发了。望着刘单远去的身影,岑参激动起来,朗声吟诵道:

火山五月人行少,看君马去疾如鸟。

都护行营太白西,角声一动胡天晓。

　　诗中的"行营"指高仙芝部队驻扎的地方;"太白",即金星,古代的人

365

认为太白是西方之星,也是西方之神;"角",即号角;"胡天",指边塞。此诗前两句写出刘单驱马疾去的形象,十分生动;后半是料想之词,又有祝愿的意思,整个风格颇为豪迈雄壮,所以听了岑参的诗,安西节度副使李莫赞叹道:"岑兄,刘兄本是豪爽之人,你这首诗也充满了豪气,以后刘兄读了此诗,一定会很喜欢的!"停了一下,又说:"岑兄诗中的'胡天晓'是否有双关之义?"

岑参笑笑:"李兄毕竟也是诗坛一杰呀!是的,我是借军中画角声里'胡天'大亮来写唐军一到,边地叛乱便会平息,边地安宁,百姓没有战乱之苦,我们不是也能有更多的时间饮酒赋诗嘛!"众人听了都笑了起来。

一个月后,李莫也决定回安西,岑参没有办法,只得独自留下来。在就要与李莫分手的时候,岑参说:"李兄莫见笑,我已为兄写下一首送别之诗。"说着展开一卷白纸,李莫笑道:"正合我意,多谢岑兄了!"接着轻声念道:

火山六月应更热,赤亭道口行人绝。
知君惯度祁连城,岂能愁见轮台月?
脱鞍暂入酒家垆,送君万里西击胡。
功名只应马上取,真是英雄一丈夫!

读完,李莫赞道:"真是好诗呀!知我者,岑兄也!我此去安西必定会经过火山和赤亭,岑兄由此落笔非常恰当,而'知君'两句,更是不了解我的人写不出来的,这些年来,我在边塞来来往往,祁连城(在今甘肃张掖县西南)经过了好几回,当然不会因轮台(今新疆轮台县南)的月亮而动乡思了!还有最后两句,真说到我的心坎里去了,虽然过奖了,但做马上英雄确实是我的愿望!由这两句诗,我想到李颀兄的两句诗,"他停了一下,朗声读到:"忽然遣跃紫骝马,还是昂藏一丈夫!"岑参笑道:"没想到我这两句与李兄的佳句还真是很像呢,我可不是偷来的句子呀!"众人又笑了起来。

送走了两位朋友,岑参实在待不下去了,他也想离开凉州前往安西,"功名只应马上取",做一个马上英雄该是多么令人兴奋的事呵!可是还不等他动身,阿五又来到凉州,叫他再等两天,宇文先生有话对他说。两天后,宇文明来到凉州,他和岑参谈了一夜边塞的情况,并交给他一封长信,说道:"高将军令你近日出发,速回长安,向朝廷报告边塞的战斗情况,并把这封信亲自交给当朝宰相。"

接过宇文明递来的书信,岑参感到沉甸甸的,而不久就会回到长安,他又十分兴奋。这天侍御史韦君泰办完朝廷交办的事务,要离开凉州回长安,岑参为其送行,写下了《送韦侍御先归京》诗:

> 闻欲朝龙阙,应须拂豸冠。
> 风霜随马去,炎暑为君寒。
> 客泪题书落,乡愁对酒宽。
> 先凭报亲友,后月到长安。

首联说韦侍御就要回长安了。龙阙,指皇宫;豸冠,即獬豸冠,御史戴的一种帽子。因为侍御史掌分察百官之责,故古人常用"风霜"来比喻其峻厉严肃。"客泪"二句写自己思乡之情。看最后两句,先请韦侍御带个消息,不久自己也要回长安了,岑参的心情多么高兴和愉快啊!很快就要回长安了,这固然使岑参兴奋,但是韦君泰在闲谈中说到的朝廷的一些事情却让岑参颇为忧虑,特别是有关安禄山的一些传闻,更让岑参感到不安,所以在众人饮酒赋诗的间隙,岑参悄悄问韦君泰说:

"韦兄,你刚才说到今年正月初三贵妃给安禄山'洗三'之事是真的吗?"

韦君泰看看左右,压低声音说:"这是我听一位宫中的兄弟说的。你知道,这安禄山虽是个胡人,又做了范阳节度使,但是为人十分狡诈,想尽一切办法讨当今圣上的欢心。据说,不久前圣上一高兴,便呼安禄山为儿,可是他却先拜贵妃娘娘,然后才拜圣上,圣上好奇地问他为什么这样,他说:'胡人只知其母,不知其父',圣上不仅不怪罪,反而哈哈大笑,安禄山顺势请求当贵妃的干儿子,可是,他比贵妃娘娘还大十八岁呢!"

"啊,这太荒唐了!"

"是啊,正月初三是安禄山的生日,贵妃娘娘还真的在宫里搞了一个'洗三'的仪式呢!"

"现在民间还有这个'洗三'的习俗呢,可是都是在婴儿出生三日后办的呀,可安禄山……"

"这不是宫中的荒唐游戏嘛！在民间'洗三'的日子,亲友咸集,煎香汤于盆中,下果子、彩钱、葱蒜于盆中,以彩帛数丈绕盆,叫'围盆';以钗搅水,叫'搅盆';亲友散钱于水中叫添盆。"

"那……"

"正月初三这天,宫中为安禄山'洗三',据说,用锦绣缎料特制的大褯褓,包裹住安禄山,让内侍和宫女把他放在一个彩轿上抬着,在后宫花园里转来转去,贵妃娘娘还叫着'禄儿,禄儿'宫中太监和宫女笑声一片……"

"真没规矩！那圣上……"

"据说圣上听说这回事,不仅不生气,反而也来看热闹……"

"唉!"岑参听到宫中这些传闻,感到胸中堵得慌,只能无奈地长叹一声。韦君泰还讲了一些安禄山扩充实力招兵买马的事情,更使岑参感到心情压抑,不由连钦数杯,岂不知借酒浇愁愁更愁啊……

在凉州又呆了几天,稍作安排,岑参放弃重回安西的打算,带着高仙芝的重托,离开凉州,经过临洮(唐郡名,治所在今甘肃临潭西南),向长安进发。在临洮,岑参停留了几天,他抽空到龙兴寺游览了一番,见到一丛木香,很感兴趣。木香,是菊科草本药用植物,叶形如羊蹄,花似菊花,结黄黑色果实。岑参对新奇的事物常常发生兴趣,于是专门为此写了一首《临洮龙兴寺玄上人院,同咏青木香丛》诗:

> 移根自远方,种得在僧房。
> 六月花新吐,三春叶已长。
> 抽茎高锡杖,引影到绳床。
> 只为能除病,倾心向药王。

诗里说青木香由远方移栽过来,已经开花长叶,十分茁壮;花茎很高,已经高过禅杖;花叶摇曳,在绳床(一种交椅)旁映出影子;正因为它是药用植物,所以人们才特别喜欢它。药王,药王树,传说中月亮里有药王树,食之可为玉仙,身体透明如水精琉璃一般。这里以此代指青木香。

在这次游览的朋友中,有一位叫祁乐的书记官,在离开临洮时,岑参专门为他写了《临洮客舍留别祁四》诗：

> 无事向边外，至今仍不归。
> 三年绝乡信，六月未春衣。
> 客舍洮水聒，孤城胡雁飞。
> 心知别君后，开口笑应稀。

　　首联一起突兀，"无事"二字令人称奇，谭元春说："'无事'妙妙，写出高兴。""二语说得行径奇怪"（《唐诗解》卷十三）；二、三两联写从军之孤独和边地之偏远。洮水，即今洮河，源出甘肃青海两省边境的西倾山。聒，声音嘈杂吵闹。尾联言浅意深，见出一片真情。祁乐捧读着这一首诗，眼眶都湿润了……

　　这一年初秋时节，岑参回到长安。

第六章

长安交游

回到长安以后,岑参按照高仙芝的指示,向朝廷报告了边塞的情况,并把那封长信转呈给了当朝宰相。此次岑参回京,带有探亲的性质。虽然有一点任务,也是比较好办的事情,所以他差不多天天在家陪伴妻子和小女儿,或者与朋友们饮酒赋诗。人在边塞,天天想着回到长安,而回到长安,又难免挂念着边塞的事务和军中友人。所谓"官身不由己",不管岑参心里怎么想,反正他的公务很快处理完,再过几天就应该踏上再回边塞的道路了。

这一天,岑参正在书房读书,仆人进来报告:

"岑大人,有客人来访。"

岑参忙放下书,转身相迎,一看是老朋友周宜义,笑道:"老兄,我正看你的诗集呢,正巧了!"

"是吗? 多多指教呀!"

"哪里,哪里"岑参叫仆人上茶:"周兄请坐。"

周宜义坐下,呡了一口茶,问道:"岑兄,你准备什么时候动身呢? 听说你在长安呆不了几天了,是吗?"

"是呀,我回来已经有一段时间了,边地事务太多,实在不能久留呀。"

周宜义停了一下,说道:"岑兄也许有所不知,边地近来有很大变化。"

"什么变化?"

"我听兵部的朋友说,高仙某将军不久前率兵三万余人,深入敌方战区七百多里,结果在恒罗斯城与大食军相遇,被团团围住,打了一个大败仗!"

"真的?"

"是呀,只有数千士兵逃了回来!"

"怎么会这样呢!"

"是呀,谁也没有料到!"

"那……"

"朝廷知道了这个消息,十分震惊,皇上大怒,下诏叫高仙芝速回长安。"

"速回长安?"

"对,叫他任右羽林大将军,实际上夺了他的兵权。"

这消息使岑参十分吃惊,急急问道:"那高将军……"

"高将军岂敢违背君命,已带着身边的人往回赶了!"

岑参一时无语。

在这种情况下,岑参觉得急急忙忙再赴边塞不是很合适,便留了下来。

虽然只在边塞过了两年,但这一次重新生活在长安,岑参却有了全新的感受。是呵,长安,这曾在岑参梦中屡屡出现的大唐首都,没有漫天的风沙,没有彻夜的鼙鼓,也没有直冲云天的烽火,有的只是中外商人的喧哗、歌儿舞女的表演以及一片和平、安宁的气氛。边塞,对长安人来说,那是相当遥远、甚至连梦中都不会去的地方。

在长安,岑参的生活是平静的也是愉快的,他免不了要与老朋友们重新欢聚,共叙离情;同时,他又结识了许多新朋友。在这些新朋友中,他最敬佩并一见如故的有两个人,一个是高适,另一个是杜甫。

岑参与高适是在时任京兆府士曹参军的李麟家认识的,当时他们一见面便互相感到很亲切。因为他们不仅脾气相投,而且有共同的经历。高适同岑参一样也去过边塞,只是他们去的地方不同,岑参去的是安西节度使幕府,而高适去的是蓟北,即今河北省北部一带,后来又到过陇右、河西节度使哥舒翰幕府,这正好为他们的交谈提供了好材料。岑参向高适介绍了安西的火山、大漠以及那里的风土人情;而高适不停地叙述他在卢龙塞(今河北省卢龙县西北)和陇右的所见所闻,两个人谈得热烈,几乎忘记了坐在一边儿的主人李龟。李龟笑道："你们二人可真是一见如故，把我这个老朋友抛在一边，太不够意思了！"

岑参和高适哈哈大笑起来。

李龟问高适："高兄，你出塞不是写了不少诗吗？是不是可以给我们朗读一两首？"

岑参笑道："小弟也愿洗耳恭听！"

高适沉吟片刻说："真是入塞方知边塞苦呀，那里有些情况确实发人深思，我也的确写了一些诗，只是……"

李龟说："你那首《燕歌行》很受长安的朋友们赞赏，我是读过的，你不妨把这首大作读给我们欣赏一番。"

"好吧！"高适脸上露出一丝苦笑，"那我就朗读一遍这首诗吧，不过，我补充一句，这首诗虽然得到了朋友们的赞赏，却也得到朝内一些高官的指责。赞赏也罢，指责也罢，随他去吧，反正我写的是我的所见所闻，是我的感受和忧虑！"接着他朗诵道：

> 汉家烟尘在东北，汉将辞家破残贼。
> 男儿本自重横行，天子非常赐颜色。
> 摐金伐鼓下榆关，旌旆逶迤碣石间。
> 校尉羽书飞瀚海，单于猎火照狼山。
> 山川萧条极边土，胡骑凭陵杂风雨。
> 战士军前半死生，美人帐下犹歌舞！
> 大漠穷秋塞草腓，孤城落日斗兵稀。
> 身当恩遇恒轻敌，力尽关山未解围。
> 铁衣远戍辛勤久，玉箸应啼别离后。
> 少妇城南欲断肠，征人蓟北空回首。
> 边庭飘飖那可度，绝域苍茫更何有！
> 杀气三时作阵云，寒声一夜传刁斗。
> 相看白刃血纷纷，死节从来岂顾勋？
> 君不见沙场征战苦，至今犹忆李将军！

诗中的汉朝，实指唐朝；烟尘，即烽火，指敌情；横行，深入敌境，无所阻挡;赐颜色,指器重;摐金伐鼓,指敲击军乐响器,以壮行色;榆关,即山海关,在今河北省秦皇岛市东北;旌旆,指军中的旗帜;逶迤,连绵不断的样子;碣石,山名,在今河北省昌黎县西北;羽书,紧急文书;瀚海,大沙漠;单于,泛指北方少数民族首领;狼山,在今内蒙古自治区克什克腾旗西北;胡骑,敌人骑兵;凭陵,仗势入侵;杂风雨,来势凶猛;帐下,将领们的营帐里;恩遇,皇上的信任;关山,指边塞作战之地;铁衣,铁甲,代指士兵;玉箸,玉制的筷子,喻思妇的眼泪;三时,时间长久;刁斗,古代军中铜器,晚上敲之报更;死节,为国捐躯;岂顾勋,难道是为了个人的功勋;李将军;指汉将李广,他能身先士卒,颇为士兵所拥戴。

听罢此诗,岑参由衷地赞叹道:"真是一篇佳作,气势不凡,含意深刻,足见高兄平日思虑之深,尤其是'战士军前半死生,美人账下犹歌舞'两句,实在是妙极了!"

李翥说:"我看'相看白刃血纷纷,死节从来岂顾勋'两句也可称得上是难得的佳句。"

岑参因为关心边塞风云,所以对同时代诗人对边塞的诗作颇为留意,由高适的《燕歌行》他又想到了高适的《塞上》,不由轻声背诵了出来:

> 东出卢龙塞,浩然客思孤。
> 亭堠列万里,汉兵犹备胡。
> 边尘满北溟,虏骑正南驱。
> 转斗岂长策,和亲非远图。
> 惟昔李将军,按节临此都。
> 总戎扫大漠,一战擒单于。
> 常怀感激心,愿效纵横谟。
> 倚剑欲谁语,关河空郁纡。

李翥听罢,点着头说:"高兄对转斗、和亲的战略很不满呀,很有见地!"

岑参接着说:"高兄对战国名将李牧的赞扬也十分恰当。当年李将军戍边之时,不轻易出战,敌人认为可欺,结果他一战杀敌十余万人,单于奔逃,十多年不敢近赵边城,真是大将风度。高兄用'按节临此都'一句写活了他的风采!"

李颀说:"其实那首《蓟门》诗也写得好,"他略一停顿便背诵起来:

黯黯长城外,日没更烟尘。
胡骑虽凭陵,汉兵不顾身。
古树满空塞,黄云愁杀人!

岑参由衷地赞叹:"真是好诗!'胡骑'二句写出了我大唐将士的英姿,也表现出高兄大作雄健劲拔和厚重沉着的风格!"

李颀也点头表示赞同:"的确!的确!"

高适笑道:"二位过奖了!"停了一会儿,他对岑参说:"岑兄出塞两年,一定会有许多佳作吧?不知能否让小弟欣赏欣赏?"

岑参一笑:"我的诗哪能与兄之《燕歌行》相比,还是……"

李颀笑着插话道:"岑兄,你也不必太谦虚了,你的《苜蓿烽寄家人》、《银山碛西馆》、《敦煌太守后庭歌》等许多佳作,早有人传到长安来了!"

听了李颀的话,高适一拍头说:"噢,这些诗原来都是岑兄所作呀,我早就读过了,确实是很好的作品,只可惜不知道作者是谁,真可谓'有眼不识泰山'呀!"

"哪里,哪里!"

见岑参露出几分不好意思的样子,高适和李颀哈哈大笑起来。

三个人又说了一会儿边塞的事,李颀突然想起了什么,说:"对了,我还有一件事有求于二位呢。"

"什么事,李兄尽管说。"

"二位请跟我来。"李颀做了个手势,将二人从客厅引入书房。岑参和高适刚进书房的门,便被正面一面墙上的壁画吸引住了,他俩走近仔细端详,只见整整一面墙上,画着挺拔的苍松古木,树木上半大部分篇幅画满了黑色浓密的乱云,给人一种风雨欲来的真切感受。

"李兄,这是……"

"这是我乱画的,不知二位有何评价?"

高适与岑参连连点头称好。李颀说:"古人云:'有画无诗画不全',我想请二位各题一诗,为拙作添色,不知二位以为如何?"

"此等雅事,岂能令李兄扫兴?"高适说着,略一思索,在画的左下空白处题了一首《同李九士曹观壁画云歌》:

> 始知帝乡客,能画苍梧云。
> 秋天万里一片色,只疑飞尽犹氛氲。

岑参也不推辞,接过高适的笔,在壁画的右下空白处也题了一首《题李士曹厅壁画度云雨歌》:

> 似出栋梁里,如和风雨飞。
> 缘曹有时不敢归,谓言雨过湿人衣!

"太好了!"李羲兴奋地说:"有了二位的大作,小弟的壁画真是大增光彩,多谢多谢! 走,我已叫人备好了酒菜,今天我们来个一醉方休如何?"

真是酒逢知己千杯少呀,几个朋友围坐在桌边频频举杯,好不惬意。李羲有几分遗憾地说:"可惜我的一位朋友不在,他可是海量呀!"

"你说得是……"

"就是诗名正盛的李白,李太白!"

高适笑道:"我和李白早年曾同游梁宋,是老朋友了! 听说他近期前往幽燕寻访去了……"

岑参似有不解地望着高适。

高适低声说:"朝廷里最近有些情况值得关注。自从不久前李林甫李大人去世后,贵妃的哥哥杨国忠继承了相位,事情就越来越复杂了。"

"为什么?"

高适说:"李大人在世的时候,边将安禄山最怕他,总是叫人探听李大人对自己的看法,听说李大人有不满之处,有时会拍着床叫道:'完了,我要死了!'李大人对他也软硬兼施,所以他还不敢有动作。现在杨相国当政,安禄山就没什么害怕的了,据说在边塞扩充兵力,有所企图,朝廷里的人们都很担心。李白兄就是亲自前往幽燕一带去了解真实情况去了……"

听了高适的话,众人饮酒的兴致减了一大半……

朋友相聚,最怕的是离别。但人生无常,又岂能总遂人愿呢?这一年秋末,李嶷要去长江以南一带去游历,岑参先写了一首送别诗《送李嶷游江外》,诗是这样写的:

> 相识应十载,见君只一官。
> 家贫禄尚薄,霜降衣仍单。
> 惆怅秋草死,萧条芳岁阑。
> 且寻沧洲路,遥指吴云端。
> 匹马关塞远,孤舟江海宽。
> 夜眠楚烟湿,晓饭湖山寒。
> 砧净红鲙落,袖香朱橘团。
> 帆前见禹庙,枕底闻严滩。
> 便获赏心趣,岂歌行路难。
> 青门须醉别,少为解征鞍。

只一官,言其官职不高,未尝升迁;沧洲,隐者所居;禹庙,相传大禹东巡,至会稽山(今浙江绍兴东南)而亡,会稽山有禹的陵墓和禹庙。严滩,东汉隐士严光垂钓的地方,在今浙江桐庐县富春江畔。此诗前四句写李嶷官小家贫;中间十二句写他将去江南游历;最后四句写离情别绪。

高适也提笔写了《秦中送李九赴越》,诗是这样写的:

> 携手望千里,于今将十年。
> 如何每离别,心事复迍邅。
> 适越虽有以,出关终耿然。
> 愁霖不可向,长路或难前。
> 吴会独行客,山阴秋夜船。
> 谢家征故事,禹穴访遗编。
> 镜水君所忆,莼羹余旧便。
> 归来莫忘此,兼示济江篇。

"谢谢两位兄长!"读着岑参和高适的送别之作,李颀深情地说。

酒后,李颀告别众位朋友,在一个仆人的陪伴下坐上马车,向远方出发……

这天,岑参正在书房看书,仆人进来报告:"高适先生来了,正在客厅里等先生呢,"

岑参放下书,忙迎了出来。一见岑参,高适笑道:"又不准备参加科举,何必那么用功呢?"

岑参坐下后说:"我正读一位朋友转抄的一部诗稿呢,这些诗写得真是好极了!"

高适一听也来了兴趣:"作者是谁呀?"

"是一个叫杜甫的读书人,听说他正住在长安,只是无缘相见啊!"

高适哈哈笑道:"那我今天来可是及时雨了!"

"怎么?"

高适告诉岑参:"我约了几个朋友,明天去登慈恩寺塔,其中便有杜甫,不知你有没有兴趣一起去?"

"那还用说,当然去!"

两个人又说了一会儿闲话,高适便告辞了。

第二天,岑参早早地就来到了慈恩寺。慈恩寺在长安县东南八里的地方,建于贞观二十一年(647),是唐高宗作太子时为纪念他母亲专门捐建的,所以称"慈恩"。慈恩寺西院有一座塔,叫慈恩寺塔,又叫大雁塔,共七级,高有三百尺,是唐僧玄奘建来收藏他从印度带回的佛经,以免使其遭受火劫的。玄奘在慈恩寺里住了八年,共译经三十三部,一百九十一卷。因此,这里成了唐朝文人雅集的重要场所。过了一会儿,高适和几位朋友也来了,岑参迎上前去与他们相见。高适一一作了介绍,大家互相都读过对方的诗作,神交已久,所以虽是初次见面却毫无陌生之感。他们一边闲谈,一边往塔上攀登,在闲谈中,岑参对这个塔又有了新的了解,原来当年玄奘建议修的石塔比现在高一倍,但高宗认为这个计划太宏伟了,还是应该简朴一些,不仅将塔的高度降了一半儿,还命令用较便宜的砖来砌,并通过变卖宫中七个亡人衣物来筹集经费。岑参不由感叹高宗的简朴,心中暗暗叹惜当今圣上唐玄宗的奢侈铺张。是呵,几年以前当今圣上还特别注意节俭,反复强调要"戒奢去欲",曾多次下令把宫廷里用的服饰车马、金银器玩收集在一起,交人变卖,以供军国之用,严令宫人不得佩戴珠玉锦绣;还对百官按级别作了规定,三品以上官员所服带及酒器、马衔、镫,可以饰玉,四品可以饰金,五品可以饰银,不得违反。这样的话令,反复重申,反映了皇上的励精图治的心态。可是自开元以来,圣上似乎认为天下太平了,竟带头奢侈起来。如他经常命令百官举行游宴,住宿饮食费用全由公家提供,还大量赐钱,真是挥霍无度。特别是近些时候,听说圣上常带百官参观国库,见货币如山一般堆积十分高兴,这时长安和洛阳两地的宫女已经多达四万余人,不仅杨贵妃宠遇极甚,她的三个姐姐也特别受宠,每人每年赐钱千贯作为胭脂粉钱,杨氏一门甲第洞开,车马华丽,势倾天下。因为用费太大,那些财政官员必然加紧对百姓的盘剥……想到这些,岑参不由心生感慨。走走停停,停停走走,没用半个时辰便上到了塔顶。极目远望,长安城尽收眼底,众人不由感慨万千。高适说:"古人云:'大夫登高必赋',我们今天一道登上慈恩寺塔,不能不留下一点纪念,依我之见,我们每人作一首诗,诸位意下如何?"

唐朝的时候时兴登高赋诗,而且这几位全是当时诗坛上的才子,所以谁也不推辞,便以年龄为序,年长的先赋,高适第一个赋诗,他之后是众人相和。高适诗作如下:

> 香界泯群有,浮图岂诸相?
> 登临骇孤高,披拂忻大壮。
> 言是羽翼生,迥出虚空上。
> 顿疑身世别,乃觉形神王。
> 宫阙皆户前,山河尽檐向。
> 秋风昨夜至,秦塞多清旷。
> 千里何苍苍,五陵郁相望。
> 盛时惭阮步,末宦知周防。
> 输效独无因,斯焉可游放。

前八句写出对寺塔的惊叹和登塔的精神感受。香界,佛寺。群有,世间万物。浮图,佛塔。诸相,万物的形貌。大壮,指塔的雄伟。身世,自身所处的境地。形神,肉体和精神。王,即旺。中六句写远望所见。秦塞,秦地山川。五陵,在渭水北,汉朝五个帝王葬于此。最后四句抒发感慨。
阮步,阮籍的足迹。阮籍本有大志而后因天下多故,则行为放诞。末宦,
小官。周防,后汉人,十六岁为小吏,后被拜为承相,借口年少而不就任。
输效,尽忠效力。游放,放纵于世外。高适刚朗诵完自己的诗,杜甫兴奋
地说道:"高兄此作诗境沉雄,尤其是'秋风'四句最为大气!"岑参说:"看
结尾几句,见出高兄胸中大有怀才不遇之情,令人感慨万千啊!"众人都点
点头。

　　薛据紧接着和了一首,众人自然也认真品评了一番,可惜其诗未流传
下来。杜甫提笔写下《同诸公登慈恩寺塔》,并在题下写下一行小字:"时
高适,薛据先有作,"接着写道:

> 高标跨苍穹,烈风无时休。
> 自非旷士怀,登兹翻百忧。
> 方知象教力,足可追冥搜。
> 仰穿龙蛇窟,始出枝撑幽。
> 七星在北户,河汉声西流。
> 羲和鞭白日,少昊行清秋。
> 秦山忽破碎,泾渭不可求。
> 俯视但一气,焉能辨皇州?
> 回首叫虞舜,苍梧云正愁。
> 惜哉瑶池饮,日晏昆仑丘。
> 黄鹄去不息,哀鸣何所投。
> 君看随阳雁,各有稻粱谋。

　　首八句写塔之高峻及登塔。烈风,劲风。象教,即像教,指佛教。冥
搜,想像。枝撑,搭中斜柱。"七星"八句写登塔所见。七星,指北斗七
星。河汉,银河。羲和,日神。少昊,司秋之神。秦山,指终南山。一气,
一片迷濛不清。皇州,指长安。最后八句写登塔所感。虞舜,相传尧传位
于舜,舜南巡,死于苍梧之野,即九疑山,在今湖南宁远县东南。瑶池,相
传为西王母所居之仙境。西王母曾在昆仑山宴请周穆王。黄鹄,喻君子。
随阳雁,拘于名利者,喻小人。杜甫的诗含意最为丰富,众人纷纷品译

起来。

薛据说:"杜兄诗中'秦山忽破碎,泾渭不可求。俯视但一气,焉能辨皇州?'与高兄'秋风'几句一样气势阔大,犹如大将出阵,旗鼓相当!"

岑参说:"杜兄诗中当有深意,不是一般地写景状物吧?'登兹翻百忧',我等也有同感!"

杜甫笑笑:"岑兄所言极是,我是心中有所忧虑,不能明言呀!"

高适插言:"不知各位是否有所耳闻,圣上近来颇为信任杨相国,国政与以前大有不同,杜兄之'惜哉'二句耐人品读呀!"

大家都由诗的"虞舜"想到了唐玄宗的游幸;由"瑶池",想到了杨贵妃的豪宴,但谁也没有说出口。

储光羲刚才到塔的另一面去观景,没有听到他们的对话,这时走过来说:"我也有了诗作了!"紧接着朗声诵道:

> 金祠起真宇,直上青云垂。
> 地静我亦闲,登之清秋时。
> 苍芜宜春苑,片碧昆明池。
> 谁道天汉高,逍遥方在兹。
> 虚形宾太极,携手行翠微。
> 雷雨傍杳冥,鬼神中躨跜。
> 灵变在倏忽,莫能穷天涯。
> 冠上阊阖开,履下鸿雁飞。
> 宫室低逦迤,群山小参差。
> 俯仰宇宙空,庶随了义归。
> 崱屴非大厦,久居亦以危。

储光羲语言刚落,众人也是一片叫好之声。

众人都赋了诗,只剩下岑参一个人了。

高适说:"岑兄,该你了,你可要后来居上呀!"

岑参笑了笑:"好句子全让你们抢走了!"众人听了都笑了起来。沉吟了片刻,岑参吟道:

塔势如涌出,孤高耸天宫。

登临出世界,磴道盘虚空。

突兀压神州,峥嵘如鬼工。

四角碍白日,七层摩苍穹。

下窥指高鸟,俯听闻惊风。

连山若波涛,奔凑似朝东。

青槐夹驰道,宫馆何玲珑。

秋色从西来,苍然满关中。

五陵北原上,万古青濛濛。

净理了可悟,胜因夙所宗。

誓将挂冠去,觉道资无穷。

　　这首诗先写塔的高峻,恰似拔地而起,直向天宫,沿螺旋形塔梯攀上,又如置身人世之外,真有神工鬼斧之妙。塔的四角遮住了白日,而七层的塔身又与苍天相接。世界,佛家语,即宇宙。磴道,塔中盘旋而上的楼梯。鬼工,鬼斧神工。苍穹,苍天。继而写诗人在塔上眺望所见所闻:鸟儿高飞也不能超过塔顶,秋风还须俯身去听,远处群山起伏,有如波涛向东奔涌,大道傍的青槐是那样茂盛,而从塔上看下去,本来十分雄壮的宫室显得那么小巧玲珑。远远望去,一片秋色尽入眼来。北部平原上散布着汉代帝王的五座陵墓,给人一种苍茫之感。"下窥"、"俯听"见出塔之高。"连山"、"奔凑"写出群山之势。驰道,皇帝车驾奔驰的道路。玲珑,清楚可辨的样子。关中,指长安所在的渭河平原。此时此刻,对佛家清净妙理顿有所悟,产生了辞官而去归向佛理的念头。净理,佛家清净妙理。了,明白。胜因,善因。夙所宗,素来信仰。觉道,明白佛理。

　　"好诗!特别是'突兀'以下四句,写出了塔的高峻和岑兄登临的感觉,真是千古名句!"高适待岑参话音一落,便高声赞道,杜甫也连连点头,表示赞赏。

　　储光羲说:"要我看,我等几人的诗作,最有气势的当推杜兄之'秦山忽破碎,泾渭不可求'俯视但一气,焉能辩皇州'、高兄之'秋风昨夜至,秦塞多清旷。千里何苍苍,五陵郁相望'、岑兄之'秋色从西来,苍然满关中。五陵北原上,万古青濛濛',这些佳句,我看会传之千古呢?"

薛据却有些不满:"岑兄结句想退隐宗佛,似乎消极了一些,你与我们不同,我今年已经五十二岁,你可是才三十八岁呀,正是盛年,当大有作为!"

众人笑道:"此言有理,岑兄当奋发有为呀!"

岑参只是听着,没有说话。

众人在塔上,将这几首诗认真地品评了一番,有人认为岑参和储光羲的作品风秀熨贴,特色突出;也有人认为高适之作出之简净,品格亦自清坚;薛据所作亦灵动旷远,耐人品味。而大家公推杜甫的诗最好。用岑参的话概括之,即认为杜甫之作,"格法严整,气象峥嵘,音节悲壮,而俯仰高深之景,盱衡今古之识,感慨身世之怀,莫不曲尽篇中。尤其是结尾处另开眼界,独辟思议,真是力量百倍于人!"听了大家的评语,杜甫难免谦虚一番……大家又谈了一会儿闲话,看看已近中午,这才慢悠悠走下塔来。后人的评论与当时在场的几位诗人相同,杜甫的诗当之无愧拔得头筹,李元洛先生《唐诗之旅》中的一段话很有代表性,不妨抄在这里:"杜甫他们登临咏唱之时,到处莺歌燕舞的大唐帝国已经危机四伏:奸相李林甫和杨国忠独揽大权,斥贤害能,朝政日非,昔日励精图治的唐玄宗,也已经蜕化成为贪图享受终日醇酒美人的腐败分子,安禄山秋高马肥,反叛的旗帜即将在朔风中呐喊。前来登临大雁塔的几位诗人,他们的写景都各有千秋,不乏佳句甚至壮语,但在眼光的锐利、胸襟的阔大和忧国忧民的情怀方面,杜甫之作不但高出他们不少,同时也是唐代诗人写大雁塔的近百首作品之冠。时代的深忧隐患,社会的动荡不安,个人的忧心如捣,这一切都交织在'登兹翻百忧'的主旋律之中,全诗就是这一主旋律的变奏。仰观于天,府察于地,'惜哉瑶池饮,日宴昆仑丘',他讽刺唐玄宗贪于声色而荒于国事,他预见到时代的动乱如山雨欲来,因而发出了'秦山忽破碎,泾渭不可求'的警告和预言。"

对这次登塔赋诗,后代的文人看作是一件盛事。清代有个大文学家叫王士稹,他曾对人说:"每当想起当年高适、杜甫、岑参等人相邀同登慈恩寺塔,一起赋诗品评,便恨自己晚生了一千多年,若是能在旁边听听也是大幸事呀!"这些感慨,唐朝的杜甫、高适、岑参等人当然不知道,他们只觉得今天朋友相见,共登寺塔,又一道赋诗,实在是一件使人兴奋的事。因此,从寺塔上下来,他们谁也没有离去,而是一起来到长安西市的酒楼上,开怀对饮起来……

待回到家的时候,天早已经黑了,岑参刚坐下,夫人便说:"刚才颜真卿先生前来辞行,等了您好一会儿,您也没回来。"

"辞行?"岑参一愣,"颜先生去哪?"

夫人说:"他说要去平原郡(治所在今山东平原县北)当太守,明天就要出发。"

岑参急忙起身,向颜真卿家走去。当岑参赶到颜真卿家的时候,颜真卿却正为一位朋友举行送别酒宴。见了岑参,颜真卿佯装不悦,说道:"岑兄,你跑哪儿去了,害我等了你半天!"

"抱歉!抱歉!"岑参知道颜真卿是在开玩笑,便也夸张地行了个大礼,众人见了都笑起来。

岑参问道:"听说颜兄要去平原郡,明天就走,怎么这么急呢?"不待颜真卿回答,他又悄声问道:"颜兄,你在兵部任员外郎不是好好的吗,怎么突然又被外放任职呢?"

颜真卿把岑参拉到一边,悄声说:"当朝杨相国认为我不太听话,平时就多有不满,这回皇上叫十几个在尚书省供职的官员,到地方去做郡守,本来说没有我,但杨相国专门见了皇上,皇上就下旨让我去平原郡做太守。下午在皇宫里蓬莱阁前殿,皇上亲自举办宴会,还为我们赋诗送行呢!"

"不管怎么说,这也是殊荣呀!"

"是呵,不管杨相国出于什么动机,对我来说倒是一件好事,到地方我一定好好干,无论如何也不能辜负皇上的一片苦心。"

说到这,颜真卿像是想起了什么,指指酒席上那位约莫三十多岁的人说:"岑参兄,这位是吴君先生,他明天就要出发去安西了。"

"安西?"一听这两个字,岑参眼睛一亮,忙问道:"吴先生是去出使吗?"

"不,我是去投军的。多亏颜先生从中帮助,才实现了我前往西域的愿望。"

颜真卿说:"对有志于去边塞的人,我历来是钦佩的,只是我没有这个勇气。"他指指岑参,对吴君说,"这位岑先生,前不久刚从安西回来,吴先生,你倒是可以和岑先生多聊聊,对你定有好处!"

听说岑参是从安西回来的,吴君感到很亲切,便与岑参攀谈起来。岑参讲起了边塞的大漠、火山以及边塞生活的兴奋和苦闷,也讲了许多战斗场面,讲到高兴时,不免手舞足蹈,逗得众人大笑起来,讲到感伤苦闷处,不免语句缓慢,又使众人感到有几分凄然。

不知不觉,月已西斜,夜已很深了。

吴君当然知道岑参的诗名,有些不好意思地请求道:"岑先生,您的诗名我早有耳闻,特别是那些写于边地的大作我早就拜读过,没想到今天有幸在颜先生宅里与您相遇,不知岑先生能否为我写一首送别之作? 如果……"

"好,没问题!"岑参爽快地打断吴君的话头,略一沉吟,朗声诵道:

> 上马带吴钩,翩翩度陇头。
> 小来思报国,不是爱封侯。
> 万里乡为梦,三边月作愁。
> 早须清黠虏,无事莫经秋

早有人在一边作了纪录,忙把记录稿递给岑参,岑参提笔写下了诗题:《送人赴安西》。众人见了,都拍手叫好。岑参也很兴奋,举杯一饮而尽。

吴君激动地说:"岑先生,太谢谢你了! 这篇大作我将永远珍藏在身边,作一永久的纪念!"

颜真卿笑道:"岑兄,'上马带吴钩,翩翩度陇头',写出从军之人身带武器、走马轻疾如飞的样子,真有飘逸豪迈之气,怕是没到过边地的人写不出来呀,特别是'小来思报国,不是爱封侯',写出壮士一腔报国热忱,真可谓千古名句了。这两句诗使我想到你以前写的'万里奉王事,一身无所求'来了,我看你还是念念不忘边塞,是不是还打算再次入塞呢?"

岑参点点头:"只要有机会,我还是会再去边塞的!"他的眼睛盯着燃得正旺的烛火,一字一句地说道。

颜真卿充分理解岑参的心情,此时只能劝解道:"岑兄,不必着急,我想机会总是有的!"停了一下,又说:"你这'万里'二句写得细致,非有亲身经历者不能道出。"他转头对吴君说:"岑参先生希望你尽快建功立业,早些回来,'莫经秋'三字,用得好呀!"

吴君激动地说:"谢谢岑先生!"

大家又举杯同饮。放下酒杯,颜真卿笑道:"岑兄,我马上就要离京赴任,不知能否即席赋诗相送呢?不知小弟能否有这份荣幸呀!"

岑参笑道:"颜兄开玩笑了!我当然要献丑了,待我想想再说如何?"

众人又笑了起来,开怀畅饮,不觉已经夜深……

过了一个时辰,岑参放下酒杯,走到书桌前,提笔写下《送颜平原》四个字,略一停顿,继续写道:

> 十二年春,有诏补尚书十数公为郡守,上亲赋诗,饯群公,宴于蓬莱前殿,仍锡以缯帛,宠饯加等。参美颜公是行,为宠别章句。

这段序文,交待了送别的时间(天宝十二载,公753年春)、原因(尚书省数十人因地方长官官位有缺,选员补充)和心情(美颜公是行),可谓言简意赅。写罢序文,岑参略一停顿,继而伏案书写起来——

> 天子念黎庶,诏书换诸侯。
> 仙郎授剖符,华省辍分忧。
> 置酒会前殿,赐钱若山丘。
> 天章降三光,圣泽该九州。
> 吾兄镇河朔,拜命宣皇猷。
> 驷马辞国门,一星东北流。
> 夏云照银印,暑雨随行辀。
> 赤笔仍存箧,炉香惹衣裘。
> 此地邻东溟,孤城带沧洲。
> 海风掣金戟,导吏呼鸣驺。
> 郊原北连燕,剽劫风未休。
> 鱼盐隘里巷,桑柘盈田畴。
> 为郡岂淹旬,政成应未秋。
> 易俗去猛虎,化人似驯鸥。
> 苍生已望君,黄霸宁久留!

首四句说皇帝为百姓着想,决定下诏书调换郡守。颜真卿由尚书郎出任郡守,前往地方为皇帝分忧。黎庶,百姓。诸侯,郡守。汉时郡与诸侯王国的地位差不多,后世因有此说。仙郎,唐时称尚书省曹郎官为仙郎。剖符,任命。符是古代一种用竹、木、玉、铜等做成的凭证用时分为两半,一半在朝廷,另一半由官员保存,用时需两半相合,以验真伪。华省,指尚书省。分忧,为天子分忧,此指在"华省"任职。"置酒"四句写皇帝赏宴赐钱并赋诗为众人送行。天章,天子的辞章。三光,日、月、星三辰之光。圣泽,皇恩。该,遍。"吾兄"以下写颜真卿前往平原任职,并寄以厚望,希望他移风易俗,减去苛政,教化百姓,像古代的好官黄霸一样把地方治理好就快些回来! 河朔,河北,指平原郡,平原郡唐属河北道。皇猷,皇帝的谋略。一星,隐指一个星郎,古人认为朝廷官位与天上星宿相应。此指颜真卿。银印,指郡太守印。辂,指车。赤笔,郎官之笔。东汉尚书郎负责起草文件,每月都会得到一双赤管大笔。存箧,存放在箱子里。东溟,东海。孤城,平原郡城。带,连着。沧洲,滨水之地。挈,牵曳。金戟,指官员仪仗。导吏,官员出行时前驱的小吏。鸣驺,指呼叫开道的骑马随从。剽劫,抢劫。隘,阻塞。田畴,田地。淹,迟延。旬,指十年。猛虎,指苛政。驯鸥,用《列子·黄帝》的典故:"海上之人,有好鸥鸟者,每旦之海上,从鸥鸟游,鸥鸟之至者,百数而不止。"黄霸,西汉有名的循吏,为政宽和,政绩突出。此处用以比喻颜真卿。

"真是好诗! 多谢,多谢!"颜真卿十分高兴,连连拱手。

岑参笑道:"要说诗,小弟我还有几分自信,可这字在颜兄面前就实在是献丑了!"

"诗好,字也好!"颜真卿又尽一杯酒。

自从与高适、杜甫等人同登慈恩寺塔后,这些朋友就常常相聚,当然,期间也有朋友离京远游,所以岑参很珍惜与朋友相会的时间,有时间他会尽量参加朋友的聚会和游玩,比如与杜甫就频繁往来,也一同出外游玩。有一天,杜甫来约岑参同游渼陂(因陂在鄠县西五里,故又称"西陂"),同去的还有一群鄠县的官员,岑参欣然前往。渼陂,池名,是当时的一处游览胜地。杜甫很高兴,在游览中,先写了一首《城西陂泛舟》:

青蛾皓齿在楼船，横笛短箫悲远天。
春风自信牙樯动，迟日徐看锦缆牵。
鱼吹细浪摇歌扇，燕蹴飞花落舞筵。
不有小舟能荡桨，百壶那送酒如泉。

诗写楼船歌吹的乐趣。青蛾皓齿，代指歌妓。岑参听了杜甫的吟诵，不由赞叹道："杜兄此作极力写出泛舟兴致，艳而不淫，丽而有则，真非他人游赏诗可及也！佩服，佩服！"

杜甫笑笑："岑兄过奖了！过奖了！"但他似乎意犹未尽，又写下了名篇《渼陂行》：

岑参兄弟皆好奇，携我远来游渼陂。
天地黤惨忽异色，波涛万顷堆琉璃。
琉璃汗漫泛舟人，事殊兴极忧思集。
鼍作鲸吞不复知，恶风白浪何嗟及。
主人锦帆相为开，舟子喜甚无氛埃。
凫鹥散乱棹讴发，丝管啁啾空翠来。
沈竿续缦深莫测，菱叶荷花净如拭。
宛在中流渤澥清，下归无极终南黑。
半陂以南纯浸山，动影袅窕冲融间。
船舷暝戛云际寺，水面月出蓝田关。
此时骊龙亦吐珠，冯夷击鼓群龙趋。
湘妃汉女出歌舞，金支翠旗光有余。
咫尺但愁雷雨至，苍茫不晓神灵意。
少壮几时奈老何，向来哀乐何其多！

黤惨，开色昏黑。汗漫，水势浩瀚。主人，指岑参兄弟。渤澥清，极言陂水之空旷澄澈。冲融，陂水深广的样子。读罢此诗，岑参的兄长先发表评论说："杜兄此诗谋篇布局颇有特色，始则天地黤惨，白浪恶风，既则氛埃忽无，水影冲融，末复暝色苍茫，觉雷雨将至，终以一语哀乐何多收煞，开阖体变，真可以作为写长诗的榜样了！"

岑参说:"我最喜欢'此时'以下四句,设想实在太奇妙了,难得!难得!"

岑参也很兴奋,杜甫作诗在前,他也不甘落后,写下了《与鄠县群官泛渼陂》:

> 万顷浸天色,千寻穷地根。
> 舟移城入树,岸阔水浮村。
> 闲鹭惊箫管,潜虬傍酒樽。
> 暝来呼小吏,列火俨归轩。

鄠县,唐县名,属京兆府,在今陕西户县。前二句写渼陂水池的宽和深,"天"、"地"二字用得巧妙;"万顷"句与杜诗"天地黯惨忽异色,波涛万顷堆琉璃"诗意相近,可以参看。"舟移"四句写泛舟游览时所见景色及置酒张乐的情景,水鸟惊飞,潜龙傍船,描写颇为细致。"闲鹭"句与杜诗"凫鹥散乱棹讴发,丝管啁啾空翠来"相映成趣,耐人品味。虬,传说中的一种龙。最后二句写兴尽归去,与杜诗"船舷暝戛云际寺,水面月出蓝田关"对读颇为有趣。"俨归轩"三字亦耐人品读。俨,整齐。

渼陂在户县西南,风景极美,岑参十分喜欢这个地方,所以与群官游过以后,又约杜甫与鄠县源少府来了一次,杜甫先写了《与鄠县源少府宴渼陂》:

> 应为西陂好,金钱罄一餐。
> 饭抄云子白,瓜嚼水精寒。
> 无计回船下,空愁避酒难。
> 主人情烂熳,持答翠琅玕。

前二句写主人酒宴之精美。罄,尽。饭抄,饭匙。后二句再写主人之盛情。烂熳,缱绻。翠琅玕,美玉,此指诗作。

岑参写下了《与鄠县源少府泛渼陂》:

> 载酒入天色,水凉难醉人。

388

清摇县郭动，碧洗云山新。

吹笛惊白鹭，垂竿跳紫鳞。

怜君公事后，陂上日娱宾。

入天色，言载酒入陂，水天一色；难醉人，言陂中清凉，不易醉酒。紫鳞，指鱼。这首诗用语十分清新，写景如画，吹笛二句最为生动，历来受到人们的赞誉。在交往中，岑参与杜甫建立了深厚的友谊，二人感到气味相投，品性相近，有空就想在一起游玩、饮酒、赋诗，一段时间没见面便会彼此思念，杜甫诗集中有一首作于天宝十三载九月九日重阳节的《九日寄岑参》便是一个明证：

出门复入门，雨脚但仍旧。

所向泥活活，思君令人瘦。

沉吟坐西轩，饭食错昏昼。

寸步曲江头，难为一相就。

吁嗟乎苍生，稼穑不可救。

安得诛云师，畴能补天漏？

大明韬日月，旷野号禽兽。

君子强逶迤，小人困驰骤。

维南有崇山，恐与川浸溜。

是节东篱菊，纷披为谁秀。

岑生多新语，性亦嗜醇酎。

采采黄金花，何由满衣袖。

前八句写雨中思念岑参而不得相见，竟然"令人瘦"、"错昏昼"，可见思念之切。雨脚，雨线。活活，脚陷在泥中的声音。中间八句值得注意，表达了对国家安危的忧虑，想来杜甫平时与岑参一定讨论过此类问题。据史书记载，这一年关中收成不好，人们都担心雨水太多，但宰相杨国忠让人取"禾之善者"献给唐玄宗，说雨水虽多，但对庄稼没有影响，有人反映真实情况就会受到打击迫害，玄宗对身边的高力士说："你可以反映真实情况。"高力士说："您信任权臣，谁还敢说真话呢？"玄宗沉默不语。诗中"吁嗟"几句就是有感而发的,由此可以看出杜甫、岑参之间的友谊是有深厚的思想基础的,绝非酒肉之交。吁嗟乎,感叹之词。云师,云神。畴,谁。天漏,暗指玄宗之失德。大明,即日、月。韬,藏。强,勉强。透迤,慢慢地行走。最后八句说自己因不能与岑参相见,所以无心于采菊赏菊。"岑生多新语"与以前之"岑参兄弟皆好奇"样,都是岑参特别喜欢的诗句。

在长安,岑参经常送别友人,写下不少送别之作;其中最让他动心的,还是前往边塞的朋友。有一天,他的一位老友韩樽要前往北庭出差,在送别宴会上,岑参写了一首小诗:

夫子素多疾,别来未得书。
北庭苦寒地,体内今何如?

恢谐中透出几分关心。这一时期,岑参写了不少送别友人的作品,特别值得注意的是,其中有一些送行体的作品颇有气势,如《送魏升卿擢第归东都因怀魏校书陆浑乔潭》:

井上桐叶雨,灞亭卷秋风。
故人适战胜,匹马归山东。
问君今年三十几,能使香名满人耳?
君不见三峰直上五千仞,见君文章亦如此。
如君兄弟天下稀,雄辞健笔皆若飞。
将军金印韀紫绶,御史铁冠重绣衣。
乔生作尉别来久,因君为问平安否。
魏侯校理复何如,前日人来不得书。
陆浑山下佳可赏,蓬阁闲时日应往。
自料青云未有期,谁知白发偏能长。
垆头青丝白玉瓶,别时相顾酒如倾。
摇鞭举袂忽不见,千树万树空蝉鸣。

这首诗是因为魏升擢第(战胜)后回洛阳,岑参写诗送行,一方面表达送别之意,另一方面又对秘书省校书郎魏某和陆浑县尉乔潭表达了怀念之情。山东,此指华山以东地区。三峰,指华岳之莲花、落雁、玉女三峰,因华山为魏升卿归洛阳必经之地,故以之为喻。将军、御史,分别指魏升卿的兄长魏孟驯(为右武将军)和魏仲犀(为殿中侍御史)。弹,下垂的样子。铁冠,即法冠,以铁为冠柱,故称。校理,指校理古书。陆浑山,在嵩县东四十里。蓬阁,此指秘书省。青云,高位。青丝,青丝线。"摇鞭举袂忽不见,千树万树空蝉鸣",二句以具象化的诗句传神地表达失落惆怅之情,耐人品味。袂,衣袖。

《梁园歌送河南王说判官》也值得一读:

> 君不见梁孝王修竹园,颓墙隐辚势仍存。
> 娇娥曼脸成草蔓,罗帷珠帘空竹根。
> 大梁一旦人代改,秋月春风不相待。
> 池中几度雁新来,洲上千年鹤应在。
> 梁园二月梨花飞,却似梁王雪下时。
> 当时置酒延枚叟,肯料平台狐兔走?
> 万事翻覆如浮云,昔人空在今人口。
> 单父古来称宓生,只今为政有吾兄。
> 辒轩若过梁园道,应傍琴台闻政声。

梁园,又名兔园,汉梁孝王(汉文帝第二子)所建,园内有楼台山水之胜,但唐代已成废墟。故址在今河南商丘市东南。此诗在送别友人时发思古之情。前十四句感叹梁园旧址虽在,但断壁残垣高低不平,昔日美女早已化成飞烟,人世变迁,时光如飞,当年梁孝王宴请座上宾辞赋家枚乘的平台早已有狐兔来来往往,成为一片废墟,"万事"二句,感慨良深。修竹园,即梁园。隐辚,高低不平。娇娥,美女。大梁,今开封,战国魏都。人代,即人世。枚叟,枚乘,西汉著名辞赋家。平台,故址在今河南商丘市东北,为春秋时宋平公所筑,后梁孝王大建宫室,为复道,自宫连属平台。最后几句说的是岑参的兄长岑况在单父任职,他应像古代宓子贱那样有好的声誉。单父,春秋鲁邑,即今山东单县南。琴台,又称琴堂,相传是宓子贱弹琴理政的地方。辒轩,轻车,古天子使臣所乘。此指王说的车驾,时王说任河南道采访处置使的判官,有可能到单父一带去考察州县官吏。其中"梁园二月"两句,表现出岑参对梨花的喜爱,也是用雪来比喻梨花,十分生动。因为是一处著名的古迹,所以提到梁园,诗人们往往会生思古之幽情,李白的《梁园吟》也是千古传唱的名篇:

> 我浮黄河去京阙,挂席欲进波连山。
> 天长水阔厌远涉,访古始及平台间。
> 平台为客忧思多,对酒遂作梁园歌。
> 却忆蓬池阮公咏,因吟"渌水扬洪波"。
> 洪波浩荡迷旧国,路远西归安可得!
> 人生达命岂暇愁,且饮美酒登高楼。
> 平头奴子摇大扇,五月不热疑清秋。
> 玉盘杨梅为君设,吴盐如花皎白雪。
> 持盐把酒但饮之,莫学夷齐事高洁。
> 昔人豪贵信陵君,今人耕种信陵坟。
> 荒城虚照碧山月,古木尽入苍梧云。
> 梁王宫阙今安在?枚马先归不相待。
> 舞影歌声散绿池,空馀汴水东流海。
> 沉吟此事泪满衣,黄金买醉未能归。
> 连呼五白行六博,分曹赌酒酣驰晖。
> 歌且谣,意方远,
> 东山高卧时起来,欲济苍生未应晚。

李白这首诗抒发了他怀才不遇、功业无成的苦闷,在怀古中表达了功名富贵无常的感慨。情绪颇为消沉;但从结尾四句看来,诗人对未来并没有失去信心,因而这首诗有一种特别打动人的力量。浮,浮舟水上去,离开。阮公咏,三国魏诗人阮籍诗中有"徘徊蓬池上,还顾望大梁。渌水扬洪波,旷野莽茫茫"之句。蓬池,传说在今开封市西南的尉氏县。旧国,指长安。达命,通达天命。平头,不戴冠巾。夷齐,伯夷叔齐。信陵君,战国魏公子,门下有食客三千人。苍梧,山名,即九疑山,在今湘南宁远县,古代有"白云出苍梧,入于大梁"之说。枚马,枚乘和司马相如,二人都做过梁孝王的门客。五白、六博,古代博戏名。分曹,分为两方。东山高卧,谢安曾隐居于东山,后出山为将,屡建奇功。苍生,百姓。

岑参在梁园友人山间别业住了几天,写下了《山房春事》二首,前一首写山房春景,犹如一幅速写图画;后一首写日暮时萧条景象,含有怀古之情思:

> 风恬日暖荡春光,戏蝶游蜂乱入房。
> 数枝门柳低衣桁,一片山花落笔床。
>
> 梁园日暮乱飞鸦,极目萧条三两家。
> 庭树不知人去尽,春来还发旧时花。

衣桁,衣架。笔床,笔架。

友人落第,他总是赋诗送别,《送魏四落第还乡》即是此类作品:

> 东归不称意,客舍戴胜鸣。
> 腊酒饮未尽,春衫缝已成。
> 长安柳枝春欲来,洛阳梨花在前开。
> 魏侯池馆今尚在,犹有太师歌舞台。
> 君家盛德岂徒然,时人注意在吾贤。
> 莫令别后无佳句,只向垆头空醉眠。

不称意,言落第;戴胜鸣,点明时当春季。戴胜是一种候鸟,春夏北来,秋冬南飞。腊酒,十二月酿的酒。魏侯、太师是说魏四是魏征的后代子孙,魏征在太宗时曾任太子太师,洛阳劝善坊东北角有其豪宅,宅里有山有池,有歌舞台。注意,特别关注。吾贤,指魏四。最后两句劝友人离别后多写诗寄来,不要只是纵酒狂欢,空度光阴。另一首《送严维下第还江东》亦有"江皋如有信,莫不寄新诗"的句子,通过对友人的嘱托,表达了对友人的关心与期望。这个严维后来终于进士及第,又中辞藻宏丽科,授诸暨尉,历秘书郎,终右补阙,他的诗多送别酬唱之外,时有佳句,如"柳塘春水漫,花坞夕阳迟"便是历来为人们传诵的名句。

《青门歌送东台张判官》也是作于长安的一首歌行体长诗,不妨一读:

> 青门金锁平旦开,城头日出使车回。
> 青门柳枝正堪折,路傍一日几人别。
> 东出青门路不穷,驿楼官树灞陵东。
> 花扑征衣看似绣,云随去马色疑骢。
> 胡姬酒垆日未午,丝绳玉缸酒如乳。
> 灞头落花没马蹄,昨夜微雨花成泥。
> 黄鹂翅湿飞转低,关东尺书醉懒题。
> 须臾望君不可见,扬鞭飞鞚疾如箭。
> 借问使乎何时来? 莫作东飞伯劳西飞燕!

青门,即长安东门,古代常于此送别亲友。东台,即东都留台,官署名,设在东都洛阳。平旦,平明。使车回,指张判官出差长安后东返洛阳。骢,浅青色的马。关东,指潼关以东。此指洛阳。飞鞚,飞马。鞚,马笼头。伯劳,一种鸟名,喜单栖。古人用伯劳东去燕西飞来比喻离别。古乐府辞《东飞伯劳歌》:"东飞伯劳西飞燕,黄姑织女时相见。"这首诗语言平易流畅,感情却很深沉。岑参送别王崟也是在东门,故诗中有"暂得春门醉,斜光速去程"之句。

《送祁乐归河东》不是歌行而是五古,但也很有气势,耐人品读:

> 祁乐后来秀,挺身出河东。
> 往年诣骊山,献赋温泉宫。
> 天子不召见,挥鞭去从戎。
> 前月还长安,囊中金已空。
> 有时忽乘兴,画出江上峰。
> 床头苍梧云,帘下天台松。
> 忽如高堂上,飒飒生清风。
> 五月火云屯,气烧天地红。
> 鸟且不敢飞,子行如转蓬。

少华与首阳，隔河势争雄。

新月河上出，清光满关中。

置酒灞亭别，高歌披心胸。

君到故山时，为谢五老翁。

岑参与祁乐(即祁岳)是老朋友，过去在临洮曾作《留别祁四》诗。祁岳是位画家，杜甫《奉先刘少府新画山水障歌》有句云："岂但祁岳与郑虔，笔迹远过杨契丹。"后人记载他"工山水"，但可惜未见其作流传下来。此诗在送别之时，"伤祁乐之不遇也"(唐汝询《唐诗解》)。河东，《新唐书·地理志》："河中府河东郡治河东"即今山西永济县。前八句说祁乐为后起之秀，从家乡河东来到长安，在骊山温泉宫向朝廷献赋求仕，但却没有如愿，于是前往安西一带从军，回到长安时，"囊中金已空"了。"有时"六句写祁乐的绘画，因为所画为山水，所以以"飒飒生清风"。最后说到送别，祁乐将冒着酷暑回到河东去，而此时在霸陵亭摆酒送行，高歌一曲动人心魄。少华、首阳，两座山名，一在黄河之东，一在黄河之西。最后二句说希望祁乐到家乡后代为向五老翁致意。据传说，河东郡有五老山，有五位老人在这里升天而去，故名。

岑参生活在长安，难免与达官贵人交往，其《裴将军宅芦管歌》便是一次豪门宴饮后的作品：

辽东九月芦叶断，辽东小儿采芦管。

可怜新管清且悲，一曲风飘海头满。

海树萧索天雨霜，管声寥亮月苍苍。

白狼河北堪愁恨，玄兔城南皆断肠。

辽东将军长安宅，美人芦管会佳客。

弄调啾飕胜洞箫，发声窈窕欺横笛。

夜半高堂客未回，只将芦管送君杯。

巧能陌上惊杨柳，复向园中误落梅。

诸客爱之听未足，高卷珠帘列红烛。

将军醉舞不肯休，更使美人吹一曲。

辽东,在今辽宁东南部辽河以东地区。芦管是用芦苇做的笛子一类乐器,由北方少数民族地区传入中原。可怜,可爱。清且悲,清与悲凉。白狼河北、玄兔城南泛指北方边地,因为秋夜芦管"清且悲",所以边地戍卒闻之生思归之恨,即所谓"堪愁恨"、"皆断肠"。"辽东将军"以下写豪宅里大宴宾客,芦管所奏之曲美妙动听,令人流连忘返。弄调,演奏曲调。啾飕,形容芦管发出的声音。杨柳、落梅,指古曲《折杨柳》《梅花落》。误,迷惑。这首诗充分表现出歌行体回环往复的特点,写出芦管乐声清切远闻的长处,可谓荡漾摇曳,韵味悠长。

岑参也常到终南山游玩和隐居,实际过的是一种亦官亦隐的生活,他的《终南双峰草堂作》值得一读:

> 敛迹归山田,息心谢时辈。
> 昼还草堂卧,但与双峰对。
> 兴来恣佳游,事惬符胜概。
> 著书高窗下,日夕见城内。
> 曩为世人误,遂负平生爱。
> 久与林壑辞,及来松杉大。
> 偶兹近精庐,屡预名僧会。
> 有时逐樵渔,尽日不冠带。
> 崖口上新月,石门破苍霭。
> 色向群木深,光摇一潭碎。
> 缅怀郑生谷,颇忆严子濑。
> 胜事犹可追,斯人邈千载!

诗说自己收敛形迹回到山田之中,排除杂念告别友人,白天在草堂高卧,遥望终南山双峰相对而立。兴致来了,尽情游赏;面对佳境,心情愉快;有时在南窗下看书作诗,有时又到城里周游;感叹自己以往受世俗影响,误入歧途,以致忽略了山林之好,待再回来,松杉已经长大了;幸亏这里有一座古寺,我可与名僧往来。有时与砍柴捕鱼的人交往,终日不用戴帽束带。谷口上升起明月,苍霭里呈露出石门,在月光下,树林深处,潭水泛波,使人怀念古人郑生和严子。谢,辞别。胜概,美景。曩,从前。精庐,佛寺。预,参与。郑生,郑朴,西汉人,字子真,谷口(今属陕西)人,高官礼聘而不就,名振京师。严子,东汉隐士严光,少与刘秀同游学,后刘秀即帝位,他改名隐居,垂钓于富春江畔,有"严陵濑"之称。胜事,指归隐。斯人,指郑、严等前代隐士。邈,旷远。

《太一石鳖崖口潭旧庐招王学士》也是一首很好的诗:

骤雨鸣淅沥,飕飗溪谷寒。
碧潭千馀尺,下见蛟龙蟠。
石门吞众流,绝岸呀层峦。
幽趣倏万变,奇观非一端。
偶逐干禄徒,十年皆小官。
抱板寻旧圃,弊庐临迅湍。
君子满清朝,小人思挂冠。
酿酒漉松子,引泉通竹竿。
何必濯沧浪,不能钓严滩。
此地可遗老,劝君来考槃。

太一,终南山。石鳖崖,即太乙谷,在终南山高冠谷之东。飕飗,象风词。石门,谷两崖山石对峙如门。呀,张口。倏,忽然。前八句写眼前景致,颇为生动。中六句写自己归隐之思。干禄徒,干渴求官的人。抱板,居官之意,板是古代官员上朝时用的手板。迅湍,急流。清朝,清明的朝廷。挂冠,辞官。最后六句写隐居生活,说只要心境平和,到处可以隐居,不必一定前往沧浪江和严陵滩。漉,水慢慢渗下。遗老,终老。考槃,这里是隐居的意思。

他还去长安县南的华严寺游览。华严寺,在樊川,有华严塔,有东阁,其经行之处为长安的山水胜地,岑参有《题华严寺环公禅房》诗,其诗如下:

寺南几十峰,峰翠晴可掬。
朝从老僧饭,昨日崖口宿。
锡杖倚枯松,绳床映深竹。

> 东溪草堂路,来往行自熟。
>
> 生事在云山,谁能复羁束?

可掬,言晴明时山峰翠色似可用双手捧取。锡杖,禅杖。绳床,一种坐具,即交椅。结句一问,颇有深意。生事,谋生之事。"羁束",指的即是"为官"之意,人在山水之间容易产生归隐之思,岑参也是如此。

另有《终南东溪口作》也值得一读:

> 溪水碧于草,潺潺花底流。
>
> 沙平堪濯足,石浅不胜舟。
>
> 洗药朝与暮,钓鱼春复秋。
>
> 兴来从所适,还欲向沧洲。

此诗一起四句犹如一幅山水小品,历来受到人们的称赞。由这些诗可以看出,此时岑参半官半隐,亦官亦隐,心情有时十分复杂,其《春梦》大约也作于这个时候,因而被收入此时之前编定的《河岳英灵集》里,其诗云:

> 洞房昨夜春风起,遥忆美人湘江水。
>
> 枕上片时春梦中,行尽江南数千里。

诗中的"洞房",指深邃的居室;美人,指友人。片时行尽千里,诗人的想象力实在丰富! 宋代晏几道《蝶恋花》词有"梦入江南烟水路,行尽江南,不与离人遇"之句,即由此诗化出。

另一首《蜀葵花歌》也作于同时:

> 昨日一花开,今日一花开。
>
> 今日花正好,昨日花已老。
>
> 始知人老不如花,可惜落花君莫扫。
>
> 人生不得恒少年,莫惜床头沽酒钱。
>
> 请君有钱向酒家,君不见,蜀葵花。

蜀葵,又名戎葵、胡葵。多年生草本植物,茎直立,叶子心脏形,有长柄,表面有皱纹,花冠有红、紫、黄、白等颜色。诗中表现了及时行乐的情绪,反映出岑参当时的精神状态。读这首诗,常会使人想到唐代"无名氏"作品"杂诗四首"中的一首:

> 劝君莫惜金缕衣,劝君须惜少年时。
> 有花堪折直须折,莫待无花空折枝。

这首诗也是劝人不要过分看重财富,而是要爱惜青春年华,有劝人及时行乐的意思。这两首诗对照阅读,颇为有趣。

岑参在长安与终南间来往流连,心情有时不安,有时又很平静,但他对未来,却一直没有放弃希望……

第七章

二赴边塞

  时间过得真快,岑参回到长安一晃快三年了,在长安他虽然与家人团聚,尽享天伦之乐,与朋友相会,共游周边美景,也时常到终南山隐居之地去游玩,表面上看他亦官亦隐,过得很愉快,看似无忧无虑,其实他的内心一刻也没有平静。长安的生活自然安逸、平静,如果是一个胸无大志的人也许会满足了,但是,作为出生在世宦之家的岑参,多么希望能在长安寻找到大展身手的机会呀,可是人生充满坎坷,仕途并不光明,杨国忠当朝为政,有识之士岂有用武之地呢? 岑参心中有许多感慨,有时借机通过诗作抒发,有时又常常吟诵时贤的句篇来表达自己的心情,他特别喜欢李白的一首《行路难》,他从李白这首诗中找到了知音:

    金樽清酒斗十千,玉盘珍羞直万钱。
    停杯投箸不能食,拔剑四顾心茫然。
    欲渡黄河冰塞川,将登太行雪满山。
    闲来垂钓碧溪上,忽复乘舟梦日边。
    行路难,行路难!
    多歧路,今安在?
    长风破浪会有时,直挂云帆济沧海!

  是啊,出路在哪里呢? 对岑参来说,内心深处有那么一个去出,那就是令他想起就激动万分的边塞! 是呵,那遥远、荒凉的边塞,常常出现在他的梦中,他的心仍在边塞。虽然去了一次边塞,但并没有实现自己立功马上的愿望,他的一颗火热的报国之心,怎么会骤然冷下去呢!

他希望能再次前往边塞。

他等待着。

机会终于来了,这一天一位从安西来的信使送来一封信,岑参急切打开信读了起来,信是曾同岑参一道在高将军幕府做事的封常清写来的,大意是说封常清蒙皇上的信任,近来被提拔为安西、北庭节度使,幕府中急需人才,因曾与岑参共过事,知道岑参之为人,所以特邀岑参再回边塞,共建奇功。

读罢此信,岑参开心地笑了,他转头对夫人说:"夫人,又要委屈你和孩子们了,我近日就要出发再入边塞!"

"这……"夫人愣住了。

岑参用和缓的语调继续说道:"这封信是我的一位老朋友写的,他现在被破格提升为边塞重臣,很欢迎我回去,你想,我乃一介书生,能得朋友如此信任,岂有推脱不从之理?"

夫人理解地点点头:"只是你一人在外,可要千万保重呵!"

"请夫人放心!"

夫人又问道:"您这次去是做什么职务呢?"

岑参轻声答道:"你们妇道人家不知道,我这次被任命为节度判官,还是做文字工作。"

夫人无语,只是沉思。

岑参又补充说:"我大唐节度使属下有副使一人,行军司马一人,判官二人,掌书记一人。上次我去边地担任的是掌书记,这次升了一级,责任更重了!"

夫人点点头,停了一会儿,又关切地问:"你说的这位老朋友是哪一位呀?"

岑参笑道:"他叫封常清,可是一位奇人!"接着便饶有兴致地把封常清的奇闻逸事告诉夫人:说起这个封常清可是一个传奇故事,他不仅长得难看,还是一个瘸子,是山西人,祖上犯罪流放到了西域。他小的时候到处流浪,有时也陪着爷爷守城门。在他三十多岁的一天,见到安西兵马使高仙芝带着一队人马过来了,便凑上去自报家门,请求作高仙芝的部属。高仙芝一看此人长相,又是残疾,自然不以为然。谁知封常清十分执著,又不断写信,高仙芝都以名额已满为借口回绝了。最后一次,封常清发脾气了,在信里说:"将军以貌取人,会失去人才的!"高仙芝无奈,勉强接纳封常清入了幕府。一次,高仙芝率兵出征,打了个大胜仗,回到住地,封常清已经把捷报写好了,很合高仙芝的意思,稍作改动便呈报给了朝廷。高仙芝问身边的人这个报告是谁写的,知道是封常清所写,很有好感。后来封常清的才能不断显现,逐渐得到高仙芝的信任,一路被提拔起来,成了高仙芝的左右手,有时高仙芝率军出征,封常清奉命留守。封常清这么受重用,有些人自然不服气,为首的是高仙芝奶妈的儿子郑德全。有一次,封常清留守大营,郑德全故意骑马冲撞唐朝队伍,想通过引发骚乱,破坏封常清的威信。封常清回到大营,叫人把郑德全请来,严肃地说 :"我出身低微,谈不上什么威信,高将军出征命我留守,你冒犯我就是冒犯高将军,绝不允许!"结果叫人打了郑德全六十军棍,竟给打死了。奶妈向高仙芝夫人告状,封常清置之不理。因为治军严明,封常清带出了一支纪律很严的部队。

夫人觉得夫君跟着这样的将军去打仗一定会有所作为,心里略微放心一些了,忙去通知亲友,她要组织家庭聚会为岑参送行。

岑参的心早已飞向边塞了,他叫夫人收拾了一些东西,也参加了几场送别的宴会,几天以后便告别了长安的朋友,踏上了遥远的征程。此时正是秋末冬初时节,大地一片萧瑟,而岑参的心里却是火热的。

岑参这次的目的地是北庭,"北庭都护府建于武周长安二年十二月(702 年),可见其建立时间比安西都护府晚。初府治设在庭州(今吉木萨尔)。唐中宗景龙三年(709 年)晋级北庭大都府。"(《新疆古今》)北庭节度使驻地庭州金满县(在今新疆维吾尔自治区吉木萨尔北破城子)。陇头是必经之地。经过这里,岑参的思乡之情油然而生,提笔写下了《赴北庭度陇思家》:

> 西向轮台万里余,也知乡信日应疏。
> 陇山鹦鹉能言语,为报家人数寄书。

诗人理智上明白因交通不便,必然"乡信日应疏",感情上又希望"家人数寄书",在这种矛盾和无奈中,只得托"能言"的鹦鹉给家人捎话(古代有"陇山多鹦鹉"的说法），其实鹦鹉哪里靠得住呢？所以清代沈德潜理解诗人之心："欲鹦鹉报家人寄书，思曲而苦。"近代俞陛云也说："西去轮台，距家万里；明知音书不达，欲催促而无从，设想能言之鸟传语家人，极写无聊之思。"（《诗境浅说续编》）他过了陇头，继续西行，不久便到了临洮（唐郡名，在今甘肃临潭县西），在这里他与一位朋友相逢又离别，写下了《发临洮将赴北庭留别》诗：

> 闻说轮台路，连年见雪飞。
> 春风不曾到，汉使亦应稀。
> 白草通疏勒，青山过武威。
> 勤王敢道远，私向梦中归。

诗中的"轮台"，指唐庭州轮台县，治所在新疆米泉县西，与庭州相距约有四百里。疏勒是唐安西四镇之一，其地即今新疆喀什。武威，郡名，即凉州，治所姑臧县（今甘肃武威）。最后两句说自己尽心王事，岂敢言远？思乡之情，只能在梦中得以慰藉。远行之人的矛盾心情，只能靠"私向梦中归"来解决了。全诗不长，内容却很丰富。

在临洮，岑参遇到一位从北庭节度使幕去职的老友赵仙舟。赵仙舟在北庭任职多年，但未建立功业，此次归京，心中并不愉快，可毕竟又是走在回家的路上，这也令离开家乡的人羡慕不已。岑参写下了《临洮泛舟自赵仙舟自北庭罢使还京》：

> 白发轮台使，边功竟不成。
> 云沙万里地，孤负一书生。
> 池上风回舫，桥西雨过城。
> 醉眠乡梦罢，东望羡归程。

罢使，指去职。回舫，指船被吹得旋转起来。最后二句是诗人内心的独白，对赵之将归充满羡慕之情。

离开临洮，继续向前，到达金城（今兰州市），岑参参观了黄河岸边的驿楼，写下了《题金城临河驿楼》：

古戌依重险，高楼见五凉。

山根盘驿道，河水浸城墙。

庭树巢鹦鹉，园花隐麝香。

忽如江浦上，忆作捕鱼郎。

首联写登驿楼所见：军队设防的关塞依山而建，从楼上望去，五凉之地尽收眼底（五凉，指前凉、后凉、南凉、北凉、西凉，是古代北方建立的地方政权，辖区在今甘肃一带，后称这一带为"五凉"）。三、四二句仍是望中所见，分述山、水，历历在目。最后四句写庭树、鹦鹉、园花、麝香，使诗人忽然想到早年的隐居生活而生出归隐于此的念想，从侧面写出这里风景之美、环境之幽。不知岑参游览的"金城临河驿楼"是不是高适后来游览的"金城北楼"，岑参登楼写作了此诗，高适登楼后也写作了《金城北楼》诗：

北楼西望满晴空，积水连山胜画中。

湍上急流声若剑，城头残月势如弓。

垂竿已羡潘溪老，体道犹思塞上翁。

为向边庭更何事，至今羌笛怨无穷。

诗中写出了眼前美景，也写出了对未来的期望。与岑参的诗对照阅读，其感情自有相通之处。

岑参继续前行，到达了凉州。凉州，即武威郡，治所在姑臧县，河西节度使驻此。据史书记载，从西汉开始，河西的政治中心城市从敦煌、酒泉逐渐东移到武威来了，唐时，在陇右三十三州中，凉州城最大，从京城长安到凉州一带，道路畅通无阻，酒肆店铺和驿馆处处可见。三年前，岑参曾来过凉州，与河西节度使幕府的一些官员相识，所以他一到凉州，便应邀出席了各种各样的宴会。对岑参来说，在这偏远的地方，与友人们重聚，自然百感交集，也充满了欢乐。何况凉州当时与扬州、洛阳、益州并列为全国第一流的城市，市容繁华，人口众多，多民族人民共同生活在一片和平安定的气氛中，更令他兴奋，在一次设在凉州客舍的酒宴上，他应邀即席赋了一首《凉州馆中与诸判官夜集》诗：

> 弯弯月出挂城头，城头月出照凉州。
> 凉州七里十万家，胡人半解弹琵琶。
> 琵琶一曲肠堪断，风萧萧兮夜漫漫。
> 河西幕中多故人，故人别来三五春。
> 花门楼前见秋草，岂能贫贱相看老。
> 一生大笑有几回，斗酒相逢须醉倒！

朋友们为岑参诗中的生动的描写所打动，为其豪情所感染，更痛快地畅饮起来。花门楼，似是凉州客舍之名。

从凉州出发，经过玉门关（唐时关址在今甘肃安西县双塔堡附近），岑参来到伊州（今新疆哈密）东南的贺延碛。贺延碛，即莫贺延沙碛，又名莫贺碛。岑参这是第二次来了，他望着一眼看不到边的大沙漠，想起几年前写下的《日没贺延碛作》：

> 沙上见日出，河上见日没。
> 悔向万里来，功名是何物！

写诗的当时情绪颇为激愤，至今读来仍令他感叹不已。当然那是一时的感慨，否则他就不会有这第二次的出塞了。在伊州（今新疆哈密）、西州（今吐鲁番东南）一带沙漠地区他与老友李栖筠相遇，而老友又要回京；他有感而发，写下了《碛西头送李判官入京》：

> 一身从远使，万里向安西。
> 汉月垂乡泪，胡沙费马蹄。
> 寻河愁地尽，过碛觉天低。
> 送子军中饮，家书醉里题。

诗题中的李判官，即李栖筠，字贞一，是中唐宰相李德裕的祖父，当时受辟为封常清安西节度使府判官，此时奉命回京述职。首联点出李栖筠在安西的任职经历,"从远使",追随远方的节度使;"汉月"四句写边地生活和思乡之情。寻河,汉代张骞通西域有穷河源的说法,即"汉使穷河源,其山多玉石,采来,天子案古图书,名河所出山曰昆仑山"(《汉书·张骞传》);最后二句点出送别题旨,"家书醉里题",耐人品味。

继续向西,岑参终于来到了北庭府城。听说岑参来了,封常清立刻叫人请他入主帅府相见,虽然是上下级,但毕竟曾为同事,所以一见面便显得很亲热。封常清的相貌固然不能恭维,且腿脚还残疾,但毕竟是一方主帅,自有一股逼人的英气,岑参暗自感叹地位的改变对一个人气质的影响。谈话间,封常清说:"我想请岑先生先作'支度判官',不知岑先生意下如何?"

岑参答道:"一切听凭主帅安排,我完全服从!"

就这样,岑参作了封常清幕府里的"支度判官",这个职务是协助支度使掌管军资粮杖的后勤官。岑参官职虽然不高,但很得封常清的信任。他常到北庭节度使所属的各地去执行公务,来来往往,依靠的只是一匹骏马。经过一段时间的磨炼,他已经俨然是一个驰马自如来往的汉子了!这时的岑参已经不是一个文弱书生了,他在一首诗中说自己:"自逐定远侯,亦著短后衣;近来能走马,不弱并州儿。"定远侯,即班超,汉明帝时投笔从戎,奉命出使西域,前后经营西域三十余年,因功封定远侯。此处借指封常清。短后衣,一种便于骑马的衣服,前长后短。并州,汉并州在今山系省一带,当地百姓质朴,不讲礼节而喜欢骑射。

岑参以天山北麓的北庭(今吉木萨尔)和唐轮台(今乌鲁木齐附近)为中心四处奔波,因而"他对哈密盆地、吐鲁番盆地、塔里木盆地的库车、新和、沙雅绿州及北庭、轮台一带的地理、交通奇观非常熟悉"(《西域探险史》),在《西域探险史》里还特别指出:岑参"不仅用大量诗歌记录了这些地区的自然风光和非凡经历,而且吐鲁番出土文书也提供了岑参活跃于天山南北的实证。例如仅天宝十三载(公元754年),交河郡长行坊马料账,就记载岑参从北庭翻越天山至高昌时的行踪:'郡坊马六匹迎岑判官,八月二十四日食麦四斗五升,付马子张计作。'同年十月二十五日后又记:'岑判官马七匹,共食青麦三斗五升,付健儿陈金。'仅这难得的两条记载,就折射出岑参在天山南北忙碌穿梭的身影。"

岑参在北庭期间,边塞战争时有发生。自从唐天宝年间以来,吐蕃、大食等国图谋与唐朝争夺西域，为了保证中西交通要道的畅通和西域的安宁，唐军采取了一系列武装行动。有一次，岑参因公事来到距北庭约四百余里的轮台，当他就要离开轮台的时候，有人向他报告说："封将军带领的部队已近轮台，听说要从这里集结，开始西征。"

听到这个消息，岑参急忙赶到轮台城外，不久，果然见封常清率领一部分唐军向城门走来，便迎上前去。见了岑参，封常清笑道："岑先生正在轮台呀，太巧了。"

"是啊，我正在轮台催办军粮，大帅这是……"

"西征，讨伐大食兵！"封常清挥了一下拳头，"据说大食兵已入我大唐边境三百里了，本帅这次调动了十万之众，定要把入侵之敌全部赶走！"

几天后，十万唐军集结完毕，在封常清的一声号令下，大军整装出发。目送着唐军浩荡的队伍，岑参情绪激昂，写下了《轮台歌奉送封大夫出师西征》，全诗以"古来青史谁不见，今见功名胜古人"作结，表现出岑参对封常清的钦佩和赞扬，也表现出他希望建功立业的愿望。

这首诗是岑参的代表作之一，至今读来仍使人情绪激昂：

> 轮台城头夜吹角，轮台城北旄头落。
> 羽书昨夜过渠黎，单于已到金山西。
> 戍楼西望烟尘黑，汉兵屯在轮台北。
> 上将拥旄西出征，平明吹笛大军行。
> 四边伐鼓雪海涌，三军大呼阴山动。
> 虏塞兵气连云屯，战场白骨缠草根。
> 剑河风急雪片阔，沙口石冻马蹄脱。
> 亚相勤王甘苦辛，誓将报主静边尘。
> 古来青史谁不见？今见功名胜古人！

前十四句渲染唐军出征的军威。旄头，即昂星，为胡星，旄头落是胡兵将败的征兆。羽书，军中紧急文书，上插羽毛。渠黎，汉西域国名，在天山之南。单于，汉时匈奴称其君主为"单于"，此指敌军首领。金山，即阿尔泰山。拥旄，持有朝廷所赐的旄节。伐鼓，击鼓。最后四句颂扬上将（指封常清）勤王报国的功勋。亚相，御史大夫，指封常清。他在天宝十一载（752）十二月，为安西四镇节度使，十三载春入朝，加御史大夫，兼任北庭节度使。全诗韵律节奏自由变换，表现出雄劲勃发、大气盘旋的豪情。读罢此诗，众人自然赞不绝口，封常清首先谦虚一番，但对此诗却评价甚高，他对幕僚们说道："岑先生此诗前十四句，句句用韵，两韵一换，节拍甚紧。后一韵衍作四句，以舒其气，声调悠扬有余音矣。"大家都点头赞同。岑参一抒胸臆，感到十分痛快。

　　这次西征虽然取得了一定的成功，但并未把入侵者全部赶出唐朝边境，封常清将部队带回轮台，休整了一段时间以后，便又出发了。这一次，岑参一直将封常清送到走马川。走马川距轮台有二十余里，放眼望去，黄沙一片无边无际，那里的环境与气候十分恶劣，岑参在《走马川行奉送出师西征》中一开篇便写出了雪海、平沙、大风：

　　　　君不见走马川行雪海边，平沙莽莽黄入天！
　　　　轮台九月风夜吼，一川碎石大如斗，随风满地石乱走。

　　走马川，有人认为即轮台以西的著名水道玛纳斯河，大约是可信的。斗，薛天纬先生认为在"量器"与"酒器"二者中应指"酒器"，他认为"今所见戈壁滩实况，地面铺满碎石，其大如拳。可知岑诗所谓'斗'应指酒杯。"（《高适岑参诗选评》）在写了恶劣的环境和气候以后，诗人笔锋一转，写到发现敌情并出师西征：

　　　　匈奴草黄马正肥，金山西见烟尘飞，汉家大将西出师。

　　匈奴，借指西域当时的少数民族。草黄马肥之时正是以骑兵为主的少数民族士兵发动战争的好时机。汉家大将，指封长清。面对来犯之敌，唐朝军队英勇进发，士气高昂：

　　　　将军金甲夜不脱，半夜军行戈相拨，风头如刀面如割。

　　诗人继续渲染天气之寒冷：

　　　　马毛带雪汗气蒸，五花连钱旋作冰，幕中草檄砚水凝。

五花、连钱,指马的毛色花纹。草檄,起草军中文书。"旋作冰"、"砚水凝",写出天气极度严寒。

在唐朝大军的攻击下,敌军大败,唐军大胜:

> 虏骑闻之应胆慑,料之短兵不敢接,车师西门伫献捷!

靠着力量的强大和高昂的士气,唐军此次出征大获全胜,不到二十天便凯旋而归,当时岑参正在汉代车师后王国的轮台西门迎候,见众将领簇拥着封常清向城门走来,忙迎上去,施礼道:"封将军辛苦了,这次西征能够成功,全凭将军指挥英明,士兵们作战勇敢,您真是大唐的功臣呀!"

封常清掩饰不住兴奋的情绪,笑着说:"这次大胜,全靠我大唐的神威呀!"说完,他转头下令道:"在城外暂时休息片刻!"

早有士兵把一块大毡毯铺在地上,封常清请岑参与众将领一起坐下。谈话间,封常清手下的一员大将赵千元说道:"早知岑先生善于作诗,今日大胜而归,当然应该有诗记之,请岑先生即席赋诗如何?"

"对!"众人都看着岑参。

岑参笑道:"为了给众将军助兴,我就献丑了!"他抬眼望去,只见蓝天白云下,天山巍然默立在遥远的天际,便吟道:

> 都护新灭胡,士马气亦粗。
> 萧条虏尘净,突兀天山孤!

"好,有气魄!"众人高声叫好,封常清也点点头,露出赞许的神色。

赵千元又说:"岑先生,上次我们从走马川出师西征,您当时写了送行之作,因为太匆忙,也未细细拜读……"

岑参笑着把自己书写的《走马川行奉送出师西征》诗呈送给封常清:"请封将军指正!"

封常清双手捧着诗稿读了起来,不由赞道:"岑先生真是语出惊人,大可称奇!"

"是啊,"赵千元也插话:"将军,您看这:"'一川碎石大如斗,随风满地石乱走。'真是实写,可用语又太奇了!"

众人也纷纷评论,有的说:"'将军金甲夜不脱,半夜军行戈相拨,风头如刀面如割'也是写实,出语也奇!"

还有人说:"若不是身亲其地,身历其险,是写不出这样的诗句的!"

封常清笑着说:"是呵,此次岑先生虽然没有与我们一起出征,但诗里描绘的景象颇为真切,特别是天气之严寒、军情之紧急,实在太真实了,我们这些出生入死的人最有发言权。何以如此?依我看,就是因为岑先生不仅有西域生活的经历,更有一腔忠君报国的真感情……"

众人自然是连连点头……

一个月以后,封常清又一次西征。这一次出征十分顺利,敌人不战而降,唐军没有经过战斗就取得了胜利,岑参在轮台西郊迎接唐军归来,呈上了《北庭西郊候封大夫受降回军献上》:

> 胡地苜蓿美,轮台征马肥。
> 大夫讨匈奴,前月西出师。
> 甲兵未得战,降虏来如归。
> 橐驼何连连,穹帐亦累累。
> 阴山烽火灭,剑水羽书稀。
> 却笑霍嫖姚,区区徒尔为。
> 西郊候中军,平沙悬落晖。
> 驿马从西来,双节夹路驰。
> 喜鹊捧金印,蛟龙盘画旗。
> 如公未四十,富贵能及时。
> 直上排青云,傍看疾若飞。
> 前年斩楼兰,去岁平月支。
> 天子日殊宠,朝廷方见推。
> 何幸一书生,忽蒙国士知。
> 侧身佐戎幕,敛衽事边陲。
> 自逐定远侯,亦著短后衣。
> 近来能走马,不弱并州儿。

410

前十二句先写敌军不战而降,再写战利品之多,又写到战后的和平景象,归结为对封常清的赞美:"却笑霍嫖姚,区区徒尔为。"橐驼,骆驼。穹帐,帐篷。霍嫖姚,汉武帝名将、嫖姚校尉霍去病,曾六次率兵远征沙漠,阻击匈奴,立下赫赫战功。区区,微小的样子。"西郊"以下六句描写唐军回到轮台西郊的壮观景象。中军,主帅。双节,唐节度使受赐双节。金印,汉将军用金印。蛟龙,旗上的图案。"如公"八句颂扬封常清连年征战得胜。楼兰、月支,汉代西域国名,此指封常清讨伐的对象。推,推重。最后八句写自己在军中的生活情况,得意之情溢于言表。国士,举国推崇的人,指封常清。敛衽,整肃衣襟,表示敬肃之意。

唐天宝十三载(754)十一月,封常清又出征播仙。播仙,即且末城(今新疆且末县),当时为吐蕃所占,其地在安西节度使管辖范围之内。经过一个多月的战斗,在当年十二月,封常清征播仙凯旋而归,捷报传来,岑参自然十分兴奋,在庆功宴上,岑参一气呵成,写下了《献封大夫破播仙凯歌六章》:

汉将承恩西破戎,捷书先奏未央宫。
天子预开麟阁待,只今谁数贰师功。

官军西出过楼兰,营幕傍临月窟寒。
蒲海晓霜凝马尾,葱山夜雪扑旌竿。

鸣笳叠鼓拥回军,破国平蕃昔未闻。
丈夫鹊印摇边月,大将龙旗掣海云。

日落辕门鼓角鸣,千群面缚出蕃城。
洗兵鱼海云迎阵,秣马龙堆月照营。

蕃军遥见汉家营,满谷连山遍哭声。
万箭千刀一夜杀,平明流血浸空城。

暮雨旌旗湿未干,胡烟白草日光寒。

昨夜将军连晓战,蕃军只见马空鞍。

　　这一组诗是纪实之作,此次"破播仙"在史书上找不到记载,这组诗可弥补古籍记载的缺失。第一首总叙战斗胜利。未央宫,借指唐长安宫殿;麟阁,即麒麟阁,汉武帝曾图功臣象于其上,以示褒扬。贰师,贰师将军李广刘,屡立边功。第二首描写大军出征。楼兰,汉西域国名,近罗布泊,唐军往征播仙,须经楼兰故地。月窟,指西方极远之地。浦海,即蒲昌海,今新疆罗布泊。葱山,即葱岭,即帕米尔高原,此处泛指。第三首写战斗胜利。叠鼓,击鼓。鹊印,指金印。龙旗,旗上画龙为饰。第四首写胜利场景。辕门,军营之门。面缚,反剪手臂,指投降。洗兵,洗净兵器,刀抢入库,指休兵。鱼海,指西域湖泊。秣马,喂马。龙堆,白龙堆,今新疆南部大沙漠。第五首写杀敌无数,极尽渲染之能事。第六首继续写唐胜敌败的场面,因为"将军连晓战",所以"只见"敌军"马空鞍",细节里写出战胜场面。可以与岑参这一组诗相比美的,应该说还是高适的《九曲词三首》,高适这一组诗同样写得雍容不迫,欢快流畅,表现唐军战胜后的和平景象,展示了盛唐的强大国力,不妨读一读:

　　　　许国从来彻庙堂,连年不为在疆场。
　　　　将军天上封侯印,御史台上异姓王。

　　　　万骑争歌杨柳春,千场对舞绣骐驎。
　　　　到处尽逢欢洽事,相看总是太平人。

　　　　铁骑横行铁岭头,西看逻逤取封侯。
　　　　青海只今将饮马,黄河不用更防秋。

　　第一首赞扬唐将哥舒翰以身许国,精忠报主,因而获得封王的最高荣誉;彻,直达。庙堂,朝廷。第二首写边地战争结束以后的和平景象;杨柳春,民歌名。绣骐驎,民间舞蹈。第三首进一步渲染唐朝国力强大,边地平静。逻逤,唐代吐蕃都城,即今拉萨。将高适的诗与岑参的诗放在一起来欣赏,自然别有一种情味。

412

边塞获得了安定之后,有些朋友或者入朝奏事,或者解甲归乡,纷纷离开了边塞,这些天,岑参几乎每天都要参加一个送别宴会,而在每次的送别宴上,他都被邀当场赋诗,从而留下了不少著名的诗篇。比如《火山云歌送别》:

> 火山突兀赤亭口,火山五月火云厚。
> 火云满山凝未开,飞鸟千里不敢来。
> 平明乍逐胡风断,薄暮浑随塞雨回。
> 缭绕斜吞铁关树,氛氲半掩交河戍。
> 迢迢征路火山东,山上孤云随马去。

此诗应该作于西州,故以"火山云"为题。前四句反复渲染"火山"和"火云",给人深刻印象。赤亭,遗址今名七克台故城,在今新疆鄯善县七克台镇。当时为西州军事要地,是通往安西大都护驻地龟兹的交通要道,唐代设有赤亭守捉。"平明"四句继续描写火山云,写出火山云缭绕不散的形象,"乍逐"、"浑随"、"斜吞"、"半掩",用词生动简炼。铁关,即铁门关,为扼守天山通道的一处关隘。交河,唐代西州属县,曾为安西都护驻所,在今吐鲁番西北郊。最后二句点出送别,说火山云与行人相伴而去……

不久,他在轮台送别一位姓武的判官,写下了名篇《白雪歌送武判官归京》,诗一开头便写出了边塞奇妙的风光,继而写出了边塞的寒冷及送别时胡琴、琵琶、羌笛齐奏时的火热场面,最后写出了一片离情,诗中的感情是真挚而感人的,其诗如下:

> 北风卷地白草折,胡天八月即飞雪。
> 忽如一夜春风来,千树万树梨花开!
> 散入珠帘湿罗幕,胡裘不暖锦衾薄。
> 将军角弓不得控,都护铁衣冷难着。
> 瀚海阑干百丈冰,愁云惨淡万里凝。
> 中军置酒饮归客,胡琴琵琶与羌笛。
> 纷纷暮雪下辕门,风掣红旗冻不翻。

轮台东门送君去,去时雪满天山路。

山回路转不见君,雪上空留马行处。

首四句写出塞外特殊的气候和奇异的风光。北风卷地,即使是坚忍
不拔的白草也被折断,可见塞风来势之猛;八月秋高,胡地竟满天飞雪。
这种景象怎不令人称奇。"忽如"二句写风停后的雪景,写得明媚奇丽,
形象生动,为古来咏雪名句。"散入"以下六句从不同的角度进一步描写
这早雪带来的令人难耐的奇寒。白雪打湿了帐内的罗幕,即使是最温暖
的狐皮、织锦被也不能抵御外面的严寒。因为寒冷,将军的角弓拉不开
了,征战护身的铁衣,也冷得难以穿上。角弓,饰以兽角的弓;控,拉开。
"瀚海"二句由室内写到室外,写出瀚海坚冰、万里凝云的壮阔景象。瀚
海,大沙漠。阑干,纵横。"中军"以下四句写为武判官饯别时的情景。
中军,主将营帐,"中军置酒"是写饯别的地点;"胡琴"句写饯别酒宴的场
面,由胡琴、琵琶、羌笛来奏乐助兴,透出宴会上的异乡情调。宴会一直进
行到黄昏时分,室外天气阴沉,白雪纷纷,红旗已经被冰雪凝冻住,连风也
吹不动了。诗人用十分简洁的语言,形象生动地写出了风雪之大、天气之
寒。最后四句写轮台东门送别友人,充满了恋恋不舍的惜别之情:踏着皑
皑白雪,友人沿天山山路而远去,直到峰回路转不见了踪影,诗人还在那
里伫立张望。一个"空"字,暗示出诗人凄苦的内心情绪,把他那种怅惘
之情,表现得十分含蓄,韵味悠然。全诗语言明朗优美,音韵婉转自然,或
两句一转韵,或四句一换韵,而且将平韵与仄韵交错使用,读之使人感到
音韵铿锵,富于变化,不愧是唐代边塞诗中的一篇杰作。

几天以后,他送别朋友萧治,又写下了《天山雪歌送萧治归京》,诗从
天山之雪落笔,最后仍表现了诗人的惜别之情。诗人希望他们的友谊如
松枝一样常青,自然使萧治感慨万端,久久不愿离去。其诗曰:

天山雪云常不开,千峰万岭雪崔嵬。

北风夜卷赤亭口,一夜天山雪更厚。

能兼汉月照银山,复逐胡风过铁关。

交河城边鸟飞绝,轮台路上马蹄滑。

晻霭寒氛万里凝,阑干阴崖千丈冰。

将军狐裘卧不暖，都护宝刀冻欲断。

正是天山雪下时，送君走马归京师。

雪中何以赠君别，惟有青青松树枝！

这首诗在写法与意境上和《白雪歌送武判官归京》有些相似，二诗可以互相参看。雪云，雪天的云。崔嵬，高峻的样子。赤亭口、银山、铁关，均为边地地名。晻霭，云气昏暗。阑干，纵横。最后四句写送别，余音袅袅，耐人回味。萧治是在边地生活过的人，他有一首缺题的边塞诗收在敦煌写本伯三六一九里，可参考。

岑参还受封常清的委托，陪伴从京城来边塞办事的殿中侍御史崔吾到热海一带游玩。热海，即今伊塞克湖，位于今中亚吉尔吉斯西北部天山山脉北侧。《大唐西域记》描述其环境和特点说："（跋禄迦）国北行三百余里，度石碛，至凌山。……山行四百余里至大清池，或名热海，又谓咸海。周千余里，东西长，南北狭。四面负山，众流交凑，色带青黑，味兼咸苦，洪涛浩瀚，惊波汩潊，龙鱼杂处，灵怪间起。……清池西北行五百余里，至素叶水城。"在送别崔吾时，岑参写下了《热海行送崔侍御还京》，其中这样描写热海：

侧闻阴山胡儿语，西头热海水如煮。

海上众鸟不敢飞，中有鲤鱼长且肥。

岸旁青草常不歇，空中白雪遥旋灭。

蒸沙烁石燃虏云，沸浪炎波煎汉月。

阴火潜烧天地炉，何事偏烘西一隅？

势吞月窟侵太白，气连赤坂通单于。

这几句用夸张的笔法写热海，既然"水如煮"了，又怎么可能"中有鲤鱼长且肥"呢？但夸张中透出几分真实，表现出岑参"好奇"的特点。"阴火"以下四句写出热海的气势。阴火，地下的火。月窟，极西之地。太白，即金星。赤坂，即西段火山，又称赤山，在唐西州交河县，今新疆吐鲁番西。单于，单于都护府，在今内蒙古阴山、河套一带。最后写到送别：

送君一醉天山郭,正见夕阳海边落。
柏台霜威寒逼人,热海炎气为之薄。

柏台,御史台。霜威,形容御史的威严。古代御史弹纠不法,百官震恐,故用"霜威"喻其峻厉严肃。面对御史的威严,"热海炎气"都为之减弱了,当然也是夸张之辞。

前边说的《白雪歌》、《天山雪歌》和这首《热海行》因为把边塞奇特的风光写得形象生动,所以武判官、萧治和崔吾将它们带到长安以后,很快便传开了。

作为幕僚,岑参平时免不了陪伴主将封常清避暑、宴饮,期间写了不少诗作,可以由此看出他当时的生活和思想状况,先看《陪封大夫宴瀚海亭纳凉》:

细管杂青丝,千杯倒接罗。
军中乘兴出,海上纳凉时。
日没鸟飞急,山高云过迟。
吾从大夫后,归路拥旌旗。

诗写在天山北坡专供夏日纳凉的"瀚海亭"避暑饮宴场面。首联写在亭上宴饮奏乐。细管、青丝,指管弦乐器。倒接罗,用晋人山简的典故,写群官的醉态。次联写亭近湖泊正可纳凉。海,此指湖泊。第三联写眼前景致:日落鸟归巢,山高云飘过。最后写傍晚归来,一路旌旗。大夫,封常清当时带御史大夫衔。

再看《奉陪封大夫宴》:

西边虏尽平,何处更专征?
幕下人无事,军中政已成。
座参殊俗语,乐杂异方声。
醉里东楼月,偏能照列卿。

诗写宴会实况及当时之心情。这首诗下原有自注曰:"时封公兼鸿胪卿。"鸿胪卿是正三品的高官,掌管与少数民族打交道的一些重要事务。首联说边地平静,不用再出征了;次联说幕府中僚属闲来无事,故能安心举行宴会。第三联反映了边地幕府宴会中可以听到各民族的不同语言和乐曲,颇有异域情调。最后写封常清醉卧月下的得意情态。列卿,指封常清。

《奉陪封大夫九日登高》也值得一读:

> 九日黄花酒,登高会昔闻。
> 霜威逐亚相,杀气傍中军。
> 横笛惊征雁,娇歌落塞云。
> 边头幸无事,醉舞荷吾君。

九日,阳历九月九日重阳节,古代有此日登高饮酒的习俗。亚相,御史大夫,指封常清。因封常清当时带御史大夫衔,故有"霜威"之说。荷,蒙受恩惠。吾君,指封常清。诗中赞美封常清安边有功,透出诗人对边塞建立功勋的向往之情。

大约也是在这样的宴会上,还见到官军与胡族首领纵博为戏,写下了《赵将军歌》:

> 九月天山风似刀,城南猎马缩寒毛。
> 将军纵博场场胜,赌得单于貂鼠袍。

这首诗是一篇纪实之作,描绘出边塞军中的一个生活片断,不仅表现出赵将军的勇武气概,从中更可以看出唐将和少数民族首领之间和谐相处的气氛,值得注意。

又有《登北庭北楼呈幕中诸公》,也颇有特点:

> 尝读《西域传》,汉家得轮台。
> 古塞千年空,阴山独崔嵬。
> 二庭近西海,六月秋风来。
> 日暮上北楼,杀气凝不开。

大荒无鸟飞,但见白龙堆。

　　旧国眇天末,归心日悠哉。

　　上将新破胡,西郊绝烟埃。

　　边城寂无事,抚剑空徘徊。

　　幸得趋幕中,托身厕群才。

　　早知安边计,未尽平生怀。

　　此诗写作者登楼远望,百感交集,令人叹息。前六句写轮台之历史及气候之多变。据《汉书·西域传》载,汉武帝时李广利灭轮台国后,朝廷开始在此置卒屯田。阴山,天山。二庭,汉代的车师前王庭和车师后王庭,此指唐之西州和庭州。西海,西方的大漠。中六句写登楼远望所见和思归之情。杀气,秋日萧瑟之气。大荒,指西域荒远之地。白龙堆,即白龙堆,此泛指大漠。旧国,故乡。眇天末,远在天边。最后八句赞扬封常清的军功,抒发自己抱负不得施展的感慨,"早知"二句,颇耐人回味。上将,指封常清。烟埃,此指敌军进犯。厕群才,忝列幕府群才之中。有时生活很闲适,有一次,同事李栖筠写了一首《使院即事》给岑参,岑参有感而作《敬酬李判官使院即事见呈》:

　　公府日无事,吾徒只是闲。

　　草根侵柱础,苔色上门关。

　　饮砚时见鸟,卷帘晴对山。

　　新诗吟未足,昨夜梦东还。

　　你看,草色直连房基,青苔已爬上门闩;衙中无人,鸟儿都飞进来饮砚池中的水了,卷起帘子,晴日下远山历历在目,多静多闲呀!当然,"梦东还"还透露出思乡之情。全诗写出一个"闲"字,反映了军中生活的另一面。再如《使院中新栽柏树子,呈李十五栖筠》:

　　爱尔青青色,移根此地来。

　　不曾台上种,留向碛中栽。

　　脆叶欺门柳,狂花笑院梅。

不须愁岁晚,霜露岂能摧!

　　这首诗是一首咏物之作,李栖筠是岑参老友,诗中亦可看作是以物喻人,赞扬柏树不畏霜露,也借以赞美军中文士之坚忍努力。台,指御史台,汉代以来有在御史台植柏树的传统。沙漠中的柏树较之柳之"脆叶"和松之"狂花"更值得赞美……

　　说到咏物诗,岑参最有名的咏物之作《优钵罗花歌》就写于北庭时期,此诗前有一个小序,其文曰:

　　　　参尝读佛经,闻有优钵罗花,目所未见。天宝景申岁,参忝大理评事,摄监察御史,领伊西北庭支度副使。自公多暇,乃于府庭内栽树种药,为山凿池,婆娑乎其间,足以寄傲。交河小吏有献此花者,云得之于天山之南。其状异于众草,势茏苁如冠弁;巉然上耸,生不傍引;攒花中拆,骈叶外包;异香腾风,秀色媚景。因赏而叹曰:"尔不生于中土,僻在遐裔,使牡丹价重,芙蓉誉高,惜哉!"夫天地无私,阴阳无偏,各遂其生,自物厥性,岂以偏地而不生乎? 岂以无人而不芳乎? 适此花不遭小吏,终委诸山谷,亦何异怀才之士,未会明主,摈于林薮耶? 因感而为歌。

　　从这篇序文中可以知道,天宝十五载(756)岑参在北庭任职,因公事后有些闲暇,就在官府后院修造假山和水池,并种植树木草药,正好有一小吏送来优钵罗花,说是来自天山之南。这种花,岑参在佛经里见过,意译即称青莲花、红莲花。这种花与众草不同,花叶集中长在茎的上端,不往旁边生发。风中花香飘向远方,阳光下显得更加秀丽动人,于是引发了作者的感慨,叹惜它生长在遥远的边地,因而使牡丹"价重"、芙蓉(即荷花)"誉高",正如怀才不遇之士,如果生不逢时,则只能闲掷于山林草泽,但是毕竟"天地无私,阴阳无偏",所以优钵罗花仍顽强地生长于边地,虽然没有太多人欣赏它的芳姿,它仍然傲然绽放。正是由此生发出感慨,岑参写下了《优钵罗花歌》:

　　　　白山南,赤山北。

其间有花人不识,绿茎碧叶好颜色。

叶六瓣,花九房。

夜掩朝开多异香,何不生彼中国兮生西方?

移根在庭,媚我公堂。

耻与众草之为伍,何亭亭而独芳。

何不为人之所赏兮,深山穷谷委严霜。

吾窃悲阳关道路长,曾不得献于君王。

  诗中的"白山",即指天山,"赤山"指西段火山。房,花瓣。中国,即序文中的"中土",指内地。"诗言志"是我国文学传统思想之一,诗人们在创作时,总有某些感情要抒发,即使是咏物,也希望能表达出自己的理想和志向,或者表达自己对某些事物的看法,这便是寄托。薛天纬先生在《高适岑参诗选评》中评论此诗"对优钵罗花的赞美和感慨,显然寄托了诗人自己的人生体验和理想。'吾窃悲阳关道路长,曾不得献于君王',诗人正期盼着朝廷的关注和任用。这首歌行的句子参差不齐,尤其是八字以上的几个句子都失去诗句的韵律节奏而散文化了。句式的散漫自由,形成一种特殊的歌行体调,论者称之为'别调'。……因为优钵罗花是新颖特异的描写对象,所以诗人有意选择了与之相适应的新奇的诗歌形式。"

  岑参还按封常清的指示,前往西州(州名,在今新疆吐鲁番盆地一带,治所在高昌,即今吐鲁番东南达克阿奴斯城)考察当地少数民族是否安定,正所谓"奉使按胡俗"。一天,他来到西州一座最大的酒楼,刚刚坐下,便看到邻座正在互相劝酒的几个人里有一位早已相识的朋友崔士然,便走上前打招呼:"这不是崔先生吗?"

  崔士然见了岑参,也笑了:"岑先生也在此地,真是太巧了!"他拉岑参坐下,说道:"这几位朋友是为我送行的。"

  岑参向大家点点头,算是打过招呼,又问崔士然:"怎么,你要回去吗?"

  "是呵,来此地已经两年了,还是无所作为,只得另谋出路了!"

  听了崔士然的话,岑参旁边的一个人竟落下泪来,崔士然小声告诉岑参说:"这位是宗学士,来边塞已近十年了,虽然多次立功,但仍然……唉!"

岑参心里一沉,一时什么也说不出来。

崔士然又说:"宗学士要回龟兹,今天众位朋友是为我们两人一道送行。"

宗学士与岑参互相施礼,在桌边热烈的聊了起来,在举杯闲谈之中,岑参对宗学士的经历和遭遇有了更深入的了解,产生了深深的同情,于是提笔写下了《北庭贻宗学士道别》:

万事不可料,叹君在军中。
读书破万卷,何事来从戎?
曾逐李轻车,西征出太蒙。
荷戈月窟外,擐甲昆仑东。
两度皆破胡,朝廷轻战功。
十年只一命,万里如飘蓬。
容鬓老胡尘,衣裘脆边风。
忽来轮台下,相见披心胸。
饮酒对春草,弹棋闻夜钟。
今且还龟兹,臂上悬角弓。
平沙向旅馆,匹马随飞鸿。
孤城倚大碛,海气迎边空。
四月犹自寒,天山雪蒙蒙。
君有贤主将,何谓泣途穷。
时来整六翮,一举凌苍穹

读罢全诗,众人都说写得好,崔士然说:"'曾逐李轻车'这几句写出宗先生追随高仙芝将军的从军经历,'太蒙'、'月窟'都是说西方极远之地,十分贴切。再有'十年只一命,万里如飘蓬'也令人心酸!"

旁边有人说:"是呵,汉李广从弟李蔡为'轻车将军',击匈奴右贤王有功,被封为乐安侯,这与高仙芝将军的经历十分相似,用'李轻车'代指高将军十分贴切。"

宗学士握着岑参的手说:"岑先生,您的最后四句对我多有鼓励,十分感谢！我不会像前贤阮籍那样'常率得驾,不由径路,车迹所穷,辄恸哭而反',我自会鼓起勇气,如您所希望的像善飞之鸟整理健羽,向着苍天高飞而去!"

也许是为了缓和气氛,崔士然把歌妓叫了过来:"为我们唱首歌吧!"

歌妓说:"先生想听哪一首? 是《渭城曲》,还是《江南春》?"

崔士然想了想:"这些词都听腻了,这样吧,"他转头对岑参说,"岑兄,你给她写一首新歌词吧,如何?"

岑参笑笑:"崔兄即将远行,我当然应该助兴。"他要过纸笔挥手写下了《送崔子还京》:

> 匹马西从天外归,扬鞭只共鸟争飞。
> 送君九月交河北,雪里题诗泪满衣!

崔士然笑道:"谢谢岑兄! 不过一首诗太单调了,不如再加一首,叫她们循环歌唱如何?"

众人点头说好,岑参问:"那就请崔兄作一首吧。"

崔士然摇摇头说:"我看还是用岑兄的那首《胡歌》吧!"说着他朗诵道:

> 黑姓蕃王貂鼠裘,葡萄宫锦醉缠头。
> 关西老将能苦战,七十行兵仍未休。

岑参笑笑表示同意。

歌妓把这两首诗仔细默诵了几遍,便在胡琴伴奏下,高声唱了起来……

回到北庭以后,岑参常常想起崔士然无可奈何的面容和宗学士默然而下的泪水,他的心受到很大的震动,他不由地自问:"我该怎么办呢?"是呀,这次入塞已经近两年了,虽然封常清很信任自己,但却并没有十分重用自己,难道自己就这样终日东奔西跑,在边塞消磨掉后半生吗? 难道为唐军写些出征之歌,为将军们助助豪兴,就是自己所追求的人生目的吗? 想到这些,他的心里便一刻也不能平静。一天,他感到郁闷异常,便独自走出城门,在旷野上漫步,想到自己自来到西域边塞庭州,四处奔波,险要的关塞去过,边远的盐泽(今罗布泊)去过;还到过白龙堆(今新疆南部库姆塔格沙漠)和醋沟(在白龙堆沙漠北)等地,称得上是一个"老北庭人"了,可是现在虽然年过四十,但仍未立功名,此时此刻,独自在北庭府城北,望着海一样的大漠,不由地感慨万千,随口吟道:

雁塞通盐泽,龙堆接醋沟。

孤城天北畔,绝域海西头。

秋雪春仍下,朝风夜不休。

可知年四十,犹自未封侯!

吟罢此诗,他无力地坐在路边的一块石头上。在西部极远之地,冬季漫长、环境恶劣,而自己功业未成却已到了不惑之年。此时此刻,他想了许多许多,得出了这样一个结论:我应当开始一种新的生活!

当然,他毕竟在军中幕府任职,不可能说走就走,虽有了东归的念头,但一时也脱不了身,这以后他还因为公务,前来玉门关一带查验边地粮草军械的储备情况。在一次宴会上,写下了《玉门关盖将军歌》

盖将军,真丈夫。

行年三十执金吾,身长七尺颇有须。

玉门关城迥且孤,黄沙万里白草枯。

南邻犬戎北接胡,将军到来备不虞。

五千甲兵胆力粗,军中无事但欢娱。

暖屋绣帘红地炉,织成壁衣花氍毹。

灯前侍婢泻玉壶,金铛乱点野酡酥。

紫绂金章左右趋,问著只是苍头奴。

美人一双闲且都,朱唇翠眉映明眸。

清歌一曲世所无,今日喜闻凤将雏。

可怜绝胜秦罗敷,使君五马谩踟蹰。

野草绣窠紫罗襦,红牙镂马对樗蒲。

玉盘纤手撒作卢,众中夸道不曾输。

枥上昂昂皆骏驹，桃花叱拨价最殊。

骑将猎向城南隅，腊日射杀千年狐。

我来塞外按边储，为君取醉酒剩沽。

醉争酒盏相喧呼，忽忆咸阳旧酒徒。

　　玉门关守关士兵当时有五千人，可见当时规模之大。而诗中所写守关将军有人认为即为河西兵马使盖庭伦，后来他发动叛乱被杀。诗中描写了"军中无事但欢娱"的生活。一起总写盖将军官的身份。执金吾，汉代官名，唐亦有左右金吾卫将军。犬戎，古西戎国名。"暖屋"以下写室内环境、饮食酒肴、听歌博戏等内容。壁衣，壁毯。氍毹，毛织的地毯。金铛，饰金的平底浅锅。酡酥，奶酪。点，点火。紫绂金章，指华贵的服饰。闲且都，文静而美好。秦罗敷，古代美女名。野草绣窠，衣上花案。襦，短上衣。红牙镂马，用象牙制作的红色赌具。樗蒲，赌博游戏。"枥上"四句写宴罢打猎，十分生动。昂昂，高大的样子。桃花叱拨，骏马名。最后四句写自己前来考察边地军资储备，正好赶上将军府的盛宴，不由怀念起长安当年一起饮酒的朋友们。咸阳，指长安。

　　在这年春节，他在玉门关一带滞留，想到了家乡的亲人和朋友，特别想到了在长安县掌县衙簿书的李文吾，提笔写下了《玉关寄长安李主簿》：

东去长安万里馀，故人何惜一行书。

玉关西望堪肠断，况复明朝是岁除。

　　岁暮年关更加思念亲友，正所谓"每逢佳节倍思亲"。"玉关西望堪肠断"，语意也够沉痛了。清代黄叔灿评道："身在玉关，心在长安，故欲书信常通。乃故人信断，又逼岁除，此时此际，能无肠断？却写得曲折。"（《唐诗笺注》）高适有一首《除夜作》可以一起欣赏："旅馆寒灯独不眠，客心何事转凄然？故乡今夜思千里，霜鬓明朝又一年！"

　　此次他前来玉门关处理公务，又到了玉门关之东的酒泉郡，参加了酒泉太守的酒宴，写下了《酒泉太守席上醉后作》：

酒泉太守能剑舞,高堂置酒夜击鼓。
胡笳一曲断人肠,座上相看泪如雨。
琵琶长笛曲相和,羌儿胡雏齐唱歌。
浑炙犁牛烹野驼,交河美酒金叵罗。
三更醉后军中寝,无奈秦山归梦何!

　　诗中描绘出太守酒宴上饮酒奏乐的景象:剑舞和鼓声、胡笳、琵琶与长笛、羌儿、胡雏的歌声交织在一起;整烤的毛色黄黑相杂的牛(犁牛)、金色的叵罗(酒器)盛满交河出产的葡萄美酒……这一切好像使诗人忘记了孤独之感,更忘记了思乡之愁,但是无奈梦是自然产生的,在诗人的醉梦之中,出现的还是长安附近的终南山(秦山),"无奈秦山归梦何",令人感叹……

第八章

丹心未休

天宝十四载（七五五）是中国历史，特别是唐朝历史上不能不提的一年，这一年的十一月，唐朝边将安禄山与史思明发动了有名的"安史之乱"。叛军来势凶猛，使唐朝上上下下一片惊慌，好像刚从和平安定的睡梦中惊醒过来。

提到"安史之乱"，提起唐代的历史，人们自然会想到安禄山，因为安禄山与史思明发动的长达八年之久的"安史之乱"，是唐王朝由盛而衰的转折点。读者也许会问：安禄山是怎样一个人？他是如何起家、叛乱的？他的结局又是怎样的呢？为了回答这个问题，话还得从头说起——

安禄山（705？—757年）的父亲是西域胡人，本姓康，母亲是突厥巫师，以卜为业。安禄山本名轧荦山，据说是因为生他之前，其母向营州少数民族人所谓之战斗神"轧荦山"祈祷而有孕，故以此名之。禄山生父死后，其母再嫁胡将安延偃，故冒姓安氏，更名禄山。长到十六七岁，已经能说六种少数民族的话，开始做市场上的经济人，这是专管南北物价及贸易的小吏，那时他即以骁勇为幽州节度张守珪所知。张守珪提拔他为捉生将，专门干骚扰邻近少数民族人民的勾当。安禄山每次与数十名骑马的士兵外出，都能擒捉契丹人数十个，而且为人狡猾，善揣度人情，博得了张守珪的宠爱，收为养子。安禄山本人肥胖，为了讨张守珪的喜欢，每顿饭只敢吃个半饱，平时也小心谨慎，希望进一步得到提携。

开元二十四年（736年）安禄山已经做到了平卢讨击使、左骁卫将军的官职。一次，张守珪令他率军讨伐奚、契丹的叛离者，安禄山恃勇轻进，为敌所败。这年四月，张守珪上奏朝廷，请求斩掉安禄山，安禄山在临刑时大叫道:"大人不想灭奚、契丹吗?为什么杀禄山呢!"张守珪为之心动,惜其骁勇,便把他绑送京师,请朝廷裁决。当时宰相张九龄认为若行军令,当斩安禄山,但玄宗闻安禄山颇有武功,只免了他官职,就放他回去了。其实,所谓免官只是象征性的惩罚,不久,安禄山又做了平卢兵马都使,因为他善于心计,会讨人欢心,故而人们对他交口称赞。从京师来到平卢的官吏,安禄山都会送很多钱来买通他,这些人回到长安,自然要在玄宗面前为安禄山吹嘘美言。开元二十九年(741年)七月,御史中丞张利贞为河北采访使,至平卢,安禄山阿谀奉迎,同时贿赂了张利贞左右官吏,张利贞入朝后竭力为安禄山说好话。八月,安禄山即升任营州都督,充平卢军使、两蕃、勃海、黑水四府经略使。天宝三载(744年)三月又以安禄山兼范阳节度使,当时礼部尚书席建侯为河北黜陟使,接受安禄山的贿赂,所以竭力赞扬安禄山公正廉洁,李林甫等皆顺势加以吹捧,因此玄宗宠信安禄山之心更加牢固。

安禄山狡诈而且大胆,正逢玄宗在位四十余年,对朝政已经厌倦了,日渐昏庸,故而安禄山敢于当面扯谎,欺骗玄宗。如天宝二年(743年)安禄山入朝,竟上奏说:"去年营州虫食苗,臣焚香视天云:'臣若居心不正,事君不忠,愿使虫食臣心;若不负神明,愿使虫散。'即有群鸟从北来,食虫立尽。"这纯粹是一派胡言乱语,借以吹嘘自己操心国事,忠心事君。玄宗竟然丝毫不疑,还按照安禄山的请求,把这派胡言载人了史书。天宝四载(745年)十月,安禄山又上奏说:"臣讨契丹至北平郡,梦先朝名将李靖、李勣向我乞求食物。"玄宗下令立庙,安禄山不久又上奏:"荐奠之日,庙的横梁上长了灵芝草。"由此可见安禄山之欺罔、玄宗之昏蔽了。

安禄山其位愈显,上朝机会增多,便时时在玄宗面前装忠卖乖,以求恩宠,"外若痴直,内实狡黠"。这时他已不必为讨谁的喜欢而节食,因此身体肥胖,腹垂过膝,经常自称腹重三百斤,需要左右抬挽其身,方能移步,但是在玄宗前作《胡旋舞》却疾快如风。一次玄宗戏指其腹说:"此胡腹中何所有,其大如此!"安禄山答道:"更无余物,正有赤心耳!"玄宗听罢大悦。又有一次,安禄山见到太子而不拜,左右之人催促他快拜,他装傻问:"臣胡人,不习朝仪,不知太子何官?"玄宗笑答:"此储君也,朕千秋万岁后,代朕君汝者也。"禄山又说:"臣愚,向者惟知有陛下一人,不知乃更有储君。"不得已才下拜。玄宗以为他直爽诚实,更加宠信他。有时在勤政楼设宴,百官列坐楼下,玄宗还独为安禄山在御座东边设金鸡障,置榻使坐其前,仍命卷帘以示荣宠,并命杨铦、贵妃、三夫人等与安禄山叙为兄弟。安禄山为了固宠,自请作贵妃养子。当玄宗与贵妃共坐时,安禄山总是先拜贵妃而后拜玄宗,玄宗问其故,禄山答道:"胡人先母而后父。"玄宗其时已昏愦得可以了,听到这话居然"大悦"。

为了得到玄宗的宠信,安禄山千方百计侵掠东北边境的少数民族。如天宝四载(745年)九月,安禄山数次侵掠奚、契丹,奚、契丹皆杀公主以叛;天宝九载(750年)十月,安禄山屡诱奚、契丹,为其设宴,饮以莨菪酒,醉而杀之,动不动就达数千人,并用盒子装着其首领的头献给朝廷,前后数次。不久,又献俘八千人。这一切当然得到了已有"吞四夷之志"的玄宗的赏识。

安禄山以其狡诈佯忠蒙骗了玄宗,也因其"岁献俘虏、杂畜、奇禽、异兽、珍玩之物"而使玄宗的宠信与日俱增。天宝六载(747年),升为御史大夫,封其妻段氏为国夫人;七载(748年)六月,赐铁券;九载(750年)五月,赐爵东平郡王,开唐代将帅封王之始;并允许禄山于上谷起五炉铸钱。十载(751年)五月,玄宗命官府为安禄山在亲仁坊修筑府第,并敕令只求壮丽,不限财力。自然此第修建得华丽壮观,室内陈设,应有尽有,"虽禁中服御之物,殆不及也"(《资治通鉴》唐纪三十三)。玄宗还不断地叮嘱:"胡眼大,勿令笑我。"安禄山入居新第以后,玄宗吃到什么美食或在后苑猎得什么鲜禽,都要派人给安禄山送去一些,以至于"络绎于路"。在安禄山生日那天,玄宗与贵妃赐衣服、宝器、酒馔甚厚,过了三天,又召安禄山入禁中,贵妃以锦绣为大襁褓,裹安禄山,让宫人用彩车抬着他。玄宗听到后宫欢笑声时起,问其故,左右答曰:贵妃三日洗禄山儿。玄宗前往观之,还赏贵妃洗儿金银钱,复厚赐安禄山,尽欢而罢。从此安禄山出入宫掖不禁,或与贵妃对食,或通宵不出,自然传出一些不好听的话,但玄宗始终不疑。

由于受到玄宗的宠信,安禄山颇为自傲,满朝百官皆不在他的眼里,见了李林甫也很傲慢。李林甫为了暗示和警告他,便假借其他事召与安禄山同为大夫的王铁,王铁见了李林甫趋拜恭敬,安禄山见状大惊,从此对李林甫也就恭顺多了。李林甫与安禄山谈话,总是揣摸到他的心思,先说出来,安禄山以为神,惊叹折服,以至安禄山只怕李林甫一个人,盛冬时相见,也常常汗流浃背。然后,林甫就引安禄山坐于中书厅,和言悦色,并解下自己的披袍送给安禄山,安禄山很感激林甫,称他为十郎。既归范阳,坐探由京师回来,必问:"十郎何言?"听到好话则喜,若语:"大人须注意!"就反手据床曰:"噫嘻,我死矣!"实际上,李林甫却帮了安禄山大忙。李林甫为了堵住将帅入相代替自己的道路,他曾向玄宗提出建议说"文士为将,怯当矢石,不如用寒族蕃人,蕃人善战有勇,寒族无党援。……自是,高仙芝、哥舒翰皆专任大将,李林甫利其不识文字,无入相由。然而禄山竟为乱阶,由专得大将之任故也"。安禄山之所以得到玄宗的宠信,正是李林甫这个建议的结果。从这个意义上来说,李林甫与安禄山恰是乱唐的一丘之貉!

安禄山升迁极快,不久就控制了东北三大重镇——平卢(治营州,今辽宁朝阳)、范阳(治蓟州,今北京大兴)、河东(治太原,今山西太原),成为一个极有兵权的专任大将。安禄山既兼领三镇,赏罚己出,日益骄恣,加之眼见朝纲紊乱,武备堕弛,故萌发了叛逆之心。天宝六载(747)他即令其部下刘骆谷留驻京师,观察朝廷动静,负责递送情报,并且假托御敌,筑雄武城,大贮兵器,当时军事家王忠嗣已觉察安禄山有反心,数次上言却无人理会。安禄山上朝,每当经过朝堂龙尾道时,总要左右端详,停留好大一会儿才离去。几年以后,安禄山更招兵买马,精心准备。他养同罗、奚、契丹降者八千余人,谓之"曳落河"(胡语"壮士"之意),及家僮百余人,皆骁勇善战,一可当百,又畜战马数万匹,多聚兵杖,分遣商胡到各地去做生意,每年获得珍货数百万,还私做百万件绯紫袍、鱼袋(皆朝官所服)。为了神化自己,每逢盛大庙会,安禄山便高坐榻上,前面燃着香,周围摆着奇珍异宝,旁边侍立胡人数百,然后接见来往商贾;有时更让女巫在前面敲鼓跳舞,故意制造一种特殊的气氛。待天宝十二载(753年),阿布思为回纥所破,安禄山诱其部落而降之,"由是禄山精兵,天下莫及"(《资治通鉴》唐纪三十二)。

虽然安禄山早有叛志,且有精心准备,但是由于畏服狡猾超过自己的李林甫,所以不敢轻举妄动,待杨国忠为相,"禄山视之蔑如也"(《资治通鉴》唐纪三十三),便有些肆无忌惮了。杨国忠多次预言安禄山将反叛,玄宗都不信。天宝十三载(754年)正月,杨国忠向玄宗重复说明自己的意思,并说:"陛下试召之,必不来。"玄宗使人召之,安禄山闻命即至,在华清宫哭见玄宗说："臣本胡人,陛下宠擢至此,为国忠所恨,臣死无日矣!"玄宗听信了安禄山之言,很可怜他,也更信任他。三月,安禄山辞归范阳,玄宗解御衣赐之,安禄山受宠若惊,又怕杨国忠上奏留他,便慌慌忙忙奔出潼关,乘船而下,令船夫执绳板立于岸侧,十五里一换,昼夜兼行,过郡县不下船,反叛之心已经十分明显了。但玄宗却妄想用恩宠加以笼络,甚至到了十分可笑的地步,凡是有说安禄山要反叛的人,玄宗都令人将其捆绑着送给安禄山,从此人人知安禄山将反叛,但无人敢多说话。正像杜甫《后出塞》中描写的一样:"主将位益崇,气骄凌上都。边人不敢议,议者死路衢。"

安禄山加紧了叛乱的准备,他不仅请求兼领闲厩、群牧、总监等职,而且密遣亲信挑选数千匹能用来战斗的健马,让人特别饲养着。为了收买众心,他为其部将请功求赏,任命将军五百多人,中郎将二千多人。并从天宝十四载(755年)开始在范阳城北储备粮草,修筑战堡,赶制军械。此时,安禄山反迹已十分明显,对朝廷也开始有分庭抗礼之势。朝廷每次派使者来,皆称疾不出迎,安排武备,然后见之。朝官裴士淹至范阳,二十余日乃得见,不再讲究臣子的礼节,玄宗以子成婚,手诏禄山观礼,他也借口有病不来。过了一个月,安禄山上表要献马三千匹,每匹马有控夫二人,遣蕃将二十二人部送,显然有偷袭京师之心。河南尹达奚珣疑有变,上奏玄宗,提出冬日才宜献马,且不必由安禄山派人护送。玄宗这才如梦初醒,对安禄山产生了怀疑,遣中使冯神威宣旨,诏安禄山于十月至华清宫。安禄山坐在床上稍微起了起身也不跪拜,只问了几句话,就置神威于馆舍,不再见面,数日遣还,亦无上表。冯神威回朝,见玄宗哭泣道:"臣差一点儿见不到圣上!"

杨国忠自从当上宰相以后,便与安禄山不和。他看出了安禄山迟早要反,多次告诉玄宗自己的判断,但玄宗昏庸不察,因此他便日夜寻找安禄山谋反的证据,使京兆尹围其京师之第,捕安禄山家仆人李超等,治罪杀之。本来,安禄山潜怀异志由来已久,但一方面李林甫在世时他不敢轻举妄动,另一方面觉得玄宗待他很好,想等玄宗死了以后再动手,可是杨国忠屡次上奏安禄山欲反,多次借故激怒他,想叫他快点反叛以取信于玄宗,于是安禄山决定叛乱。

安禄山悄悄与孔目官、太仆丞严庄,掌书记、屯田员外郎高尚,将军阿史那承庆密谋，其他将佐一概不知。十月，恰巧有奏事官自京师回来，安禄山诈称得到诏书，马上召开会议，拿出伪造的诏书说："有密旨，令禄山带兵入朝讨伐杨国忠，大家都要跟我一起出兵。"众将虽然愕然，但不敢说什么。十一月甲子日，安禄山发所部兵及同罗、奚、契丹、室韦凡十五万人，号称二十万，在范阳宣布叛乱开始。

安禄山乘铁制轿子，步骑精锐，烟尘千里，鼓噪震地。唐朝社会安定的日子过得太久了，政治腐败，军备废弛，所以当叛军打来之时，州县官府里的兵器都朽坏破败不能使用，官吏都从城里跑了，有的自杀了，也有的被叛军抓住杀了。中央禁军也与地方武装一样，兵不能战，朝廷在匆忙中急速募兵，令高仙芝、封常清东讨，但叛军之势难挡。十二月安禄山渡河至陈留郡（汴州，今河南开封），在城门上，安庆绪看见了朝廷诛杀安庆宗的布告，哭着告诉安禄山。安禄山气得发狂了，将陈留降者近万人交相砍杀，刹时血流遍地，哭声入云。不久，叛军又攻陷东京洛阳，至德元年（756年）正月安禄山自称大燕皇帝，建号圣武，达奚珣以下置为丞相。这正是李白神游莲花山时所见的景象："俯视洛阳川，茫茫走胡兵，流血涂野草，豺狼尽冠缨。"（《古风》十九）

东京失陷，潼关告急，朝廷又命哥舒翰扶病前守潼关，但为安禄山部将攻破，哥舒翰为部下缚而献敌，终于投降了安禄山。玄宗等仓皇西逃，奔向四川。叛军又攻占了长安，安禄山命手下将领杀掉霍国长公主及王妃、驸马于崇仁坊，刳其心，以祭安庆宗；凡杨国忠、高力士之党及安禄山平常讨厌憎恶的人一概杀掉，共有八十三人。不久，又杀皇孙及郡、县主二十余人。安禄山听说过去在动乱中有人乘机盗取国库财物，攻进长安以后，便命士卒大索三日，连百姓私财也统统抢掠一空，搞得人心惶惶，给人民带来了沉重的灾难。

安禄山自从叛乱以来，由于日夜操劳，目力渐昏，至元二年（757年）正月就已经看不见东西了。加之重病在身，脾气日益暴躁，左右官吏稍不如意即遭其鞭打，甚至杀死。自从在洛阳称帝以后，将领们很难见他一面，他只是通过严庄了解情况，下达命令，因此像严庄这样的"重臣"也免不了常常挨打；侍奉安禄山的阉臣李猪儿因为天天和他打交道，虽受宠爱，但挨打最多。其他官吏见此情况，谁不为自身难保而担心？加之，安禄山宠妾段氏，生子庆恩，安禄山想让他代替安庆绪接自己的班，安庆绪常常害怕,不知怎么办好。严庄对安庆绪说:"事情到了不得不做的时候就必须果断,时不可失。"安庆绪说:"兄有所见,敢不敬从!"严庄又对李猪儿说:"你前后受鞭打,实在太多了!不行大事,死的日子就不远了!"猪儿也同意谋反。一天夜里,严庄与安庆绪手持武器立于帐外,李猪儿执刀直入帐中,举刀向安禄山腹部砍去。安禄山眼无所见,床头常挂一刀,此时摸不着刀,便摇撼帐竿大叫:"必家贼也!"肠子流出数斗而死。这离他发动叛乱仅仅十三个月。对安禄山来说,固然是罪有应得,可恨的是,这场叛乱却在六年以后才被平定。

"安史之乱"发生的时候,封常清正巧从北庭回到长安,玄宗很快就在华清池召见了他。本来唐玄宗与安禄山相约要"共沐新汤",但却不断传来安禄山起兵的消息,玄宗一时也慌了神,开始有人报告安禄山部队偷袭了河西地区,玄宗还不相信,以为是朝廷内讧的结果,后来又听到报告,说安禄山部队攻下了常山郡(今石家庄)、宁昌都(滑县),进而过了黄河,距东都洛阳只有五百里了。这下玄宗不能再不相信了,忙招大臣们商议,众人也心慌意乱,没有个准主意,只有杨国忠带着几分得意之色(自以为有先见之明)说:"圣上不必担民,安禄山是反叛之贼,唐军将士不会跟着他反叛,我保证不出几天就会有人献上安禄山的首级!"唐玄宗深知文臣论兵往往是纸上谈兵,大都不靠谱,他岂能轻信?正在这个时候,封常清来了!唐玄宗知道封常清能打仗、会用兵,对他的话还是相信的。封常清在华清池面见玄宗,进言说:"我大唐太平日子过得太久了,安禄山一起兵顿时望风披靡,大有势不可挡的样子。但是,人心有顺逆,以下犯上,不会成功,请圣上允许我现在就回洛阳,打开仓库,招募士兵,我用几天时间就可以把安禄山的首级献给您!"

封常清说的是唐玄宗最想听到的话,文武官员一致认为没有问题,他一颗提着的心也放下了,于是便命封常清转任范阳、平卢节度使,赴东都洛阳招兵买马,抵御叛军。但是,封常清招的兵马还没有开始训练,叛军却势如破竹,打到了洛阳城下,唐军战斗力太弱,刚一交战,便溃不成军,封常清只得率领败军向后撤退,先退到上东门,又退到都亭驿,再退到宣仁门,坚持了六天,被迫退出了洛阳。从洛阳出来,又退到陕郡(今三门峡市),在此遇到老上司高仙芝,两人商量,还是退到潼关更为有利。当时高仙芝为副帅,部队不少,民族混杂,新老兵混杂,一下令,部队乱了,一阵乱跑,建制也打乱了,真是一片狼藉,勉强陆续退到了潼关。

封常清赶到潼关以后尽快恢复了部队的建制,挖筑工事,准备阻挡安禄山的骑兵,安禄山到达潼关时遇到了唐军的阻击。但唐玄宗还是要找一个后退的替罪羊,虽然这之前封常清写了三道报告给朝廷,却都没有得到明确的指示,玄宗不管这些,还是撤了封常清的官职,让他以白衣的身份在军中戴罪立功,协助高仙芝阻击安禄山叛军。依高仙芝和封常清的意见,唐军应该固守潼关,但是玄宗派来的监军边令诚不同意,反而让高仙芝派士兵给他运珠宝,高仙芝认为形势紧急,顾不过来;封常清又反复强调不能轻视安禄山叛军,边令诚于是有了借口,说高仙芝不服从调度,还克扣军饷,封常清长敌人气势,动摇军心,正好唐玄宗要找替罪羊,便下令杀掉封常清。在被杀之前,封常清给唐玄宗上了一个奏章,说到:"洛阳一战我就不想活了,但是有责任在肩,不能一死了之,望圣上用我告诫众将领:千万不要轻视安禄山!请圣上拿我的命来整肃军纪吧!"后来高仙芝也被朝廷杀掉了,他死之前说:"我没有挡住叛军的进攻,自然该死,但说我克扣军饷,我不服!"大敌当前,唐玄宗这是自毁长城啊!

安史叛乱和封常清被处死的消息第二年春天才传到北庭,岑参听到这个消息,一边为老朋友、老上级的不幸表示哀悼,一边又感到自己报效国家的时机终于来了,不免跃跃欲试,决心回内地参加平定叛乱的斗争。

在这个时候,他对能够东归的友人非常羡慕,其《送张都尉东归》诗说:

> 白羽绿弓弦,年年只在边。
> 还家剑锋尽,出塞马蹄穿。
> 逐虏西逾海,平胡北到天。
> 封侯应不远,燕颔岂徒然。

这首诗题下原有注说:"时封大夫初得罪"。可见此诗作于天宝十五载(756 年)春。诗中对张都尉的军功极表赞扬,也似乎暗含了对封常清的悼念之情。燕颔,燕口阔大,看相的认为"燕颔"是封侯之相。《后汉书·班超传》载有看相者的话:"'生燕颔虎颈,飞而食肉,此万里侯相也。'"

又如《送四镇薛侍御东归》诗:

> 相送泪沾衣，天涯独未归。
> 将军初得罪，门客复何依。
> 梦去湖山阔，书停陇雁稀。
> 园林幸接近，一为到柴扉。

　　诗题中的"四镇"指安西四镇龟兹、焉耆、于阗、疏勒。首联说相送之时引发自己"独未归"的感伤；次联写封常清获罪后感到失去了依靠；第三联说因战乱而乡音难通，思乡之情更浓，最后两句托友人去自己的"园林"看看，透露出一种无奈和伤感。

　　而他无奈地在轮台又度过一个夏天，迎来了又一个初秋，他写了《首秋轮台》：

> 异域阴山外，孤城雪海边。
> 秋来唯有雁，夏尽不闻蝉。
> 雨拂毡墙湿，风摇毳幕膻。
> 轮台万里地，无事历三年。

　　首秋，初秋。阴山，天山。毳幕，指毡房的墙。最后二句表现出他虽从军三年，但仍然未建立功业的感叹，"无事"二字耐人品味……

　　这一年六月，叛军攻克潼关，唐玄宗逃向蜀中。七月，太子李亨即位于灵武（今宁夏灵武县），称为肃宗。第二年肃宗来到了凤翔（今陕西凤翔），这时凤翔已成为临时首都，大将如郭子仪等纷纷带兵前来，一些文人也纷纷来到凤翔，如杜甫便是由叛军控制的长安城中逃出来的，到凤翔后，被任命为左拾遗。

　　不久，岑参从北庭赶往凤翔。来到凤翔，与杜甫一见面，岑参便急切地询问长安的情况，杜甫忧虑地说："叛军在城里乱杀百姓，长安城里到处是血腥气，有几位公主和王爷也死在了叛军的刀下！"

　　"唉呀，真惨呀！"

　　"是呀，你听说过乐工雷海清的事迹吗？"见岑参一脸茫然，杜甫接着说："安禄山攻占洛阳以后，有一次在凝碧池大宴部署，令乐工奏乐，众人一片哭声,乐工雷海清感伤国破家亡,坚决不从,结果遭叛军肢解!"

"啊!"岑参大惊:"那……"

"太惨了!听说王维兄也被囚在洛阳普施寺,最近还传出他见裴迪兄时写的一首诗呢!"

"是吗?我很想听听王维兄的大作。"

杜甫略一停顿,说:"这首诗的诗题是《菩提寺禁裴迪来相看说逆贼等凝碧池上作音乐供奉人等举声便一时泪下私成口号诵示裴迪》,其诗曰:'万户伤心生野烟,百僚何日再朝天?秋槐叶落空宫里,凝碧池头奏管弦。'"

"真是情真意切,字字滴血呀!"岑参感慨地说。

"是呀,读了这样的诗,谁不想为大唐尽忠呢?"

"是啊!"岑参长叹一口气说:"我这次来凤翔,就是想为平叛做一点事。"

杜甫点点头说:"岑兄,我知道你有报国平乱的愿望,这样吧,我明天便与裴荐兄一起上书推荐你,朝廷正在用人之际,是不会让你赋闲的!"

"裴荐?"

"对,他现在是当今皇上最信任的臣子之一,他荐举的人,皇上是肯定会任用的!"

"那太好了!"岑参紧紧握住了杜甫的手。

几天以后,裴荐和杜甫一同推荐岑参入朝为官,推荐的理由是说他"识度清远,议论雅正,时辈所仰,宜充近侍。"肃宗接受了杜甫、裴荐的推荐,任命岑参为右补阙,这个职位虽然品秩不高,但属门下省,是个谏官,可以经常向皇帝提出自己的建议和意见,地位颇为重要。岑参深知自己责任重大,所以既谨慎从事又忠于职守,多次上书,提出了许多对朝廷有利的建议,因而颇受肃宗的赏识。

这天晚上,忙完了公事,岑参和杜甫闲谈起来,话题自然离不开正在进行的平叛斗争。杜甫问道:"岑兄,你对时局有什么看法?战局真是让人不能放心呀!"

"是呀",岑参回答:"自叛军起兵,很快便占领了长安和洛阳,当朝皇上御驾亲征,众位将军积极请求参战……"

"是呀,应该说战况不错,郭子仪将军收复了河东地区,李光弼将军守住了太原,唐军下一步该往何处去,朝廷里有不同意见,有人认为应该用长安拖住叛军,唐军直取范阳,断了叛军后路,一举全歼叛军;可是也有人要先取长安,当朝圣上也是此意。而主张先取长安的人里,最积极的就是宰相房琯大人。"

"可是,咋听说宰相房琯大人率兵进攻长安,遭遇惨败,不知道消息是否准确?"

"我也听说了,有人告诉我房琯大人所率士兵死了四万多人呢!"

"是吗? 你快把详情给我说说!"

岑参把自己听来的一些情况详细告诉了杜甫:据说前不久宰相房琯向肃宗主动请战,进击叛军,把军队分成三部分,南军由杨希文指挥,从宜寿出发;中军由刘秩指挥,从武功出发;北军由李光进指挥,从奉天出发。房琯自己带领部队作为前锋。房琯没有打过大仗,指挥部队完全没有章法,加之,又采用春秋时的"车战",用二千头牛拉车,步兵、骑兵齐头并进。敌军将领安守忠看到这种状况,哈哈大笑,一阵呐喊,驾车的牛乱跑,因此唐军大败于咸阳县东的陈陶斜。房琯又调南路军驰援,仍然大败。胡军得胜后颇为猖狂,在长安市上高歌饮酒,长安百姓只是暗自垂泪,盼望唐军早日到来。杜甫若有所思,抑住激愤的心情,提笔写下了《悲陈陶》:

孟冬十郡良家子,血作陈陶泽中水。
野旷天清无战声,四万义军同日死。
群胡归来血洗箭,仍唱胡歌饮都市。
都人回面向北啼,日夜更望官军至。

岑参读着杜甫的新作,沉默了好长时间才又说道:"可惜在中路唐军失败之后,唐军南路在青坂一带又大败,当时房琯宰相驻扎在与青坂不远的便桥,据说房琯宰相想先稳定一下再出战,可是督军的太监不同意,只得仓卒出战,结果一败涂地!"接着又把自己听到的情况详细告诉杜甫,杜甫略一停顿,提笔写下了《悲青坂》:

我军青坂在东门,天寒饮马太白窟。

黄头奚儿日向西,数骑弯弓敢驰突。

山雪河冰野萧瑟,青是烽烟白是骨。

焉得附书与我军,忍待明年莫仓卒。

最后两句充满感情,劝慰中又有多少希望!岑参默默地品味,眼睛里满是忧郁。好一会儿,杜甫感慨地说:"我有时感到特别遗憾,要是自小习武而不学文,那现在就可以冲上前线,亲自参加平定叛乱的战斗了!"

"是呵,我也有同感!"岑参说着铺开纸,挥笔写下《行军》的第一首诗:

吾窃悲此生,四十幸未老。

一朝逢世乱,终日不自保。

胡兵夺长安,宫殿生野草。

伤心五陵树,不见二京道。

我皇在行军,兵马日浩浩。

胡雏尚未灭,诸将恳征讨。

昨闻咸阳败,杀戮净如扫。

积尸若丘山,流血涨丰镐。

干戈碍乡国,豺虎满城堡。

村落皆无人,萧条空桑枣。

儒生有长策,无处豁怀抱。

块然伤时人,举首哭苍昊。

行军,即行营。指肃宗驻扎在凤翔的军队。诗中写到安史之乱以来的形势,"一朝逢世乱"、"胡兵夺长安",用语颇为沉痛,而"我皇在行军"以下四句写出唐朝平叛的气势和唐军将士请战的情状,及最后惨遭失败的史实,"昨闻"四句即写宰相房琯兵败这件事,丰、镐,是长安附近的两条河流,这里即指长安。诗中还表达了怀才不遇的苦闷:虽然自以为怀有济世救国的"长策",但却没有贡献的机会;只能孤独(块然)地面对百姓,空自向天悲泣了!读了岑参的诗,杜甫长长叹了一口气:"唉!参兄,好一个'儒生有长策,无处豁怀抱'呀!"因为杜甫也在朝廷任左拾遗,虽然尽职尽责,不敢懈怠,但圣上又怎么能做到从谏如流呢?纵然真有"长策"(高明的政治见解),又怎么有机会施展呢!所以他对岑参诗中这两句深有同感。

岑参意犹未尽,又提笔写下了第二首:

> 早知逢世乱,少小谩读书。
> 悔不学弯弓,向东射狂胡。
> 偶从谏官列,谬向丹墀趋。
> 未能匡吾君,虚作一丈夫。
> 抚剑伤世路,哀歌泣良图。
> 功业今已迟,览镜悲白须。
> 平生抱忠义,不敢私微躯。

谩,懈怠。狂胡,指安史叛军。谏官,岑参时为右补阙,专司向朝廷谏议。丹墀,犹言殿前。前六句感叹从文不如习武,此时没有了建功立业的机会;"未能"六句感叹作谏官不能尽到责任,光阴都虚度了;最后二句自勉,平生追求忠君爱国,不能过于爱惜自己的身体生命。

"好诗!"杜甫由衷地赞叹道,"这也正说出了我的心里话,一介书生,在国家危难之时又有何用!但是,'平生抱忠义,不敢私微躯',我等还是要知不可为而为之,尽力为圣上分忧,为国家谋太平呀!"

岑参叹道:"杜兄所言极是,你我在圣上身边,虽不能亲上前线,职责却也不轻,可不敢有丝毫疏忽呀!"

"是呀!"

过了一会儿,杜甫问道:"岑兄可知道,再过几天,元帅广平王李俶、副元帅郭子仪就要带领朔方等军及回纥、西域之兵大约十五万人,从凤翔出发,进攻长安。"

"我也听说有这次大行动,但愿大唐军队能旗开得胜!"

杜甫说:"郭子仪这人有勇有谋,又深得皇上信任,我看这次东征,一定能收复长安!"

长安是大唐首都,也是岑参的家园所在,他当然希望朝廷快些恢复长安了。这一年九九重阳节,岑参在凤翔度过,想到长安还未恢复,写下《行军九日思长安故园》：

> 强欲登高去，无人送酒来。
> 遥怜故园菊，应傍战场开。

诗下原来有注曰："时未收长安。"长安未收复，所以没有兴致，只能勉强登高，却无人送酒来解忧愁，而想到故园的菊花，却在战场上开放，岂不令人心灰意冷？清代沈德潜评曰："可悲在'战场'二字。"（《唐诗别裁集》）但好在果然如杜甫所说，这一年九月二十八日，唐军十五万，号称二十万，从凤翔出发，直指长安，在长安西香积寺北摆开阵势，虽然太子当主帅，实际负责的却是郭子仪。郭子仪知道此次出兵责任重大，曾对身边的谋士说："此行不捷，仆必死之！"不久，即攻到长安城西，郭子仪用李嗣为前军，猛功长安城。唐将王难得被射中眉心，用手把箭拔掉，头皮都随着掉了，包扎一下继续再战，一直打到晚上，经过一场激战，杀了六万名叛军士兵，叛军大败，弃长安而逃。战报报到朝廷，唐肃宗激动地哭了，马上举行了祭天大典。唐军乘胜追击，一直追到洛阳，驻守洛阳的叛军闻讯，也弃城逃跑，唐军又收复了洛阳。在攻洛阳之前，回纥派了四千骑兵助战，肃宗设宴三天，并与回纥约定，请回纥帮助平叛，如攻破洛阳，土地、百姓归唐，金银财物归回纥，其实就是允许回纥在城破后可以劫掠。在洛阳被攻下以后，回纥要求唐朝兑现约定，这时广平王出面与回纥首领结拜为兄弟，劝其不要劫掠，避免了一场劫难。十月，肃宗便带着满朝官员回到了长安。

这时与岑参一道在朝廷任职的有杜甫、王维、贾至等新朋旧友，他们上班时常在一起处理公务，下班时又常在一起饮酒赋诗，虽然平定叛乱的战斗仍在一些地区继续进行，但对长安朝廷里的官员及长安的百姓们来说，好像又恢复了安史之乱前的安定与平静。当然，朝廷里还是发生了一些耐人寻味的事情，比如两京收复后，肃宗要迎玄宗回京复位，玄宗自然推辞，但肃宗反复表明自己思念父皇，现在终于胜利了，希望玄宗能够回京，以使自己再尽孝心。玄宗当然也想结束流亡生活，遂于公元至德二载（757）12月回到长安，举行典礼，加黄袍于肃宗，并把大印交给了肃宗，完成了权利交接，朝廷一时呈现出稳定平静的一种状态。

岑参有好几首抒写朝廷生活的诗篇,颇有代表性的是《西掖省即事》:

> 西掖重云开曙晖,北山疏雨点朝衣。
> 千门柳色连青琐,三殿花香入紫微。
> 平明端笏陪鹓列,薄暮垂鞭信马归。
> 官拙自悲头白尽,不如岩下偃荆扉。

诗中写出归隐田园之思。西掖省,即中书省,又称西省。唐门下、中书两省在禁中左右掖,称掖省。北山,指唐长安的龙首山。大明宫即建在山原上。青琐、紫微,均泛指宫殿。端笏,官员上朝时手持记事板。鹓列,喻朝官的行列。偃荆扉,代指隐居。首联远景,次联近景,第三联写朝会,最后一联感叹良多,有人说是朝官的闲愁,其实还是怀才不遇的苦恼。为什么会这么灰心呢?因为作为一个谏官,不能很好地发挥作用,这自然令他感到无奈。他在给杜甫的《寄左省杜拾遗》里说:

> 联步趋丹陛,分曹限紫微。
> 晓随天仗入,暮惹御香归。
> 白发悲花落,青云羡鸟飞。
> 圣朝无阙事,自觉谏书稀。

左省,门下省。首联说自己与杜甫在不同的部门为朝廷作事。岑参与杜甫在唐肃宗至德二年至乾元元年初(757-758),同仕于朝。岑参任右补阙,属中书省,居右署;杜甫任左拾遗,属门下省,居左署。"拾遗"和"补阙",都是谏官。联步,犹言并肩。丹陛,殿前。分曹,不同的官署。紫薇,指大明宫宣政殿。次联正面写朝会和下朝。天仗,殿前仪仗。御香,殿中燃的香。第三联似写闲情,实写怀才不遇的感叹,"悲"字、"羡"字,耐人寻味。尾联发感慨。反话正说,诗人感叹朝中有缺事而不能尽言之,自愧不得已而有失谏官的责职,虽然怨而不怒,对朝廷不直接批评,颇有回护之意,其心情还是不舒畅的。杜甫读了岑参的诗以后心有所感,遂赋《奉答岑参补阙见赠》诗:

窈窕清禁闼,罢朝归不同。

君随丞相后,我往日华东。

冉冉柳枝碧,娟娟花蕊红。

故人得佳句,独赠白头翁。

禁闼,天子所居。归不同,杜甫与岑参供职于不同的衙门,上朝时"同趋"而下朝时却早晚不同,故云"归不同"。日华,宫殿门名,门下省在日华门东。从结尾一联看,杜甫对岑参诗中的含意是心领神会、十分理解的。"独赠"二字见出杜甫与岑参确为知己和同调,心是相通的。

使岑参感到高兴和欣慰的,是有一群朋友在一起工作,常常一起聚会吟诗,可解心中的愁闷。这一年(乾元元年,758 春末)的一天。贾至、杜甫、王维、岑参等人饮酒畅谈,颇为快意。贾至,字幼邻,河南洛阳人,在朝廷任中书舍人。安史之乱发生后,他随唐玄宗前往蜀中,后肃宗在灵武继位,玄宗命他起草传位册文并命他从蜀中将册文送往灵武,他也就留在了肃宗身边,仍任中书舍人。贾至为人豪爽,首先提议道:

"各位兄长,酒至半酣,不如我们一起赋诗如何?"

"好呀,你既然首倡,那你就先动笔吧!"

贾至想了想说:"那就以《早朝大明宫》为题如何?"

众人拍手称好。

贾至略一沉吟,提笔写下《早朝大明宫》:

银烛熏天紫陌长,禁城春色晓苍苍。

千条弱柳垂青琐,百啭流莺绕建章。

剑珮声随玉墀步,衣冠身惹御炉香。

共沐恩波凤池上,朝朝染翰侍君王。

"好诗!"众人赞道。贾至笑道:"我这是抛砖引玉,反正砖是抛出去了,就看能引出几块宝玉了!"众人又笑。过了一会儿,王维提笔写下《和贾舍人早朝大明宫之作》:

441

绛帻鸡人报晓筹,尚衣方进翠云裘。

九天阊阖开宫殿,万国衣冠拜冕旒。

日色才临仙掌动,香烟欲傍衮龙浮。

朝罢须裁五色诏,珮声归向凤池头。

绛帻,红色头巾。鸡人,此指宫中夜间报更之人。尚衣,指掌天子服冕的尚衣局。九天,指皇宫。阊阖,宫门。衣冠,百官。冕旒,指天子。仙掌,承露盘上的仙人手掌。衮,天子礼服。五色诏,用五色纸书写的诏书。珮,玉珮。凤池,指中书省。读罢此诗,众人纷纷称好。过了一会儿,又各自发表评论:

杜甫赞道:"王兄此作先用'报晓'和'进翠云裘'写出了朝廷中的庄严、肃穆,最为传神!"

贾至说:"'九天'二句更写出早朝的场面宏伟庄严和当今圣上的威仪,真是千古名句!"

岑参说:"'万国衣冠'写出各国使节拜见圣上的场面,精彩之极!"

王维一笑:"还是请杜兄一展文才吧!"

杜甫应声而作《奉和贾至舍人早朝大明宫》:

五夜漏声催晓箭,九重春色醉仙桃。

旌旗日暖龙蛇动,宫殿风微燕雀高。

朝罢香烟携满袖,诗成珠玉在挥毫。

欲知世掌丝纶美,池上于今有凤毛。

五夜,即指五更之时。漏声催晓箭,指夜将尽,临近上朝之时。九重,指天子所居之地。龙蛇,指旗上所画的龙蛇形象。丝纶,代指皇帝诏书。池上,即指中书省。因中书省地近枢要,颇为时人看重,人们称之为"凤凰池"。最后两句是说贾至父子两代都是中书舍人,负责起草皇帝诏书,颇令时人羡慕。最后,轮到岑参,岑参说:"你们都是杰作,我是越来越难了!可是诸位先生已有大作,我又岂能交白卷呢?"说着,提笔写下《奉和中书贾舍人早朝大明宫》:

鸡鸣紫陌曙光寒,莺啭皇州春色阑。

金阙晓钟开万户,玉阶仙仗拥千官。

花迎剑珮星初落,柳拂旌旗露未干。

独有凤凰池上客,阳春一曲和皆难。

首联先言上朝时间之早,再说当时是春深时节。紫陌,指京师的街道。皇州,指长安。次联写早朝时的盛况:在晓钟声中,宫殿的千门万户都打开了;皇宫台阶上汇聚了皇帝的仪仗。第三联最受后人欣赏,诗人在写景中进一步渲染了早朝的时间之早,"星初落","露未干",细节写得十分生动。尾联归到和诗。当时贾至任中书舍人,故称之为"凤凰池上客"。

杜甫、贾谊、王维看了岑参的诗,都赞扬道:"岑兄这首可称得上是压卷之作,好!"

岑参笑笑:"过奖了!过奖了!各位之作才是千古绝唱呢!"

众人一边笑着,一边交换着欣赏彼此的作品,谁也没有在意天已经渐渐黑了,一场大雨已经临近……

长安是大唐的首都,难免人来人往,岑参也常常参加一些送别活动,留下不少送别之作——

有一次,一位在朝做武官的郎将刘某将去蒲州(河东,今山西永济西),岑参在送别时写下了《送刘郎将归河东》:

借问虎贲将,从军凡几年?

杀人宝刀缺,走马貂裘穿。

山雨醒别酒,关云迎渡船。

谢君贤主将,岂忘轮台边?

虎贲将,猛将,此指刘郎将。前四句写刘郎将从边的光荣历史和经过的艰苦岁月,透出了一种不得志的情绪。颈联正面写送别情景,耐人寻味。最后两句请刘郎将不要忘记告诉他的"贤主将"赵中丞,自己与他一样当年曾在边地生活过,当时,自己还是他的下级。那一段火热的边地生活,自己又岂能忘怀!最后一句题下有注曰:"参曾北庭事中丞,故有下句。"当时这位赵中丞曾经作过封常清的副手、安西、北庭副都护,在封常清入朝后,他暂代任安西北庭都护、节度使,后亦入朝,此时正担任同、蒲、虢三州刺史,所以岑参请赵郎将代为致意。

有一次,有一位朋友回江宁(今南京市),而岑参的哥哥岑况当时正闲居江宁附近的丹阳(今江苏丹阳市),岑参在送别这位友人时表达了对兄长的思念:

> 楚客忆乡信,向家湖水长。
> 住愁春草绿,去喜桂枝香。
> 海月迎归楚,江云引到乡。
> 吾兄应借问,为报鬓毛霜。

首联说友人思乡,取水路而归;次联言见草绿而思归闻南方之桂香而喜。均写出友人思归心切之情。与此诗写作时间相近的《送扬州王司马》也值得读一读:

> 君家旧淮水,水上到扬州。
> 海树青官舍,江云黑郡楼。
> 东南随去马,人吏待行舟。
> 为报吾兄道,如今已白头。

这首诗的结末二句与上一首最后二句意思完全相同,可见作者对自己的白发非常在意,其实是对时光易逝、人生易老的敏感。在此期所作送别之作里,最为人们关注的还是《送张献心充副使归河西杂句》:

> 将门子弟君独贤,一从受命常在边。
> 未至三十已高位,腰间金印色赭然。
> 前日承恩白虎殿,归来见者谁不羡。
> 箧中赐衣十重馀,案上军书十二卷。
> 看君谋智若有神,爱君词句皆清新。
> 澄湖万顷深见底,清冰一片光照人。

云中昨夜使星动，西门驿楼出相送。
玉瓶素蚁腊酒香，金鞭白马紫游缰。
花门南，燕支北，
张掖城头云正黑，送君一去天外忆。

张献心，有人考证是幽州节度使张守珪的侄子，被任命为河西（河西节度使驻地为凉州，即今甘肃武威）节度副使，到唐朝宫殿来觐见，现在要回边塞去了，岑参参加了送别宴会，写下了这首名作。诗中对张献心"一从受命常在边"，"未至三十已高位"的人生经历表示了赞扬，对其"谋智若有神"、"词句皆清新"给以极高评价；最后六句更表达了对其远行的送别之情。花门、燕支，均为西北山名。张掖，唐甘州，治所在今甘肃张掖市。"送君一去天外忆"，不仅是忆念远行者，也许还是对自己边塞生活的追忆吧？白虎殿，汉宫名，此代指唐长安宫殿。使星动，指张献心将赴河西节度使副使之任。素蚁，浮蚁，酒面的白色浮沫。游缰，马缰绳。

在长安任职期间，岑参也常到周边游览，留下了一些诗作，如在初春时到渭城（在今陕西咸阳市东）西郊游，留下了《首春渭西郊行呈蓝田张主簿》：

回风度雨渭城西，细草新花踏作泥。
秦女峰头雪未尽，胡公陂上日初低。
愁窥白发羞微禄，悔别青山忆旧溪。
闻道辋川多胜事，玉壶春酒正堪携。

首先描绘初春时节雨后郊行景象，细致生动，极为真切；回风，即旋风。次联写眼前山水之景。秦女峰，即终南山太白峰。胡公陂，即浈陂。第三联感叹年纪老大而官位卑微，又生归隐之思。最后二句邀请张主簿前往辋川去游玩。辋川，在蓝田终南山，风景佳胜。唐人很喜欢到这里游玩，有的更在此购置别墅居住，如王维就买了宋之问的蓝田别墅，别墅由辋水环绕，有竹洲花坞相伴，景色极好。王维常与友人裴迪等人浮舟往来，弹琴赋诗，啸咏终日，他还把一些田园诗聚为《辋川集》，其中颇有名诗，如《鹿柴》："空山不见人，但闻人语响。返景入深林，复照青苔上。"又如《竹里馆》："独坐幽篁里,弹琴复长啸。深林人不知,明月来相照。"这些诗描绘自然风景生动如画,历来受到人们的高度赞扬。

《宿太白东溪李老舍寄弟侄》是岑参游览太白山之时所作:

> 渭上秋雨过,北风正骚骚。
>
> 天晴诸山出,太白峰最高。
>
> 主人东溪老,两耳生长毫。
>
> 远近知百岁,子孙皆二毛。
>
> 中庭井栏上,一架猕猴桃。
>
> 石泉饭香粳,酒瓮开新糟。
>
> 爱兹田中趣,始悟世上劳。
>
> 我行有胜事,书此寄尔曹。

太白是秦岭主峰,在长安之西。耳生长毫,是长寿的形象。二毛,头发花白。新糟,带糟的尚未漉过的酒。此诗自然流畅,写出田园风味,诗中出现了"猕猴桃",颇值得注意,可见在唐代就在太白山下种植这种水果了,这为农业史研究提供了一条很有价值的材料。

乾元二年(七五九)四月,岑参被任命为虢州长史。虢州州治弘农县,即今河南灵宝。长史,是地方官的一种,按唐朝制度,一个州里,帮助刺史和太守的副职有长史一人,其位在别驾之下,司马之上。乾元二年(759)五月,岑参离开长安,出潼关到达了虢州任上。本来岑参是不想到虢州上任的,但是,一则因为皇上之命不能违抗,二则因为家里没有产业,还要靠自己当个小官来养家,因此,他只得前来虢州赴任。赴任途中,他出潼关到华岳寺游览,见到了唐时很兴盛的佛教宗派法华宗的"云公",写作了《出关经华岳寺访法华云公》,其诗云:

> 野寺聊解鞍,偶见法华僧。
>
> 开门对西岳,石壁青棱层。
>
> 竹径厚苍苔,松门盘紫藤。
>
> 长廊列古画,高殿悬孤灯。
>
> 五月山雨热,三峰火云蒸。

侧闻樵人言,深谷犹积冰。

久愿寻此山,至今嗟未能。

谪官忽东走,王程苦相仍。

欲去恋双树,何由穷一乘。

月轮吐山郭,夜色空清澄。

前十二句写作者访"野寺"的所见。棱层,高耸的样子。三峰,华山的莲花峰、仙掌峰、落雁峰。后八句写此时的所感:虽然早有登此山之意,但至今没有实现;现在被贬官向东而去,官府规定的期限又很紧迫,即使自己有离职而归向佛寺之意,也没有办法真正穷尽佛法之理;放眼望去,却见"月轮吐山郭,夜色空清澄"……人到佛寺,自然生出许多离世之思,似也不必太认真,否则他也就不会去虢州赴任了。

到了虢州,岑参有许多感慨,他本来在朝廷内任职,官阶不高但比较清要,此次来到虢州任长史,明显是有贬职的意味,但是具体原因史籍中没有记载。这种际遇当然使岑参心情不好,也会使他常常怀念在朝廷任职的同僚。这些情绪,在他的《初至西虢官舍南池呈左右省及南宫诸故人》中有明显表露:

黜官自西掖,待罪临下阳。

空积犬马恋,岂思鹓鹭行。

素多江湖意,偶佐山水乡。

满院池月静,卷帘溪雨凉。

轩窗竹翠湿,案牍荷花香。

白鸟上衣桁,青苔生笔床。

数公不可见,一别尽相忘。

敢恨青琐客,无情华省郎。

早年迷进退,晚节悟行藏。

他日能相访,嵩南旧草堂。

左省,即门下省。右省,中书省。南宫,指尚书省。诗中先说自己从中书省(西掖)出来到了虢州(即下阳),空有一腔忠君之思,但离开了朝官的行列。鹓鹭飞而有序,故用以喻朝官的行列。继而说自己本来就与山水相亲,早有退隐江湖之意,现在终于来到了虢州这个风景优美之地,官舍里更加安静幽美。衣桁,衣架。笔床,笔架。最后感叹自己离开后,友人们别后不给自己写信,把自己都忘了,可自己又岂敢抱怨呢?由此见出诗人的孤独和寂寞。青锁客,指皇帝的近臣。华省郎,尚书省诸曹郎官。所以,最后才说:自己晚年明白了进退的道理,准备回嵩山隐居了,各位友人若要相访,还是去嵩山之南阳的"旧草堂"吧!行藏,即用则行,舍则藏。《论语・述而》说:"子谓颜渊曰:'用之则行,舍之则藏,惟我与尔有是夫!'"

岑参对僚属参谒官长、请示公事的生活颇感无奈,所以他到虢州不久,便把自己的心绪写在一首题作《衙郡守还》的诗里:

> 世事何反覆,一身难可料。
> 头白翻折腰,归家还自笑。
> 所嗟无产业,妻子嫌不调。
> 五斗米留人,东溪忆垂钓。

衙,即参谒长官。郡守,指虢州刺史王奇光。诗中说世事变幻,诗人没有想到自己到这个偏远的地方来为官,虽然头发都白了,却还要恭恭敬敬地向刺史鞠躬下拜;回到家里,只能暗暗为自己的境遇苦笑不堪。只可惜自己家无产业,不然的话,绝不会为了五斗米来赴虢州长史之职,而要去东溪做一个垂钓的隐士了。读这首诗使人想到高适的《封丘县》诗,此诗是高适到封丘任县尉不久所作,表达了与岑参相似的矛盾心情:一方面不满意县尉卑职,但因为这"卑职"是朝廷任命的,因此也不能随便辞官而去。为了更好地理解岑参与高适的心情,不妨把这首诗抄在这里:

> 我本渔樵孟诸野,一生自是悠悠者。
> 乍可狂歌草泽中,宁堪作吏风尘下?
> 只言小邑无所为,公门百事皆有期。
> 拜迎长官心欲碎,鞭挞黎庶令人悲。
> 悲来向家问妻子,举家尽笑今如此。

448

生事应须南亩田，世情尽付东流水。

梦想旧山安在哉，为衔君命日迟回。

乃知梅福徒为尔，转忆陶潜归去来。

　　高适任封丘县尉，而岑参任虢州长史，官位不同，任职的地方也不同，但从"归家还自笑"、"举家尽笑今如此"以及"东溪忆垂钓"、"梦想旧山安在哉"等等诗句可以看出，二人无奈的心情却是一样的……

　　刚到虢州的时候，岑参很不习惯，以前每天拜见的是皇上和大臣，现在天天参谒的却是一州之长；以前出入是王宫皇院，现在却在一个小小的衙门里办公，更别说，辅佐君王完成重建大唐天下的壮志，早已是一篇空话。岑参特别怀念在长安为官的那些日子，特别是当听说过去的同僚如今受到皇上的信任，委以大任，更是感慨万千。《佐郡思旧游》就是表达这种情绪的作品。这首诗有个小序，序文说："乙亥岁春三月，岑自补阙转起居舍人。夏四月，署虢州长史。适见秋草，凉风复来，昔桓谭出为六安丞，常忽忽不乐，今知之矣。悲州县琐屑，思披垣清闲，因呈左右省旧游。"序文中说到自己此时的心情和写诗的缘由。特别说到过去对东汉古文经学家桓谭被任命为六安郡丞，"意忽忽不乐，"不太理解；现在自己做了与郡丞相当的长史才明白：实在是公务烦细，令人生悲！所以特别怀念在朝廷作官的清闲生活。诗曰：

幸得趋紫殿，却忆侍丹墀。

史笔众推直，谏书人莫窥。

平生恒自负，垂老此安卑。

同类皆先达，非才独后时。

庭槐宿鸟乱，阶草夜虫悲。

白发今无数，青云未有期！

　　诗中"史笔众推直，谏书人莫窥"二句写出诗人在朝廷任职时的真实情况，也透露出他被贬为地方官的原因，后来杜确所作《岑嘉州集序》说他"入为右补阙，频上封章，指述权倖，改为起居郎，寻出虢州长史"。因为他过于认真，难免得罪朝廷和高官，造成仕途不顺。"同类皆先达"，流露出几分羡慕；"非才独后时"表达了内民的无奈，而"白发今无数，青云未有期"二句写出仕途通达无望，令人感叹。

长史的官职不高，事务也不是很多，在公事之余，岑参常常登上虢州城西的高楼，借以消除心中的忧愁，他有一首《题虢州西楼》诗这样写道：

> 错料一生事，蹉跎今白头。
> 纵横皆失计，妻子也堪羞。
> 明主虽然弃，丹心亦未休。
> 愁来无去处，只上郡西楼。

前四句说自己一生坎坷，一事无成。"错料一生事"、"纵横皆失计"，有多少言外之意？五六两句说虽然自己不能得到皇上的重用，但自己一颗报国之心却仍在燃烧。最后两句意在言外，表面是说自己愁来无处消解，只能登临西楼，实际是说自己愁来登楼远眺，可以遥望长安，流露出岑参对长安的依恋之情。与此相近的还有《郡斋闲坐》：

> 负郭无良田，屈身徇微禄。
> 平生好疏旷，何事就羁束？
> 幸曾趋丹墀，数得侍黄屋。
> 故人尽荣宠，谁念此幽独。
> 州县非宿心，云山欣满目。
> 顷来废章句，终日披案牍。
> 佐郡竟何成，自悲徒碌碌。

前四句书写出任虢州长史的感慨，借用苏秦的故事，说自己没有田产，只能屈尊就任卑职，虽然性本喜欢闲散，但却不得不受俗务的束缚。负郭，近城之地。《史记·苏秦列传》载，当年苏秦曾感叹道："如果我有二顷近城之地，我怎么会出外打拼，最终也不会佩有六国相印呀！""幸曾"六句回忆在朝任职的荣耀，感叹友人纷纷荣达而自己却身处偏远之地，过着"幽独"的生活，而这种生活，虽然不合自己的心志，好在此处有令人赏心悦目的自然风光，还能令人心情愉快。趋丹墀，指在朝廷任职。

黄屋,古时天子乘坐的车。州县,任州县官吏。宿心,平素的心愿。最后四句说自己终日阅读处理公文,没有心情读书和作诗;作一个地方佐员不能有所作为,只能虚度光阴了!

在虢州的这段日子,岑参的心情是郁闷的,他有时感叹朋辈皆被朝廷重用,有时又觉得自己终日忙忙碌碌,却无所建树:"佐郡(为郡佐史)竟何成,自悲徒碌碌!"有时又自解自劝:"帘前春色应须惜,世上浮名好是闲。"因此他有时便萌发出归隐之思:"平生沧州意,独有青山知。"有归隐之思是一回事,能不能归隐又是另一回事。一方面固然是家庭生活的需要,另一方面也许更为重要,那便是岑参报国之心并没冷却,所以一直没有离开虢州,这一呆就是两年。

作为地方佐员,不能亲自参加平叛战争,难免感到遗憾,所以他对军中任职的朋友,常常发出很多感慨,感到自己无所作为,有一次,在陕西节度使郭英义幕府任职的甄济给岑参送来一首诗,触动了岑参,他和了一首,即《虢中酬陕西甄判官见赠》,在这首诗里,他表达了这种心情,其诗如下:

> 微才弃散地,拙宦惭清时。
> 白发徒自负,青云难可期。
> 胡尘暗东洛,亚相方出师。
> 分陕振鼓鼙,二崤满旌旗。
> 夫子廊庙器,迥然青冥姿。
> 阃外佐戎律,幕中吐兵奇。
> 前者驿使来,忽枉行军诗。
> 昼吟庭花落,夜讽山月移。
> 昔君隐苏门,浪迹不可羁。
> 诏书自征用,令誉天下知。
> 别来春草长,东望转相思。
> 寂寞山城暮,空闻画角悲。

首四句写自己的处境:身处闲散之地,而在政治清明之时无所建树,令人惭愧;虽满头白发,且深自期许,却已料到"青云"难期。继而写战争

451

形势:洛阳于乾元二年(759)被史思明占据,郭英义出师征讨叛军;在陕县(今河南三门峡)一带进击敌人,崤山上布满了军队的旗帜。亚相,指主帅。二崤,即崤山,在河南洛宁县北,分东、西二崤。"夫子"四句夸赞甄判官:您是朝廷栋梁,英姿勃发,在军中(阃外)协助治理军队,常常能呈献奇策。廊庙器,朝廷需要的人才。青冥姿,有直上云天的风姿。"前者"四句说甄判官赠诗极佳,自己爱不释手,十分喜欢。讽,吟诵。"昔君"四句写甄判官由隐而仕的经历。苏门,山名,在唐卫州卫县西,即今河南辉县西北七里;令誉,美名。最后四句思念友人,抒发胸中情怀。山城,指虢州。画角,军中号角。

岑参在虢州时,常常感到心情落寞,对功名失去了兴趣,只是对长安的思念总是那么强烈,一次,他在虢州东亭送别姓李的虢州司马回扶风(唐县名,属凤翔府,在今陕西扶风县)别业,写下了送别之作,其诗云:

> 柳鬟莺娇花复殷,红亭绿酒送君还。
> 到来函谷愁中月,归去磻溪梦里山。
> 帘前春色应须惜,世上浮名好是闲。
> 西望乡关肠欲断,对君衫袖泪痕斑。

柳鬟,柳条下垂的样子;殷,深红色。磻溪,地近扶风,当年吕尚在此垂钓,遇到周文王出猎,拜为帝师,此处借以指李司马在扶风的隐居之处。首联点题,写出送别的时令与地点,次联分说李司马的"到来"与"归去","来此作宦是对月生愁,归隐田园是梦中家山,这种句式启发钱起写出'鸿雁不堪愁里听,云山况是客中过,'刘长卿写出'草色全经细雨湿,花枝欲动春风寒。'"(李元洛《唐诗三百首新编今读》)"帘前"二句有及时行乐之意,表现出一种豁达和激愤。因李司马回扶风需经长安,故有"西望乡关(家乡,指长安)"四字,表现出对长安的思念之情。虽然常常思念长安,但虢州毕竟有山峰,有风景,在这里与朋友相聚,或送别友人,岑参总能写出不错的诗来,如:

> 亭高出鸟外,客到与云齐。
> 树点千家小,天围万岭低。

452

残虹挂陕北,急雨过关西。

酒榼缘青壁,瓜田傍绿溪。

微官何足道,爱客且相携。

唯有乡园处,依依望不迷。

——《早秋与诸子登虢州西亭观眺》

忽闻骢马至,喜见故人来。

欲语多时别,先愁计日回。

山河宜晚眺,云雾待君开。

为报乌台客,须怜白发催。

——《西亭送蒋侍御还京》

两首诗中的"西亭",又名"西山亭子",在虢州城西,岑参常来这里游玩,诗中屡屡提及。酒榼,酒器。爱客,好友。骢马、乌台,均指侍御史。在这里生活,友情是十分重要的,特别是当岑参生病时,友人前来探望,他十分感谢,在他看来,朋友的到来比服药还有效果。一次,他患病卧床不起,还在床上构思诗篇,忽听门外脚步匆匆,夫人进来对岑参说:"刘颙大人看你来了。"

岑参正待起身,夫人急忙拉住他,说:"刘大人是老朋友,你……"

"好,请刘大人进来吧!"

刘颙是节度判官,有公事前来虢州,听说岑参身体不适,特来探望。刘判官走入卧室,坐到床前,问候岑参的病情,也把近来一些传闻、战况细细说来,岑参感到心情舒畅多了,病也似乎好了许多,他们一起走到屋外,杨柳依依,小池里鱼儿在游动,有两个仆人在那里下棋,在刘判官告辞的时候,月亮已经升起来了,岑参结合眼前所见,随口吟成一诗:

卧疾尝晏起,朝来头未梳。

见君胜服药,清话病能除。

低柳共系马,小池堪钓鱼。

观棋不觉暝,月出水亭初。

刘颙赞道:"好诗如画! 好诗如画!"

几天以后,岑参的病好了,刘颢又要回去交差,岑参参加了地方长官在虢州郡斋南池畔的水亭为他举行的送别宴会,并写下了《水亭送刘颢使还归节度》诗:

> 无计留君住,应须绊马蹄。
> 红亭莫惜醉,白日眼看低。
> 解带怜高柳,移床爱小溪。
> 此来相见少,王事各东西。

读着岑参的赠诗,刘颢自然十分高兴,也要过纸笔题诗留念……

作为地方佐员,陪着太守宴客游览是免不了的。有一次,永寿县的县丞(别称为赞府)王某赴铨选经过虢州前往长安,虢州刺史设宴款待,岑参也参加了这次宴请。所谓"铨选",是一种特殊的考试。按唐朝制度,唐朝每年举行一次铨选,参加者是六品以下官吏,文官由吏部负责,武官由兵部负责。席间岑参按众人所要求的"归"字为韵,写了一首诗,即《陪使君早春西亭送王赞府赴选》:

> 西亭系五马,为送故人归。
> 客舍草新出,关门花欲飞。
> 到来逢岁酒,却去换春衣。
> 吏部应相待,如君才调稀。

按规矩,吏部对参选文官的考试比较严格,不仅要试其书叛,察其身言,还要观其德才,考其资劳,而后决定其弃取。这位王赞府此次没有考上,后来从原路返回任所,岑参又有《送永寿王赞府径归县》诗:

> 当官接闲暇,暂得归林泉。
> 百里路不宿,两乡山复连。
> 夜深露湿簟,月出风惊蝉。
> 且尽主人酒,为君从醉眠。

簟,竹席。从,任。

又有一次,一位任判官的姓李的朋友途经虢州前往晋州(今山西临汾县)和绛州(今山西新绛县),众人为其送行,席间分别赋诗,岑参拈得"秋"字为诗韵,写下《虢州后亭送李判官使晋绛得秋字》诗:

> 西原驿路挂城头,客散红亭雨未收。
> 君去试看汾水上,白云犹似汉时秋。

前两句写景叙事,生动形象,后两句引用典故,给读者留下想象的广阔空间:汉武帝当年巡视河东,曾作《秋风辞》,其中有"秋风起兮白云飞,草木黄落兮雁南归"之句。西原,地名,在河南灵宝县城西南,即所谓"灵宝西原"。汾水,流经山西中部,晋绛二地均近汾水。《陪使君早春东郊游眺》也可一读:

> 太守拥朱轮,东郊物候新。
> 莺声随坐啸,柳色唤行春。
> 谷口云迎马,溪边水照人。
> 郡中叨佐理,何幸接芳尘!

一起两句说刺史乘朱轮车前往东郊游春,"物候新"三字透出一种轻松的感觉;"莺声"一联写莺声里闲坐啸咏,柳色中劝人农耕,十分生动传神。五、六句写景如画。最后一联说自己叨居佐治之职(指任长史),才有机会与太守一同出游,得以接触其高风,这当然是自己谦之词了。特别让岑参高兴的是老朋友的来访,送别和相聚却使他颇多感受,这里离长安并不太远,故人也常常经过这里,其中有一位范季明,为侍御史,当时在陕西节度使下属的衙门里兼职,在他任职于陕西节度使衙门时常与岑参往来,岑参用多首诗作记下了他们之间的交往:

《虢州西亭陪端公宴集》:

> 红亭出鸟外,骢马系云端。

万岭窗前睥,千家肘底看。

开瓶酒色嫩,踏地叶声干。

为逼霜台使,重裘也觉寒。

端公,唐时称侍御史为"端公"。睥,眼睛斜看。霜台,御史台。最后两句说侍御史十分威严,令人心惊,即使穿着双重皮衣也觉寒冷。

《虔州西山亭子送范端公》:

百尺红亭对万峰,平明相送到斋钟。

骢马劝君皆卸却,使君家醅旧来浓。

后二人句说送行时把行李随便放下,尽情享用虔州刺史的家醅美酒,也许今天就不走了吧?

《原头送范侍御》:

百尺原头酒色殷,路傍骢马汗斑斑。

别君只有相思梦,遮莫千山与万山。

原头,指丘陵顶部高敞之处。遮莫,不管,无论。后二句说与君一别,虽有千山万山遮挡,但相思梦却无论如何也拦不住。这使人想起岑参《春梦》中的名句:"枕上片时春梦中,行尽江南数千里。"正所谓有异曲同工之妙……

范季明在陕西节度使衙门任职时,闲得无聊之时在院里种了一些竹子,岑参也去观赏过,范季明很喜欢这些竹子,一天写下一首《丛竹歌》送给岑参,岑参看罢,笑道:"范兄真是有雅兴呀!"

"岑兄何不也赋一首?"

岑参笑道:"小弟我有感于范兄清高的意趣,自然是要凑趣的了!"说罢,提笔写下了《范公丛竹歌》:

世人见竹不解爱,知君种竹府庭内。

此君托根幸得所,种来几时闻已大。

盛夏飕飕丛色寒,闲宵槭槭叶声干。

能清案牍帘下见,宜对琴书窗外看。

为君成阴将蔽日,进笋穿阶踏还出。

守节偏凌御史霜,虚心愿比郎官笔。

君莫爱南山松树枝,竹色四时也不移。

寒天草木黄落尽,犹自青青君始知。

飕飕、槭槭,风吹竹叶发出的声音。诗中描写了竹子的形象和精神,帘下望竹之时,能驱除起草官府文书的烦劳;听琴读书之余,窗外竹影令人心旷神怡……特别是最后四句最为生动,历来为人们所传诵。读着岑参的诗,范季明笑得开心极了……

在虢州,岑参与严武也有交往。严武,字季鹰,华州华阳(今属陕西)人。初为拾遗,后擢谏义大夫、给事中,进而担任地方长官,安史之乱后,曾两次任剑南节度使,曾大破吐蕃,因军功封郑国公,可见此人是文人中不多见的最后比较显达的人。他与杜甫、岑参等曾同朝为官,关系一直很好。一天,有朋友告诉岑参,严武任河南尹兼御史中丞就要上任,岑参想河南府治暂时设在长水(故城在今河南洛宁县西四十里),严武由长安往长水赴任一定会经过虢州,于是便在严武可能上任的那几天一直在虢州南池等候,不巧,严武因事耽搁,到时间没有到虢州来,岑参颇为失望,写下了《虢州南池候严中丞不至》诗:

池上日相待,知君殊未回。

徒教柳叶长,谩使梨花开。

驷马去不见,双鱼空复来。

相思不解说,孤负舟中杯。

双鱼,指书信。解说,能说,会说。此诗写出待友不至的惆怅。

不久,有人报告严武已到了虢州西北边的稠桑驿,岑参急赶到那里,与严武见了一面,写下了《稠桑驿喜逢严河南中丞便别》:

驷马映花枝,人人夹路窥。

离心且莫问,春草自应知。

不谓青云客,犹思紫禁时。

别君能几日,看取鬓成丝!

　　岑参与严武曾为同事,现在他虽然显达了,但却不忘旧日友情,这使岑参很高兴。第三联感叹严武虽然已居高位,但还没有忘记当年一起在皇宫里供职的友人。"犹思"句下原有小注:"参忝西掖曾联接。"所谓"西掖"即中书省。岑参在中书省任右补阙时,严武在门下省任给事中。三四年前,岑参在凤翔任职时,曾与严武多有交往,岑参还曾到严武的别业里住宿过,有《宿岐州北郭严给事别业》诗:"郭外山色暝,主人林馆秋。疏钟入卧内,片月到床头。遥夜惜已半,清言殊未休。君虽在青琐,心不忘沧洲。"几年的时光过去了,老友再次相逢,其乐何极!虽然,人生境遇颇有不同,但深厚的友情并没有消失。当天晚上,虢州刺史为严武举行宴会,许多官员应邀出席,岑参也在其中,但见歌女翩翩起舞,但闻音乐悠扬动人,灯火通明,人人皆醉,严武也喝了不少酒,拉着岑参对刺史说:"王大人,你可知这位岑先生是我的老朋友吗?"

　　"当然知道了!"

　　"在凤翔我们曾同在朝廷为官,其实我们早就认识,岑兄当年在边地幕府,曾寄诗给我,那首诗我还一直记着呢!"

　　"想来一定是一篇佳作吧?否则中丞不会念念不忘的。"

　　"的确是一篇好诗,我借酒兴背诵一遍如何?"

　　"好呀!"众人纷纷凑趣道。

　　严武略一沉吟,竟真的朗诵起来:

轮台客舍春草满,颍阳归客肠堪断。

穷荒绝漠鸟不飞,万碛千山梦犹懒。

怜君白面一书生,读书千卷未成名。

五侯贵门脚不到,数亩山田身自耕。

兴来浪迹无远近,及至辞家忆乡信。

无事垂鞭信马头,西南几欲穷天尽。

奉使三年独未归,边头词客旧来稀。

借问君来能几日,到家不觉换春衣。

高斋清昼卷帷幕,纱帽接䍠慵不着。

中酒朝眠日色高,弹棋夜半灯花落。

冰片高堆金错盘,满堂凛凛五月寒。

桂林葡萄新吐蔓,武城刺蜜未可餐。

军中置酒夜挝鼓,锦筵红烛月未午。

花门将军善胡歌,叶河蕃王能汉语。

知尔园林压渭滨,夫人堂上泣罗裙。

鱼龙川北盘溪雨,鸟鼠山西洮水云。

严武一口气背诵到这里,众人听了都吃惊地看着他,诗里描写的边塞生活对大多数人来说还是新鲜和奇异的,但从诗意来看又不像是送给严武的,所以众人有些不解地看着严武。严武会意,笑道:"这是岑参先生写给一个前往边塞游历的文士的诗,那位先生叫……"

岑参答道:"是独孤渐先生。"

严武说:"对,是独孤渐先生,岑参兄这首诗是写给这位独孤渐先生的,只有最后四句才是送给我的呢,当时我在朝内作侍御史,所以这首诗的诗题是《与独孤渐道别长句兼呈严八侍御》。"他接着背诵道:

台中严公于我厚,别后新诗满人口。

自怜弃置天西头,因君为问相思否?

严武端起酒杯一饮而尽,对刺史说:"王大人对岑先生的诗如何评价?"

"好诗!"刺史由衷地说:"我大唐善作长篇歌行的人不少,佳作也不少,岑先生这篇称得上是一篇佳作!"

有人问道:"诗中的'颍阳归客'是岑兄自指吗?"

岑参答道:"正是,因为我早年居住在颍阳一带,此时又很想回内地,所以就自称'颍阳归客'了!"

"噢,"那人又问:"那诗中说'奉使三年'是实指吗?"

"对,"岑参回答:"当时我第二次出塞已经第三个年头了,所以有'奉

459

使三年'之说。"

又有人说："我看'怜君'以下八句写独孤渐西来边地的经历最为生动，'无事垂鞭信马头，西南几欲穷天尽'，真是警策之句！"

"我看'军中'以下四句写送别宴会的情景，最为精彩！"旁边有人说道："军中置酒，半夜击鼓；锦筵红烛，明月当空；回纥将军高歌一曲，叶河蕃王能说汉语，场面可想多么热闹呀！"

众人又品评一番，都对此诗极力赞扬。听了众人的话，严武笑道："说我新诗满人口，实在过誉，岑兄才是新诗满人口呢！"

"过奖了！"岑参笑着也饮了一杯酒说："严中丞，您太谦虚了，您的那首《军城首秋》不是早已在京城传诵了吗？"稍一停顿，岑参朗声诵道：

> 昨夜秋风入汉关，朔风边月满西山。
> 更催飞将追骄虏，莫遣沙场匹马还。

众人听罢，纷纷点头称赞……

酒过三巡，王刺史说："今天为严大人接风，又是送行，不能只诵旧作没有新诗呀！岑先生能否再赋一首？"

众人叫好，早有人去准备纸笔。岑参走到书案前，提笔写下诗题《使君席夜送严河南赴长水》，略一停顿便一气写下来：

> 娇歌急管杂青丝，银烛金杯映翠眉。
> 使君地主能相送，河尹天明坐莫辞。
> 春城月出人皆醉，野戍花深马去迟。
> 寄声报尔山翁道，今日河南胜昔时。

写罢，岑参把笔一放，朗声说："见笑，见笑！"

众人围到书案前，你一言，我一语地品评起来。有的说"使君"二句分写虢州刺史的厚谊与严河南的醉态最为传神，也有的赞"春城"二句写得更为生动，特别是"野戍"二字写出了当时洛阳为叛军所据、陕、虢一带有众兵戍守的形势，是借眼前景写心中情……总之，免不了夸奖几句，岑参也只是笑笑，与严武又饮酒聊起了朝廷大事……

460

严武问道:"岑兄,别的老友有什么消息吗?"

岑参想到杜甫、高适也是严武的老友,说道:"高适现在在彭州任刺史,杜甫在秦州(甘肃天水),最近杜甫写了一首给高适和我的诗,写得很好……"

"是吗? 不知岑兄能否背诵一遍?"

"可以!"岑参理一理思路,轻声背诵道:

故人何寂寞,今我独凄凉。

老去才虽尽,秋来兴甚长。

物情尤可见,辞客未能忘。

海内知名士,云端各异方。

高岑殊缓步,沈鲍得同行。

意惬关飞动,篇终接混茫。

举天悲富骆,近代惜卢王。

似尔官仍贵,前贤命可伤。

诸侯非弃掷,半刺已翱翔。

诗好几时见,书成无信将。

男儿行处是,客子斗身强。

羁旅推贤圣,沉绵抵咎殃。

三年犹疟疾,一鬼不销亡。

隔日搜脂髓,增寒抱雪霜。

徒然潜隙地,有腼屡鲜妆。

何太龙钟极,于今出处妨。

无钱居帝里,尽室在边疆。

刘表虽遗恨,庞公至死藏。

心微傍鱼鸟,肉瘦怯豺狼。

陇草萧萧白,洮云片片黄。

彭门剑阁外,虢略鼎湖旁。

荆玉簪头冷,巴笺染翰光。

乌麻蒸续晒,丹橘露应尝。

岂异神仙宅,俱兼山水乡。

竹斋烧药灶,花屿读书床。

更得清新否,遥知对属忙。

旧官宁改汉,淳俗本归唐。

济世宜公等,安贫亦士常。

蚩尤终戮辱,胡羯漫猖狂。

会待祆氛静,论文暂裹粮。

众人听了杜甫的诗都很兴奋,尤其是最后几句希望平定安史之乱,诗人们再相聚首谈诗论文,该是多么快乐!

参加完刺史为严武送行的宴会不久,很快到了重阳节,这一天卫伯玉经过虢州前往长水,虢州刺史按例设宴款待,岑参也参加了宴请。这位卫伯玉可是个大人物,他是三原(今属陕西)人,原为安西将领,肃宗即位后平定安史之乱,他由安西回到长安,开始任神策兵马使出镇陕州(今河南陕县)行营,后破叛军于疆子坂,被朝廷封为右羽林大将军,四镇、北庭行营节度使,兼任御史中丞。此次经过虢州前往河南府的治所长水,地方长官们当然会尽力与其结交。岑参在席间赋诗一首:

节使横行东出师,鸣弓擐甲羽林儿。

台上霜威凌草木,军中杀气傍旌旗。

预知汉将宣威日,正是胡尘欲灭时。

为报使君多泛菊,更将丝管醉东篱。

诗中说节度使率兵向东出发,弓箭在弦,身着铠甲,都是禁军一般的精锐部队;卫伯玉任御史中丞,威风凛凛,军中杀气弥漫在旌旗周围;知道大将一定会得胜而归,那时叛军一定全都被消灭了。到胜利之时,再与将军一道赏菊饮酒,欣赏美妙的乐器演奏吧!

第二天,众人为卫伯玉送行,岑参见到了卫伯玉的坐骑,好不威风,令人赞叹。回到家里,岑参提笔写下《卫节度赤骠马歌》:

君家赤骠画不得,一团旋风桃花色。

红缨紫鞚珊瑚鞭,玉鞍锦鞯黄金勒。

请君鞲出看君骑,尾长窣地如红丝。

自矜诸马皆不及,却忆百金初买时。

香街紫陌凤城内,满城见者谁不爱?

扬鞭骤急白汗流,弄影行骄碧蹄碎。

紫髯胡雏金剪刀,平明剪出三骏高。

枥上看时独意气,众中牵出偏雄豪。

骑将猎向南山口,城南狐兔不复有。

草头一点疾如飞,却使苍鹰翻向后。

忆昨看君朝未央,鸣珂拥盖满路香。

始知边将真富贵,可怜人马相辉光。

男儿称意得如此,骏马长鸣北风起。

待君东去扫胡尘,为君一日行千里。

　　此诗先写赤骠马的装束、神态,又写其形象、气势。赤骠马,有白色斑点的红马。鞁,马缰绳。鞯,马鞍垫。勒,马笼头。鞲,配备马具。窣地,垂地。香街紫陌,指京城繁华的街道。三骏,将马鬃修剪成三绺,即所谓"三花马"。"枥上看时独意气,众中牵出偏雄豪。骑将猎向南山口,城南狐兔不复有。草头一点疾如飞,却使苍鹰翻向后",历来是被人们赞扬的名句。接着回忆卫节度上朝时的景象。未央,汉宫名,借指唐朝宫殿。珂,马勒口上的玉饰。盖,仪仗中的伞盖。结尾四句鼓励卫节度为平叛再立新功,也表现出岑参自己的内心情怀。

　　这首诗岑参请人带给了卫伯玉,卫伯玉非常喜欢,又请当朝大书法家颜真卿重写一遍,挂在会客厅里,来人即向他们夸耀……

　　代宗宝应元年(七六二)二月初七上午,岑参正在府中处理杂务,忽然仆人来报:"岑大人,朝廷有人前来宣布任命,刺史大人请您去他那里!"

　　岑参一愣,急忙随仆人去见刺史。刺史见了岑参,笑道:"岑先生,朝廷又想起在虢州的群山中有一个才子,下来了一道命令,您……"

　　"刺史大人,请您直言……"

　　刺史停了一下,说道:"朝廷刚下命令,任命您为太子中允、兼殿中侍御史,充关西节度判官。"

"关西节度？"

"对，关西节度，治所在华州，因在潼关之西，故称关西节度。"

"噢，原来如此！"

刺史又说："岑先生，您知道，前不久洛阳重新失守，叛军又占领了东都，所以关西节度的主要任务就是负责潼关的防御！"

"噢，我明白了，看来这个任命责任重大呀！"

"当然了，岑先生也应该有所作为了，这一段时间您在虢州任职也实在太委屈了！"

"哪里，哪里。大人可不能这么说！"

能亲自参加平定和防御叛乱的队伍，岑参当然兴奋异常，因此在接到任命的当天，他便移交了公务，第二天一早便赶往关西节度幕府报到去了。

岑参以为自己尽忠报国的机会终于来了，但是，事情并不像他想象得那么简单，在关西节度幕府里看到的情况，使岑参十分焦急：武将们无功自傲，终日沉浸在酒宴歌舞之中，根本不考虑怎样保卫潼关、防御叛军。岑参自到任后就曾多次向节度使上书，希望他能整肃部队，严阵以待，但是他的建议却遭到节度使的指责和武将们的讥讽，岑参在这里成了一个无所作为的人。岑参在写给虢州的一位老朋友同州刺史王政的诗中这样描写当时的形势和自己的苦闷心情：

> 胡寇尚未尽，大军镇关西。
> 旗旌遍草木，兵马如云屯。
> 圣朝正用武，诸将皆承恩。
> 不见征战功，但闻歌吹喧。
> 儒生有长策，闭口不敢言。

诗中很清楚地表现出诗人对叛军未灭的忧虑和对诸将不思为国尽忠的不满以及自己虽然有良策，却不被重视的苦闷，其内容是很丰富的，接着表达了对王政不能入朝的感慨和对王政的怀念：

> 昨从关东来，思与故人论。

何为廊庙器，至今居外藩？

黄霸宁淹留，苍生望腾骞。

卷帘见西岳，仙掌明朝暾。

昨夜闻春风，戴胜过后园。

各自限官守，何由叙凉温。

离忧不可忘，襟背思树萱。

廊庙器，能担当朝廷重任的人才。居外藩，在地方任职。黄霸，西汉有名的循吏，此以代指王政。苍生，百姓。腾骞，飞腾升迁。仙掌，华山东峰仙人掌峰。暾，初升的太阳。最后四句说，我们各自限于职守，不能相聚互相问候，一腔相思之情，只能靠在堂前堂后种植"忘忧草"来缓解了。襟背，堂前堂后。萱，植物名，又称"忘忧草"。这首诗深深打动了王政，难怪他收到信后第二天便专程来到关西，与岑参整整呆了一天呢。

在关西任职期间，有两首诗作特别值得留意，一是《潼关使院怀王七季友》，表现了岑参当时的交游和思想：

王生今才子，时辈咸所仰。

何当见颜色，终日劳梦想。

驱车到关下，欲往阻河广。

满目徒春华，思君罢心赏。

开门见太华，朝日映高掌。

忽觉莲花峰，别来更如长。

无心顾微禄，有意在独往。

不负林中期，终当出尘网。

这首诗写于潼关镇国军的官署。王季友是河南（今洛阳市）人，以前长期在滑州（今济南滑县）山中隐居，后来到华阴、渭南一带游历，与岑参多有来往。在岑参心中，王季友就是一个隐士，他的隐居生活令岑参十分向往，所以诗中一方面说王季友为时辈所仰，自己很想见他一面，但却"阻河广"，因此产生了归隐之志："无心顾微禄，有意在独往。不负林中期，终当出尘网。"

另外一首也是"充关西节度判官华州时作"的《敷水歌送窦渐入京》，是一首流畅的歌行体送别之作：

> 罗敷昔时秦氏女，千载无人空处所。
> 昔时流水至今流，万事皆逐东流去。
> 此水东流无尽期，水声还似旧来时。
> 岸花仍自羞红脸，堤柳犹能学翠眉。
> 春去秋来不相待，水中月色长不改。
> 罗敷养蚕空耳闻，使君五马今何在。
> 九月霜天水正寒，故人西去度征鞍。
> 水底鲤鱼幸无数，愿君别后垂尺素。

敷水，水名，今陕西华阳县县西敷水镇附近水从敷谷流出，注入渭河。后人有罗敷居于敷水的传说，所以此诗由此入手，其实敷水与罗敷并无关系。罗敷是汉乐府《陌上桑》塑造的人物，其诗曰："日出东南隅，照我秦氏楼。秦氏有好女，自名为罗敷。"又曰："罗敷喜蚕桑，采桑城南隅。……使君从南来，五马立踟蹰。"使君，对郡太守的称呼。此诗最后四句说窦渐正在九月深秋时节西去，希望能重视友情，多来书信。尺素，写在白绢上的书信。古时尺素书结成双鱼形，故常以双鱼或鲤鱼作为书信的代称。

这一年十月，朝廷以雍王李适为天下兵马元帅，会同诸道节度使及回纥兵于陕州，进讨叛军，岑参被任命为"掌书记"，负责"书奏之任"。第二年叛军被击败，溃逃而去，各路部队分别回到原先的防区。岑参有一位姓辛的友人也要回长安入朝言事，岑参送别时作《陕州月城楼送辛判官入奏》：

> 送客飞鸟外，城头楼最高。
> 樽前遇风雨，窗里动波涛。
> 谒帝向金殿，随身唯宝刀。
> 相思灞陵月，只有梦偏劳。

不久,岑参离开关西,回到长安,被任命为祠部员外郎,这是一个清闲的官职,除了上朝时给皇上献计进策以外,晚上还经常要在宫中值班。这里的生活颇受优待:时衣为皇上所赐,饮食为宫厨所备;值班时,有宦官侍候,有宫女捧香……兴致来了,可以写诗作文,亦可悬灯书写奏章。这种状况,也许一般人是会很满足的,可是岑参却似乎并不知足,是呵,他总是念念不忘为国家为朝廷建大功、立大业,又怎能以做一个清闲的京官为满足呢?

一天晚上,一位叫刘忠的官员来岑参家拜访,二人边饮酒边谈天,谈到自己已经年近五十,岑参长长地叹了一口气。

"岑兄,你现在做了员外郎,生活无忧无虑,又为什么叹气呢?"

岑参饮了一口酒说:"我东奔西走了大半生,本指望能光宗耀祖,建功立业,可是……到现在我才做了一个祠部员外郎,官职高低,不去说它,只是我的一腔报国热情,又怎么去实现呢!"

"唉,岑兄,凡事还是想开一点吧。"

岑参又叹了一口气说:"昨日我写了一首诗,其中有两句颇令我自得。"

"哪两句?岑兄不妨读一读。"

岑参点点头,吟道:"年纪蹉跎四十强,自怜头白始为郎,"他吟完又解释道,"因为我今年四十九岁,故云'四十强'。"

"这两句的确令人感慨,不知岑兄能否将全篇读一遍?"

岑参道:"那就见笑了!"说着轻声吟诵道:

> 年纪蹉跎四十强,自怜头白始为郎。
> 雨滋苔藓侵阶绿,秋飒梧桐覆井黄。
> 惊蝉也解求高树,旅雁还应厌后行。
> 览卷试穿邻舍壁,明灯何惜借余光!

刘忠听完全诗,自然明白了岑参的本意:他是借这首诗向一位高官表明希望更加得到重用,尽早建立功业,不由问道:"这首诗是呈送给哪一位大人呢?"

岑参苦笑道:"是我写给兵部侍郎李大人的,昨晚读书时忽然心有所动,人已近五十,头发已苍白,却仍只是一个郎官,功业未成,不免心慌,提笔写下了这首《秋夕读书幽兴献兵部李侍郎》。"

"李侍郎?是不是兵部李进大人?"

"对,就是李进大人,他是我大唐宗室,现在又任兵部侍郎,正是大权在握呀!"

"岑兄之意甚明,我当然理解。"

"我看祠部员外郎是一个闲职,不会有什么作为,所以想请李大人帮忙,看能不能调到兵部去,你知道,朝廷历来最重视兵部,向来有'前行'之说。"

"是呀,我当然理解岑兄的苦心了,大丈夫谁不想有更大作为呢?你的诗里说惊蝉往高枝上飞、旅雁也不愿落在后头,意思都很明白,特别是你这诗里的最后二句把意思说得更清楚了,谁不知道西汉匡衡勤学,穿壁借邻居灯光读书的故事?岑参兄是借此表达对李大人的期望呢!你以前写的那两句'功名只应马上取,真是英雄一丈夫!'在朋友们中间传得很广呢!"

岑参只是长叹一声。

刘忠又说:"岑兄此诗中间四句虽然看似写景,但却写出岑兄秋日心境的寂寞和拜求李大人的心情,'惊蝉'、'旅雁'难免令人有所思呀!"

停了一会儿,刘忠小心翼翼地问道:"岑兄知道太上皇驾崩前的情况?"

"略知一二,太上皇上个月因病不治驾鹤西去了,英雄一世,晚年……"

说到这个话题,二人都不敢多说。

读者也许会问:太上皇是谁呢?就是大名鼎鼎的唐玄宗。

唐玄宗,本名李隆基,是睿宗李旦第三子,垂拱元年(685 年)生于东都,史书说他:"性英断多艺,尤知音律,善八分书。仪范伟丽,有非常之表。"他在位长达四十余年,既有功于历史,亦有罪于历史,他到底是怎样一个人呢?

公元 705 年,武则天病死,结束了她长达二十余年的统治,宰相张柬之等人拥戴中宗李显复位。中宗为人庸弱无能,只知优游享乐,武则天之侄武三思与韦皇后私通,干挠政事。太子李重俊见状,假传圣旨发动羽林军杀死武三思及其死党十几人,在韦后和女儿安乐公主督促下,中宗不得不杀死了太子,自己也终为妻女所害,韦氏便"临朝称制"。中宗被毒死后,其弟李旦的儿子临淄郡王李隆基,暗与他姑母太平公主联合,准备诛杀韦党众人,这时有人劝说李隆基先向李旦报告此事,李隆基说:"报告而得到批准,那么父王就是参与了这件危险的事,如果不批准,那我就干不成这件事了。"便趁夜"率万骑军入北军讨乱,诛韦氏"及韦后从兄韦温和他们的党羽,睿宗李旦立为帝,隆基被立为太子。先天元年(712 年)秋天,睿宗听信相士之言,决定传位隆基,太平公主等人力谏不可,睿宗自己却已下决心,他对李隆基说:"国家重新得到安定,我能登上帝位,全靠你的努力。"隆基虽然固辞,但终从父命。睿宗虽然作了太上皇,但犹"自总大政",隆基只能处理一些较小的公务。李隆基虽然贵为小皇帝,但太平公主的权力极大,她"依上皇之势,擅权用事……宰相七人,五出其门,文武之臣,太半附之"(《资治通鉴》唐纪二十六)。于是隆基与太平姑侄间的矛盾日益发展和尖锐化,最后,李隆基终于动用了武力杀死太平公主门下的宰相窦怀贞等,太平公主逃入山寺,三日乃出,终赐死于府中,又杀太平公主党羽数十人。至此,睿宗才把帝位正式传给了李隆基,隆基即位即改元"开元",群臣上尊号为"开元神武皇帝"。中国历史上的唐玄宗、唐明皇就这样登上了历史的舞台。

李隆基做太子时常自称阿瞒,他是十分羡慕曹操的政治才能的。在长期的政治与权力斗争中,他逐渐具有了一定的社会经验,他懂得皇位的得来不易、保之颇难,因此开元初他所任用的大臣都比较适当,如姚崇、宋璟等都是很有才干的人物。姚崇曾向玄宗请示五品官员的任用问题,玄宗顾左右而不答言,便又说了几遍,见玄宗还不表态,心里有些害怕地退下去了。高力士问玄宗为什么要这样对待姚崇,玄宗说:"我把政事委托给姚崇,大事吾当与他一起决定,至于任用五品官吏,还是由他自己决定就可以了,不必用这样的事来烦我!"姚崇听了这话才放心,"由是进贤退不肖而天下治",知道这件事的人都认为玄宗有知人之明。姚崇曾向玄宗上奏十事,如行法必自亲近的人开始,废除苛捐杂税,不鼓励建立边功,宦官不参与政治,停道、佛营造,用人为贤,刑赏得当等,这些都是对国家安定发展有重要意义的措施和建议,玄宗表示"朕能行之"。玄宗也确实想按姚崇所奏去做,如开元二年(714年)姚崇向玄宗进谏,不必沿中宗以来恶习,任凭贵戚"争营佛寺,度人为僧",玄宗听了他的话,即命有司淘汰天下僧尼万余人归农。同年薛王李业的舅舅王仙童,侵暴百姓,御史弹奏,薛王为其求情,姚崇、卢怀慎等奏仙童犯法,不可纵容,玄宗听从了,治了仙童的罪,"由是贵戚束手"。宋璟也精于吏治,守法不阿,却谀尚实,不事虚文,敢于犯颜直谏,"上甚敬惮之,虽不合意,亦曲从之"。《开元天宝遗事》有一个小故事很有意思,说在一次宴会上,玄宗赏给宋璟一支金筷子并说:"非赐汝金,盖赐卿之箸,表卿之直也。"由此可见唐玄宗开元初年的政治还是比较开明的。这样,一方面是唐朝自建立以来实行了一些较为进步的措施,促进了社会生产的发展,积累了相当的社会财富;一方面是唐玄宗即位以后任用了较有远见、敢于直言的宰相,君臣协心,励精图治,便形成了唐代在"贞观之治"以后的另一个兴盛时期:"开元之治"。正如李白诗中所赞叹的:"一百四十年,国容何赫然!"

"开元盛世"的景象是怎样的呢?时人沈既济曾说当时是"家给户足,人无苦窳,四夷来同,海内晏然"。《新唐书·食货志》说得比较具体,"是时,海内富实,米斗之价钱十三,青、齐间斗才三钱。绢一匹,钱二百。道路列肆,具酒食以待行人。店有驿驴,行千里不持尺兵。天下岁入之物,租钱二百余万缗,粟千九百八十余万斛,庸调绢七百四十万匹,绵百八十余万屯,布千三十万余端"。诗人杜甫也在其《忆昔》里深情地回忆了当时国家大盛的局面:"忆昔开元全盛日,小邑犹藏万家室。稻米流脂粟米白,公私仓廪俱丰实。九州道路无豺虎,远行不劳吉日出。齐纨鲁缟车班班,男耕女桑不相失。"那种"全盛"的往昔,怎能不使安史乱后流寓成都的杜甫感慨系之呢!当然,开元时的繁荣,正是唐朝一百多年来劳动人民辛勤劳动的结果,这些财富又被唐朝统治者剥削去了,供自己占有和享用;同时,这种"全盛"又是被封建史官有意夸大了的。但是,相对来说,这一时期社会比较安定,生产比较发展,人民的生活也比较好过一些,却也是无疑的。在这"全盛"局面的形成和发展中,作为皇帝的李隆基自有其功绩,这是应该给以充分肯定的。

玄宗其人生性爱骄奢,喜好享乐游宴,当太平公主还时刻危胁着他的皇位时,他就曾大酺天下,大合伎乐,并陪同太上皇登门楼观看,夜以继日,狂欢竟达三个多月。玄宗虽然学问不大,还是个白字先生,曾将《尚书》"无颇"错改为"元陂",但是他却有自己的专长,那就是"洞晓音律,丝管皆造其妙"(《唐语林》),他击鼓的技术也是当时第一流的。开元二年,玄宗奢侈之心大动,迫不及待地要成立"皇家乐队":"旧制,雅俗之乐,皆隶太常。上精晓音律,以太常礼乐之司,不应典倡优杂伎;乃更置左右教坊以教俗乐,命右骁卫将军范及为之使。又选乐工数百人,自教法曲于梨园,谓之'皇帝梨园弟子'。又教宫中使习之。又选伎女,置宜春院,给赐其家"(《资治通鉴》卷二一二)。玄宗将雅俗乐分开虽有堂皇的借口,其实却只是为了自己更好地欣赏所谓俗乐,他不仅亲自指挥、培养宫中女乐,还让她们演奏自己的作品,有时甚至还亲自参加演出。除此之外,玄宗还特别喜欢打球、拔河以及歌舞、百戏之类。这对即位不久、年轻有为的皇帝是很不适合的,故而不断有人上疏谏阻,认为他正当春秋鼎盛之时,应该戒郑声、尚朴素、近贤人,以国家大事为怀。玄宗表面上也"嘉赏"了这些进谏之人,自己呢,却依然如故,并不改变。其实,此时的玄宗心里颇有矛盾,一方面自己本性骄奢,又当了皇帝,何况国家安定、生产发展,很想痛痛快快地享乐一番;另一方面他身边又有那么多敢谏之士,自己也想励精图治,使皇位更加巩固。因此,他有时确实放纵自己,如宠女乐之类;有时又想抑止自己的骄奢之心,表明自己是"尚朴素"的,如开元二年夏秋之际,他接连下了两道命令,一道是给宫廷的《禁珠玉锦绣敕》:"乘舆服御、金银器玩,宜令有司销毁,以供军国之用;其珠玉、锦绣,焚于殿前;后妃以下,皆毋得服珠玉锦绣。"一道是对百官的《禁奢侈服用敕》:"百官所服带及酒器、马衔、镫,三品以上,听饰以玉,四品以金,五品以银,自余皆禁之;妇人服饰从其夫、子。其旧成锦绣,听染为皂。自今天下更毋得采珠玉、织锦绣等物,违者杖一百,工人减一等。"接着解散了长安和洛阳的织锦坊。玄宗这次像是下了大决心,七月,下了两道诏书禁珠玉锦绣,同月"内出珠玉锦绣等服玩,又令于正殿前焚之"(《旧唐书·玄宗本纪》),八月,禁女乐,真可以说是雷厉风行了。虽然玄宗奢心时萌,但他还能抑止,如开元四年(716年)有胡人说海南多产珠翠奇宝,叫人前去经营,能够获很大的利;玄宗又想派人去师子国,"求灵药及善医之妪,置之宫掖",便命监察御史杨范臣与胡人偕往求之,范臣进言曰:"陛下前年焚珠玉、锦绣,示不复用。今所求者何以异于所焚者乎!"玄宗马上表示同意,遂罢此事。当然,封建统治者的抑奢政策从来都是不彻底的,但一再下诏表示抑奢,其间还有实际行动,至少说明玄宗初年较用心于政治,生活还比较收敛,不敢过于放纵。随着社会安定局面的持续发展,社会财富的大量积累,以玄宗为代表的整个统治阶级为空前的升平景象所陶醉,日渐腐化,玄宗抑奢的决心与行动都是虎头蛇尾,不了了之。宪宗说他是:"开元初锐意求理,至十六年己后,稍似懈倦,开元末又不及中年"(《旧唐书·宪宗本纪》)。岂到开元十六年,开元十三年玄宗东封泰山,居然就带着三百头由"神鸡童"贾昌饲养的斗鸡随驾。贾昌的父亲死了,贾昌护送灵柩归葬长安,葬器等都由官府承办,难怪时人讽刺道:"生儿不用识文字,斗鸡走马胜读书!"到了开元中期以后,玄宗似乎已经忘记了过去的诏令,带头奢侈起来,如开元十八年(730年)春,他命令侍臣和百官每个假日找一处风景优美的地方举行游宴,还广为赐钱,住宿饮食皆由公家出资提供,"一天,侍臣已下宴于春明门外宁王宪之园池,上御花萼楼邀其回骑,便令坐饮,递起为舞,颁赐有差"(《旧唐书·玄宗本纪》)。开元二十年(732年)四月的一天,"宴百僚于上阳东州,醉者赐以床褥,肩舆而归,相属于路"(同上)。到了天宝年间,玄宗以为国家殷富无比,更有了放纵的基础,他常"召公卿百僚观左藏库,喜其货币山积"(《旧唐书·杨国忠传》)。因此,玄宗更加纵情声色,尽兴挥霍,变成一个十足的昏君,当时他在长安和洛阳的宫女差不多有四万多人,这与十几年前他"令有司具车牛于崇明门,自选后宫无用者载还其家"时已经大不相同了。他不仅把自己儿子的妃子杨玉环立为贵妃,而且对她宠遇极甚,"宫中供贵妃织锦刺绣之工,凡七百人,其雕刻镕造,又数百人。扬、益、岭表刺史,必求良工造作奇器异服,以奉贵妃献贺,因致擢居显位"(《旧唐书·杨贵妃传》)。贵妃的三个姐姐都得到玄宗的恩宠,称之为姨,出入宫掖,势倾天下,韩、虢、秦三夫人每人每年给钱千贯作为脂粉费。杨氏兄妹五家,甲第洞开,敢与宫廷建筑媲美;车马仆御十分奢侈华丽,照耀京邑。他们几家竞相摆阔,递相夸尚,若是看到别人的建筑胜过自己的,便马上拆了重盖,"每构一堂,费逾千万计"。由玄宗对杨氏外戚的殊宠,就可以想见玄宗已经荒淫和昏庸到什么程度!玄宗在开元末和天宝年间挥霍无度,对外戚、宦官、权臣,动辄赏赐巨万,单是对杨氏兄妹的靡费就是相当惊人的。这么多钱从哪里来呢?《新唐书·食货志》说:"天子(玄宗)骄于佚乐而用不知节,大抵用物无数,常过其所入。那些管钱的官吏,搜刮特别刻薄。太府卿杨

472

崇礼句剥分铢,有欠折溃损者,州县督选,历年不止。其子慎矜专知太府,次子慎名知京仓,亦以苛刻结主恩。王𫓧为户口色役使,岁进钱百亿万缗,非租庸正额者,积百宝大盈库,以供天子燕私"。玄宗的荒淫和贪婪自然培养了像杨崇礼、杨慎矜、王𫓧一类人物,这样便加重了对人民的剥削和压迫,使所谓开元盛世的阶级矛盾更加尖锐。玄宗对这类能压榨人民的奸吏是很欣赏的:"以为𫓧有富国之术,利于王用,益厚待之"(《旧唐书·王𫓧传》)。玄宗对这些奸臣的重用,使开元和天宝年间的政治一步步走向了黑暗。司马光在《资治通鉴》里说:"明皇之始欲为治,能自刻厉节俭如此,晚节犹以奢败;甚哉奢靡之易以溺人也!《诗》云:'靡不有初,鲜克有终。'可不慎哉?!"这段话说得还是很中肯的。

封建专制时代,皇帝想有所作为,不一定真能成事,但若是他一心想追求声色享乐,不专心于国家事务,那么坏人就必然会乘机而入,窃取政权,伏下王朝覆灭的危机。

玄宗即位之初,深知自己的权力来之不易,故而大权独揽,"收还权纲,锐于决事,群臣畏伏"(《新唐书·吴兢传》),甚至连太守的任用也亲自选择。但当他想用更多的时间享乐时,便把一部分权力交给了曾在铲除太平公主及其党羽的斗争中立过功的太监高力士,"每四方进奏文表,必先呈力士,然后进御,小事便决之"(《旧唐书·高力士传》)。高力士毕竟仅是一个太监,并不能为玄宗分多少心,为了专心享乐,玄宗想找一个更好的人代替,但时相张九龄"遇事无细大皆力争",很不得玄宗宠信,因为他此时所需要的是佞臣而不是直臣。李林甫巧伺玄宗之意,经常说张九龄的坏话,玄宗渐渐疏远了张九龄。开元二十四年(736年)李林甫终于排挤了张九龄而登上相位,因为林甫巧作会讨玄宗喜欢,玄宗便决定把权政委于他。玄宗曾问过高力士曰:"朕不出长安近十年,天下无事,朕欲高居无为,悉以政事委林甫,何如?"高力士还不糊涂,听玄宗此言忙说:"天下大柄,不可假人;彼威势既成,谁敢复议之。"玄宗听了很不高兴,从此高力士也"不敢深言天下事矣"。玄宗还是把国家大权给了李林甫,中唐陈鸿《长恨歌传》曰:"玄宗在位岁久,倦于旰食宵衣,政无大小,始委于右丞相(李林甫),稍深居游宴,以声色自娱。"《旧唐书·李林甫传》也说:"上在位多载,倦于万机……自得林甫,一以委成。"李林甫是一个口蜜腹剑的大奸臣,因其狡猾多诈,善于迎合玄宗的意思,所以受到玄宗的高度信任，"林甫久典枢衡，天下威权，并归于己"。他的上台和受到玄宗的重用，给唐朝带来了重大的灾难，《资治通鉴》小结道："上晚年自恃承平，以为天下无复可忧，遂深居禁中，专以声色自娱，悉委政事于李林甫。林甫媚事左右，迎合上意，以固其宠；杜绝言路，掩蔽聪明，以成其奸；妒贤疾能，排抑胜己，以保其位；屡起大狱，诛逐贵臣，以张其势。自皇太子以下，畏之侧足。凡在相位十九年，养成天下大乱，而上不之寤也。"这一节话言简意赅，把李林甫当权后所犯的罪行大体说清了，从中看出玄宗已经是多么昏庸！

李林甫死了以后，玄宗又任用了奸臣杨国忠，杨国忠是杨贵妃的从祖兄，他的上台，同玄宗宠爱贵妃直接有关。杨国忠也很善于迎合玄宗之意，他竭力聚敛钱财，讨玄宗的欢喜，故而在天宝七载(748 年)就领十五余使。天宝十一载(752 年)李林甫病死，杨国忠即为右相，兼文部尚书。杨国忠权力甚大，仍领四十余使，大到军国大事，小到替皇宫采办木炭、料理"宫市"，都由他一手包办。《旧唐书·杨国忠传》载："国忠本性疏躁，强力有口辩。既以便佞得宰相，剖决几务，居之不疑。立朝之际，或攘袂扼腕，自公卿已下，皆颐指气使，无不惧惮。"杨国忠在宰相之位，大肆排除异己，安插亲信；耀武扬威，挥霍无度；对国家大事常常待如儿戏，如朝廷选官本是一件严肃的公务，但他却草率从事，聊以取笑自乐。特别可恶的是他发动了对云南少数民族的"南诏之战"，为了征兵，"杨国忠遣御史分道捕人，连枷送诣军所"(《资治通鉴》)致使"举二十万众弃之死地，只轮不返，人衔冤毒，无敢言者"(《旧唐书·杨国忠传》)。这给人民带来了多么深重的灾难。

李林甫专权时，有意相杜绝将领入朝为相的可能，曾经上奏说"文士为将，怯当矢石，不如用寒族蕃人，蕃人善战有勇，寒族无党援。……自是，高仙芝、哥舒翰皆专任大将，林甫利其不识文字，无入相由。"安禄山为人很阴险，"外若痴直，内实狡黠"，很快就取得了玄宗的信任，不久就控制了东北三大重镇——平卢(治营州，今辽宁朝阳)、河东(治太原，今山西太原)、范阳(治蓟州，今北京大兴)，成为一个极有兵权的专任大将。到天宝十二载，"禄山精兵"已到了"天下莫及"的程度。天宝末有许多人已看出禄山有反叛之心，但昏庸的唐玄宗对其却绝对信任，最后竟愚蠢到"自是有言禄山反者，上皆缚送"，因而人人知禄山将反，但无人敢言。

当时有许多人对奸臣当道、玄宗受蔽的局面是不满的,李林甫和杨国忠相继为相,他们心怀鬼胎,因此特别用心于杜绝言路,凡是对他们所做所为表示不满的人,皆在排挤之列。李林甫一当宰相,"欲蔽塞人主视听,自专大权,明召诸谏官谓曰:今明主在上,群臣将顺之不暇,乌用多言!诸君不见立仗马乎?食三品料,一鸣辄斥去,悔之何及!"后来有人上书言事,果然就受到了贬谪。天宝六载(747 年),玄宗下令制举考试,李林甫怕应试之人上言不利于自己,便想办法让这些人统统落选,还上言说"野无遗贤"。杨国忠也是想尽办法要"蔽塞人主视听",使玄宗成了傀儡皇帝,如对南诏的战争,本来是"千去不一回,投躯岂全生"(李白《古风》三十四),但杨国忠却对玄宗说打了胜仗,玄宗一直被蒙在鼓里。再如天宝十二载,因水旱相继,关中大饥,玄宗担心久雨伤稼,杨国忠选了一些长得好的庄稼献上说"雨虽多,不害稼也",以粉饰他当宰相的功绩。扶风太守说了他那里的灾情,国忠便"使御史推之"。因此第二年虽仍有灾,但"天下无敢言灾者"。就在李林甫和杨国忠的欺骗下,唐玄宗一直以为天下太平,岂不知此时因为政治黑暗、权力下移,危机就要爆发了,他其实正坐在火山顶上过着"春宵苦短日高起,从此君王不早朝"的荒淫生活。

对于君权削弱可能造成的后果,许多有识之士是不放心的,李白就有诗表达了这种忧虑,他在《远别离》里描写当时的局势是:"日惨惨兮云冥冥,猩猩啼烟兮鬼啸雨。"他十分担心玄宗失权遇到危险,故而警告说:"君失臣兮龙为鱼,权归臣兮鼠变虎"。在李白看来,这种可悲的情况很可能出现,在《古风》五十三里,他更借古警今,说得十分明白:"奸臣欲窃位,树党自相群。果然田成子,一旦杀齐君。"李白既担心玄宗失权可能造成悲剧,更担心在奸臣弄权下,将造成国家混乱、人民遭殃的结局,但却是"我欲言之将何补?"玄宗此时不仅听不到,而且根本听不进去那些有关国家兴亡的进言了!许多有识之士同李白一样,虽然感到忧虑,但却也无可奈何。

玄宗晚年最昏聩的一件事就是听信李林甫之言而优宠安禄山,使安禄山的势力越来越大,最后酿成了"安史之乱"。

安禄山受到玄宗信用后经常上朝,看到李林甫、杨国忠相继擅权,朝纲紊乱,遂生乱唐之心。李林甫在时,禄山还有所顾忌,不敢鲁莽起事,待杨国忠做了宰相,禄山便不把他放在眼里,因此两人矛盾甚深。杨国忠知道禄山将反,数次向玄宗上言,无奈玄宗实在昏庸,连杨国忠的话也听不进去。到安禄山叛乱前几个月,玄宗还对杨国忠说:"禄山,朕推心待之,必无异志。东北二虏,藉其镇遏。朕自保之,卿等勿忧也!"杨国忠见玄宗不听自己的话,便命令京兆尹围住了安禄山在长安的府第,逮捕并杀了安禄山门客李超等人,以刺激他,使他快些造反,从而取信于玄宗。安禄山早已为叛乱作了准备:一方面他大力提拔手下将领,以买人心,并养"子弟兵"八千人作为骨干队伍;另一方面在范阳城储备粮草,修筑战堡,赶制军械。现在受杨国忠这么一激,怕动手晚了吃大亏,便在天宝十四载(755年)十一月甲子日,发所部兵十五万,以讨杨国忠为号召,反于范阳。

真是"渔阳鼙鼓动地来,惊破霓裳羽衣曲"。安禄山反时,玄宗正在华清宫寻欢作乐,开始,他以为是忌恨安禄山的人谎报军情,根本不信;不久,听到安禄山真地反了,赶忙召集宰相商量对策,决定下诏痛责安禄山,允许其归顺,谁知安禄山毫无悔意,答书极其轻慢。玄宗这才感到形势实在严重,便在十二月辛丑日,制太子监国,打算"御驾亲征"。当时玄宗已届迟暮之年,加之长期的荒淫生活,使他的身体衰朽多病,亲征确实不太容易,但他毕竟是当今皇帝,有一定的号召力,若是以国家为重,扶力一行,可能鼓舞士气,争取时间,使官军阻止或削弱叛军"烟尘千里,鼓噪震地"的气势。可是杨国忠听玄宗说要亲征就慌了神儿,他退朝后对韩、虢、秦三位夫人说:"太子素恶吾家专横久矣,若一旦得天下,吾与姊妹并命在旦暮矣!"然后几个人抱头痛哭,好不凄凉!三姊妹又向贵妃哭诉,贵妃跪在地上请求玄宗收回成命,玄宗发发虚火也乐得不去"亲征"了。在唐玄宗、杨国忠等人看来,国家社稷岂有他们的性命重要!

安禄山叛军来势十分凶猛,天宝十五载六月潼关失守,京城一片慌乱。在杨国忠的建议下,玄宗决定逃往西南,看一看他们逃跑的情状,只有"仓皇"二字聊以形容:"(甲午)上移仗北内。既夕,命龙武大将军陈玄礼整比六军,厚赐钱帛,选闲厩马九百余匹,外人皆莫知之。乙未,黎明,上独与贵妃姊妹、皇子、妃、主、皇孙、杨国忠、韦见素、魏方进、陈玄礼及亲近宦官、宫人出延秋门,妃、主、皇孙之在外者,皆委之而去"(《资治通鉴》唐纪三十三)。这一行人匆匆忙忙向京城外逃去,天亮时过了一座便桥,杨国忠怕叛军追及想断桥,幸亏玄宗阻止才没有马上断掉。辰时,他们来到咸阳望贤驿打尖休息,因为出逃仓促,官吏四散逃跑,无人提供食物。

玄宗在一棵树下休息,到中午尚未进食,幸亏附近百姓看在旧君的面子上相继献食,才没有饿着这当今天子,众军士则到附近各村寻粮求食。晚上,他们逃至金城县,县官早已溜走,虽去人招诱也无人回来,只得靠智藏寺僧所献食物充饥,住得也很随便:"驿中无灯,人相枕藉而寝,贵贱无以复辨。"第二天下午队伍到达了京兆兴平县马嵬驿,将士们又饥又疲,都很愤怒,他们认为杨国忠误国召乱,罪该万死,要求"护驾"将军陈玄礼将其杀掉。陈玄礼进奏曰:"逆胡指阙,以诛国忠为名,然中外群情,不无嫌怨。今国步艰阻,乘舆震荡,陛下宜徇群情,为社稷大计,国忠之徒,可置之于法"(《旧唐书·玄宗本纪》)。正这时兵士们看到吐蕃使者二十余人拦住国忠说话,兵士们大声叫道:"国忠与胡虏谋反!"把杨国忠抓住杀掉肢解了,还用枪戳着他的头放在驿门外示众,接着兵士们又杀了国忠之子杨暄和韩、秦二夫人,军士们包围了马嵬驿。玄宗听到喧哗声,问知兵士们杀了杨国忠,便拄着杖子走出驿门,好言劝慰,让士兵们解散归队,军士不应。玄宗令高力士去问原因何在,陈玄礼答道:"国忠谋反,贵妃也不应再在左右,请陛下割恩,一同正法。"贵妃是玄宗的心头肉,如何舍得? 可是兵士不散,恐有大乱。正在犹豫,京兆司录韦谔叩头流血,进言说:"今众怒难犯,安危在此刻,愿陛下速决!"玄宗还为贵妃开脱道:"贵妃常居深宫,安知国忠反谋?"高力士又进谏说:"贵妃诚无罪,然将士已杀国忠,而贵妃在陛下左右,岂敢自安! 愿陛下审思之,将士安则陛下安矣。"高力士这番话很有分量,玄宗更看重的恐怕是"陛下安",只好叫高力士牵贵妃到佛堂,用白练缢死了,然后将贵妃尸体放在驿庭,让陈玄礼等进来验看,陈玄礼等人都放下武器,顿首请罪。玄宗慰劳了他们,众人高呼万岁,再拜而出,将此事晓谕随行兵士,队伍又准备出发了。这就是有名的"马嵬兵变",有许多诗人对这次事件给以高度赞扬,高适有诗云:"乙未将星变,贼臣候天灾。胡骑犯龙山,乘舆经马嵬。千官无倚着,百姓徒悲哀。诛吕鬼神助,安刘天地开"(《酬裴员外以诗代书》)。杜甫也写道:"忆昨狼狈初,事与古先别。奸臣竟菹醢,同恶随荡析。不闻夏殷衰,中自诛褒妲。周汉获再兴,宣光果明哲。桓桓陈将军,仗钺奋忠烈"(《北征》)。白居易的描写则很细致:"翠华摇摇行复止,西出都门百余里,六军不发无奈何,宛转蛾眉马前死!"(《长恨歌》)"马嵬之变"确实是一次不凡的壮举,杨国忠等人受到了应有的惩罚,只是便宜了引起"安史之乱"的更大的罪魁李隆基。

　　待要从马嵬驿出发了，玄宗等人还没决定往哪儿逃跑，将士们有的说向河、陇，有的说向灵武，有的说向太原，还有的说以还京为好，玄宗想入蜀，怕违众心，所以只能不说话。最后还是采纳了韦谔的意见，先去扶风，然后再考虑要去的地方。刚要动身，当地父老拦路请玄宗留下，领导平定"安史之乱"，玄宗按辔良久，还是想跑，众人便乞留皇太子，"愿勠力破贼，收复京城"。太子李亨遂留下没有同行入蜀。

　　不久，玄宗诸人到达扶风郡，军士各怀去志，口出怨言，陈玄礼也控制不住。正巧成都贡来春彩十余万匹，玄宗命置之于庭，召集众将士说："朕近来衰老，托任失人，致逆胡乱华，须远避其锋。知卿等皆苍猝从朕，不得别父母妻子，远随至此，劳苦功高，朕甚愧之。蜀路阻长，郡县偏远，人马众多，或不能供，今听卿等各还家；朕独与子、孙、中官前行入蜀，亦足自达。今日与卿等诀别，可共分此彩以备资粮"（《资治通鉴》唐纪三十三）。说完泣下沾襟，看来是真动了感情，众人闻言都哭道："臣等死生从陛下，不敢有贰！"人心这才稍稍安定。这支逃亡队伍又经过长途跋涉，经陈仓、散关到了河池郡，又经益昌县至普安郡，在这里，房琯等人由京城追来。房琯劝玄宗实行分制，玄宗便下了制文，分封了太子李亨、永王李璘、盛王李琦等人，希望他们同心协力以平叛乱。开始人们还不知道玄宗踪迹，待看了这篇制文，才知道他快逃到四川去了。七月二十八日，玄宗与随从兵士经巴西郡到了成都，"扈从官吏军士到者一千三百人，宫女二十四人而已"（《旧唐书·玄宗本纪》）。几年前，笔者曾沿玄宗逃跑路线凭吊古迹，由今日此路之难行完全可以想见当年奔蜀之艰辛，不知玄宗人马是怎样到达成都的，这位"太平天子"一定吃了不少苦头。不过，这也是咎由自取，任谁他也埋怨不得！不知这位骄奢惯了的皇帝，见仅有一千余人跟从自己又该作何感想？

　　玄宗到成都不久，灵武所派使者至，这才知道皇太子李亨已在凤翔即了帝位，玄宗无奈，便派韦见素、房琯等奉宝册至顺化禅位，玄宗做了太上皇。

　　第二年（至德二载，757 年）九月，元帅广平王李俶、副元帅郭子仪将朔方等军及回纥、西域之众十五万，发凤翔，取长安，激战于长安西，叛军大溃，向东逃去。官军收复西京长安，然后又进军洛阳，安庆绪败走河北，官军又收复东京洛阳。十月肃宗李亨返长安，在谋臣李泌督促下，他上表玄宗请其回京，并表示要归政玄宗，自己重还东宫修臣子之职。十二月初四，玄宗由蜀返长安，行到咸阳，看到李亨释黄着紫、痛哭流涕地来迎驾，便说："天数、人心皆归于汝，使朕得保养余齿，汝之孝也！"至长安后，"文武百僚、京城士庶夹道欢呼，靡不流涕"。几日后，玄宗又到暂为太庙的大内长安殿，向老祖宗请罪，然后即住进自己当皇帝以前居住的兴庆宫。

玄宗与肃宗回到长安以后，二人都小心翼翼地拿父慈子孝的封建伦理道德维系着父子关系。乾元元年（758年）正月，玄宗御宣政殿授册，加给肃宗以"光天文武大圣孝感皇帝"的尊号；肃宗也投桃报李，马上回赠其父一个"太上至道圣皇天帝"的尊号，真像是一场双簧戏。若是想到其时战乱尚未平息，便可以知道这一对父子用心何其良苦。

但是有些事情是不以个人的意志为转移的，父慈子孝的面纱到底遮挡不住政治斗争的刀光剑影。玄宗很喜欢兴庆宫，自蜀归来后就住在这里，左龙武大将军陈玄礼、内侍监高力士都在玄宗身边侍卫；肃宗又命玉真公主、如仙媛、内侍王承恩、魏悦陪伴玄宗，还派数十名梨园弟子常在玄宗身边排练、演出，以供解闷。兴庆宫里有座长庆楼，南临大道，玄宗爱去那里徘徊观览，从大道上路过的父老和官吏往往瞻仰跪拜，山呼万岁，玄宗常在楼下置酒食赏赐他们，还曾召呼将军郭英义等上楼来欢宴。一次，从剑南来的奏事官过楼下拜舞，玄宗命玉真公主、如仙媛为之做主人。且不说作为逊位君主的玄宗，是不是真想复辟，只是私下接近民众、交接官吏，却绝不是在位君主所愿意的。李辅国当时专权用事，但他出身却很微贱，玄宗左右的人都很看不起他，辅国便怀恨在心，为了报复，也是想立奇功以固其宠，就对肃宗上言说："上皇居兴庆宫，日与外人交通，陈玄礼、高力士谋不利于陛下。今六军将士尽灵武勋臣，皆反仄不安，臣晓谕不能解，不敢不以闻。"肃宗哭道："圣皇慈仁，岂容有此！"李辅国答曰："上皇固无此意，其如群小何！陛下为天下主，当为社稷大计，消乱于未萌，岂得徇匹夫之孝！且兴庆宫与街道相近，墙垣浅露，非至尊所宜居。大内深严，奉迎居久，与彼何殊，又得杜绝小人荧惑圣听。"（《资治通鉴》唐纪三十七）肃宗没有答应。兴庆宫原来有三百匹马，李辅国假传肃宗的话，仅留下了十匹。玄宗伤心地对高力士说："吾儿为辅国所惑，不得终孝矣。"李辅国又令六军将士，号哭叩头，请求迎玄宗居太极宫（即"西内"），肃宗只是流泪却不表态。不久，肃宗病了，李辅国便假传圣旨，迎接玄宗到西内游玩，待走到睿武门，辅国带领五百兵士，拔刀露刃，拦路进奏说："皇帝因兴庆宫潮湿，迎上皇迁居大内。"玄宗大惊，差点儿摔下马来。高力士厉声说："李辅国何得无礼！"叱令其下马，高力士就势宣布玄宗的命令，叫众兵士不得动武，将士们都纳刀入鞘，拜呼万岁，高力士又叱令李辅国和自己一起执玄宗马鞍，侍卫着到了西内，玄宗住在了甘露殿。李辅国只准留下数十个老弱兵士，陈玄礼、高力士及旧宫人皆不得留在玄宗身边。辅国之所以如此大胆，是得到肃宗的默许的。不久高力士被流放到巫州，王承恩被流放到播州，陈玄礼被勒令致仕。肃宗又另外挑选后宫百余人，名为备洒扫实是做密探，玄宗事实上已经被软禁起来，完全失去了自由，虽然贵为太上皇，玄宗的处境其实是很凄凉的。在太极宫里，这位白发老翁常常想起自己威震天下的往昔，有时又怀念与自己共度春宵的杨贵妃，这一切都成了过眼烟云。此刻，自己身边竟没有一个亲信、心腹，虽有满肚子的话，也不知向谁去说，心情自然很不愉快，因此他竟"不茹荤，辟谷"，久而久之便成了重病，到宝应元年（762年）一病不起，卒年七十八岁。

而此时此刻，这位悲剧人物却成了岑参与友人刘忠私下里谈论的话题……

时间过得飞快，一晃两年过去了。

在长安的这一段生活里，岑参与朝中官员广泛交往，其《尹相公京兆府中棠树降甘露诗》、《刘相公中书江山画障》、《奉送李太保兼御史大夫充渭北节度使》等都反映了他这样的生活。值得特别说明的是他在长安与严武的交往。这一年正月，京兆尹刘晏升为宰相，严武接任为京兆尹，岑参与严武便有了更多的交往的机会，《暮秋会严京兆后厅竹斋》便是二人一次交往的实录：

京兆小斋宽，公庭半药栏。

瓯香茶色嫩，窗冷竹声干。

盛德中朝贵，清风画省寒。

能将吏部镜，照取寸心看。

前四句写严武官府之景,有种药草的小园,有映窗的竹丛,杯中茶色浅淡,远处竹声清脆,意境十分恬淡;后四句写严武不仅为京兆尹,还兼吏部侍郎,主持吏部铨选之事,其风清正,众人畏惮。中朝,即朝内;画省,尚书省。吏部镜,史载,唐太宗赐吏部侍郎高季辅"金背境"一面,以表彰他在主持铨选中能公正允当,后人用以代指品鉴人才。不久,严武又任黄门侍郎,为门下省副长官。朝廷很看重严武的才能,在第二年(广德二年764年)任命严武将剑南东、西川合为一道,出任节度使,这已经是严武第二次到四川任职。在送别时,岑参有《送严黄门拜御史大夫再镇蜀川兼觐省》:

> 授钺辞金殿,承恩恋玉墀。
> 登坛汉主用,讲德蜀人思。
> 副相韩安国,黄门向子期。
> 刀州重入梦,剑阁再题词。
> 春草连青绶,晴花间赤旗。
> 山莺朝送酒,江月夜供诗。
> 许国分忧日,荣亲色养时。
> 苍生望已久,来去不应迟。

诗中先写严武受到皇帝的信任,受命为将,虽然不愿离开朝廷,但君命难违。授钺,古时命将出征,均举行典礼,由皇帝授与兵器。钺,大斧。玉墀,皇宫的台阶,指朝廷。登坛,委以重任。史载,刘邦曾设坛拜韩信为大将,后表示一种特殊恩遇的隆兔重式。讲德,汉代王褒曾作《四子讲德论》,以歌颂善政。此处以王褒喻指严武,说他到蜀中去定会宣扬道德、实施美政。副相,御史大夫。韩安国,汉代人,曾为御史大夫。其人有谋略,知进退,生性中厚。向秀,晋人,曾为黄门侍郎。其人好老、庄之学,为"竹林七贤"之一。此处以二人分别代指严武,因严武此时任御史大夫和黄门侍郎。继写入蜀之路,过益州,经剑阁,出行的仪仗颇为严整。刀州,指蜀中益州。剑阁,即剑门关。青绶,高官的服装。赤旗,指节度使出行的仪仗。最后鼓励他以身许国,为天子分忧,同时又能借机探望父母,得以和颜悦色地奉养老人,以尽孝道,千万不要辜负了百姓的期望,快快上路吧!

友情在字里行间溢出……

友人担当大任前往四川,而自己却仍过着"头白为郎"的生活,这种际遇使岑参颇为寂寞和苦闷,但又必须克尽职守,他的《省中即事》即写出了此时在朝内的生活:

> 华省谬为郎,蹉跎鬓已苍。
> 到来恒襆被,随例且含香。
> 竹影遮窗暗,花阴拂簟凉。
> 君王新赐笔,草奏向明光。

华省,尚书省。郎,尚书郎。襆被,以巾束被。史书载,晋代魏舒为尚书郎,正赶上朝廷淘汰郎官,他便用巾束被而出:"吾即其人也。"含香,东汉尚书郎口含鸡舌香奏事。"到来"二句说自己到尚书省为郎,虽然感到不称职,但还是按步就搬地尽责。赐笔,东汉尚书郎负责起草文书,每月赐给两只赤管大笔。草奏,起草奏章。明光,汉宫殿名,此指唐尚书郎奏事之地。岑参对社会的认识更加深刻了,他目睹了京城里达官贵人的骄横,认识到一般读书人的道路是多么艰难,尤其当他上书皇上,希望他能广开才路、抑制权贵,反而受到冷遇,更受到朝中官僚的排挤和嫉恨之时,他的激愤之情便会自然而然地表现出来。一次,他的同僚秘书省(掌管图书的部门)的秘书郎张君要到长江以南的刘晏(曾为宰相,时任河南、江、淮转运使)属下任"汴河判官",岑参在送别宴上写下了一首《送张秘书充刘相公通汴河判官,便赴江外觐省》诗,其中除了一般称赞对方及抒写送别之情外,岑参在诗中特别写道:

> 因送故人行,试歌行路难。
> 何处路最难? 最难在长安!
> 长安多权贵,珂珮声珊珊。
> 儒生直如弦,权贵不须干!
> 斗酒取一醉,孤琴为君弹。
> 临岐欲有赠,持以握中兰。

482

珂,马笼头上的玉饰。珮,玉珮。唐制,五品以上官员有珮。直如弦,指正直耿介。《后汉书·五行志》记当时童谣有"直如弦,死道边;曲如钩,反封侯"之句。干,干谒。岐,岔路。此指要分手的地方。兰,兰草,古代有以香草赠人的风俗,表示长相怀念。时光的流逝,常常使岑参感慨万千,有时他见景生情,思绪翩翩,有一次岑参在同事韦兵的家里欣赏梨花,写下了《韦员外家花树歌》,前四句说:"今年花似去年好,去年人到今年老。始知人老不如花,可惜落花君莫扫!"一种迟暮之感溢于笔下,虽然如此,他一刻也没有忘记自己年轻时的理想,他还在等待,等待着新的时机……

第九章

蜀道艰难

不管怎么说,在京城里做官,生活毕竟是平静安稳的。岑参的家在长安东市兴义坊,离他上班的地方不远,上下班十分方便。岑参的女儿水仙也已长大成人,许配给了同事李林的大公子。

这天,李林急急忙忙来找岑参,一进门便问道:"岑兄,你还不知道吧,朝廷对你有了新的任命。"

"是吗?"岑参站起身。

李林顾不得坐下就说道:"朝廷任命你为嘉州刺史。"

"嘉州刺史?"

李林点点头。

岑参请李林坐下,叫仆人上茶,却好长时间没有说话。此时此刻,他的心里十分矛盾。一方面,嘉州(唐郡名,治所在今四川乐山县)地处偏远之地,那里的生活自己能适应吗?何况自己早已年过半百,还要抛开温暖和睦的家,图的是什么呢?另一方面,他又想:这次是去做地方长官,再也不是当什么判官、长史之类的幕僚了,可以按照自己的想法做一些于国于民有利的事,也算没有虚度此生。

见岑参不说话,夫人问李林:"李大人,嘉州那么偏远,又那么潮湿,难道不能改任他处吗?"

岑参打断夫人的话说:"何必再费事呢,皇上既然有此任命,我自然应当服从!"

夫人叹了口气:"刚过了两年团圆安定的日子……唉!"

岑参感慨地说:"大丈夫志在四方,何况这两年在长安我也够憋气的,眼见得权贵擅政,小人当道,却又无可奈何。这次去嘉州,不管怎么说都是一个机会,岂可轻易失去?"

在离开长安之前,岑参先办了一件大事,那就是把女儿水仙的婚事妥善地办了。他之所以这样做,一则是因为自己离开以后,女儿女婿可以一起照顾夫人,不然留下一母一女,他怎么放得下心呢;二则是因为自己此次赴蜀,前路未卜,女儿的婚事办了,也就没有了后顾之忧,不管遇到什么事,都能泰然处之了。

朝廷在任命岑参为嘉州刺史的同时,又任命一个较岑参年轻的同事成文为少尹,这样他们两个便可结伴入蜀了。在一个寒冷的早晨,岑参和成文告别家人和朋友,离开长安,踏上了入蜀之路。

岑参被任命为嘉州刺史并起身赴成都这件事颇受朋友们关注,当时杜甫在云安(今重庆市云阳县)一带,很希望能去成都与岑参相逢,其《寄岑嘉州》诗曰:

> 不见故人十年余,不道故人无素书。
> 愿逢颜色关塞远,岂意出守江城居?
> 外江三峡此相接,斗酒新诗终自疏。
> 谢朓每篇堪讽诵,冯唐已老听吹嘘。
> 泊船秋夜经春草,伏枕青枫限玉除。
> 眼前所寄选何物,赠子云安双鲤鱼。

素书,书信。古乐府《饮马长城窟行》:"呼儿烹鲤鱼,中有尺素书。"江城,嘉州在岷江沿岸,故云。谢朓,字玄晖,南朝著名诗人。冯唐,西汉安陵人,武帝时举贤良,冯唐已九十馀岁。此以谢指岑参而以冯唐自比。限玉除,指远隔山水不能回到朝廷。玉除,指宫殿前的台阶。双鲤鱼,即指此诗。诗中充满对岑参的怀念之情。前四句说老友久未见面,不想今日却相距很近,岂非天意?中四句无限感慨,尽在言外。最后四句。自言旅食之况,而寄诗以达情,耐人寻味。

带着家人的牵挂和友人的期望,岑参与成文在一个安静的清晨从长安出发,不久便到了骆谷。骆谷即傥骆谷,是陕西终南山的一个山谷。全长二百四十多公里,北口在周至县西南,叫骆谷;南口在洋县北,叫傥谷。

山谷里山崖壁立,道路艰难,雪片落在地上,很快便冻成了冰,风声在空谷里发出"轰轰"的声响,十分吓人。崖上的野草和谷中的杂树,把阳光挡得严严实实,一片昏暗。有感于骆谷进入蜀道的艰难,成文先作了一首《骆谷行》,诗中描写了道路的难行,表达了赴任之决心,岑参读后颇有感触,写下了《酬成少尹骆谷行见呈》:

> 闻君行路难,惆怅临长衢。
> 岂不惮险艰,王程剩相拘。
> 忆昨蓬莱宫,新授刺史符。
> 明主仍赐衣,价值千万馀。
> 何幸承命日,得与夫子俱!
> 携手出华省,连镳赴长途。
> 五马当路嘶,按节投蜀都。
> 千崖信萦折,一径何盘纡。
> 层冰滑征轮,密竹碍隼旟。
> 深林迷昏旦,栈道凌空虚。
> 飞雪缩马毛,烈风擘我肤。
> 峰攒望天小,亭午见日初。
> 夜宿月近人,朝行云满车。
> 泉浇石罅坼,火入松心枯。
> 亚尹同心者,风流贤大夫。
> 荣禄上及亲,之官随板舆。
> 高价振台阁,清词出应徐。
> 成都春酒香,且用俸钱沽。
> 浮名何足道? 海上堪乘桴。

此诗先说自己读到《骆谷行》,不由带着一种惆怅心情在大路上徘徊;继而写到自己被任命为嘉州刺史,有幸与成文一道赴任,离开尚书省,并驾而行,前往蜀中。剩,颇。华省,尚书省。连镳,并驾而行。按节,徐行。接着写沿途所见,山崖盘曲,山路曲折,车轮在冰层上滑行,仪仗被密竹阻挡,深林里分不清早上还是晚上,栈道凌空而架,时隐时现。马毛在飞雪中紧缩,皮肤在烈风中剖开,山壁林立,天空只能望见一角,中午才能看到日出;晚上宿在山间,与月亮十分接近;早上出发,云彩装满一车。萦折、盘纡,曲折。隼旐,画有隼的旗帜,指州刺史的仪仗。擘,剖开。亭午,当午。石罅,石头间的裂缝。最后赞扬成少尹为人孝顺,携父亲一道上任,在朝廷里,成少尹名声极佳,又善作诗,可与建安诗人应玚、徐干齐名。亚尹,即少尹。为府的副长官。之官,赴任。板舆,车名。台阁,指尚书省。结尾两句表达了对归隐生活的向往,说浮名不足道,可乘小要筏到江湖上漫游以度此生。全诗内容颇为丰富。好不容易走出了骆谷,到了梁州。在路过梁州城固县(在今陕西城固县西北)时,见到一个叫"永安"的寺庙,岑参等人正好歇歇脚,进来参观一番,寺里的和尚对岑参很尊重,希望岑参能留下墨宝,岑参用过斋饭,提笔写下《赴嘉州过城固县寻永安超禅师房》:

> 满寺枇杷冬著花,老僧相见具袈裟。
> 汉王城北雪初霁,韩信台西日欲斜。
> 门外不须催五马,林中且听演三车。
> 岂料巴川多胜事,为君书此报京华。

因为"汉王城"(即当年刘邦被项羽封为汉王,驻兵在南郑,与城固县不远)和"韩信台"(汉王刘邦曾在南郑筑坛拜韩信为大将)都在城固县西南不远处,故诗中提及这两个古代遗址。演三车,指演说佛法。佛家常用牛车、鹿车、羊车来比喻佛教的大、中、小三乘。巴川,巴地,指巴岭山脉附近地区。

参观完永安寺,岑参等人被梁州太守接到城里,免不了又是设宴款待,席间自然又是吟诗作赋,旅途的疲劳稍稍有所缓解。成文的父亲年事已高,酒宴还未结束就提前告辞回旅舍去了。岑参和尹文又陪太守和众官员多坐了一会儿。正待岑参与尹文准备告辞时,有官员急急进来,向太守耳语了几句,太守脸色大变,忙对岑参说:"岑大人的行程恐怕得改变了!"

"为什么?"岑参和尹文都很吃惊。

太守语气颇为沉重地对岑参说:"刚从蜀中来了一个信使,要去长安报信。他说蜀中大乱，叛兵见人就杀，为安全起见，我看岑兄还是暂时在此多停些日子吧！"

"什么？"听了太守的话，岑参十分着急，他无力地坐下，请求道："能不能让我见一见那位蜀中来的信使？"太守点点头，叫人去叫那个信使进来。

一会儿，信使恭恭敬敬地走了进来，太守说："这位是岑大人，被朝廷任命为嘉州刺史，正要去赴任，你把蜀中的情况详细地向岑大人报告一下！"

信使点点头说："事情是这样的：今年十月，原节度使严公病逝，府中之事暂由行军司马杜济主持。都知兵马使郭英干和郭嘉林一起上书朝廷，请求由郭英干的哥哥郭英义为节度使。可是西山都知兵马使崔旰和自己的部下，却向朝廷上书，请求让大将王崇俊为节度使。最后，朝廷还是任命郭英义为节度使。郭英义十分嫉恨崔旰和王崇俊，上任没有几天，就找了个借口把王将军杀了。又召崔旰前来成都，崔旰推脱不来，郭英义便不再给他提供军粮和兵饷。崔旰很害怕，就把部队带到了深山里"。

"啊？后来呢？"

信使接着说："郭英义还不死心，亲自带着军队去围攻崔旰崔大人，正赶上下大雪，山谷里雪厚数尺，郭英义部队里的士兵和马匹冻死很多，崔旰见时机到了，便出兵攻击，郭英义的部队原已疲倦不堪，哪里还受得住崔旰军队的攻击呢？郭英义大败，仓皇逃跑，只剩下了一千余人。崔旰带着五千士兵，杀入成都，把郭英义全家都杀了。"

岑参又急又气："这还了得，蜀中不是要大乱了吗？"

"是啊，邛州、泸州和剑州的将军们听到崔旰杀入成都的消息都火了，他们一起发兵讨伐崔旰，闹得蜀中一片大乱。"

听了信使的话，岑参的心里十分沉重，且不说自己前往嘉州的行程要推迟，也许要取消，就是这些军阀各恃兵力，不听朝廷的命令，称霸一方，就更令人担忧了。若是这样发展下去，岂不是又是一次"安史之乱"吗！那样的话，我大唐天下又该战火不断，天下百姓又该蒙受多大的灾难呵！想到这些，岑参不由长长地叹了一口气。作为一个连任所都不能安全到达的地方官，他除了感到无可奈何以外，又能做什么呢？

梁州太守说："岑兄，依我之见，你还是暂时住在这里，一方面等一等，朝廷也许会有新的安排,另一方面也可以看看蜀中形势,说不定会有变化。"

出于无奈,岑参点了点头,答应在梁州先住一段时间再说。

时间在焦急不安中一天天过去了,一晃就是好几个月。在这期间,岑参也从朝廷得到指示,叫他暂在梁州待命,他想朝廷对他可能另有委任,因此,虽然在梁州呆得很烦,却还是不得不滞留在梁州。这样又过了些日子,终于等来了朝廷的一道新的命令,叫岑参先回长安待命。无奈,岑参只得与成文一起又回到长安。

真是度日如年,岑参又在长安百无聊赖地度过了三个月……

终于,有一天朝廷派人来到岑参长安的家,那人一见岑参便说:"小人前来传达杜大人的指示。"

"杜大人?"

"就是杜鸿渐大人。"

杜鸿渐是当朝宰相,在朝里一直是岑参的上级,他对岑参颇为欣赏,据说,让他任职嘉州,就是杜鸿渐向皇上提议的。岑参忙问:"快说,杜大人有什么指示?"

来人说:"杜大人已被任命为山南西道、剑南东西川副元帅和剑南西川节度使,前往蜀中主持政务,以平蜀乱,他向皇上推荐岑大人为职方郎中,兼侍御史,为杜大人幕府中的官员。杜大人近日就要前往就任,特请岑大人做好准备,届时同杜大人一道入蜀。"

"太好了!"岑参抑制不住自己的兴奋心情,笑了起来。

离开京城前往成都,在出发时杜鸿渐写下了《初发京师作》,岑参也像其他官员一样写了奉和之作:

> 按节辞黄阁,登坛恋赤墀。
> 衔恩期报主,授律远行师。
> 野鹊迎金印,郊云拂画旗。
> 叨陪幕中客,敢和出车诗。

首联说杜鸿渐离开相府,被任为节度使。按节,徐行。黄阁,汉代丞相办公的地方,此指相府。登坛,指拜将。次联说他领受皇恩,出征用兵。

授律,指命将出征。行师,用兵。第三联写杜鸿渐的仪仗之盛。野鹊,印上图案,指官印。金印,汉丞相和将军皆用金印。最后两句说自己虽无大才,但有幸成为杜鸿渐幕府中的人,现在更冒昧地为杜诗写下奉和之作。出车,《诗经·小雅》有"出车"篇,这里代指杜鸿渐的《初发京城作》。杜鸿渐其人好诗喜佛,可惜其诗没有完整地留下来,只有两句诗流传,表达了他喜好佛道、退身求静的心情,其句云:"常愿追禅理,安能挹化源。"当然,这是后来他又回到长安继续为相时所作。

不久,杜鸿渐带着一班幕僚来到梁州,因为蜀中乱事未平,这批人也不得不在这里滞留两个月,等到他们正式起程时,已经是五月份了。

在梁州滞留期间,岑参与早年便相识的张献城相遇,在其《过梁州奉赠张尚书大夫公》里有"何幸承嘉惠,小年即相知。富贵情易疏,相逢心不移"之句,见出二人之旧谊,但毕竟对方是唐代名将张守珪之子,后任梁州刺史,山南西道节度使,永奉元年(765),加检校工部尚书,其地位与岑参还是很悬殊的。所以岑参才有"别有弹冠士,希君无见遗"的请求。有感于张献城对自己的一片情谊,岑参还写作了《尚书念旧垂赐袍衣率题绝句献上以申感谢》:

富贵情还在,相逢岂间然。
绨袍更有赠,犹荷故人怜。

要读懂这首诗,需要了解其中的一个典故。《史记·范雎列传》记载,范雎跟着魏中大夫须贾出使齐国,须贾怀疑范雎与齐国有私下的交易,出使回来就把这个怀疑报告给魏相,魏相令人鞭打范雎,几乎打死他。后范雎逃跑去了秦国,数年后做了秦相,改名张禄,但魏国人并不知道。后须贾出使秦国,范雎穿着破衣服去见他,须贾很同情范雎,取来一件袍子给他。范雎亮明身份,历数其罪行,说:"你的罪过应该杀头,但从你给我袍子看,你对我还有一点儿老朋友的情谊。"就把他放掉了。

看来张献城真的送给岑参御寒的衣服了,他借典故表示了感谢之情。

在梁州,岑参还和友人在节度使幕任行军司马的赵某陪从京师来的王侍御一道游览梁州南郑县(今陕西汉中市)西龙冈寺并在山北的湖泊里泛舟,其《梁州陪赵行军龙冈寺北庭泛舟宴王侍御》诗说:

谁宴霜台使,行军粉署郎。

唱歌江鸟没,吹笛岸花香。

酒影摇新月,滩声聒夕阳。

江钟闻已暮,归棹绿川长。

霜台,指御史台。粉署郎,即尚书郎,当时行军司马赵某还带着尚书郎的官衔。此诗写景如画,耐人品味。

另一首《陪群公龙冈寺泛舟》也值得一读:

汉水天一色,寺楼波底看。

钟鸣长空夕,月出孤舟寒。

映酒见山火,隔帘闻夜滩。

紫鳞掣芳饵,红烛然金盘。

良友兴正惬,胜游情未阑。

此中堪倒载,须尽主人欢。

前四句写景,中四句写饮宴场面,最后写到彼此友情。紫鳞,指鱼。掣,牵引,拉动。金盘,金烛盘。未阑,未尽。倒载,即喝醉之意,用山简的典故。全诗层次清晰,语言自然流畅。

《与鲜于庶子泛汉江》也是滞留于梁州时所作,值得一读:

急管更须吹,杯行莫遣迟。

酒光红琥珀,江色碧琉璃。

日影浮归棹,芦花罥钓丝。

山公醉不醉,问取葛强知。

诗中的"鲜于庶子",即鲜于晋,当时任"庶子"之官。所谓"庶子",正四品下,唐东宫官属有太子庶子各二人,分掌左、右春坊事。鲜于晋此次被任命为邛州(今四川邛崃县)刺史,与岑参一同赴蜀。首联写音乐声中彼此劝酒;中间二联写江上情景,十分生动。最后一联借历史典故写友人

491

和自己的醉态,很有味道。急管,急促的管乐声。杯行,指劝酒。罥,挂住。山公,山简;葛疆,山简的爱将。此处用山简、葛疆代指设宴的主人与客人。《晋书》卷四十三:"时有童儿歌曰:'山公出何许,往至高阳池。日夕倒载归,茗艼无所知。时时能骑马,倒著白接篱。举鞭向葛疆,何如并州儿?'"

　　在梁州盘桓了一些日子,终于得到了继续西行的通知,他们由梁州出发,不几天就到了五盘岭。五盘岭在今广元县东北一百七十里处,这里山道曲折,十分难走。五盘岭,又名七盘岭,在今四川广元市东北八十五公里,为广元市与陕西宁强县分界处,自古是秦、蜀分界处。岭上有七盘关,故称。登上五盘岭,岑参兴奋异常,诗情油然而生,他随口吟成一首《早上五盘岭》诗,其中描写自己的心情和在五盘岭上所见的景色:

> 平明驱驷马,旷然出五盘。
> 江回两崖斗,日隐群峰攒。
> 苍翠烟景曙,森沉云树寒。
> 松疏露孤驿,花密藏回滩。
> 栈道溪雨滑,畲田原草干。

　　岑参此诗先写登上五盘岭,眼界豁然开朗的感觉;继而写出四望四周所见江回崖转、群峰耸立的山势;"苍翠"四句写山色和山下景色。"栈道"、"畲田"写山间景致。

　　最后两句更表达了他对杜鸿渐的知遇之恩:

> 此行为知己,不觉行路难。

　　诗中的"知己",当然是指向朝廷推荐自己的杜鸿渐了。蜀道难,是客观存在,但因人心境不同而有所不同,李白有《蜀道难》,姚合《送李余及第归蜀》有句去:"李白《蜀道难》,羞为无成归。子今称意行,所历安觉危!"岑参此诗与杜甫名作《五盘》有相似之处,相似之处在于写景;又有不同之处,不同之处反映在结尾。岑参是自勉,杜甫是自慰,可以对照来读,真是各有千秋:

五盘虽去险,山色佳有馀。
仰凌栈道细,俯映江木疏。
地僻无罟网,不清反多鱼。
好鸟不妄飞,野人半巢居。
喜见淳朴俗,坦然心神舒。
东郊尚格斗,巨猾何时除。
故乡有弟妹,流落随丘墟。
成都万事好,岂若归吾庐。

　　杜鸿渐在率众人离开益昌(今四川广元)时写了《发益昌》,岑参作
《奉和杜相公发益昌》诗:

相国临戎别帝京,拥麾持节远横行。
朝登剑阁云随马,夜渡巴江雨洗兵。
山花万朵迎征盖,川柳千条拂去旌。
暂到蜀城应计日,须知明主待持衡。

　　相国,宰相,指杜鸿渐。临戎,带领军队。剑阁,指大、小剑山之间的
栈道。巴江,指嘉陵江。兵,兵器。蜀城,指成都。持衡,秉持朝中权力,
指做宰相。最后两句是说杜鸿渐到成都时间不会太长,很快朝廷就会把
他召回去的。郎士元有《奉和杜相公益昌路作》:

春半梁山正落花,台衡受律向天涯。
南去猿声傍双节,西来江色绕千家。
风吹画角孤城晓,林映蛾眉片月斜。
已见庙谟能喻蜀,新文更喜报金华。

　　岑参和郎士元所作可谓势均力敌,各有特色,对照阅读,颇有趣味。
　　"蜀道之难,难于上青天",此话确实不假,入蜀的道路艰难极了。山
路崎岖,栈道窄小,岑参有《赴犍为经龙阁道》诗:

侧径转青壁,危桥透沧波。

汗流出鸟道,胆碎窥龙涡。

骤雨暗溪口,归云网松萝。

屡闻羌儿笛,厌听巴童歌。

江路险复永,梦魂愁更多。

圣朝幸典郡,不敢嫌岷峨。

诗中写出山险路远,但受到朝廷任用,又岂敢畏难不前呢?侧径,指龙门阁道,即崖壁之侧的小道。透,穿过。龙涡,大的漩涡。典郡,指被任命为嘉州刺史。岷峨,岷山,峨眉山,此指偏远的蜀地。

在入蜀途中,岑参与鲜于叔明(官为庶子)和成文(官成都尹)相遇,鲜于叔明从梓州(今四川三台县)而成文从褒城(在今陕西汉中市北褒城镇)也要去利州。三人同行了一段路,岑参有感而发,写下了《与鲜于庶子自梓州成都少尹自褒城同行至利州道中作》也值得一读:

剖竹向西蜀,岷峨眇天涯。

空深北阙恋,岂惮南路赊。

前日登七盘,旷然见三巴。

汉水出嶓冢,梁山控褒斜。

栈道笼迅湍,行人贯层崖。

岩倾劣通马,石窄难容车。

深林怯魑魅,洞穴防龙蛇。

水种新插秧,山田正烧畬。

夜猿啸山雨,曙鸟鸣江花。

过午方始饭,经时旋及瓜。

数公各游宦,千里皆辞家。

言笑忘羁旅,还如在京华。

前四句写外放为官,虽所去之处十分偏远,但因对朝廷自有一片忠心,也就不以南行之遥为念了。剖竹,即分符,指被任命为嘉州刺史。岷

494

峨，山名，此代指西蜀。北阙，宫门。南路，由长安南行入蜀之路。中间十六句写利州道中之景，生动而传神。嶓冢，山名，在陕西宁强县北。梁山，在今汉中市东南。褒斜，即褒斜道。笼，遮住。迅湍，急流。贯，穿行。层崖，重崖。魑魅，怪物。烧畬，火耕。及瓜，任职满。《左传》记齐侯派人出外任职，说"及瓜而代"即今年瓜熟时去任职，到明年瓜熟时期满，令人代之。最后四句写友人们同行时的乐观情绪，见出诗人的爽朗性格。

不久，这一行人来到了剑门。剑门又称剑阁，是四川北向的门户，因为其山峭壁中断，像是房门，又像是一把利剑，所以称为"剑门"。杜甫后来经过剑门，曾有《剑门》一诗，诗曰：

> 唯天有设险，剑门天下壮。
> 连山抱西南，石角皆北向。
> 两崖崇墉倚，刻画城郭状。
> 一夫怒临关，百万未可傍。
> 珠玉走中原，岷峨气凄怆。
> 三皇五帝前，鸡犬各相放。
> 后王尚柔远，职贡道已丧。
> 至今英雄人，高视见霸王。
> 并吞与割据，极力不相让。
> 吾将罪真宰，意欲铲叠嶂！
> 恐此复偶然，临风默惆怅。

此诗首八句感叹剑门之险，"险"、"壮"，令人感叹。石角，山峰的巨石。崇墉，高峻的城墙。傍，接近。中间六句说现在蜀地财物都由此输入中原，这使得蜀地百姓生活困乏。三皇五帝时，鸡犬各相放，没有偷窃之事，后代君王对边远地区实行安抚怀柔政策，在蜀地设置官吏，责令蜀民纳贡，破坏了蜀地百姓的淳朴生活之道。职贡，纳税的官员。道丧，失去怀柔的本意。最后为"忠愤之辞"，感叹"并吞与割据，极力不相让"，因此要让万物主宰削平山峦，不要再有人依天险而在蜀地实现割据。想到也许还会有割据的事情发生，不由默默地"临风惆怅"。罪，问罪。真宰，指造物主。这首诗不仅写了剑门之险，更写了希望统一的理想，耐人品味。

岑参站在剑门前,见群山起伏,十分壮观,诗兴大发,写下了《入剑门作寄杜杨二郎中时二公并为杜元帅判官》:

不知造化初,此山谁开坼。
双崖倚天立,万仞从地劈。
云飞不到顶,鸟去难过壁。
速驾畏岩倾,单行愁路窄。
平明地仍黑,停午日暂赤。
凛凛三伏寒,峥峥五丁迹。
与时忽开闭,作固或顺逆。
磅礴跨岷峨,巍蟠限蛮貊。
星当觜参分,地处西南僻。
陡觉烟景殊,杳将华夏隔。
刘氏昔颠覆,公孙曾败绩。
始知德不修,恃此险何益。
相公总师旅,远近罢金革。
杜母来何迟,蜀人应更惜。
暂回丹青虑,少用开济策。
二友华省郎,俱为幕中客。
良筹佐戎律,精理皆硕画。
高文出诗骚,奥学穷讨赜。
圣朝无外户,寰宇被德泽。
四海今一家,徒然剑门石。

此诗开始十二句描述入剑门道路之艰难,只有亲身经历过的人才能写得如此生动。造化初,天地之始。开坼,开辟。单行,路窄不能并行。停午,正午。"停午"句谓山高遮日,只有正午很短的时间能看到太阳。峥峥,高峻的样子。五丁,当年开辟剑阁道路的五个大力士。次十二句叙述剑门的历史故事,以警示崔旰等不要作乱。"与时"二句说剑门关随时势的变化有时开有时闭,防守剑门的人则有的听从朝廷命令有的反抗朝廷。作固,防守之意。磅礴,气势雄壮。巍蟠,山峰高大。蛮貊,指西南少数民族。觜、参:星名,均为二十八宿之一,在西方。分,分野。刘氏,指三国蜀后主刘禅。公孙,公孙述,曾据益州,自立为帝,后为汉军所灭。再次十二句赞杜鸿渐富有谋略并对幕府同僚杨炎、杜亚表示赞扬。相公,对宰相的敬称,指杜鸿渐。总,统帅。金革,兵器,指战争。杜母,即杜诗,东汉光武帝时人,为古代有名的清官能吏,此代指杜鸿渐。回,即迴,运用。少用,略施。丹青虑、开济策,均指杜鸿渐治蜀的谋略。二友,指杨炎、杜亚。华省郎,尚书郎。佐,辅佐。戎律,军事。精理,妙计。硕画,远大的计划。出,出自,来源于。奥学,深奥的学问。穷讨赜,探尽深刻的道理。最后四句颂唐之盛,收住全诗,说现在天下一统,不需要剑门这样的"外户。"与杜诗一样,表达了反对割据、主张统一的思想。

众人听了岑参的诗,纷纷点头表示赞赏,杜鸿渐也笑道:"岑先生果然诗才出众,把剑门之险状写活了,确是好诗!"当然,我们今天的读者,把岑、杜诗放在一起阅读,自然别有情味。

过了剑门,这一行人终于到达了成都。

第十章

最后岁月

在进入成都之前,杜鸿渐便叫人先去通报崔旰,说是只要不再作乱,便保证不算旧账,既不杀他,也不撤他的职。崔旰本来惹了大祸,生怕朝廷派大兵来围剿,听了杜鸿渐的这些话,便带了重礼,在成都门前迎接杜鸿渐。杜鸿渐见了崔旰,也施之以礼,没有责备他一句,仍让他负责成都府里的事务。几天后,杜鸿渐又分别任命那些与崔旰交战的武将为各州刺史,他采取的这种不问是非功过的和事佬态度,虽然受到一些人的私下指责,但毕竟使蜀中暂时归于平静了。

刚到成都,岑参没什么固定的事情要做,他便充分利用公务之余,遍访了成都的多处名胜古迹,比如武侯庙、扬雄草玄台、文公讲堂、严君平卜肆处、司马相如琴台、张仪楼等处,都留下了他的足迹,他每到一地,都要赋诗一首,以作纪念。

武侯祠专为祀刘备及诸葛亮而建,在先主庙西,岑参《先主武侯庙》:

> 先主与武侯,相逢云雷际。
> 感通君臣分,义激鱼水契。
> 遗庙空萧然,英灵贯千岁。

诗中感慨刘备与诸葛亮相逢于社会动荡不安之时,二人精神相互感通,建立了君臣的职分,犹如鱼与水一样投契,而今"遗庙"仍留人间,供人瞻仰。

读此诗,自然联想到杜甫的名篇《蜀相》,基诗曰:

丞相祠堂何处寻？锦官城外柏森森。

映阶碧草自春色,隔叶黄鹂空好音。

三顾频烦天下计,两朝开济老臣心。

出师未捷身先死,长使英雄泪满襟。

几年后,杜甫又拜谒夔州武侯庙,写下绝句一首:

遗庙丹青落,空山草木长。

犹闻辞后主,不复卧南阳。

这几首诗可以一起欣赏。

西汉文学家扬雄的旧居"草玄台",也是来成都的人必到之处。当年扬雄(字子云)为人淡于势利,不求闻达。早年好辞赋,后转而研讨学术,仿《论语》作《法言》,仿《易经》作《太玄经》。他是蜀郡成都人,故当地人把他旧居称作"草玄台"。岑参游览后写下《扬雄草玄台》:

吾悲子云居,寂寞人已去。

娟娟西江月,犹照草玄处。

精怪熹无人,睢盱藏老树。

最后二句感叹草玄台已十分荒凉,成了精怪的天下。熹,悦。睢盱,高兴的样子。

司马相如是成都的名人,他是西汉文学家,字长卿,蜀郡成都人,据史书载,他擅长鼓琴,有"琴挑文君"的雅事,其宅中有琴台。岑参到此一访,留下《司马相如琴台》:

相如琴台古,人去台亦空。

台上寒萧瑟,至今多悲风。

荒台汉时月,色与旧时同。

"荒台"二句令人想起张若虚《春江花月夜》中的名句:"江畔何人初见月?江月何年初照人?人生代代无穷已,江月年年只相似。"杜甫亦有《琴台》诗,可以比较着欣赏:

> 茂陵多病后,尚爱卓文君。
> 酒肆人间世,琴台日暮云。
> 野花留宝靥,蔓草见罗裙。
> 归凤求凰意,寥寥不复闻。

茂陵,指司马相如,他因病罢职后住在茂陵一带,故云。宝靥,指颊边涂点的装饰物。与司马相如有关的另一处古迹是升迁桥,据史书载,成都北十里有升迁桥,送客观,当年司马相如入长安,曾题其门曰:"不乘赤车驷马,不过汝下。"岑参游此作《升迁桥》:

> 长桥题柱去,犹是未达时。
> 及乘驷马车,却从桥上归。
> 名共东流水,滔滔无尽期。

成都还有一处名胜是"张仪楼"。此楼据传是秦惠王二十七年张仪所建,楼高百余尺,临山瞰江,是"蜀中近望之佳处也"。张仪是战国时赵人,著名纵横家,曾任秦相。岑参有《张仪楼》诗:

> 传是秦时楼,巍巍至今在。
> 楼南两江水,千古长不改。
> 曾闻昔时人,岁月不相待。

最后二句感叹高楼依然屹立,而江水照样流淌,但过去那修筑楼台的人却早已不知去向。陶渊明有诗云:"盛年不重来,一日难再晨。及时当勉励,岁月不待人。"可以参看。

说到成都,必然会提到战国时蜀郡太守李冰,他以善于治水而著称。据史书记载,当时江水常常泛滥为害,李冰"作石犀五枚,二枚在府中,一

枚在市桥下,二在水中,以厌水精,因曰石犀里"(《蜀王本纪》)。岑参到此一游,留下《石犀》诗:

> 江水初荡潏,蜀人几为鱼。
> 向无尔石犀,安得有邑居。
> 始知李太守,伯禹亦不如!

诗中赞扬了时为蜀郡太守的李冰治水的功绩,特别说到其功绩甚至超过了上古时代治水的大禹(伯禹),可见评价之高。杜甫来此亦有《石犀行》,其诗如下:

> 君不见秦时蜀太守,刻石立作五犀牛。
> 自古虽有厌胜法,天生江水向东流。
> 蜀人矜夸一千载,泛溢不近张仪楼。
> 今年灌口损户口,此事或恐为神羞。
> 终藉堤防出众力,高拥木石当清秋。
> 先王作法皆正道,鬼怪何得参人谋。
> 嗟尔五犀不经济,缺讹只与长川逝。
> 但见元气常调和,自免洪涛恣凋瘵。
> 安得壮士提天纲,再平水土犀奔茫。

厌胜,古代一种巫术,用诅咒或其他方法制胜,压服鬼怪。灌口,地名。损户口,指水灾淹死不少百姓。当清秋,指汛期。恣凋瘵,任意为害。天纲,天之纲维。杜诗与岑诗不同,是借古讽今,另有所指,特别申明不应靠厌胜之类的诡怪之说而应加强堤防,进而说明应有经济之才来调理元气,自然就会减少水灾之祸了,显然是对当朝执政者有所批评。而岑参诗则比较单纯,仅仅是怀古之作而已。

成都南八里有一处当地名胜,叫"万里桥",当年蜀使费祎出使吴国,诸葛亮在这里为他饯行,费祎感叹道:"万里之路,始于此桥。"于是,这个桥便获"万里桥"之名。岑参到此一游,写下了《万里桥》:

> 成都与维扬，相去万里地。
>
> 沧江东流疾，帆去如鸟翅。
>
> 楚客过此桥，东看尽垂泪。

维扬，即扬州，此代指江南。读此诗会使人想到杜甫的名句："窗含西岭千秋雪，门泊东吴万里船。"

在成都时，岑参还游览了龙女祠。龙女祠在成都少城西南，与中兴寺相邻。据说，唐高僧智浩在中兴寺诵读《法华经》，龙女祠的龙常常夜里前去静听。岑参有《龙女祠》诗：

> 龙女何处来，来时乘风雨。
>
> 祠堂青林下，宛宛如相语。
>
> 蜀人竞祈恩，捧酒仍击鼓。

除此之外，岑参还有《严君平卜肆》等诗，均为此时游成都之作。

岑参虽然没被撤销嘉州刺史的任命，但此次入川的身份首先是杜鸿渐的幕僚，他到成都后也在杜幕中做事，故常与杜之幕僚交往。这一年秋天，他与狄员外一起登临成都府西楼游览，写下了《陪狄员外早秋登府西楼，因呈院中诸公》诗：

> 常爱张仪楼，西山正相当。
>
> 千峰带积雪，百里临城墙。
>
> 烟氛扫晴空，草树映朝光。
>
> 车马隘百井，里闬盘二江。
>
> 亚相自登坛，时危安此方。
>
> 威声振蛮貊，惠化钟华阳。
>
> 旌节罗广庭，戈铤凛秋霜。
>
> 阶下貔虎士，幕中鸳鹭行。
>
> 今我忽登临，顾恩不望乡。
>
> 知己犹未报，鬓毛飒已苍。
>
> 时命难自知，功业岂暂忘。

502

蝉鸣秋城夕，乌去江天长。

兵马休战争，风尘尚苍茫。

谁当共携手，赖有冬官郎。

此诗开篇八句写登楼所见景象。西山，指剑南西山，绵延于岷江以西四川中部地区，属岷山山脉。隘，阻塞。里闬，里闾。二江，岷江在今都江堰市西北分成郫江和流江二支，二水分流经成都城北与城南，然后合而南流。接着八句写杜鸿渐赴蜀任职。登坛，拜将。当时杜鸿渐任山南西道、剑南东西川副元帅，剑南西川节度使。时危，指蜀军军阀内乱。蛮貊，指偏远之地。钟，集中。华阳，古指蜀地。鋋，短矛。貔虎士，勇猛之士。鵷鹭行，比喻整齐有序的朝官行列。最后十二句写到自己。知己，指杜鸿渐。休战争，指杜鸿渐入蜀平乱。冬官，指工部。冬官郎，指狄员外，当时他还带着工部员外郎的衔。

不久这位狄员外又要去巡视考察西山军队，岑参又写下《送狄员外巡按西山军》：

兵马守西山，中国非得计。

不知何代策，空使蜀人弊。

八州崖谷深，千里云雪闭。

泉浇阁道滑，水冻绳桥脆。

战士常苦饥，糗粮不相继。

胡兵犹不归，空山积年岁。

儒生识损益，言事皆审谛。

狄子幕府郎，有谋必康济。

胸中悬明镜，照耀无巨细。

莫辞冒险艰，可以裨节制。

相思江楼夕，愁见月澄霁。

这首诗是很值得关注的一篇作品。开篇四句批评朝廷政策失当。中国，指朝廷。弊，疲困。"八州"四句写西山地区的险恶环境。八州，指西山所在的维、茂、当、悉、真等八州。阁道，栈道。绳桥，竹索桥。"战士"

四句写西山地区的军事形势。糇粮,军粮。空山积年岁,指积年累月两军对峙。"儒生"以下表达对狄员外的称许与鼓励。损益,得失。审谛,审慎。康济,有利于百姓。裨节制,有助于对军队的指挥和管辖。最后二句表达彼此相思的友情。澄霁,指月色清澈明亮。

幕僚间的友好往还,往往能消除异地他乡之感,岑参在《寻杨七郎中宅即事》中写道:

> 万事信苍苍,机心久已忘。
> 无端来出守,不是厌为郎。
> 雨滴芭蕉赤,霜催橘子黄。
> 逢君开口笑,何处有他乡!

杨七郎中,即杨炎,当时在成都杜鸿渐幕府中任判官,检校兵部郎中。苍苍,犹茫茫。机心,巧诈之心。出守,指为嘉州刺史。为郎,岑参入蜀前任库部郎中。

岑参曾去青城山游览,同去的幕僚们都有诗作,他回来后也写了《寄青城龙溪奂道人》:

> 五岳之丈人,西望青蒨蒨。
> 云开露崖峤,百里见石棱。
> 龙溪盘中峰,上有莲花僧。
> 绝顶小兰若,四时岚气凝。
> 身同云虚无,心与溪清澄。
> 诵戒龙每听,赋诗人则称。
> 杉风吹袈裟,石壁悬孤灯。
> 久欲谢微禄,誓将归大乘。
> 愿闻开士说,庶以心相应。

青城,即青城山,为岷山第一峰,在四川都江堰市西南。龙溪,山中瀑布。题下原有注曰:"青城即丈人,奂公有篇。"青城又名丈人山。道人,和尚之称。青蒨蒨,迷濛一片。兰若,指僧人居所。岚气,山间的水蒸气。

诵戒,讲诵佛家戒律。最后四句写自己的感想,表达了归隐之思。归大乘,皈依佛门。开士,以佛理开导别人的人,指和尚,此指奂道人。

崔旰曾引得蜀中大乱,本应严惩,但为了稳定蜀中形势,杜鸿渐采取妥协的办法,向朝廷推荐他为成都尹兼西川节度行军司马,带御史中丞之衔。岑参曾陪他游成都西的浣花溪,作《早春陪崔中丞浣花溪宴》诗,写出了崔旰仪仗之盛和心情之悠闲:

> 旌节临溪口,寒郊陡觉暄。
> 红亭移酒席,画舸逗江村。
> 云带歌声飏,风飘舞袖翻。
> 花间催秉烛,川上欲黄昏。

在这里,常常要送别朋友回京,这时他难免生无限感慨:

> 颜子人叹屈,宦游今未迟。
> 伫闻明主用,岂负青云姿。
> 江柳秋吐叶,山花寒满枝。
> 知君客愁处,月满巴川时。
>
> ——《送颜平事入京》

> 骢马五花毛,青云归处高。
> 霜随驱夏暑,风逐振江涛。
> 执简皆推直,勤王岂告劳。
> 帝城谁不恋,回望动离骚。
>
> ——《送赵侍御归上都》

> 欲谒明光殿,先趋建礼门。
> 仙郎去得意,亚相正承恩。
> 竹里巴山道,花间汉水源。
> 凭将两行泪,为访邵平园。
>
> ——《送崔员外入奏因访故园》

在幕府的生活十分单调,众人归京而自己滞留西南一隅,这一切都使

他感到心情不愉快,一次,他在岷江上泛舟,心有所感,写下了《江上春叹》:

> 腊月江上暖,南桥新柳枝。
> 春风触处到,忆得故园时。
> 终日不得意,出门何所之。
> 从人觅颜色,自笑弱男儿。

尽管岑参把杜鸿渐视为"知己",但毕竟彼此地位悬殊,他只是幕府中的属吏,故难免生出看人脸色行事的感叹和苦恼。"觅颜色"、"弱男儿",令人深思。

岑参在无聊中等待……

这天,杜鸿渐把岑参请进府里,待岑参坐下后,杜鸿渐说:"岑先生,在我请你为幕府之职前,朝廷曾任命你为嘉州刺史,这个任命并未取消,目前蜀中形势已经平静,我仍想请岑先生前往嘉州任刺史,不知你意下如何?"

岑参说:"一切听杜大人安排!"

岑参不几天便动身前往嘉州,因为他实在在成都呆得够烦了,有机会去作地方长官,当然很高兴。由成都去嘉州,岑参走的是岷江水路,不巧,在江上遇到了风雨天气,在岸边躲避风雨时,他写下了《江上阻风雨》:

> 江上风欲来,泊舟未能发。
> 气昏雨已过,突兀山复出。
> 积浪成高丘,盘涡为嵌窟。
> 云低岸花掩,水涨滩草没。
> 老树蛇蜕皮,崩崖龙退骨。
> 平生抱忠信,艰险殊可忽。

诗写风雨忽来,停舟未发,但见波浪高涨,漩涡时现,不时出现深陷的洞穴。暴雨来后岸边老树的皮都掉了,崖岸崩坠,犹如龙蜕骨一般。最后两句表达信念:一生忠君报国,艰难险阻又算什么!

路上耽搁了一天，第三天下午岑参终于到达了嘉州。嘉州风景幽美，后人有"天下之山水在蜀，蜀之山水在嘉州"的说法。岑参一赴任，便被这里的奇山秀水所吸引，他不由地赞叹道："我大唐竟有如此奇秀的地方，能来此任职，也算是人生的一大幸事了！"

岑参初到嘉州，充满了热情，他真想在这里有所作为。可是渐渐地，他产生了厌烦之情，因为在这里除了催租催税外，几乎没有什么事情可办，他曾提出过几项于民有益的措施，却都被成都府的上司给否决了，他反而觉得没什么事做，《初至犍为作》值得一读：

> 山色轩槛内，滩声枕席间。
> 草生公府静，花落讼庭闲。
> 云雨连三峡，风尘接百蛮。
> 到来能几日？不觉鬓毛斑！

犍为，即嘉州，州治龙游县（今四川乐山）。首联说居处依山傍水。轩槛，房前栏杆。次联写公事不忙，心情悠闲。第三联写嘉州的地理位置，沿江东下，可达三峡，往西南而去，则可达西南少数民族地区。最后二句感叹无所作为，令人空老……

他见到当地百姓生活已经够苦了，可上司还是一个劲儿地叫他催粮征税，心里十分苦恼，可不办又下行，他只能采取消极的办法，能推一天就推一天。好在嘉州有不少名胜，他便常常推脱公务去那里游玩。一天，来到今乐山东凌云山上，这里有一座唐开元年间修建的寺庙，叫凌云寺，天宫，指凌云寺。此诗集中写寺中远眺所见，有山水，有林木，有风雨，有云雾，最后由远舟而引起归意，十分自然。凌云寺一直是当地名胜，苏轼亦有"颇愿身为汉嘉守，载酒时作凌云游"之句。他登上凌云寺，眺望峨眉山，俯视江水流，他忘记了尘务，被秀丽的景色深深地吸引住了，他拍着寺边的栏杆，随口吟道：

> 寺出飞鸟外，青峰戴朱楼。
> 搏壁跻半空，喜得登上头。
> 殆知宇宙阔，下见三江流。

天晴见峨眉，如向波上浮。

迥旷烟景豁，阴森棕楠稠。

愿割区中缘，永从尘外游。

回风吹虎穴，片雨当龙湫。

僧房云蒙蒙，夏月寒飕飕。

回合俯近郭，寥落见行舟。

胜概无端倪，天宫可淹留。

一官讵足道？欲去令人愁。

朱楼，指佛寺。博壁，攀援石壁。三江，指岷江、青衣江、大渡河。棕楠，棕榈树、楠树。区中缘，尘世的俗缘。虎穴、龙湫，实有其他，郭沫若是乐山人，他在《李白与杜甫》一书中说："所谓'虎穴'、'龙湫'，在凌云山上确有其地。有一处摩岩草书一大'虎'字，殆即所谓'虎穴'。又有一处摩岩草书一大'龙'字，其下有泉，殆即所谓'龙湫'。就其字迹观之，殆唐初人所为；或许是后人傅会岑诗而刊刻的。"回合，环绕。寥落，稀疏。胜概，胜景。天宫，指凌云寺。凌云寺一直是当地名胜，苏轼亦有"颇愿身为汉嘉守，载酒时作凌云游"之句。此诗集中写寺中远眺所见，有山水，有林木，有风雨，有云雾，最后由远舟而引起归意，十分自然。

诗中写出诗人因为置身于自然界里，精神获得解放，甚至有摆脱人世、飞向天宫之感。正在兴头上，一个衙役气喘吁吁地登上山来，见了岑参说道："大人，成都府有人前来，请大人速回！"

岑参问道："是什么人？"

衙役说："是一个钱粮判官，专门为催办租税而来的，看样子很急呢！"

岑参叹了口气，自言自语道："又是催租！他们不知道今年嘉州收成不好吗?！唉，我这个地方官也真够难当的了！"

一直陪着岑参的成文搭话说："岑大人，还是我先去应付一下吧？"

岑参点了点头，成文带着衙役急忙走下山去。岑参望着他们的背影说："唉，我真想在这美丽的山水中隐居度日，何必要做这催租催粮的官呢！"

待岑参回到州府里的时候，成都来的官员已经走了。成文对岑参说：

"成都府对我州交粮之事很不满意，所以今天特派专人前来催问。"

"唉，除了该交的公粮租税以外，成都府又规定了那么多额外的项目，你知道，嘉州地小人少，今年的收成又不好，唉！"

"是呀，这些我都对来人说了，他根本不听，只是说成都府限期叫我州交齐，不得拖延！"

岑参无力地坐在椅子上。

成文告辞以后，岑参仍坐在那里一动不动，从窗口他望着遥远的山峰，望着山峰间缭绕的白云，不知怎么，他的思绪飞回了长安，是呵，那里有自己的家人和朋友，虽然那里没有这里如此动人的风景，却也没有这里为官的苦恼和对亲友的思念。他站起身，在屋子里来回踱了几步，走到书桌前，提笔写了两行诗："梦魂知忆处，无夜不京华！"这是地前几天写的一首诗中的两句，却正好能表达他此时此刻的心情。

好在嘉州多美景，这还使岑参心情放松不少。岑参对寺庙和僧人颇为关注，故在游览凌云寺不久，他又前往青衣山中峰去惠净上人的居处造访。青衣山，今名乌龙山，在凌云山之东，青衣江北岸。岑参写了《上嘉州青衣山中峰题惠净上人幽居寄兵部杨郎中》，诗前有一个小序，说明了写作的背景和缘起：

> 青衣之山，在大江之中，屹然迥绝，崖壁苍峭，周广七里，长波四匝。有惠净上人庐于其颠，唯绳床竹杖而已；恒持《莲华经》，十年不下山。予自公浮舟，聊一登眺。友人夏官弘农杨侯，清淡之士也。素工为文，独立于世。与余有分外之约，每多独往之意。今者幽躅胜概，叹不得与此公俱。爰命小吏刮磨石壁，以识其事，乃诗之达杨友尔。

其诗如下：

> 青衣谁开凿，独在水中央。
> 浮舟一跻攀，侧径沿穹苍。
> 绝顶访老僧，豁然登上方。
> 诸岭一何小，三江奔茫茫。

509

兰若向西开，峨眉正相当。

猿鸟乐钟磬，松萝泛天香。

江云入袈裟，山月吐绳床。

早知清净理，久乃机心忘。

尚以名宦拘，聿来夷獠乡。

吾友不可见，郁为尚书郎。

早岁爱丹经，留心向青囊。

渺渺云智远，幽幽海怀长。

胜赏欲与俱，引领遥相望。

为政愧无术，分忧幸时康。

君子满天朝，老夫忆沧浪。

况值庐山远，抽簪归法王。

　　此诗先写青衣山之景，再写惠净上人居处之幽，最后写自己为名宦所拘，来到这偏远之处，而老友却在朝廷为官，虽有佳景却不能一起欣赏了！又写到自己为政无术，为州郡长官正逢好时候，想到朝廷里有许多君子为官自己倒希望去职归隐，如果说庐山太远了，那就可以就近在这里归隐佛门。侧径，小径。穹苍，天空。上方，地势最高的地方。兰若，僧人居处。绳床，胡床，即交椅。夷獠乡，指西南少数民族地区，此指嘉州。青囊，有关算命和天文的书。云智，很高的智慧。胜赏，佳游。庐山，古时佛教胜地。抽簪，指辞官归隐。法王，指佛。高居青衣山的高僧是他所敬仰的人，而隐于峨眉山的隐者，其生活也是他所羡慕的，一次他沿江而行，住在一个叫"龙吼滩"的地方，忽然又想到了峨眉山的隐者，还想到了剑南西川节度使幕府中的同僚，于是写下了《江行夜宿龙吼滩临眺思峨眉隐者兼寄幕中诸公》：

官舍临江口，滩声人惯闻。

水烟晴吐月，山火夜烧云。

且欲寻方士，无心恋使君。

异乡何可住，况复久离群！

前四句写景,后四句抒情。方士,有方术之士,此指峨眉隐者。使君,指州郡长官。此代指刺史职位。

在一个秋夜,他听到一位隐士弹奏着"三峡流泉"的古琴曲,久久不能入睡,挥笔写下《秋夕听罗山人弹三峡流泉》:

> 蟠蟠岷山老,抱琴鬓苍然。
> 衫袖拂玉徽,为弹三峡泉。
> 此曲弹未半,高堂如空山。
> 石林何飀飀,忽在窗户间。
> 绕指弄呜咽,青丝激潺湲。
> 演漾怨楚云,虚徐韵秋烟。
> 疑兼阳台雨,似杂巫山猿。
> 幽引鬼神听,净令耳目便。
> 楚客肠欲断,湘妃泪斑斑。
> 谁裁青桐枝,拖以朱丝弦。
> 能含古人曲,递与今人传。
> 知音难再逢,惜君方老年。
> 曲终月已落,惆怅东斋眠。

前六句写隐士弹琴。蟠蟠,头发斑白的样子。玉,玉徽,玉制的琴徽,指琴。"高堂"句谓乐曲把人引入空山之境。以下写琴声。飀飀,风声。呜咽,指琴声低沉。潺湲,流水声。演漾,形容琴声飘忽不定。虚徐,琴声舒缓。耳目便,视觉、听觉安适。"楚客"二句写琴曲宛转动人。楚客,指屈原。湘妃,湘夫人,湘水女神。最后四句由琴声而想到传出美妙琴声的琴与人,感叹此琴美妙异常,可惜隐士年纪已老,知音难逢。自己听罢一曲,月亮已经从夜幕上落下,只得带着一丝惆怅去东斋安眠⋯⋯

羡慕隐者,但是又不可能归隐,即便听到猿叫,也会勾起希望隐居的心情,有时自然又会想到自己早年隐居时居住的所在——河南登封县北嵩山东峰太室及西峰少室二山的故居,其《峨眉东脚临江听猿怀二室旧庐》便表现了这种情绪:

峨眉烟翠新,昨夜风雨洗。

分明峰头树,倒插秋江底。

久别二室间,图他五斗米。

哀猿不可听,北客欲流涕。

此诗前半写景,生动细致;后半抒怀,感情真挚。"哀猿"二句化用《水经注·江水注》语意,其文云:"(巫峡)每至晴初霜旦,林寒涧肃,常有高猿长啸,属引凄异,空谷传响,哀转九绝。故渔者歌曰:'巴东三峡巫峡长,猿鸣三声泪沾裳。'"想归隐,也想念家人和长安,也是此期写作的《郡斋望江山》,表现了对长安的怀念:

客路东连楚,人烟北接巴。

山光围一郡,江月照千家。

庭树纯栽橘,园畦半种茶。

梦魂知忆处,无夜不京华。

前半描绘出嘉州的形势,赞美嘉州美景、风物,尾联一转,更突出地表达出他对长安的思念。而他即使看到壁画上的飞云也会联想到长安,其《咏郡斋壁画片云》诗曰:

云片何人画,尘侵粉色微。

未曾行雨去,不见逐风归。

只怪偏凝壁,回看欲惹衣。

丹青忽借便,移向帝乡飞。

最后两句想象画中之飞云忽然借便向京城飘去,表现出诗人想回长安的心情。

是呵,什么时候才能告别这"客路东连楚,人烟北接巴。山光围一郡,江月照千家"的嘉州回到长安呢?又过了半年左右,岑参听说杜鸿渐已被召入朝,自己的思乡之情更浓重了,便向成都府递了辞职书,推荐成文作嘉州刺史,不久,成都来了批文,同意岑参辞职,并任命成文为嘉州刺史。

真是"无官一身轻",当接到上级的免职批文时,岑参感到轻松了许多。是呵,自己的报国大志,又岂能在这偏远的小州里实现呢？何况年纪已老,思乡心切,仕进之心早淡泊了。前不久家里来信,说他已有外孙子了,他真想快些回去看一看外孙子是个什么样呢！

收到免职批文后不久,岑参告别了成文等人,上了小舟。他计划乘舟东下,直出夔门,顺长江而下,再经汴河北归,这样能早些到达长安。在离开嘉州之时,写作了《东归发犍为至泥溪舟中作》：

> 前日解侯印,泛舟归山东。
> 平旦发犍为,逍遥信回风。
> 七月江水大,沧波涨秋空。
> 复有峨眉僧,诵经在舟中。
> 夜泊防虎豹,朝行逼鱼龙。
> 一道鸣迅湍,两边走连峰。
> 猿拂岸花落,鸟啼檐树重。
> 烟霭吴楚连,溯沿湖海通。
> 忆昨在西掖,复曾入南宫。
> 日出朝圣人,端笏陪群公。
> 不意今弃置,何由豁心胸！
> 吾当海上去,且学乘桴翁。

此诗一起写得颇为轻松得意,可见他辞去州刺史官职是自愿的。犍为,即嘉州。回风,旋风。继而写江行情状,"夜泊"四句言旅途之艰险,最为形象生动。迅湍,急流。"猿拂岸花落"四句令人想到李白的"两岸猿声啼不住,轻舟已过万重山"的名句。最后八句归为抒写所思所感：想起当年在中书省任职,经常出入尚书省,朝拜的是君主,相伴的是朝中同僚,没想到现在却来到这偏远之地,心情又怎么能够舒展呢！我还是隐居避世,远离官场吧！"吾当"二句,化用《论语·公冶长》语意："子曰：'道不行,乘桴浮于海。'"桴,小筏子。

在东归途中,他还见景生情,有感而记,写下《巴南舟中夜书事》：

渡口欲黄昏,归人争渡喧。

近钟清野寺,远火点江村。

见雁思乡信,闻猿积泪痕。

孤舟万里外,秋月不堪论。

诗中"见雁思乡信",可见思乡之切,而"闻猿积泪痕",又见出心态之凄凉。又有《巴南舟中思陆浑别业》,也是作于东归途中:

泸水南州远,巴山北客稀。

岭云撩乱起,溪鹭等闲飞。

镜里愁衰鬓,舟中换旅衣。

梦魂知忆处,无夜不先归。

前四句写舟中所见之景,泸水(即今四川西南部金沙江与雅砻江合流后的一段金沙江)通向南方,中原一带的旅游者来到巴山的并不多,但见云彩在山岭上飞过,溪中白鹭从容不迫地低飞……后四句写所思所感,最后二句说自己思乡心切,在人回乡之前,梦魂早已回到家乡了。

《下外江舟怀终南旧居》也值得一读:

杉冷晓猿悲,楚客心欲绝。

孤舟巴山雨,万里阳台月。

水宿已淹时,芦花白如雪。

颜容老难赭,把镜悲鬓发。

早年好金丹,方士传口诀。

敝庐终南下,久与真侣别。

道书谁更开,药灶烟遂灭。

顷来压尘网,安得有仙骨。

岩壑归去来,公卿是何物!

诗题中的"外江",指岷江。古书里记载,从重庆西戎州、泸州"上蜀者谓之外江"。这首诗集中表达了对终南山旧居的怀念,表达了对当年与

514

道士往还的往事的怀念，感叹"道书谁更开，药灶烟遂灭"，而这原因就是"颜容老难葕，把镜悲鬒发"，长生不老真是梦想啊！全诗还是归到希望隐居度日："岩壑归去来，公卿是何物！"最后一句在边塞时也说过，此时又说一遍，显然分量更重。

可是，出人意料，水行几天过去，刚到戎州（治所在僰道，今四川宜宾市）、泸州（治所在泸川，今四川泸州市）地区，船却停了下来。船夫对岑参说："大人，前边有士兵把守，不让通过。"

"噢？"

岑参走出船舱往远去看去，果然看见许多全副武装的士兵正在那里巡逻，岸上一些人家的房子还着着火，岑参忙叫仆人上岸去打听情况。

一会儿，仆人带来了一个私塾先生，见了岑参，私塾先生说："大人，您恐怕过不去了。"

"为什么？出了什么事？"

"唉，又是内乱呀！"私塾先生说："事情是这样的：前些日子西川节度使崔旰入朝奏事，让他的弟弟崔宽留守成都，泸州刺史杨子琳原来就与崔旰有矛盾，看到此时是个机会，便率领精骑数千，乘机冲入成都，几次战斗就打败了崔宽。崔旰的夫人任氏看到这种情况，便拿出家产数十万，招兵买马，终于打败了杨子琳。杨子琳兵败退守泸州，也大招兵马，收罗了数千人，号称要沿江东下入朝去杀崔旰，所以堵住了江道，谁也不让过去。"

"唉，真是国家百姓的一场灾难呀！"岑参长叹一声。

"是呀，"那先生说："您还没看见呢，自从乱兵来了以后，这里到处是死尸，有些房子还被乱兵一把火给烧了，真惨呀！"

岑参走下小船，沿江信步走去，映入眼底的，的确是一片凄惨景象，真是尸骨遍地，血流成河，乱兵的罪行令人发指！岑参虽然满腔愤怒，却无能为力，只得暂时在泸州住下来，谁知这一住竟是两个多月，岑参的心里焦急极了。他时时感到无限孤独，每天只能借酒浇愁，什么也做不了。这天，他在无聊中多饮了几杯，借着酒力提笔写下《阻戎泸间群盗》诗，诗前有个小序说："戊申岁，余罢官东归，属断江路，时淹泊戎州作。"序中所说"戊申岁"，即唐代宗大历三年（768 年）。戎，戎州，治所在僰道（今四川宜宾市），在长江与岷江汇合之处。其诗如下：

南州林莽深，亡命聚其间。

杀人无昏晓，尸积填江湾。

饿虎衔髑髅，饥乌啄心肝。

腥洇滩草死，血流江水殷。

夜雨风萧萧，鬼哭连楚山。

三江行人绝，万里无征船。

唯有白鸟飞，空见秋月圆。

罢官自南蜀，假道来兹川。

瞻望阳台云，惆怅不敢前。

帝乡北近日，泸口南连蛮。

何当遇长房，缩地到京关。

愿得随琴高，骑鱼向云烟。

明主每忧人，节使恒在边。

兵革方御寇，尔恶胡不悛！

吾窃悲尔徒，此生安得全！

　　前十四句描写作者看见的战乱景象。南州，指戎、泸一带。亡命，亡命之徒，指杨子琳等叛军。洇，浸透。"罢官"以下十句写罢官东归受阻。南蜀，嘉州在四川南部，故云。阳台云，指巫山之云。宋玉《高唐赋》有"朝为行云，暮为行雨，朝朝暮暮，阳台之下"之句。帝乡，指长安。泸口，泸川为沱江与长江汇合之处。长房，费长房，传说他有缩地之术。琴高，传说中的仙人。《法苑珠林》卷四十一《潜遁篇》："（琴高）行涓彭之术，浮游冀州、砀郡间二百馀年，后复时入砀水中取龙子，与诸弟子期日。期日，（弟子）皆洁斋待于水傍，设星祠。（琴高）果乘赤鲤而出，入坐祠中，砀中旦有万人观之。留一月，复入水。"结尾六句警告叛军：唐代宗为百姓忧虑，节度使严阵以待，叛军不思悔改，就一定会覆灭！节使，节度使。兵革，指军队。悛，悔改。

　　借酒浇愁，只能是自我麻醉，其作用是短暂的。这一天，岑参又独自喝起了闷酒，在似醉未醉的时候，他突然把酒怀往地上一扔，叫道："来人！"

　　仆人应声走进屋子："大人，有何吩咐？"

"马上收拾行装!"

"大人,"仆人提醒道:"小人刚去探过,乱军还在前面挡着路呢,恐怕……"

"我们不往前走了,你快去收拾东西吧!"

"那……"

岑参挥挥手说:"别问了,我们回成都!"

"回成都?"

"对!"

仆人见岑参脸色不好,没敢再问,忙去收拾东西。岑参见仆人走了,无力地坐在椅子上。

过了一会儿,他心有所感,又走到书案前,写下《秋夕旅泊古兴》:

> 独鹤唳江月,孤帆凌楚云。
> 秋风冷萧瑟,芦荻花纷纷。
> 忽思湘川老,欲访云中君。
> 骐骥息悲鸣,愁见豺狼群!

诗人沿长江东行,准备经楚地北归,因而有"孤帆凌楚云"之句,继而忽然想到"湘川老"(即舜,又称"湘君"。相传舜南巡,死于苍梧,成为湘水之神。)和"云中君"(云神),自然生思古之情,最后二句感叹时无贤人,只能任凭恶人(指叛乱军队)横行了!骐骥,良驹,此喻指贤明之士。感慨之深沉,令人吃惊……

第二天,岑参就转向成都出发,岑参来到成都的时候,已经是深秋时节了。因为他已没有宫职,便住在一个旅舍里。闲来无聊,岑参便常在院子里伫立,看那树叶一片片落下,在秋风中打转,此时此刻,他的心境凄凉极了。是呵,他已经五十五岁了,却仍像落叶一样漂泊无依,这一切怎能不使他感慨万千呢?一天,他悲从中来,挥笔写下了一首《西蜀旅舍寄朝中故人呈狄评事》诗:

> 春与人相乖,柳青头转白。
> 生平未得意,览镜心自惜,

四海犹未安，一身无所适。

自从兵戈动，遂觉天地窄。

功业悲后时，光阴叹虚掷！

却为文章累，幸有开济策。

何负当途人，心无矜窘厄。

回瞻后来者，皆欲肆辀辌。

起草思南宫，寄言忆西掖。

时危任舒卷，身退知损益。

穷巷草转深，闭门日将夕。

桥西暮雨黑，篱外春江碧。

昨者初识君，相看俱是客。

声华同道术，世业通往昔。

早须归天阶，不能安孔席。

吾先税归鞅，旧国如咫尺。

　　西蜀，指成都。狄评事，即狄博济，当时在成都西川节度使幕府任职。前十六句感叹自己年老功微，光阴虚度。"四海"四句是广为流传的名句，写出了人逢战乱的窘态。"何负"四句写无人顾念，也很感伤。相乖，相违背。开济，创业建功。辀辌，超越。"起草"以下八句写自己十分怀念当年在朝中为官的时光，现在时世艰难，只能辞官退职，把政治主张放在心里了。南宫，尚书省，岑参曾为尚书省郎官，主文书起草之事。西掖，指中书省，岑参也曾在中书省任职。最后八句写与狄评事相识相知，二人志趣相投，祖辈就有来往交接，现在狄评事还为国事奔走，而自己却要回故乡了。声华，名声。世业，祖先的事业。据载，岑参的伯祖父岑长倩与狄博济的曾祖父狄仁杰在武后时期都做过宰相，二人有一些政治主张完全一致。安孔席，指隐居不出仕。税，借。归鞅，套车用的物件，此代指车。旧国，故乡。写罢此诗，岑参把笔往桌子上一扔，重重地坐在椅子上。对他来说，现在唯一的希望就是江路早早畅通，能让他早些回家。

　　正在这时，仆人进来通报："大人，成文成大人来访！"

　　"快请进！"岑参话音未落，成文便走了进来，见了岑参，他先施一礼，然后说："我听说大人又回成都了，所以特来拜望。"说着，递上一些银子：

"这些供大人花用。"

"多谢你了!"岑参叹了口气说,"唉,我被困在蜀中已经好几个月了,真让人着急呀!"

成文说:"据我所知,近期岑大人恐怕还是不能成行,要不然先回嘉州住些日子,等情况好转了再说?"

岑参摇摇头:"多谢你的美意,近来常常感到身上不舒服,怕是有什么病,每天疲劳得很,一点也不想动,嘉州就不去了吧。"

"可是……"

"成兄,嘉州杂务不少,你还是早些回去吧!"

送走了成文,岑参仍伫立在院中,这时,夜幕降临下来,一弯明月高高地挂在空中,岑参本来是十分喜欢那皎洁的月亮的,可是他久滞于此,天天晚上都在同一地方仰望同一轮明月,有家不能回,其情又何以堪呀! 这一天晚上他去参加送别绵州(唐州名,治所在今四川绵阳市东)司马李俊的宴席,在宴饮之间,岑参写下一首感情深沉的《送绵州李司马秩满归京因呈李兵部》的诗:

> 久客厌江月,罢官思早归。
> 眼看春光老,羞见梨花飞。
> 剑北山居小,巴南音信稀。
> 因君报兵部,愁泪日沾衣。

秩满,任职期满。兵部,指兵部尚书李抱玉,显然诗中是希望他能加以援手,使自己能早日归京,再任朝官。但是,能够如愿吗? "愁泪日沾衣",虽字字沉重,但能打动李抱玉大人的心吗?

送别李司马的宴会结束时已经很晚了,岑参回到客舍,久久不能入睡,起身徘徊,心情激动,想到崔旰因为叛乱反而受到重用,任为西川节度,他的手下都认为内地不安定,在蜀地反而可以满足一己私利,故而生出远离朝廷之心,于是提笔写下了"申明逆顺之理,抑挫佞邪之计"的《招北客文》。这是一篇奇文,值得认真品读:

先读第一段——

蜀之先曰蚕丛兮,纵其目以称王,当周室陵颓兮,乱无纪纲。洎乎杜宇从天而降,鳖灵溯江而上,相禅而帝,据有南国之九世。蜀本南夷人也,皆左其衽而椎其髻。及通乎秦也,始于惠王之代。五牛琢而秦女至,一蛇死而力士毙。二江双注,群山四蔽,其地卑湿,其风胜脆。蛮貊杂处,滇僰为邻;地偏而两仪不正,寒薄而四气不均。花叶再荣,秋冬如春,暮夜多雨,朝旦多云。阳景罕开,阴气恒昏,以暑以湿,为瘴为疠。气泹热以中人,吾知重腿之疾兮,将婴尔身。蜀之不可往,北客归去来兮!

这一段叙述蜀之历史及地理环境,劝人快归中原,不要到蜀地去。蚕丛,传说为蜀地第一位称王的人,其目直立,与众不同。陵颓,衰败。洎,及,到。杜宇,蜀王名,即望帝。鳖灵,继杜宇后称王。左衽,衣襟向左开。椎髻,发髻梳成椎形。"五牛"二句:《蜀王本纪》:"秦惠王欲伐蜀,乃刻五石牛,置金其后。蜀人见之,以为牛能大便金;牛下有养卒,以为此天牛也,能便金。蜀王以为然,即发卒千人,使五丁力士拖牛成道,致三枚于成都。秦道得通,石牛之力也。"又曰:"秦王知蜀王好色,乃献美女五人于蜀王。蜀王爱之,遣五丁迎女。还至梓潼,见一大蛇入山穴中。一丁引其尾,不出;五丁共引蛇,山乃崩,压五丁,五丁踏地大呼。秦王五女及迎送者,皆上山化为石。"滇僰,均为古西南夷名。两仪,天地。四气,四时。阳景,日光。瘴、疠,疾病。泹,湿。中人,伤人。重腿,腿肿。婴,缠绕。

　　再读第二段——

　　其东则有大江沄沄,下绝地垠,百谷相吞,出于荆门。突怒吼划,附於太白;渤潏硼砰,会于沧溟。跳喷浩淼,上灭飞鸟;慼缩盘涡,下漩鼋鼍。三峡两壁,乱峰如戟,槎枒屹崒,顽洞划拆;高干天霓,云处水积,尽日无光,其下黑窄;瞿塘无底,浅处万尺,啼猿哀哀,肠断过客。复有千岁老蛟,能变其身,好饮人血,化为妇人,衔服靓妆,游于水滨。五月之间,白帝之下,洪涛塞峡,不见沺溔,翻天慼地,霆吼雷怒。亦有行舟,突然而去,人未及顾,棹未及举,瞥见阳台,不辨云雨,千里一歇,日未亭午。须臾黑风暴起,拔树震山,石走沙飞,波腾浪翻,舟子失据,摧樯折竿,漩入九泉,没而不还,支体糜散,荡入石间,水族呀呀,拨刺争餐。蜀之东不可往,北客归去来兮!

这一段讲东边也去不得,还是回去吧! 沄沄,水流很急的样子。绝,越过。地垠,蜀地的边界。吼刬,江水拍岸。附于,接近。太白,金星。渤潏,水奔腾的样子。硼砯,水浪相击声。盘渦,旋涡。槎枒,此指山峰岐出。屹嶂,山势高峻。颎洞,无边无际。划坼,分开。干,犯。滟滪,滟滪堆,长江瞿塘峡口的巨石。亭午,正午。糜散,碎散。呀呀,张开大嘴。拨刺,鱼跃出水面的声音。

第三段写得最为精彩——

其西则有高山万重,峻极属天。西有崑苍,其峰相连;日月回环,碍于山巅。峦崖盘欹,天壁夐绝;阳和不入,阴气固闭。千年层冰,万古积雪;溪寒地坼,谷冻石冽;夏月草枯,春天木折。苍烟凝兮黑雾结,人堕指兮马伤骨。江水喷激,回盘纡萦;栈壁缘云,钩连相撑。绳梁岨虚,傍杳杳冥;下不见底,空闻波声。过者矍然,亡魂丧精。复引一索,其名为笮,人悬半空,度彼绝壑。或如鸟兮或如獶,倏往还来幸不落。或有豪猪千群,突出深榛,努鬣射人;寒熊孔硕,登树自掷,见人则擘。巨麋如牛,修角如剑;饿虎争肉,吼怒阗阗。复有高崖坠石兮,声若雷之轹轰;上敲下磕,似火迸兮,满山流星。硐溪忽兮倒流,林岸为之颓倾;碎腾狖与过鸟,骇木魅兮山精,飞石压人兮不可行。西有犬戎,与此山通,形貌类人,言语不同;氊庐隆穹,毳裘蒙茸;啜酪啖肉,持枪挟弓;依草及泉,务战与攻;其声如犬,其聚如蜂。中国之人兮或流落于其中,岂只掘鼠茹雪以取活,终当铍其足而累其胸! 泣汉月于西海,思故乡于北风。蜀之西不可往,北客归去来兮!

这一段说西边同样不能去,还是回内地吧! 盘欹,曲折高峻。夐绝,极为高远。回盘,盘旋。纡萦,绕弯。绳梁,绳桥。岨虚,若有若无。杳杳冥,幽暗深远的样子。矍然,惊视的样子。獶,指猴类。擘,撕扯。轹轰,雷声。狖,一种猴子。犬戎,古西戎种族名。毳裘,皮衣。茹,食。铍,以矛刺击。

第四段用语不多,同样令人震撼——

其南则有邛崃之关，天设险艰。少有平地，连延长山；横亘泸江，傍隔百蛮。吁彼汉源，上当漏天，靡日不雨，四时霂然，其人如鱼，爰处其泉；终年霖霪，时复日出，狋狋诸犬，向天吠日，人皆湿寝，偏死腰疾。复有阳山之路，毒瘴下凝；白日无光，其气薵薵；暑雨下湿，黄茅上蒸，南方之人兮不敢过，岂止走兽踣兮飞鸟堕！吾不知造化兮，何致此方些？蜀之南兮不可以居，北客归去来兮！

　　这一段说蜀之南也不可久留，还是回内地去吧！邛崃，山名，在四川荣经县西。霂然，雨多的样子。爰，乃。狋狋，犬吠声。黄茅，指茅黄枯时发的瘴气。

　　最后一段归入正题——

　　其北则有剑山巉巉，天凿之门，二壁谽谺，高崖嶙峋。上柱南斗，傍镇于坤，下有长道，北达于秦。秦地神州，中有圣人，左右伊皋，能致我君。双阙峨峨，上覆庆云；千官锵锵，朝于紫宸；玉楼凤凰，金殿麒麟。布德垂泽，搜贤修文；皇化欣欣，煦然如春。蜀之北兮可以往，北客归去来兮！

　　这一段归为劝北人回中原去，不要参与割据和叛乱！谽谺，谷口张开的样子。南斗，星名。坤，地。尹皋，伊尹、皋陶，古代贤臣。庆云，祥云。紫宸，皇宫。搜贤，寻求贤才。修文，制订礼乐制度。皇化，天子的教化。

　　作者首先说蜀地不可久留，继而又说东、西、南三面均不可往，而只有北边出了剑门前往中原才是正确的选择，那里有"圣人"，有"尹皋"，有"庆云"，有"紫宸"，更有"布德垂泽"，"皇化饮欣"，而当时岑参想北归而不得，心情该是多么苦涩而无奈呀！

　　这一年（大历四年，公元769年）冬天，岑参带着未归长安的遗憾客死在成都。在他去世前不久，他写下了一首也许是他的绝笔之作的《客舍悲秋有怀两省旧游呈幕中诸公》诗，诗是这样写的：

　　三度为郎便白头，一从出守五经秋。

莫言圣主长不用,其那苍生应未休!

人间岁月如流水,客舍秋风今又起。

不知心事向谁论,江上蝉鸣空满耳!

　　一二两句说自己在朝中前后三次为郎宫,当时头发已经斑白,后来被任命为嘉州刺史,到现在也已五年过去了。三四两句说,不必计较皇上不重用自己,只是担忧百姓还没有得到安宁。五六两句感慨自己滞留成都不能东归。最后两句说自己满腹心事无处倾诉,独闻江上蝉鸣聒耳,使人烦躁。诗中既有对"苍生"的挂念,又有对"岁月如流水"的感叹,还有"不知心事向谁沦"的孤独和寂寞,内容颇为丰富,是岑参晚年的一篇力作。

　　正是在这种复杂的心境中,岑参走完了他的人生道路……

　　岑参死后,唐人杜确将其诗文收集在一起,编成了《岑嘉州诗集》,使岑参的作品得到更广泛的流传。岑参的诗,以边塞之作最有价值,因而后人将他与高适一起,并称为唐代边塞诗派的两个代表人物。他虽然在政治上没有实现自己建功立业的愿望,但他留下的不朽诗篇却闪烁着光芒,从而使他成为群星灿烂的唐代诗坛上的一颗夺目的明星。

　　岑参是盛唐诗坛上的一位重要诗人,他的诗作在当代就受到人们的赞扬,时人殷璠《河岳英灵集》便选录了岑参的作品,并评论说:"岑参诗语奇体峻,意亦造奇。"杜甫将他与前人谢脁并提,说他的诗"每篇堪讽诵"(《寄岑嘉州》)。岑参死后三十年,杜确收集其诗并在序中说,开元之际,许多诗人"颇能以雅参丽,以古杂今,彬彬然,粲粲然,近建安之遗范矣。南阳岑公,声称尤著。……遍览史籍,尤工缀文。属辞尚清,用意尚切,其有所得,多入佳境,迥拔孤秀,出于常情。每一篇绝笔,则人人传写,虽闾里士庶,戎夷蛮貊,莫不讽诵吟习焉"(《岑嘉州集序》)。至于后代的赞扬与肯定,更是多见,如陆游说:"予自少时,绝好岑嘉州诗,尝以为太白、子美之后,一人而已。"(《跋岑嘉州诗集》)明代边贡亦曰:"称其近于李杜,斯可谓知言者矣。夫俊也、逸也,是太白之长也;若奇焉而又悲且壮焉,非子美孰其当之! ……夫俊也、逸也、奇也、悲也、壮也五者,李杜弗能兼也,而岑诗近之。"(《刻岑诗成题其后》)虽然陆、边二人所论似有过誉之处,但还是很有参考价值的,从而亦可大体看出岑参在文学史上的地位和影响。

岑参最著名的是边塞诗,他先后两次出塞,在边塞度过了六年时间,"足迹遍及天山南北,频繁往返于北庭、轮台和高昌之间,长途跋涉在沙漠、戈壁和龟兹之地。"(《西域探险史》)边塞的生活深深地感染了他,也磨炼了他,《唐才子传》说:"岑累佐戎幕,往来鞍马烽尘间十余载,极征行离别之情,城障塞堡,无不经行。"因此郑振铎先生说"唐人咏边塞诗颇多,类皆捕风捉影",而岑参的边塞诗却"句句从体验中来,从阅历中来。"艺术是生活的反映,岑参的边塞诗就是他边塞生活的结晶,是他整个文学创作的精华,其内容是相当丰富和广泛的。首先,他的边塞之作热情歌颂了唐朝将士不畏艰苦、英勇卫国的精神,描写了唐军士气的雄壮和战斗的胜利,《轮台歌奉送封大夫出师西征》、《武威送刘单判官赴安西行营便呈高开府》等就是这一类诗作;其次,他的边塞诗生动地描写了边塞的山水风光,其中融入了诗人对祖国边疆的满腔热爱之情,即使今天读来仍使人赞叹,如诗人描写边地的火山:"火山突兀赤亭口,火山五月火云厚。火云满山凝未开,飞鸟千里不敢来。"(《火山云歌送别》)诗人描写迷人的热海:"侧闻阴山胡儿语,西头热海水如煮。海上众鸟不敢飞,中有鲤鱼长且肥。岸旁青草常不歇,空中白雪遥旋灭。蒸沙烁石燃虏云,沸浪炎波煎汉月。"(《热海行送崔侍御还京》)诗人描写天山:"天山雪云常不开,千峰万岭雪崔嵬。"(《天山雪歌送萧治归京》)正如杜甫所说,岑参是一位"好奇"的诗人,因而他还在诗中广泛地描写了边地奇异的风物与气候,如:"终日见雪飞,连天沙复山";"秋雪春仍下,朝风夜不休";"凉州三月半,犹未脱寒衣"。这些描写颇为生动具体,的确是非亲到边塞者不能写出的。岑参的边塞诗还表现了各民族间的友好交往,此类作品虽然不多,但很有代表性,其中最为著名的是《赵将军歌》:"九月天山风似刀,城南猎马缩寒毛。将军纵博场场胜,赌得单于貂鼠袍。"边境无事,各族和洽,少数民族首领和汉将便可以在博弈场中决一胜负了。岑参对边塞少数民族的音乐和舞蹈有很浓厚的兴趣,《凉州馆中与诸判官夜集》描写了"胡人"弹奏琵琶的艺术魅力:"凉州七里十万家,胡人半解弹琵琶。琵琶一曲堪肠断,风萧萧兮夜漫漫。"《酒泉太守席上醉后作》不仅写了胡笳的动人,更写了其他乐器和歌唱:"胡笳一曲断人肠,座上相看泪如雨。琵琶长笛曲相和,羌儿胡雏齐唱歌。"而《田使君美人舞如莲花北旋歌》对少数民族的音乐舞蹈作了生动的描绘:

524

如莲花,舞北旋,世人有眼应未见。

高堂满地红氍毹,试舞一曲天下无。

此曲胡人传入汉,诸客见之惊且叹。

曼脸娇娥纤复秾,轻罗金缕花葱茏。

回裙转袖若飞雪,左旋右旋生旋风。

琵琶横笛和未匝,花门山头黄云合。

忽作出塞入塞声,白草胡沙寒飒飒。

翻身入破如有神,前见后见回回新。

始知诸曲不可比,《采莲》、《落梅》徒聒耳。

世人学舞只是舞,姿态岂能得如此!

作者的描写细致而形象,使胡女的舞姿和神态栩栩如生地展现在读者面前。王嵘《西域探险史》评论道:"旅途的艰辛,时局的凶险,都记录在他的诗中;边地的景物,民族的风情,在他的诗句中闪现跳跃。诗人惊异于西域秘境的雄奇怪异,博大深厚,竭力探索,尽倾才华,对西域这崭新的天地作出了独特而创造性的描绘,新的发现在他的诗中层出不穷。他的诗酣畅淋漓,气吞山河,不仅成为难以企及的艺术标本,而且他在诗中揭示的西域之新、西域之奇、西域之美、西域之险,也为西域探险史、考察史留下了真切而华丽的篇章。"

岑参的边塞诗往往能选取那些最具特色的事物加以描写,从而扩大了唐诗的题材范围,正如《许彦周诗话》所说:"岑参诗意自成一家,盖尝从封常清军,其记西域异事甚多,如《优钵罗歌》、《热海行》,古今传记所不载也。"这些作品来自生活,故而"奇而入理"、"奇而实确",是"耳闻目见得之,非妄语也"(《北江诗话》)。岑参诗歌的突出特点是一个"奇"字,而这在边塞诗上表现更加明显,翁方纲《石州诗话》说:"嘉州之奇峭,入唐以来所未有,又加以边塞之作,奇气益出,风云所感,豪杰挺出,遂不得不变出杜公矣。"因为有切身的体验,岑诗之奇有深厚的生活基础和真实的感情。当然,要想达到"奇"的境界,还离不开乐观主义精神和丰富的想象力,在这方面,《白雪歌送武判官归京》常常被人们提起,其诗曰:

北风卷地白草折，胡天八月即飞雪。

忽如一夜春风来，千树万树梨花开。

散入珠帘湿罗幕，狐裘不暖锦衾薄。

将军角弓不得控，都护铁衣冷难着。

瀚海阑干百丈冰，愁云惨淡万里凝，

中军置酒饮归客，胡琴琵琶与羌笛。

纷纷暮雪下辕门，风掣红旗冻不翻。

轮台东门送君去，去时雪满天山路。

山回路转不见君，雪上空留马行处。

此诗借助丰富的想象和生动的比喻，描绘出边塞特有的风光，抒发了深长的惜别之情。苏雪林《唐诗概论》说岑参"有一种热烈豪迈的性格和瑰奇雄怪的思想，最爱欣赏宇宙的'壮美'，以及人间一切可惊、可怖、可喜、可乐的事物，而环境恰恰又成全了他。十余年间驰驱戎幕，经历边塞，所见所闻，都非常人臆想能及。"岑参的边塞诗不仅有"奇"的一面，还有"壮"的一面，形成了"奇壮"的特色。这是因为在岑参入塞之时，唐朝的国力相当强大，将士们自然有一种豪迈雄壮的气概，这对诗人当然会有深刻的影响，因而写出了许多风格奇壮的佳作，《武威送刘单判官赴安西行营便呈高开府》、《轮台歌奉送封大夫出师西征》等都是此类作品，其中最有代表性的是《走马川行奉送封大夫出师西征》：

君不见走马川行雪海边，平沙莽莽黄入天！

轮台九月风夜吼，一川碎石大如斗，随风满地石乱走。

匈奴草黄马正肥，金山西见烟尘飞，汉家大将西出师。

将军金甲夜不脱，半夜军行戈相拨，风头如刀面如割。

马毛带雪汗气蒸，五花连钱旋作冰，幕中草檄砚水凝。

虏骑闻之应胆慑，料知短兵不敢接，车师西门伫献捷。

诗人立足于现实生活，借助于奇特的想象，极力描写出黄沙连天，风吹滚石的特定环境，以衬托一场大战即将展开时的紧张气氛，其形容与夸张自有"奇"的一面。但诗人写自然景象，是为了突出特定的人物，诗人渲染条件的艰苦和敌人的强大,是为了更好地表现唐军将士必胜的信心,从而表现了唐军所向无敌的气势,自然达到了"壮"的效果。

总之,岑参诗歌的成就是多方面的,在唐代诗人中自有其一席之地,而其边塞诗内容丰富、艺术成就甚高,更被人们视为盛唐边塞诗派的代表人物之一。